라캉과 정신의학

A CLINICAL INTRODUCTION TO
LACANIAN PSYCHOANALYSIS
: THEORY AND TECHNIQUE

by Bruce Fink

Copyright © 1997 by the President and Fellows of Harvard College

All rights reserved.

Korean Translation Copyright © 2002 MINUMSA

Korean translation edition is published by arrangement with

Harvard University Press.

이 책의 한국어 판 저작권은 Harvard University Press 와 독점 계약한 (주)민음사에 있습니다.
저작권법에 의해 한국 내에서 보호를 받는 저작물이므로 무단 전재와 무단 복제를 금합니다.

라캉과 정신의학

라캉 이론과 임상 분석

브루스 핑크 맹정현 옮김

감사의 말

나는 정신분석학의 상당 부분을 자크-알랭 밀레에게 배웠다. 그는 현재 라캉의 『세미나』의 편집자이자 프로이트 원인 학교 Ecole de la Cause Freudienne의 책임자이며 라캉의 저작에 대한 가장 뛰어난 주석가 중의 한 명으로 알려져 있다. 나는 그가 파리 8대학의 정신분석학과의 학과장으로 있으면서 시행한 주례 세미나 〈라캉의 정향화 Orientation lacanienne〉에 많은 것을 빚지고 있다. 나는 그 세미나에 1983년부터 1989년까지 참석했다. 거기에서 그는 라캉을 읽을 수 있는 많은 열쇠를 제시해 주었다. 나는 지난번 책인 『라캉의 주체』에서처럼 이 책에서도 그의 출간된 강의와 더불어 미출간 강의를 참조했다. 6장, 9장, 10장은 각각 부분적으로 그의 논문 「임상에 대한 라캉의 논의에 관하여」, 「도착증에 관하여」, 「라캉의 텍스트에 대한 논평」 등에 근거하여 작성되었다. 내가 8장과 9장에서 제시한 많은 도식은 그가 자주 논의했던 도식들에서 유래한 것이다. 실제로 그의 작업은 라캉의 저작에 대한 내 관점의 토대로서 이 책의 도처에서 참조되었다.

또한 라캉의 뛰어난 제자인 콜레트 솔레는 라캉의 임상적인 저작을 이해하는 데 있어 특히나 도움을 주었다. 그녀의 연구 또한 이 책의 많은 부분에서 인용되고 있다. 그녀의 논문 「히스테리와 강박증」은 이 책의 8장을 작성하는 데 많은 도움을 주었다. 물론 자크-알랭 밀레나 콜레트 솔레가 이 책의 내용을 반드시 인증할 것이라고는 생각하지 않는다. 그들은 당연히 이 책에서 제시된 해석들에 동의하지 않을 수 있다.

  엘로아즈 핑크는 이 책의 가독성을 위해 많은 조언을 해주었으며, 이 책을 쓰는 데 도덕적인 버팀목이 되어주었다.

서문

> 내 가르침의 목표는 언제나 분석가들을 양성하는 것이었고, 이는 지금도 마찬가지다.
> —— 라캉, 『세미나 XI』, 209쪽

　라캉의 글이 무척이나 난해함에도 불구하고 임상에 대한 그의 개념들과 그가 고안한 새로운 분석 기술들은 비교적 명확하게 공식화될 수 있다. 현재 우리는 라캉에 관한 책들을 쉽게 접할 수 있다. 하지만 정신분석에 관한 전문서조차도 라캉학파의 정신분석이 어떻게 이루어지는지, 그것의 진정한 목적이 무엇인지, 다른 치료법과는 어떻게 구별되는지에 관해 명확하게 설명해 주지 못하고 있다.
　이 책은 바로 이러한 상황에서 출발했다. 이 책은 임상의들(정신분석가, 심리학자, 심리치료사, 카운슬러, 사회복지가)과 현재 분석을 받는 사람들(혹은 앞으로 분석받기를 원하는 사람들)을 위한 책이다. 이 책을 쓰게 된 계기는 내가 듀케인 Duquesne 대학에서 시행했던 분석가 양성 프로그램과 현역 분석가들을 지도하던 작업에서 비롯되었다. 그들은 라캉의 저작에 대해선 거의 아는 바가 없었다. 하지만 우리는 분석 중에 직면하게 되는 여러 가지 문제들, 예를 들어 어떻게 환자들을 분석 작업 속으로 끌어들일지, 그들의 불안과 요구에는 어떻게 대처해야 하는지, 전이애(轉移愛)는 어떻게 처리해야 하는지, 왜 우리는 환자에 대해 우리 자신의 감정을 자제하고 분석 중에는 우리의 선입견을 배제해야 하는지, 환자의 공격적인 반응은 어떻게 다룰 것인지에 대한 문제들을 해결하면서, 임상 분석에 관한 공통의 기반을 발견할 수 있었다.
　이 작업을 통해서 많은 다양한 학파의 분석가들이 구체적인 임상의 정황들과 개별 사례들을 해명하는 데 있어 라캉의 작업이 매우 유효하다는 데 동의했다. 나는 여기서 내 논점들을 예증해 줄 사례를 가능한 한 많이 소개하면서 분석가의 실제 분석의 구체적인 측면을 논의하는 데 주력할 것이다.

나는 독자들이 라캉에 관해 전혀 무지한 상태라는 가정하에 이 책을 썼다. 그리고 마지막 부분엔 각 부의 논의를 보충할 수 있는 참고 자료를 첨부했다. 거기에는 프로이트와 라캉뿐만 아니라 라캉의 제자들이 쓴 논문과 저서가 포함되어 있다. 라캉에 관한 이전의 내 작업과 달리 이 책의 목적은 라캉의 복잡한 개념을 꼼꼼하게 분석하거나, 지나치리만큼 압축된 그의 공식들을 해명하는 일이 아니다. 나는 이 책을 읽는 독자들이 환자와의 분석 과정을 통해서 직접 여러 임상적인 문제들을 대면하고 있는 것처럼 가정했다. 또한 그들 자신이 라캉의 접근 방식에 관심이 있는지, 혹은 관심이 있다면 라캉의 이론에 많은 시간을 투자할 만큼 확고한 것인지를 아직 확신하지 못하고 있다고 가정했다.

따라서 이 책은 적어도 두 가지 방향에서 라캉에 접근하고 있다. (1) 이 책의 목적은 라캉의 작업을 어느 정도 임의적으로 선별해 통속화하는 것이다. 이는 일정 정도 일반화와 환원주의를 수반하며, 따라서 나는 이에 대한 비난을 모면하기 힘들 것이다. (2) 이 책은 프랑스의 외래 클리닉이나 대다수 병원에선 쉽게 발견할 수 있지만, 미국에서는 아직 찾아볼 수 없는, 이론과 실천이 공존하는 장을 마련하기 위한 것이다. 프랑스에선 교육 과정에 있거나 막 활동을 시작한 분석가들이 현역 분석가들과 함께 실제 분석 과정에 직접 참여하고 있다. 이 과정에서 그들이 마주치게 되는 것은 헤겔의 변증법이라든가, 양태 논리학, 위상학, 존재와 진리에 대한 하이데거의 이론, 혹은 문학의 수사법 등의 추상적인 개념이 아니라, 진단과 치료, 환자를 분석에 참여시키는 방법과 같은 구체적인 현안들이다. 프랑스의 분석가들이 분석가의 욕망이라든가 상징계, 대상, 주이상스 등과 같은 개념을 맨 처음 접하게 되는 것은 개별 사례, 다시 말해 각각의 환자들을 위해서는 무엇이 필요한지를 논의하거나 꿈, 환상, 백일몽 등을 해석하는 과정을 통해서이다. 하지만 이 경우에도 개념은 단번에 터득되는 것이 아니다. 적어도 프랑스에서는 라캉의 기본 개념들이, 구체적인 임상 과정 속에서 환자의 문제를 공식화하고 분석가에게 지침이 될 만한 사항을 마련하는 데 쓰인다.

프랑스의 분석가들은 라캉을 학문과 임상 모두의 맥락에서 이해했다. 그들을 가르친 선배 분석가들은 라캉이나 그의 동료들과 작업했던 분석가들로서, 라캉의 세미나에 참석하면서 또한 병원의 임상 사례 발표회에 참가했고 자신의 카우치에 많은 시간을 할애했던 사람들이다. 그들은 실습을 통해서 라캉의 작업을 몸소 체득했던 것이다.

하지만 미국에서 라캉의 정신분석은 지금까지 허울좋은 아카데믹한 담화에 지나지 않았다. 따라서 이곳에서 라캉에 관한 연구가 활성화되기 위해서는 임상에 대한 그의 관점이 분석과 지도, 치료의 과정을 통해서, 다시 말해 주체적인 임상 경험을 통해서 소개되어야 할 것이다. 책은 단지 책일 뿐이다. 책은 그저 책에 불과하다. 만약 이 책이 분석가를 실제 분석으로 끌어들여 그가 도저히 이해할 수 없을 것 같았던 라캉의 저작에 전념하고 분석 경험에 대한 논의를 보다 진지하게 받아들이도록 만든다면, 나는 이로써 소기의 목적을 달성했다고 할 수 있을 것이다. 이 책은 결코 임상에 대한 라캉의 모든 견해를 제시하진 않는다. 그보다는 오히려 그것을 소개하고 읽을 수 있도록 안내하는 것이 이 책의 목적이다.

이 책은 수련 분석가들이나 현재 활동 중인 분석가들, 심리학과나 관련 학과에 재학 중인 대학 상급반이나 대학원생들에게 적합할 것이다. 이 책은 임상 분석에 관한 라캉의 관점을 개략적으로 제시하면서 동시에 그의 많은 기본 개념들을 소개한다. 상상계, 상징계, 실재계, 욕구, 요구, 사랑, 욕망의 개념, 환상, 주이상스, 주체, 대상, 타자, 기표와 기의, 부정의 세 가지 양식, 그 양식들에 의해 결정되는 임상 구조, 분석가의 욕망, 구두법, 가변적 분석 시간 등이 바로 그것이다. 또한 이 책의 후반부에서는 네 가지 임상 사례가 제시되며, 그것을 통해 다양한 임상 범주들을 포함해 본문에서 소개된 임상에 대한 라캉의 관점이 해명될 것이다. 물론 초반부에도 상당량의 사례가 수록되었다. 그 중 대부분은 내가 지도했던 분석가들에게서 입수한 것이다. 나는 예증에 필요한 사항을 도출하는 데 있어 내 자신의 분석보다는 오히려 다른 분석가들의 분석을 참조하는 게 더 유용하다는 것을 깨달았다. 이는 내 자신의 작업일 경우엔 항상 문맥 이상으로 다양한 논의를 끌어내려 하는 나의 개인적인 성향 때문이다. 하지만 8장에 소개된 두 가지 사례 연구는 내가 직접 시행했던 분석 사례이며 많은 참고 자료를 제시한다.

내가 여기에서 소개하는 라캉은 이른바 〈초기 라캉〉이 아니라 1960년대 중반에서 1970년대에 이르는 〈후기 라캉〉이다. 라캉에 관한 나의 지식은 프로이트 원인 학교에서 이루어진 7년 동안의 분석 훈련 과정과 나의 개인적인 분석, 라캉의 제자들로부터 받은 지도와 파리 8대학에서의 박사 과정, 현재 내 클리닉에서 이루어지고 있는 분석 작업, 현역 분석가들을 지도하는 과정, 이론적인 연구, 번역 작업 등을 통해서 축적된 것이다.

마지막으로 한 가지 밝혀둘 것은 라캉의 문구들을 인용할 때 나는 대부분 문자에 얽매이기보다는 어느 정도 여유를 가지고 번역했다는 것이다. 나는 최근 라캉의 주저인 『에크리』의 완역본을 준비하고 있다. 내 생각에 현재 우리가 가지고 있는 『에크리』 영역본은 오해의 소지가 많으며 종종 완전한 오역에 빠지기도 했다. 원문을 인용할 때마다 나는 라캉의 말이 함축하고 있는 의미를 충실하게 드러내려고 노력했다. 또한 그것을 영어에 있는 관용적인 표현으로 바꾸어, 되도록 원전이 발휘했던 힘과 영향력을 영미권 독자들에게도 그대로 전달될 수 있도록 노력했다. 내가 보기에 이는 지금까지 나온 라캉의 번역본들이 간과해 온 측면이기도 하다.

차례

감사의 말 5
서문 7
일러두기 14

I 욕망과 정신분석의 기술

1 분석의 욕망 17
지식과 욕망 24
만족의 위기 26

2 분석으로의 유도 32
〈예비 면담〉: 분석 교육 32
〈예비 면담〉: 임상적 측면 34
〈예비 면담〉: 분석가의 개입 37
아무것도 액면 그대로 믿을 수 없다 47
의미는 본질적으로 모호한 것이다 50
의미는 본질적으로 다의적인 것이다 52

3 분석 관계 59
지식과 암시 59
알고 있다고 가정된 주체 63
〈인격적 존재〉로서의 분석가 64
상징적 관계 67
심판관으로서의 분석가 71
원인으로서의 분석가 75

4 해석 : 욕망 공간의 개시 81
요구 대 욕망 81
해석 : 욕망을 위한 결여 생성 85
신탁의 말로서의 해석 86
해석은 실재를 겨냥한다 90

5 욕망의 변증법 94
욕망에는 대상이 없다 96
원인에 대한 고착 98
주체의 원인으로서의 타자의 욕망 100
타자의 욕망으로부터의 분리 103
본환상 105
본환상의 재구성 110
거세와 본환상 119
분석가로부터의 분리 128

II 진단과 분석가의 위치 설정

6 라캉의 진단법 133

7 정신병 139
폐제와 부권적 기능 139
부권적 기능의 실패와 그 결과들 144
상상계를 덧쓰는 데 실패한 상징계 154
은유 생산 능력의 결여 159
해체된 언어와 신조어 166
정신병의 치료 : 사례 분석 178
아버지에서 더 나쁜 것으로 192

8 신경증 196
억압 197
억압된 것의 회귀 200
라캉적 주체의 위치/태도 203
히스테리와 강박증 204
강박증 사례 239
히스테리 사례 256
병인학적인 고찰 278
공포증 282

9 도착증 284
인간 성욕의 본질 285
부인 287
도착증의 몇 가지 구조들 314
도착증과 주이상스 332
거세와 타자 333
메타 연구 338
설명 원칙으로서의 부권적 은유 339

Ⅲ 욕망을 넘어서는 정신분석 기술

10 욕망에서 주이상스로 351
욕망을 넘어서 : 본환상과의 재대면 351
욕망의 주체에서 주이상스의 주체로 355
에로스의 고양 361
욕망을 넘어서는 기술 364

후기 373
더 읽을 거리 377
옮긴이 후기 386

【일러두기】

『에크리』를 참조할 경우 인용문이 영역본에 포함되어 있으면 원본의 쪽수 뒤에 빗금을 긋고 영역본의 쪽수를 함께 적었다.『세미나 III』의 경우는 영역본(New York : Norton, 1993) 본문의 양 여백에 원본의 쪽수가 따로 적혀 있기 때문에 이 책에선 원본의 쪽수만 표기했다. 출간된 다른 세미나들에 대한 참조는 가능한 한 원본과 영역본의 쪽수를 함께 적었다. 미출간 세미나의 경우는 그 세미나의 번호와 강의 날짜를 함께 적었다(예를 들어『세미나 X』, 1963년 3월 13일). 프로이트에 대한 모든 참조는 제임스 스트래치가 번역한 *The Standard Edition of The Complete Psychological Works of Sigmund Freud*(London : Hogarth, 1963)를 기준으로 했으며 SE라는 약자 뒤에 저작 번호와 쪽수를 표기했다.

Ⅰ 욕망과 정신분석의 기술

1

분석의 욕망

〈환자의 심리 상태를 변화시키기 위해선 얼마나 많은 심리학자들이 필요할까?〉〈한 명으로도 충분하다. 환자가 정말로 변화를 원한다면!〉 이는 70-80년대에 유행했던 농담이다. 한데 이는 단순히 농담으로만 끝나진 않았다. 실제로 당시의 많은 심리학자들은 환자 자신이 진정으로 원하지 않는다면 세상의 모든 치료법은 별로 효과가 없을 것이라고 생각했다. 우디 앨런이 20년 동안이나 심리치료를 받은 것은 당연히 그의 〈본심〉이 자신의 변화를 원치 않았기 때문이라는 게 그들의 주장이다. 만약 심리치료가 성공을 거두지 못한다면, 이는 치료에 대한 환자의 의지가 부족하기 때문이라는 것이다. 이런 경우 심리치료의 모든 책임은 환자에게 떠넘겨지는 게 보통이다.

하지만 라캉의 시각은 이와 근본적으로 다르다. 라캉은 환자가 치료를 원하지 않는 것이 당연한 일이라고 생각했다. 만약 환자에게 증상이 나타나고 그가 그 증상에 빠져 있다면, 이는 그 증상 속에 많은 양의 에너지가 축적되어 있기 때문이다. 환자는 현재의 증상을 그대로 유지하기 위해 많은 양의 에너지를 투자한다. 그는 증상을 통해,

프로이트의 표현대로라면 일종의 〈대리만족〉을 얻으며, 따라서 그것을 쉽게 포기할 수 없을 것이다(SE XVI, 365-371쪽). 물론 환자들은 분석가를 찾아와서 하루빨리 증상에서 벗어나고 싶다고 말한다. 하지만 궁극적으로 환자는 증상을 포기하길 원치 않는다.

이것이 바로 증상의 본질적인 특징이다. 증상은 어떤 식으로든 환자에게 만족감을 준다(SE XVI, 365-366쪽). 관찰자나 본인이 분명하게 확인할 순 없지만 말이다. 어떤 의미에선 환자들이 자신의 증상을 즐긴다고 말할 수 있다.[1] 대부분의 경우 증상은 환자가 알고 있는, 쾌락을 얻는 유일한 방법이다. 그렇다면 무엇 때문에 환자가 자기 삶의 그 유일한 만족을 포기하려 하겠는가?

프로이트/라캉의 관점에서 볼 때, 분석가는 환자 측이 보이는 〈치료에 대한 의지〉에만 의존할 순 없다. 치료에 대한 의지를 기대하기란 사실상 불가능하다.[2] 환자가 분석가를 찾는 것은 그가 자기 삶에 아무런 의지도 없거나, 아무것도 하고 싶지 않다거나, 자신의 리비도가 무엇인가에 억압당하거나 위축당하고 있다고 느낄 때이다. 다시 말해 환자는 욕망이 소멸되었을 때 분석가를 찾게 된다. 그렇다면 어떻게 욕망이 치료의 근원이 되겠는가?

만약 심리치료 안에 그 치료의 원동력으로 작용할 어떤 욕망이 있다면, 그것은 환자의 욕망이 아니라 분석가의 욕망일 것이다. 현직 분석가들, 그리고 나와 함께 작업했던 많은 수련 분석가들은 대부분 분석가의 욕망이란 도리에 어긋나는 것이라고 생각했다. 심지어 그들 중에는, 분석 약속을 잊거나 치료를 단념한 환자들에게 전화조차 하지 않는 경우가 부지기수였다.[3] 그들은 환자에게는 치료를 그만둘

---

1) 슬라보예 지젝 Slavoj Zizek, 『너의 증상을 즐겨라 *Enjoy Your Symptom!*』 (New York : Routledge, 1992).
2) 프로이트가 말한 것처럼, 환자가 자기 증상에서 얻는 부차적 이익을 생각한다면 〈치료에 대한 환자의 의지는 흔히 생각하는 것처럼 그렇게 믿을 만한 것이 못 된다〉(SE VII, 43-44쪽).
3) 환자들이 종종 〈사소한〉 대화상의 실수나 (증상적인) 오해 때문에 치료를 그

권리가 있다고 주장했다. 그리고 만약 환자가 찾아오길 원치 않는다면, 자신이 무슨 권리로 그에게 참여하길 요구할 수 있는지 되물었다. 사실 대부분의 분석가들은 환자가 제시간에 나타나지 않거나 사전에 치료를 그만둔다고 말한다면, 그가 치료에 무관심하다고 생각하면서 실의에 빠질 뿐이다. 혹은 자신이 무언가 잘못을 저질렀다고 믿으면서 분석가로서 부적합하다는 느낌을 갖게 된다.

그러한 분석가들이 전혀 깨닫지 못하는 사실은 치료에 대한 환자의 욕망은 분석의 어떤 시점에 가서는 점차 줄어들거나 완전히 사라져야 한다는 점이다. 만약 그렇게 되지 않는다면, 증상 속에 결집된 환자의 갈등은 분석에 의해 아무런 영향도 받지 않을 것이기 때문이다. 물론 환자에게 법적으로 분석을 그만둘 수 있는 권리가 있다는 건 당연한 사실이다. 그리고 분석가가 어처구니없는 실수를 범해서 환자가 분석을 거부하게 될 수도 있다. 하지만 대부분의 분석에서 환자는 분석을 그만둘 만한 변명거리를 찾는 것이 보통이다. 실제로 그는 어떤 변명도 마다하지 않을 것이다. 환자들은 걸핏하면 분석 일정을 지키지 않고, 분석가가 자신에게 부당한 요구를 한다고 느낄 때는 곧바로 치료를 그만두곤 한다.

따라서 환자를 분석에 계속 참여하게끔 만드는 것은 환자 자신의 소멸된 욕망이라기보다는 분석가의 욕망이다. 심지어는 분석가가 치료에 대한 욕망을 모호하게 표현하는 것만으로도, 치료에 대한 의지

만두게 된다는 점에서 약속을 어긴 환자들에게 전화를 거는 일은 매우 중요하다. 내가 한 분석가를 지도할 때 알게 된 어떤 강박증 환자는 몸이 아프다는 이유로 약속을 지키지 못했다. 그런데 문제는 그가 다시 약속을 잡기 위해 병원에 갔을 때 접수원의 얘기를 잘못 알아듣고 자신의 불성실 때문에 분석가가 자신의 분석을 거절했다고 믿었다는 점이다. 이 때문에 그는 죄책감에 시달렸으며, 당연히 다시는 약속을 잡으러 오지 않았다. 만일 분석가가 계속해서 그에게 연락을 취해 개인적으로라도 말하지 않았다면, 환자는 아마도 그 깊은 죄책감을 이겨내지 못하고 〈처벌〉을 받는다는 기분으로 치료를 완전히 그만두었을 것이다.

가 전혀 없는 환자들을 분석 속으로 다시 끌어들일 수 있다. 〈내일 당신을 볼 예정이지요〉라는 말 한마디로 분석가는 환자를 분석 상황으로 되돌아오게 만들 수도 있다. 환자가 이제 더 이상 할말이 없고 막다른 궁지에 몰려 있다고 생각할 때조차도 분석가의 그런 말은 효력을 발휘한다. 환자가 분석을 계속한다는 게 부당하다고 생각할 때, 그리고 자신이 분석가를 귀찮게 한다고 느낄 때, 다음 분석에 대한 분석가의 요구는 환자로 하여금 리비도의 정체(停滯)와 자유연상의 침체를 돌파할 수 있도록 유도한다.

그렇기 때문에 대부분의 환자들은 증상을 포기하지 않으려는 자신의 의지를 극복하기 위해서 분석가들이 치료에 대한 욕망을 좀더 강하게 표현해 주길 바란다. 따라서 분석가는 이따금씩 환자에게 자신이 분석을 원한다거나, 환자가 다음 분석 일정을 꼭 지켜야 한다거나, 혹은 앞으로는 분석을 위해 보다 자주 만나야 한다는 식으로 요구해야 한다.

내 프랑스 친구의 경우를 보면 분석가의 욕망이 얼마나 중요한지를 알 수 있다. 그녀는 한 분석가에게 2년 동안 분석을 받아 왔고 그러한 분석이 계속되길 원했다. 하지만 분석가는 더 이상 자신은 아무것도 할 일이 없으며, 따라서 그녀가 분석을 그만둘 것을 당부했다. 이는 환자인 그녀를 실의에 빠뜨릴 뿐만 아니라 앞으로 그녀가 분석가를 영원히 다시 찾지 못하게 만들 요인이 될 수 있다. 실제로 그녀는 아무도 자신을 도와줄 수 없다고 느끼면서 실의에 빠졌다. 물론 분석가가 그녀에게 별다른 도움을 줄 수 없다는 것이 사실일 수도 있다. 그렇다고 해도 이는 분석가의 태도로는 적합하지 않다. 환자가 분석을 지속하고자 한다는 사실 그 자체만으로도 그녀가 더 할말이 있다는 것을 의미하며, 아직 분석이 끝나지 않았다는 것을 뜻한다. 따라서 그녀의 분석가는 환자가 좀더 유능한 다른 분석가를 찾아 분석을 계속하도록 권유했어야 한다.

신경증 환자를 분석할 때 분석가는 항상 환자에게 분석에 대한 의지를 표현해야 한다. 분석이 끝난 것처럼 보일 때에도 분석에 대한 의지를 표현해야 한다. 욕망이 제자리를 잡아 원활히 작동할 수 있을 만큼 충분히 강해지면, 자연스레 환자 스스로가 분석을 그만두게 될 것이다. (만약 이렇게 되지 않는다면, 이는 치료를 통해 환자가 분석가에게 더 의존하게 되었다는 것을 의미한다. 이에 관해선 나중에 더 논의하기로 하자.)[4]

이를 통해 분명하게 알 수 있는 사실은 분석가가 맡은 역할이 그의 속내 감정을 전달하는 것과는 전혀 무관하다는 점이다. 분석가는 진실할 필요가 없다. 그는 마음속 깊이 숨겨진 신념이나 인간으로서 가질 수 있는 환자에 대한 개인적인 감정을 드러내지 않아야 한다. 분석가는 환자가 자신의 기분을 상하게 하거나 귀찮게 한다고 느낄 수도 있다. 하지만 환자가 그 사실을 눈치챈다면 어떻게 될까? 물론 환자는 분석가가 반감을 표현하는 것에 대해 기분이 상해 분석을 그만두게 될지도 모른다. 혹은 역으로, 분석가를 기쁘게 하기 위해 그를 자극할 만한 자신의 생각이나 감정을 일부러 숨길지도 모른다. 물론 이렇게 환자가 말을 삼가게 된다면 분석에 역효과를 가져올 것이 뻔하다. 분석가는 욕망을 유지해야 한다. 자신의 개인적인 감정과는 무관하게, 환자가 꿈을 꾸며 환상을 갖기를, 자유연상하고 해석하기

---

[4] 분석가가 항상 신경증 환자에게 치료를 지속하고자 하는 욕망을 표현해야 한다는 것은 분석이 분석가의 역전이 속에 빠지지 않고(3장 참조) 제대로 진행되어야 하며, 환자의 욕망이 부모와의 관계에 의해 방해받지 않아야 한다는 것을 의미한다. 앞으로 2장에서 논의되겠지만 분석은 본질적으로 욕망의 공간을 여는 것이어야 한다. 그 공간 속에서 환자가 욕망할 수 있기 위해선 먼저 치료의 초기 단계에서 분석가가 자기 욕망을 표현해 주어야 한다.

 물론 내가 치료의 지침으로 제시하는 이 사항은 이 책의 다른 지침들과 함께 모든 환자, 문화, 역사적 시기 등 모든 맥락에 적용될 수 있는 보편적인 규칙이 아니다. 오히려 그것은 현장 분석가들이나 수련 중인 분석가들이 유용하게 활용할 수 있는 경험적인 규칙이다. 이 책의 전반부에 제시된 다른 기술들과 마찬가지로 이 지침은 정신병의 치료에는 적합하지 않으며(7장 참조), 도착증인 경우엔 적용하더라도 세심한 주의를 필요로 한다(9장 참조). 이 지침은 분석가가 환자에게 〈진지한 관심〉을 표시해야 하며(SE XII, 139쪽) 〈분석을 지속할 수 있도록 설득해야 한다〉(SE XII, 130쪽)는 프로이트의 제안에서 비롯된 것이다.

를 원해야 한다. 이와 반대의 경우에도, 다시 말해서 환자가 분석가에게 호감을 느낄 때에도, 분석가는 마찬가지로 분석을 지속시키고자 하는 욕망을 유지해야 한다.[5]

실제로 로버트 알트만의 「분석을 넘어서」나 (킴 베이싱어와 리처드 기어가 출현한) 필 조아누의 「최종 분석」과 같이 심리치료사, 정신분석가, 심리학자를 그려내는 모든 영화는 분석 관계의 한계를 위반하는 분석가의 욕망에 초점을 맞추고 있다. 현대의 분석가는 항상 고독하고 상처받은 존재로 묘사된다. 그는 환자에게 매료당하고 어쩔 수 없이 환자에 대한 자신의 힘을 남용하여 그녀와 동침하게 된다. 매스미디어가 분석가를 이런 식으로 묘사하는 것은 실제로 분석가가 종종 역전이에 빠지거나 환자에게서 개인적인 감정을 느끼게 된다는 점과 무관하지 않다.

물론 라캉은 이러한 역전이의 감정이 존재한다는 사실을 부인하지 않았다. 분석 상황에서 분석가가 환자에 대해 어떤 감정에 휩싸이게 되는 것은 지극히 당연한 일이다. 그는 환자에게 동정심을 갖거나, 분노하거나, 좌절할 수 있다. 그런데 라캉의 독창성은 이 사실로부터 한 걸음 더 나아가서, 분석가는 감정을 철저하게 배제해야 한다고 주장했다는 점이다. 만일 그렇게 하지 못한다면, 치료는 그 감정 때문에 실패할 것이기 때문이다. 물론 그러한 감정은 분석가가 자신의 분석을 이해하는 데 귀중한 단서가 될 수도 있다. 그것은 또한 환자가 그의 리비도적 구조 안에 분석가를 위치시키게 되는 지점을 분석가 자신이 가늠할 수 있는 잣대가 되기도 한다. 하지만 그렇다고 하더라도 분석가가 자신의 감정을 환자에게 직접적으로 드러내선 안 된다는 게 기본적인 원칙이다.

따라서 〈분석가의 욕망〉[6]이라는 라캉의 표현은 분석가의 역전이적

---

5) 진정한 분석가라면 환자에 대해 개인적인 감정을 삼가야 한다. 만약 분석가가 그럴 수 없다면 다른 분석가에게 환자를 넘기는 편이 낫다.
6) 『에크리』, 824/322쪽 참조.

인 감정을 의미하지 않는다. 그것은 분석가에게 특유한, 일종의 〈정화(淨化)된 욕망〉[7]이다. 물론 여기에서 분석가라 함은 한 인간을 의미하는 것이 아니라, 다양한 개인들에게 부과될 수 있는 공통 기능과 역할을 의미한다. 〈분석가의 욕망〉은 오로지 분석하고만 관련이 있을 뿐이다. 대다수의 분석가들은 자신이 환자에게 분석을 통해서 보다 나은 어떤 모습으로 다시 태어나기를 요구할 수 있다고 생각한다. 환자에게 남편과 이혼하라든지, 가정으로 돌아가라든지, 아니면 아이를 가져보라는 식으로 말할 수 있다는 것이다. 하지만 라캉에 따르면, 이러한 소망은 그가 〈분석가의 욕망〉이라고 부른 것과는 전혀 무관하다. 〈분석가의 욕망〉이라 함은 분석가가 환자들의 상태가 호전되기를 바라거나, 그들이 자기 삶을 되찾아 좀더 행복해지기를 바라는 것과 같은 식의 욕망이 아니다. 일반적으로 신경증 환자는 다른 사람이 원하는 바를 충족시키거나 방해하기 위해 그가 무엇을 원하는지를 알아내려고 하는데, 분석가의 욕망은 그가 환자에게 정확히 무엇을 요구하는지를 알 수 없는 수수께끼같이 막연한 욕망이다.[8]

〈분석가의 욕망〉은 어떠한 대상에도 안착할 수 없는, 순수한 욕망의 운동 그 자체다. 따라서 이 경우 분석주체는 분석가가 무엇을 요구하는지를 확실하게 알 수 없다. 내가 맡았던 한 환자는 분석가인 내가 자신을 동성애자로 믿고 있다고 확신했다. 이는 내가 그녀가 별 생각 없이 말한 두어 번의 동성애 경험에 관해 좀더 이야기해 달라고 부탁했기 때문일지도 모른다. 내 쪽에서 비친 관심의 표시 때문인지 그녀는 내가 그녀 자신이 동성애자임을 깨닫기를 원한다고 생각한 것이다. 물론 그녀는 자신이 가정했던 나의 욕망에 대한 항의의

---

7) 〈정신분석적 순화 psychoanalytic purification〉라는 프로이트의 용어를 참조 (SE XII, 116쪽).
8) 자크-알랭 밀레가 말했듯이 〈환자를 분석가에게 머물도록 하는 가장 귀중한 것, 〔대상 *a*에 해당하는〕 아갈마 agalma는 의문 부호, 다시 말해 타자 안의 결여이다.〉 「분석의 출구 La Sortie d'analyse」, *La Lettre mensuelle de l'ECF* 118(1993. 4), 30쪽.

표시로, 그 일에 관해선 극구 입을 다물어버렸다. 〈분석가의 욕망〉은 이렇게 환자가 쉽게 가정할 수 있는 것이어선 안 된다. 그것은 환자의 무의식의 모든 현시물이 부각되길 기대하고, 환자가 분석 작업에 적극 참여해 줄 것을 바라는 욕망이다. 물론 분석가가 어떤 확정된 프로그램을 갖고 있거나 환자에게 어떤 특정한 것을 말하도록 유도하는 것처럼 보이지 않아야 한다.

나는 다음 장에서 분석가의 욕망에 대해 보다 많은 것을 이야기하려고 한다. 그러나 지금 분명히 해두어야 할 것은 분석가의 욕망은 환자로 하여금 분석에 계속 참여해 그의 경험, 꿈, 환상 등을 언어로 표현하고 자유연상이 지속되길 요구하는, 끊임없는 욕망이라는 점이다. 그것은 한 〈개인으로서의〉 욕망이 아니다. 그것은 장기간의 자기 분석 과정을 거치지 않고는 도달할 수 없는 순수한 욕망이다. 라캉은 분석가의 그런 욕망이야말로 분석을 이끄는 진정한 원동력이라고 생각했다.

지식과 욕망

> 만약 현실에 대한 지각이 불쾌감을 수반한다면
> 우리는 그 지각을 단념할 것이다.
> ── 프로이트, SE XXIII, 237쪽

앞에서 보았듯이 환자들은 정말로 치료를 원해서 분석에 참여하는 것이 아니다. 이와 마찬가지로 그들은 정말로 자신에 대해 알기를 원해서 분석가를 찾는 것이 아니다. 분석이 시작되면 대부분의 환자들은 자기 삶에 무엇이 잘못되었는지를 알고 싶다고 말한다. 하지만 (라캉이 시사하듯이) 그들 마음 깊숙한 곳에 자리잡고 있는 것은 사실 그것을 알고 싶지 않다는 욕망이다. 자신이 무엇을 했는지 분석을 통해 알게 되는 순간, 환자는 변명과 함께 도망치려 한다. 그는 자신의 숨겨진 동기를 깨닫게 되는 순간 그것을 무시해 버린다. 이러한 회피는 신경증자의 가장 기본적인 성향들 중 하나이다.

프로이트는 종종 앎에 대한 충동 Wissentrieb[9]에 관해서 말한 바 있다. 그러나 라캉은 그러한 충동을 성에 관한 아이들의 호기심(《아기는 어디서 나올까?》)에만 국한시킨다. 라캉은 분석 중에 분석주체가 취하는 기본적인 태도는 알기를 거부하는 태도라고 지적했다. 그는 무지에 대한 의지 ne rien vouloir savoir[10]를 가지고 있다는 것이다. 분석주체는 자신의 신경증의 메커니즘에 관해 아무것도 알고 싶어하지 않는다. 그는 자신에게 왜 이런 증상이 나타났는지를 알고자 하지 않는다. 심지어 라캉은 이러한 무지를 사랑이나 미움보다 더 커다란 열정이라고 분류했다. 무지는 알고자 하지 않는 열정이라는 것이다.[11]

분석주체가 이 〈무지에 대한 욕망〉을 극복할 수 있는 방법이 있다면, 그것은 오직 분석가의 욕망밖에 없다. 분석가의 욕망을 통해서만 분석주체는 일종의 새로운 지식을 구축하는 고통스러운 과정을 감내할 수 있다. 만약 분석주체가 끝내 앎에 대해 저항하고 분석가가 그의 욕망을 유지하지 못한다면, 새로운 지식은 구축되지 않을 것이다. 심지어 라캉은 분석 속의 유일한 저항은 분석가 자신의 저항[12]이라고까지 말한다. 왜냐하면 앎에 대한 환자의 저항은 분석가의 개입을

---

9) 예를 들어 〈지식에 대한 본능 instinct for knowledge〉이라고 번역된 SE VII, 194쪽과 〈인식애(愛)적 본능 epistemophilic instinct〉으로 번역된 SE X, 245쪽을 참조. 하지만 보다 일반적으로 (라캉처럼) 프로이트는 〈지식에 대한 갈망은 성적인 호기심과 분리될 수 없다〉고 생각한다(SE X, 9쪽).

10) 『세미나 III』, 21쪽 참조. 그리고 〈알고자 하는 욕망이 조금도 없다 Il n'y a pas le moindre désir de savoir〉고 말한 『세미나 XXI』 참조. 동일한 어구가 『에크리』 독어판 서문에서도 발견된다(Scilicet 5, 1975 : 16쪽). 자신의 길을 〈나는 아무것도 알고 싶지 않다 je n'en veux rien savoir〉는 것과 관련된 것으로 기술한 『세미나 XX』의 첫 쪽과 95쪽 참조.

11) 「『에크리』 독어판 서문」, Scilicet 5(1975), 16쪽. 앞으로 확인하겠지만, 이는 주체가 만족의 근원을 알려고 하지 않는 의지, 자신이 어디에서 주이상스를 얻는지 알고 싶어하지 않는 의지이다.

12) 『세미나 III』, 60쪽 참조. 〈환자의 저항은 곧 여러분의 저항이다.〉 또한 『에크리』, 595/235쪽 참조. 〈분석의 저항은 곧 분석가 자신의 저항이다.〉

통해서만 극복될 수 있기 때문이다. 만약 분석가가 자기 욕망을 분석의 장 속에 개입시킬 기회를 놓쳐버린다면, 치료에 대한 저항은 환자의 것이 아니라 분석가의 것이라 할 수 있다. 환자의 저항은 이미 처음부터 주어진 것이기 때문이다. 분석은 이미 환자가 아무것도 바꾸길 원하지 않으며 아무것도 포기하지 않으려 한다는 것이 전제된 상태에서 시작된다. 환자의 구조적인 저항은 우리가 어떻게 할 수 있는 게 아니다. 앞으로 확인하겠지만, 분석이 어떤 효과를 발휘할 수 있다면, 이는 오직 분석가의 실천을 통해서다.

만족의 위기

> 주체가 발견한 어떤 것은
> 그로 하여금 발견하도록 부추겼던 것과 약하지 않는다.
> ─ 라캉, 『세미나 XI』, 199/219쪽

사람들이 진정으로 알기를 원하지 않거나 변화하기를 원치 않는다면, 그들은 왜 분석가를 찾는 것일까? 그들이 원하는 것은 도대체 무엇인가?

대부분의 경우, 사람들은 그들의 삶에 위기가 닥쳤을 때 분석가를 찾는다. 프로이트의 말처럼 증상이 대리만족을 준다고 하더라도, 이러한 대체물들이 항상 원만한 결과를 가져오는 것은 아니다. 그것들은 사회와의 갈등을 초래할 수 있으며, 그를 사랑하는 사람들이나 직장 상사와 문제를 일으킬 수도 있다. 아니면 증세가 심해져서, 예를 들어 광장공포증이 악화되어 생활이 불가능해지거나 고통스러워질 수 있다. 말하자면 사람들이 분석가를 찾아오는 것은, 증상이 제공하는 만족감이 더 이상 기쁨을 주지 못하거나 만족감이 다른 요소에 의해 위협을 받아 급격히 위축될 때이다.[13]

그러나 〈만족 satisfaction〉이란 용어는 증상이 제공하는 쾌락을 기술하기엔 너무 단순하다. 현실적으론 불만족을 불평하면서도 끝내 분석가를 찾지 않는 사람들도 있다. 그런데 이는 그들이 불만족과 불평으로부터 만족감을 얻기 때문이다. 그들은 자신을 불만족스럽게 만드는 타인들을 비난하면서 만족감을 얻는다. 자신을 고통 속에 몰아넣으면서도 엄청난 쾌락을 느끼는 것이다. 프랑스어에는 이러한 고통 속의 쾌락을, 불만족 속의 만족감을 지칭할 만한 적절한 단어가 있는데 그것이 바로 주이상스 *jouissance*이다. 주이상스는 자기 처벌이나 고통스러운 일에서 느끼는 흥분(예를 들어 성적인 절정감)을 의미하는 용어이다. 대부분의 환자들은 자기 증상에서 만족감이나 쾌락을 얻는다는 사실을 부인한다. 하지만 자세히 살펴보면, 우리는 늘 그들이 증상을 즐기며 단순히 만족이라고 하기엔 너무나 〈비정상적인〉 방식으로 쾌락을 즐기고 있다는 사실을 발견하게 된다.[14] 〈주이상스〉라는 용어에는 주체가 어떤 수단으로든지 쾌락을 즐긴다는 개념이 함축되어 있다.[15]

---

13) 콜레트 솔레 Colette Soler는 다음과 같이 말한 바 있다. 〈그것을 분석 가능한 증상으로 만들기 위해선 무엇이 필요한가? 내가 보기에 이를 위해선, 흔히들 '속도를 죽여야 한다'고 말할 때처럼 주이상스를 죽여야 한다.〉 *Actes de l'ECF : L'acte et la répétition*(1987), 19쪽. 이 논문은 「분석 행위의 진정한 목적 The Real Aims of the Analytic Act」, *Lacanian Ink* 5(1992 : 57쪽)로 번역되어 있다.
14) SE XVI에서의 프로이트의 언급을 생각해 보자. 〈증상이 가져다주는 만족에는 이상한 점이 많다. 주체는 그게 만족인 것을 잘 알지 못한다. 오히려 그는 그것을 고통스럽게 느끼며 불평한다〉(365-366쪽).
15) 이 책에서 나는 프랑스어 단어 〈주이상스 jouissance〉와 프로이트의 용어 〈만족 satisfaction〉을 거의 같은 의미로 사용했다. 쾌락 원칙과 현실 원칙이라는 프로이트의 구분에 익숙한 독자라면 주이상스와 만족이 긴장의 〈직접적 방출〉, 다시 말해 〈순수한〉 쾌락과는 다른 것임을 유념해야 한다. 주이상스는 〈현실〉을, 다시 말해서 부모가 아이에게 부과한 원칙을 침범한다. 주이상스는 이미 타자의 요구, 명령, 가치가 쾌락에 금기를 부여하고 그것을 저해한다는 것을 전제한다. 주이상스는 쾌락 원칙을 넘어선 쾌락이다.
　라캉의 용어로 〈주이상스〉는 직접적인 방출이 상징적인 수단에 의해(부모와 같은 타자의 훈계, 금지, 가치를 내면화하거나 동일시함으로써) 구속되었음을 따라서 주체가 분석을 원하는 순간은 그가 주이상스를 얻기 위해 사용했던 방법에 문제가 생긴 경우이다. 이것이 바로 〈주이상스의 위기〉이다. 이는 주이상스를 주는 증상이 더 이상 작동하지 않거나 위기에 봉착하는 순간이다.

환자가 주이상스의 위기를 경험하지 않고 분석가를 찾아오는 경우는 일반적으로 가족, 친구, 직장 상사의 강요에 의한 것이다. 이 경우 주이상스의 위기를 경험하는 자는 환자가 아니라 그 주변인이다. 일반적으로 환자는 주변인의 욕망을 위축시키는 데 커다란 흥미를 느끼고 있으며, 분석가의 욕망이 미치는 효과에도 그리 개방적이지 않다.

주이상스의 위기를 겪고 분석가를 찾아오는 환자들은, 분석가가 그 주이상스를 제대로 작동시켜 주길, 다시 말해서 증상이 예전대로 원만히 작동하기를 기대한다. 요컨대 그들은 증상으로부터 벗어나기를 원치 않는다. 오히려 그들에게 문제는 증상이 제대로 작동하지 않

의미한다. 방출이 이루어진다면, 그것은 어떤 의미에서 이미 타자를 포함한다. 어떤 경우는 금지를 넘어서는 것과 관련해 방출이 보다 더 극대화될 수 있다. 또 어떤 경우는 타자가 관계되는 것으로 인해 방출이 삶의 특정 영역으로 전환될 수도 있다(물론 이외에도 여러 가지 경우가 있을 수 있다).

프로이트의 구강기, 항문기, 성기기는 아이의 신체 기관에 대한 부모의 관심, 금지, 위협(이유기, 배설 훈련, 손가락을 빼는 일을 금지시키는 것 등)과 관련된다. 부모의 관심 때문에 아이가 처음에 신체의 일부에서 느꼈던(최초의 순간에 느꼈다고 가정되었던) 〈순수한 쾌락〉은 이타성애적인 쾌락이 된다. 바꿔 말해서, 그것은 순종적으로건 반항적으로건 타인들을 포함하기 시작한다. 손가락을 빨면서 느꼈던 순수한 쾌락은 이제 그것을 금지하고 비웃었던 사람들과 결부된다. 그것은 사회적이 되며 관계적이 된다. 그것은 부모나 교사를 향한 아이의 태도를 포함한다. 바로 이 변형에 의해 쾌락과 주이상스가 분할된다.

프랑스어로 jouir는 〈절정에 도달하다〉를 의미하는 반면, jouir de는 〈무엇을 즐기다〉, 〈무엇에 도취되다〉, 〈무엇을 활용하다〉 등을 의미한다. 용어의 일상적인 의미와 법률상의 의미에 관한 더 상세한 설명은 『라캉의 주체 : 언어와 주이상스 사이』(Princeton : Princeton University Press, 1995), 7장과 8장 참조. 또한 『세미나 XX』 참조. 쾌락, 욕망, 주이상스에 관해선 브루스 핑크, 『남성/여성 : 21세기의 성욕 *Masculine/Feminine : Human Sexuality in the Twenty-First Century*』(근간) 참조.

는다는 점이다. 그들은 분석가가 그들의 만족을 처음 상태대로 복구시켜 주길 요구한다.[16]

그러나 그 대신 분석가가 분석의 시작부터 제공하는 것은 다른 유의 대리만족이다. 그것은 무의식의 해석 과정과 전이 관계로부터 오는 만족이다. 물론 환자가 원했던 것은 이게 아니다. 그가 원했던 것은 대체물이 아니라 옛날의 만족 바로 그것이다.

바로 이 점 때문에 분석은 계약contract이 아니며, 환자는 이른바 〈의뢰인client〉이라는 용어로 지칭될 수 없다. 〈의뢰인〉이라는 것은 그가 일종의 소비자라는 것을, 자신이 요구하는 것과 받아야 할 것을 정확히 알고 있다는 것을 전제한다. 이는 실제 치료 상황과는 전혀 무관하다. 〈계약〉이란 개념은 서로 동등한 쌍방이 관계를 맺고 서로 무언가를 제공해야 한다는 의무를 전제한다. 그러나 분석에서 분석가는 환자의 요구를 빗겨가며 그것을 좌절시킨다. 그리고 최종적으로 분석가는 환자로 하여금 그가 요구하지 않는 무엇인가를 지향하도록 만든다. 물론 어떤 이들은 병적이며 불완전한 자라는 뉘앙스가 담긴 환자보다 〈의뢰인〉이라는 용어를 선호할 수도 있다. 하지만 라캉은 〈의뢰인〉이라는 용어 대신 〈분석주체〉라는 용어를 사용한다. 분석주체 analysand라는 말의 접미사 -and는 현재분사 형태이다. 이는, 분석 작업을 수행하는 사람은 분석가가 아닌 환자 자신이라는 점을 함축한다.

위기의 순간에 분석가를 찾는 분석주체는 일종의 타협처럼, 증상의 만족을 포기하는 대가로, 무의식을 해석하는 데서 오는 대리만족을 얻을 수 있다. 분석주체는 〈내가 무엇을 기대할 수 있는가? 내가

---

16) 여기에서 〈요구〉를 의미하는 프랑스어의 demande는 영어의 demand만큼 강한 뉘앙스가 없다. 프랑스어의 demande는 종종 단순히 부탁이나 간청을 의미할 수 있다. 내가 환자의 요구라고 말할 때, 우리는 이 점을 주의해야 한다. 임상에서 환자들이 의사에게 부탁하는 것들은 영어의 demand에 함축된 〈권리〉, 〈강요〉의 뉘앙스가 없기 때문이다. 내가 〈요구〉라고 말할 때에는, 누군가가 다른 이에게 무엇인가를 청(請)한다는 의미에서 이해되어야 한다. 이러한 요구에 관해선 4장 참조.

분석에서 기대할 수 있는 건 무엇인가?〉라고 물으면서 분석가에게 무엇인가를 요구할 것이다. 분석가는 행복이나 완치를 약속할 수 없음에도 불구하고, 필요하다면 분석주체에게 세계에 대한 새로운 이해를, 사람들을 대하는 새로운 방식을, 이 세계 안에서 살아가는 새로운 방법을 약속할 수 있다. 또 어떤 분석가는 그런 식의 질문에 응답하기를 거부하고, 대신 분석주체로 하여금 증상의 주이상스를 포기하도록 요구할 수도 있다. 그리고 그 대가로 분석주체의 기대를 벗어나는 모호한 무엇인가를 제공해 그의 정신적인 쇼크를 일시적으로 완화시키고 이를 통해 그로 하여금 분석의 첫발을 내딛게 만들 수도 있다.

따라서 굳이 환자가 진심으로 분석을 원할 필요는 없다. 단지 환자에게 어떤 문제가 있는 것만으로 충분하다. 증상이 주는 주이상스에 도취한 분석주체 앞에서, 분석가는 분석에 대한 욕망을 통해 그의 관심을 자극하고 그를 지속적으로 분석 과정에 참여시켜야 한다.[17]

---

17) 1993-1994년의 미출간 세미나 「Donc」에서 자크-알랭 밀레는 프로이트가 도라와의 분석에서 저지른 실수를 정확하게 지적했다. 한마디로 프로이트는 그 사례에서 분석가로서의 욕망을 간직하지 못했다는 것이다. 밀레는 도라가 〈오늘 분석이 마지막인 걸 당신은 아시는지요?〉라고 물었을 때 〈당신은 언제든지 마음대로 그만둘 수 있다는 것을 잘 알잖아요〉라고 프로이트가 냉담하게 대답했던 것을 지적했다. 프로이트는 분석을 지속시키고자 하는 욕망을 표현할 수 있는 기회를 그만 놓쳐버렸다. 만약 프로이트가 그 욕망을 제대로 표현했다면, 도라가 품은 의심을 불식시킬 수 있었을 것이고, 아마도 프로이트에게 분석과 해석을 다른 방향으로 이끌어갈 기회가 주어졌을 수도 있을 것이다. 분석이 중단된 것에 대해 프로이트가 늘어놓은 이유(〈심리적인 영향이 이용되는 범위에 대해선 한계를 설정해야 하는데 나는 환자 자신의 의지와 이해를 그 한계 중의 하나로 중요시 여긴다〉)는 그 자신이 SE XII에서 〈분석을 지속시키도록 환자를 설득해야 한다〉(130쪽)고 주장했던 것과 비교하면 자기 변명으로밖에 들리지 않는다.
  분석가의 욕망은 어느 특정 시점에 국한된 것이 아니라 분석의 시작과 함께 계속해서 유지되어야 한다. 분석의 종료는 특정 이론, 제도적인 원칙, 특정 권위에 의거해서가 아니라 분석가의 욕망에 따라 이루어져야 한다. 분석가들은 환자가 커피나 식사에 초대할 경우 〈안 될 것 같다〉거나 〈미안하지만, 그렇게

할 수 없다〉고 대답하는 경향이 있는데, 이는 마치 그 거절이 그들의 의지가 아니라 어떤 권위에 의해 부과된 원칙을 따르고 있다는 느낌을 준다. 이는 기회만 된다면 분석가가 언제든지 환자를 따라 나갈 수도 있다는 것을 암시한다. 분석의 욕망이란 개념을 잘 모르는 일부 분석가들은 환자와 외출을 하기도 하며 환자들도 종종 그것을 당연하게 받아들인다. 또 어떤 분석가들은 〈아니오. 저는 제 환자와 그런 만남을 원하지 않습니다〉라고 말하기도 하는데, 사실 이렇게 어떤 보편적인 원칙에 호소하는 것은 분석에 대한 욕망이 아니다.

환자가 분석에 늦거나 약속을 지키지 않거나 심지어는 약속을 취소할 경우에도 분석가는 분석에 대한 욕망을 잃지 말아야 한다. 분석가는 되도록이면 환자가 약속을 어기지 않도록 주의를 주어야 하며 일정이 취소되었더라도 필히 나중에 보충해야 한다. 나는 환자가 24시간 내에 약속의 취소를 통고해 오지 않을 경우에도 진료비를 부담케 하고 그 빠진 일정을 나중에 보충하도록 했다. 분석가는 자기 욕망을 통해 환자의 저항을 극복해야 한다. 약속을 취소한 이유를 곧이곧대로 받아들여선 안 된다. 분석가는 환자가 자기 삶에서 그 무엇보다도 분석이 중요하다고 여기게끔 해야 한다(2장 참조).

또한 환자가 자동 응답기에 약속 취소 메시지를 남기지 않도록 하는 것도 매우 중요하다. 만약 그럴 경우 분석가는 반드시 환자에게 전화를 되걸어 무슨 이유에서 약속을 취소하려 하는지를 묻고 일정을 다시 조정해야 한다. 상당수의 클리닉에선 자동 응답장치 시스템을 통해 환자가 자기 일정을 마음대로 변경할 수 있도록 하기 때문에 분석가의 욕망을 표현할 기회가 없다. 나는 반대로 항상 분석가들에게 환자들에게 전화를 되걸라고 권장한다. 만약 환자가 분석을 취소하고도 아무런 연락이 없다면 분석가는 무리를 해서라도 환자에게 연락을 취해야 한다. 환자가 갖가지 변명과 장애물로 분석가와의 연락을 피한다고 하더라도 분석가는 단념해선 안 된다. 환자가 분석에 저항하리라는 것은 당연한 일이다. 왜냐하면 이는 만족을 포기하는 일이기 때문이다. 하지만 환자가 원하지 않을 때에도 환자를 분석으로 불러내는 것은 분석가의 책임이다.

만약 분석가가 이를 일반적인 방침으로 채택한다면, 자신이 어떤 특정 환자들에게 그것을 지키지 못했는지를 가늠할 수 있을 것이다. 요컨대 어떤 환자에게 다른 환자들보다 더 관대하게 대했다면(다시 말해 그들의 저항을 용인했다면) 왜 그렇게 했는지, 어떤 역전이가 그런 식으로 행동하게 만들었는지, 왜 유독 그 환자에게만 특별하게 대했는지를 생각해 볼 수 있을 것이다. 훈련을 잘 받은 분석가일지라도 혹시 자기가 잘못된 방향으로 분석을 이끌진 않았는지를 알기 위해선 계속해서 자기의 실수, 꿈, 환상 등을 분석해야 한다. 자기 사례를 다른 분석가와 논의하는 분석 감독의 목적 중 하나는 분석가의 욕망이 제대로 작동하는지를 확인하기 위해서이다. 또한 감독은 분석가가 어떤 이유에서 개입에 실패했는지를 확인할 수 있는 계기가 된다. 감독을 해보면 그런 실수는 대개 분석가 측의 저항에서 기인한 것임이 드러난다(3장 참조).

2

분석으로의 유도

⟨예비 면담⟩ : 분석 교육

　분석가를 처음 찾아온 환자들은 대부분 분석 과정이 어떻게 이루어지는지에 관해 전혀 모르고 있다. 분석 과정에 관한 환자들의 예상은 그들의 환경에 따라서 다양하다. 그들이 분석가를 찾는 이유는 그에게 불평을 하거나 죄를 고백하고, 충고를 얻거나 문제의 새로운 해법을 터득하는 것까지, 또는 방해가 되는 생각을 제거하거나 이른바 억압된 기억들을 재생하는 것에 이르기까지 그 범위가 매우 다양하다. 일반적으로 사람들은 분석에 대해 지난번 회합 이후로 자신에게 무슨 일이 있었는지를 분석가에게 말하는 것이라는 이미지를 갖고 있다. 환자는 분석가에게 하루 일과나 일주일 동안의 일을 설명하고, 주변인에 대한 감정과 생각을 고백한다. 분석에 대한 이러한 이미지는 매스 미디어에서 쉽게 찾아볼 수 있으며, 실제로 이런 식의 분석을 시행하는 분석가들도 있다.
　하지만 이들 중 어떤 것도 정신분석의 실제 관심사가 아니다. 문제는 분석에 관해 선입견을 안고 찾아온 환자들을 어떻게 진정한 분석 작업으로 끌어들일 수 있는가이다. 따라서 분석의 초반부는 공식적이건 그렇지 않건 분석에 대한 일종의 교육 과정으로 시작된다.

분석을 시작하면서, 많은 환자들은 분석가와의 관계를 여느 인간 관계나 마찬가지로 간주한다. 신문에서 흥미로운 기사거리를 발견하면, 그것을 마치 친구나 부모에게 하듯이 분석가에게 가져와 내놓는다. 재미있는 책이나 영화를 보았다면 그것을 분석가에게 추천하거나 빌려주려고 한다. 그들에겐 그러한 행동이 〈애정 어린 관심〉의 표시처럼 느껴지는 것이다.

하지만 분석이 시작되는 바로 그 순간부터 분석가는 자신과의 관계 속에서 일어나는 모든 것은 의미가 있는 것이며, 그 관계는 보통의 인간 관계와는 전혀 다른 것이라는 사실을 명확히 밝혀야 한다. 분석가는 이야기나 비밀을 주고받는 친구가 아니다. 환자가 흥미로운 이야기나 농담으로 자신을 즐겁게 하려고 해도 분석가는 절대로 그것에 호응해선 안 된다. 환자가 자기 이야기의 어떤 특정 부분이 의미가 있다고 판단하더라도 분석가는 전혀 다른 것에 관심이 있는 것처럼 보여야 한다.

따라서 분석의 초반부에서 분석가와 분석주체의 관계는 친구 관계처럼 상호적인 관계[1](내 이야기를 해줄 테니 먼저 네 이야기를 해봐)가 아니라는 사실을 명확히 밝히는 것으로 시작해야 한다. 또한 분석가는, 사전에 분석주체가 말하려고 준비한 것들에 흥미가 없음을 보여주어야 한다. 그는 분석주체로 하여금 머리 속에 떠오르는 모든 것들을 억압하지 않고 그대로 드러내도록 요구해야 한다. 그것이 무의미하거나 혐오스럽거나 모욕적으로 보일지라도 말이다. 분석가는 분석주체로 하여금 이전이라면 거들떠보지도 않았을 사소한 일들, 예를 들어 꿈, 환상, 백일몽, 망상, 말실수, 실수 행위와 같은 것들에 각별히 관

---

1) 3장의 〈인격적 존재로서의 분석가〉 참조. 상호 관계는 상상적 관계의 일부이다.

심을 기울이도록 유도해야 한다.

   이는 대부분의 환자들, 특히 이전에 분석을 한 번도 받아보지 않은 환자들에게는 지나친 요구가 될 수도 있다. 전에 다른 분석가에게 수년 간 분석을 받아 온 내 환자는 예전에는 한 번도 꿈을 기억해 보라는 요구를 받았던 적이 없으며, 더구나 정신분석의 가장 본질적인 기술인, 꿈이나 환상에 대한 연상 작업은 생각할 수도 없는 일이었다고 말한 바 있다. 상황이 이렇기 때문에 분석 작업에는 분석에 관한 교육이 얼마간 필요하다. 분석가는 계속해서 분석주체로 하여금 무의식의 모든 형성물들에 주목하도록 권해야 한다. 이것이 바로 분석의 초기 단계에서 이루어져야 하는 교육적인 측면이다.

〈예비 면담〉: 임상적 측면

   라캉에게 있어 분석의 초기 단계를 의미하는 〈예비 면담 entretiens préliminaires〉이란 말은 분석가가 능동적인 역할을 차지한다는 점을 함축한다. 예비 면담은 분석가가 환자의 임상 구조를 파악할 수 있도록 하는 계기를 마련한다. 대부분의 심리치료사들은 진단이 단지 통계학적인 분류 이상이 아니라고 생각한다. 대부분의 진단은 치료를 위한 것이라기보다는, 오히려 보험 회사의 돈벌이를 위한 경우가 많다. 실제로 보험 회사는 종종 치료사들의 진단에 근거하여 보험료를 산출한다. 따라서 보험 회사와 함께 일하는 치료사들은 환자의 질환의 구조를 밝혀내기 위해서라기보다는 치료를 지속시킬 수 있는 근거를 제시하기 위해서 일할 뿐이다. 정밀한 진단이 이루어진다고 해도 이는 자신이나 소수 치료사들의 개인적인 용도를 위한 것이다.

   그러나 분석가는 정신병자를 신경증자와 똑같은 방법으로 다룰 수 없다. 예비 면담 기간에 이루어진 일차 진단은, 물론 이후에 세부적으로 검증되어야 하며 따라서 다시 변경될 수도 있겠지만, 무엇보다 분석가가 환자와의 분석 관계 속에서 어떤 위치에 자리잡아야 할지를 결정하는 데 매우 중요하다. 내가 지도해 온 분석가들은, 환자가 자발적으로 이야기를 꺼내는 경우가 아니라면 환자의 부모나 부모의 성욕에 대해선 아무것도 묻지 않은 경우가 대부분이었다. 그러나 분석가가 단시일 내에 환자의 삶, 가정 생활, 성생활 등에 대한 전반적인 이해를 얻지 못한다면, 그는 생각지도 못했던 심각한 오류를 범하게 될지도 모른다(예를 들어 정신병을 초래하게 될 수도 있다).

따라서 예비 면담은, 일차 진단에 필요한 매우 중요한 사항들을 밝혀내기 위해 분석주체에게 질문을 던지는 것으로 이루어진다. 이러한 예비 면담을 통해 분석가는 환자의 삶과 임상 구조를 대략적으로 이해할 수 있다. 그러나 이는 분석가가 환자에게 무엇을 말해야 할지를 미리 규정함으로써 예비 면담의 방향을 미리 결정하는 일이 되어선 안 된다. 프로이트의 말처럼, 분석의 초기 단계에서는 〈분석가가 환자에게 모든 것을 말하도록 만들며, 그가 자유롭게 말하기 위해선 무엇이 필요한지를 설명하는 것으로 충분하다〉(SE XII, 124쪽). 물론 분석가가 진단에 대해 의심을 지울 수 없을 때는(예를 들어, 분석가가 앞으로 7장에서 제시되는 것과 같은 정신병에 대한 경험이 별로 없거나, 아니면 앞으로 9장에서 논의될 도착증을 치료할 때 취해야 할 태도에 대해 불편함을 느낄 때처럼) 환자에게 어떤 의도적인 질문들을 던져보는 것도 나쁘진 않다.

두번째로, 분석가는 예비 면담을 통해 환자의 삶에서 나타난 막연한 불편함(우울, 불안, 괴로움 등)을 하나의 개별 증상으로 변형시킬 수 있다.[2] 대개 환자들은 그런 문제들을 신체적인 질환으로 치부하

---

2) 라캉이 말했듯이, 우리는 종종 분석의 초기 단계에서 증상의 체계화나 조직화를 확인하게 된다(『세미나 X』, 1963년 6월 12일 참조). 라캉은 그런 체계화를 프로이트의 쥐인간 Rat Man 분석에서 확인할 수 있다고 암시한 바 있다(『에크리』, 596/236쪽).

며 약물 치료에 의존하는 게 보통이다. 그러나 만약 그들이 분석을 받게 된다면, 예비 면담은 그들에게 문제를 정신신체적인 psychosomatic 관점에서 바라볼 수 있는 기회를 제공할 것이다. 요컨대 예비 면담은 그들의 문제를 언어치료의 관점에 의해 다루어질 수 있도록 만든다.

많은 환자들은 자신이 발견한, 어떤 특정한 증상들로부터 벗어날 수 있도록 분석가가 특별한 조치를 취해 주길 바란다. 심리치료의 외과적인 모델에 근거해 작업하는 행동주의자(이 경우 증상은 맹장의 염증처럼 유기적으로 제거될 수 있는 하나의 행동 양식으로 간주된다)가 아니라면, 대부분의 심리치료사들은 환자의 삶의 다양한 측면들을 검토하지 않고는, 언뜻 보기에 개별적인 것처럼 보이는 그 증상을 완전히 제거할 수 없다는 사실을 깨닫고 있다. 얼굴 경련과 같은 〈단순한〉 증상조차도 사실은 대단히 복합적인 정신신체적인 현상의 일부인 것이다. 개별 증상은 보다 〈복잡한 문제〉 중에서 유일하게 가시적으로 드러난 빙산의 일각에 지나지 않는다. 따라서 환자가 (다소 주저하면서라도) 증상의 제거에 대한 요구를 무의식의 해석을 통해 주어지는 만족에 대한 요구로 대체하지 않는 한, 다시 말해 환자가 얼굴과 같은 일부분만이 아니라 자기 삶 전체를 의문시하지 않는 한, 그 얼굴 경련 하나만을 정신분석적인 증상이라고 보긴 어렵다.

이는 다소 시간이 걸리는 일이 될 수도 있다. 정말로 환자가 분석 과정에 참여한다고 말할 수 있으려면 일 년 동안 하루도 거르지 않고 면담을 해야 할지도 모른다. 자크-알랭 밀레의 말을 빌리자면, 우리가 기대하는 것은 〈관계 자체로부터 '자율적인' 요구가 나타나는 것이다.〉[3] 다시 말해서 환자가 증상 제거의 요구를 분석에 대한 요구로 대체할 수 있어야 한다. 그리고 분석가와의 관계는 아무것도 알지 않으려는 환자의 의지를 분석에 대한 의지로 변형

---

3) 자크-알랭 밀레, 「분석의 출구」, *La lettre mensuelle de l'ECF* 119(1993), 34쪽.

시켜야 한다.

  시간이 얼마나 걸릴지 모르는 이 기간 동안, 분석주체는 일반적으로 어느 정도까지는 누군가에게 의지할 필요를 느낀다. 따라서 그는 자신이 말을 건네는 사람이 얼굴을 가진 구체적인 인물이기를 원한다. 그는 상대방과 시선을 주고받으면서 말하기를 원한다. 분석에 처음 참여하는 환자는 분석가를 한 사람의 평범한 인간으로 생각하는 경향이 있다. 따라서 분석가의 〈인격〉이 사라지고 분석가가 하나의 기능으로서, 빈 스크린이나 거울로서 기능하기[4]까지는 여러 단계의 절차가 필요하다. 당연히 이런 과정은 다소 시간이 걸리게 마련이다. 그렇기 때문에 우리는 첫 대면부터 환자를 곧바로 카우치로 이끌 순 없다.[5] 이 점은 현재의 많은 분석가들이 오해하고 있는 부분이기도 하다. 사실 예비 면담은 얼굴을 맞대고 이루어져야 한다. 분석이 시작되었다고 해서 환자를 바로 카우치에 누이는 것은 잘못된 일이다.

〈예비 면담〉: 분석가의 개입

  환자가 분석가를 자신과 같은 일반인으로 생각한다면, 분석가의 해석은 별다른 효과를 가져오지 못할 것이다. 분석주체가 분석가의 해석을 인정하건 거부하건 간에, 이런 경우는 해석이 분석주체의 리비도적 경제에 별다른 영향을 미치지 못한다. (의도의 여부와는 상관없이) 분석주체가 해석을 거부한다면, 그 다음은 당연히 그가 분석가를 바꾸거나 분석을 포기하는 일이 벌어질 것이다.[6] 분석주체가 진

---

  4) 분석가의 거울 역할에 관해선 『세미나 VIII』, 435쪽 참조.
  5) 라캉, 「증상에 대한 제네바 강의」, *Analysis* 1(1989), 10쪽. 다시 한번 강조하건대 이 책의 전반부에 제시된 분석에 대한 접근 방식은 정신병에는 적용되지 않는다. 정신병의 치료에 관해선 7장 참조.

정으로 분석을 요구하지 않는다면, 그리고 분석가가 하나의 순수한 기능으로 작동하지 않는다면, 해석은 아무런 효과도 발휘하지 못할 것이다.

구두법

지금까지의 논의는 예비 면담 기간엔 분석가가 아무 말도 하지 말아야 한다는 걸 의미하진 않는다. 오히려 이는 분석가의 개입이 환자의 말에 〈구두점〉[7]을 찍는 게 되어야 한다는 것을 의미한다. 이러한 구두법 punctuation은 환자가 말한 단어들 중 일부를 분석가가 단순히 반복하거나 〈음!〉이라는 의미심장한 표현을 건넴으로써 이루어진다. 구두점(콤마, 대시, 마침표)의 위치를 바꾸면 텍스트의 의미가 바뀌듯이, 환자의 말도 다양한 방식으로 구두점을 찍어서 중요한 부분을 강조하거나 말실수가 이루어지는 부분을 부각시킬 수 있다. 분석가는 환자의 말에 구두점을 찍음으로써, 그 말이 다른 의미로 읽힐 수 있음을 암시한다. 물론 그것이 무엇을 의미하는지, 혹은 그것이 일관성을 가지고 있는지를 말하지 않고서도 말이다. 분석가가 환자의 말에 함축된 모호한 의미나 이중적인 의미들, 말실수 등을 강조하는 것은, 자신이 환자가 〈진정으로 말하려 했던〉 바를 알고 있는 것처럼 보이기 위해서가 아니라, 그의 말에 또 다른 중요한 의미가 내재되어 있다는 사실을 암시하기 위한 것이다. 다시 말해 분석가의 구두법은 어떤 특정한 의미를 지적하는 것이 아니라, 환자가 주목하지 못한 무의식적인 의미의 존재를 암시하는 것이다.

일상 대화에서 (말실수와 같은) 무의식적인 현시물이 발견되면, 우

---

6) SE XII에서의 프로이트의 논의 참조. 프로이트의 도라 분석은 이에 대한 하나의 적절한 사례가 될 수 있다. 도라는 자신이 신뢰하지 않는 사람의 말은 전혀 들을 준비가 되어 있지 않았음에도 프로이트는 그녀에게 지나친 해석을 제시한 바 있다. 분석가는 해석을 위한 토대를 조심스럽게 준비해야 한다. 8장의 〈히스테리 사례〉에서 제시된, 해석의 토대를 준비하는 것에 대한 논의를 참조.
7) 『에크리』, 313/98쪽.

리는 즉시 그것을 수정하거나 별다른 의미가 없다는 듯이 무시해 버리기 일쑤이다. 따라서 구두법을 통해 그것들을 강조하는 것은 처음에는 환자를 괴롭히는 일이 될 수도 있다. 하지만 체계적으로 구두법을 수행하면, 환자는 자신이 자기 말의 주인이 아니라는 사실을 깨닫고,[8] 무의식에 대한 호기심이나 열정적인 관심을 갖게 될 수 있다. 적절한 구두점을 찍게 되면, 대부분의 환자들은 자기 입에서 튀어나왔지만 한때 회피해 버린 말실수를 스스로 지적하며 분석하는 단계에 도달하게 된다.

말실수나 이중적인 의미들에 대한 분석가의 관심은 환자가 그것들에 관심을 갖도록 자극한다. 분석가가 분명한 의미를 제시하지 않으면 환자 스스로 그것들에 의미를 부여하기 시작할 것이다. 〈결정적인〉 해석을 피함으로써 분석가는 무의식을 해석하는 과정 속으로 환자를 끌어들일 수 있는 것이다.

절분법

<small>어떠한 의학적 도구나 치료법도 오용으로부터 안전하지 못하다. 칼이 자르는 데 쓰이지 않을 수 있는 것처럼, 의학적 도구도 치료를 위해 사용되지 않을 수 있다. —— 프로이트, SE XVII, 462-463쪽</small>

분석의 초기 단계에서 분석가가 개입할 수 있는 또 다른 방법은 적절하다고 판단될 때 분석을 그냥 끝내버리는 것이다. 분석이 진행되는 동안, 환자는 무엇인가를 강력하게 거부하거나 그가 발견한 것이 사실이라고 주장할 수 있다. 그리고 꿈에서 나타난 어떤 중요한 부분을 이야기하는 도중에 다시 말실수를 저지를 수도 있다. 바로 이 시점에서 고의로 분석을 끝내버리는 것은 분석가가 비언어적인 방식으로 그 말실수를 강조하는 일이 된다. 이는 환자에게 그 부분이 의미 있는 것이며 결코 가볍게 여겨선 안 되는 것임을 알려주는 일이

---

8) SE XVI, 285쪽.

될 것이다.

분석가는 단지 중립적으로 환자의 말을 듣고만 있어선 안 된다. 그는 어떤 부분들(그전에 인정되지 않던 쾌락과 무의식적인 욕망의 계시와 밀접한 관계가 있는 어떤 부분들)이 중요한 의미를 갖는지 환자에게 암시해 줘야 한다. 분석가는 환자로 하여금 그 부분에 관해 관심을 기울이도록 유도해야 한다. 다소간 직접적으로, 환자가 그 부분에 관해 숙고하고 연상하길 권하면서 말이다. 정신분석학적으로 말해서, 환자들은 자기 삶을 결정하는 중요한 주제들에 스스로 도달할 수 없다. 대부분의 환자들은 즉각적으로 그것들을 회피해 버린다. 그들은 성욕이란 것이 중요한 의미를 지니고 있음을 잘 알고 있지만 실제로 꿈이나 환상을 연상할 때에는 성적인 요소들을 고의로 무시해 버린다.

〈자유연상〉은 (근본적인 수준에선 역설로 가득 차 있지만) 정신분석에 있어 매우 훌륭한 기술이다. 하지만 환자가 혼자만의 자유연상을 통해 가장 중요한 것에 도달하기란 그리 쉬운 일이 아니다. 오히려 이때는 분석가가 자신이 중요하다고 판단하는 것을 강조하길 두려워해선 안 된다. 그렇다고 그것 외의 다른 모든 것을 배제해선 안 되는데, 왜냐하면 각각의 요소 뒤에 무엇이 자리잡고 있는지를 정확히 알 수 없기 때문이다. 하지만 무의식을 강조함으로써 분석가는 그것에 대해 듣고 싶어하는 〈분석가의 욕망〉을 환자에게 드러낼 수 있다.

그렇다. 분석가가 듣고자 하는 것은 바로 그것이다. 그가 듣고 싶어하는 것은 환자가 토요일을 어떻게 보냈는지가 아니며, 환자가 도스토예프스키의 시학에 대해서 어떻게 생각하는지도 아니다.[9] 그런 것들은 친구나 가족이나 동료들과 주고받는 일상적인 잡담에 지나지 않는다. 따라서 면담을 〈절분 scansion〉[10]하는 방법은 환자가 면담을

---

9) 『에크리』, 315/100쪽 참조.
10) 프랑스어의 scander라는 동사는 통상 영어로는 scan이라고 번역된다. 하지만 나는 이보다 scand라는 동사를 선호하는데 이는 근래에 와서 scan이란 동사가 리스트를 대충 훑어본다든가, 스캐너로 물체의 단면을 읽어낸다든가, 텍스트나

단지 쓸데없는 수다로 때우는 것을 막는 방법이기도 하다. 환자가 중요한 무엇인가를 이미 말했다면, 면담을 끝내는 것이 좋다. 그 순간에 〈절분법〉을 통해 면담을 중단하지 않는다면, 환자는 자신이 말한 중요한 부분을 잊어버린 채 면담이 끝날 때까지 계속해서 말하려고 할 것이다. 분석주체의 입에서 중요한 말이 흘러나오는 순간에 면담을 중단시키는 것은 그로 하여금 본질적인 부분에 관심을 기울이도록 만드는 유용한 방법이다.

분석에 있어 환자는 자신의 모든 삶을, 일주일 간 벌어진 일상이나, 머리 속에 떠오른 모든 망상이나 인상까지 상세히 말할 필요는 없다. 만약 그런 것까지 얘기해야 한다면[11] 분석은 평생이 지나도 끝나지 않는 무한한 과정이 될 것이다. 그럼에도 많은 분석가들은 환자들이 말하는 것을 중단시키거나 그들이 의도한 주제를 다른 주제로 바꾸길 꺼려한다. 그리고 지루함이나 짜증과 같은 감정을 겉으로 드러내길 두려워한다. 하지만 짜증은 종종 분석가가 개입할 기회를 놓쳐 기분이 상했음을 뜻할 수 있다. 다시 말해 분석가가 주제를 바꾸거나 문제를 제기하고 싶어한다는 것을 환자에게 암시할 수 있다.

만약 분석가가 환자를 본격적인 분석 과정으로 끌어들이길 원한다면, 그는 환자에게 그가 말하는 모든 것들이 다 의미 있는 것은 아니라는 점을 밝혀야 한다. 일주일 간의 일상사나 그런 유의 피상적인 말들은 분석에 전혀 도움이 되지 않는다는 점을 환자가 깨닫도록 해야 한다. 분석가는 지나치게 세밀한 일상사 속에서 어떤 심리적인 의

이미지를 디지털 형태로 컴퓨터에 저장한다는 뜻으로 많이 쓰이기 때문이다. 라캉이 원래 의도한 것은 마치 시의 운율을 나누듯이 분석주체의 담화를 자르고 중단시키는 작업을 말한다.

11) 이는 환자뿐만 아니라 분석가도 자주 범하는 실수이다. 라캉은 다음과 같이 언급한 바 있다. 〈혹자는 주체가 경험한 미분화된 체험을 총체적으로 복구해야 한다고 상상하기도 한다…… 하지만 주체가 출생 이후부터 줄곧 경험해 온 연속성은 전혀 우리의 관심사가 아니다. 우리가 관심을 갖는 것은 상징적인 분절이 이루어지는 중대한 순간들이다〉(『세미나 III』, 111쪽).

미를 발견하길 고집하기보다 주제를 바꾸는 편이 훨씬 더 현명한 일이 될 것이다.[12]

일상 대화에서와 같은 쓸데없는 군소리들을[13] 체계적으로 제거하고 중요한 점을 강조하는 것이 바로 라캉이 〈가변적 분석 시간 variable-length session〉이라고 부른 개념의 핵심이다. 그러나 라캉이 환자들과의 분석 시간을 가변적으로 설정했을 때, 대부분의 심리학회와 정신분석학회에서는 그의 분석을 〈단기 분석 short session〉이라고 경멸하며 그가 말한 분석 시간의 가변성의 핵심을 은폐시켜 버렸다. 분석 시간의 길이를 가변화하는 것에는 많은 이유들이 있다. 이 중 몇몇은 이 책에서 앞으로 논의될 것이므로, 여기에서는 단지 간단한 이유 몇 가지만을 소개하고자 한다.

무의식의 현시물들은 종종 놀람 *surprise*을 수반한다. 대부분의 환자들은, 긍정을 부정으로 말한다든가 대명사를 잘못 사용한다든가 하는 식의 말실수와 자신이 저지른 뜻밖의 행동을 깨닫고는 놀라움을 표한다. 내가 지도했던 한 분석가의 환자가 바로 이런 경우에 속한다. 그는 의식적으로 오랫동안 계모를 미워했다. 그런데 아버지가 죽고 얼마 안 되어 거리에서 계모를 만났는데 그때 자신이 애정 어린 마음으로 그녀를 대했다는 걸 깨닫고는 놀라워했다. 그는 오랫동안

---

12) 이는 또한 그 이후에, 예를 들어 환자가 삶에 있어서 문제가 되는 특정한 사건이나 증상을 부각시키면서 그쪽으로 분석을 유도하고 다른 것엔 관심을 기울이지 않을 때에도 해당되는 얘기이다. 이는 환자가 의식적으론 이해하고자 하지만 무의식적으론 알고 싶어하지 않는 경우이다. 분석가가 능숙하게 환자의 관심을 그 부분과 관련된 다른 지점으로 옮기지 않으면, 환자는 자기가 알고자 하는 것을 이해할 수 없다는 데에서 점점 더 좌절감을 느끼게 될 것이고, 그만큼 당연히 분석가에게 더 많은 해석을 요구할 것이다. 만약 그가 환자의 기대에 부응하지 못한다면, 환자는 분석가가 직무를 게을리한다고 비난할 것이다.

분석가의 관심은 환자가 의식적으로 어떤 것을 말하려고 하는지, 어떻게 말하려고 하는지에 있지 않다. 분석가는 무의식을, 그리고 그것이 생산하는 새로운 자료와 그것이 만드는 새로운 질서를 믿을 뿐이다.

13) 이러한 헛소리 blah, blah, blah가 주는 쾌락에 관해선 『세미나 XX』, 53쪽 참조.

그가 아버지에 대한 분노를 계모에게 전이시켜 왔다는 사실을 알지 못했던 것이다. 그의 예기치 않은 반응은 그가 이전에 알지 못했던 감정과 생각을 엿볼 수 있는 창문이라 할 수 있다.

분석가가 갑자기 면담을 중지시키면, 그는 분석주체가 놀라워한 어떤 부분을 강조하게 될 것이다. 혹은 중지를 통해서 놀랄 만한 어떤 요소를 도입할 수도 있다. 이는 분석주체로 하여금 자신이 듣지 못한 무엇인가를 분석가가 들었다는 것을 눈치채게 하고 그것이 무엇인지를, 다시 말해서 어떠한 무의식적 사고가 표출되었는지를 의문시하도록 만든다. 분석주체가 무엇인가에 놀라움을 느낀다는 것은 현재의 분석이 관행 속에 빠지진 않았다는 사실을 확증해 준다. 말하자면 분석주체가 환상이나 꿈 이야기로 시간을 대충 때우고 집으로 돌아가는 일을 반복하진 않는다는 것이다. 라캉의 정신분석은 분석주체가 일상의 틀 속에 안주하지 않고 자신의 무의식적인 현시물에 관심을 기울이도록 만들 수 있다.

시간이 고정된 면담을 원칙으로 삼게 된다면, 분석주체는 자신이 말해야 하는 일정량의 시간에 미리 대처할 수 있다. 그는 그 시간을 어떻게 때워야 할지를 미리 계산할 수 있을 것이다. 예를 들어, 분석주체는 자신이 전날 밤에 분석가에 관해 꾼 꿈이 분석에서 얼마나 중요한 의미를 갖는지 알고 있다. 하지만 그는 꿈에 대해 이야기하기 전에 자신이 원하는 다른 것들을 먼저 늘어놓으려 할 것이다. 그는 꿈의 중요성을 축소시키려 하고, 그 꿈을 연상하는 데 시간을 최대한 적게 배정하려고 할 것이다. 혹은 분석가가 자신에게 더 많은 시간을 할당하도록 유도하고자 할 것이다. 요컨대 분석주체는 자신에게 부과된 시간을, 그를 사로잡고 있는 (타인들을 무시하거나 회피하는 것과 같은 방법을 포함한) 신경증적인 전략의 일부로 사용할 것이다. 미리부터 면담 시간을 계산할 수 있게끔 한다면, 이는 오히려 강박증을 더욱 강화시키는 일이 될 것이다.

이에 반해 가변적인 면담은 분석주체를 어느 정도 무방비 상태로 만든다. 이는 그가 본질적인 지점에 바로 도달할 수 있도록 해준다. 물론 가변적인 면담 자체는 만병통치약이 아니다. 어떤 분석주체들은 면담을 계속해서 의도적인 방향으로 이끌기도 한다. 단지 나르시스적인 이유에서, 다시 말해 분석가가 자신을 알아주기를 원하기 때문에, 별로 중요하지 않은 것을 의도적으로 말하고(〈시험을 정말 잘 보았지요〉라든가, 〈어제는 당신이 쓴 여성성에 관한 논문을 읽었어요〉), 중요한 부분을 나중으로 미룬다. 또 어떤 분석주체는, 특히 강박증자와 같은 경우는 자신이 말하고 싶어하는 것을 미리부터 정확히 알고 있을 정도로 사전에 면담을 계획하고, 실제로 면담을 할 때도 아주 완벽하게 연기(演技)해 낸다. 물론 이런 경우엔 어떠한 말실수나 자유연상도 불가능할 것이다.

라캉의 정신분석에 관해 훌륭한 책을 쓴 한 저자는 자신의 분석에서 자신이 수년 간 매일같이 그런 전략에 집착했다는 사실을 공개적으로 시인한 바 있다. 그는 분석 전에 자기 꿈을 빈틈없이 노트에 옮겨 적고 분석이 진행되면 그것을 기억해 내곤 했다. 만약 분석가가 면담을 중단하지 않았다면, 그는 계속해서 그런 식의 기억을 되풀이했을 것이다.[14] 그는 자신이 처음부터 분석이 진행되는 동안 초래되는 불안을 강박증적인 방식으로 해결하고자 했다는 사실을 잘 알고 있었다. 그는 자신이 한 행동은 자신의 분석에 대한 〈사보타주〉라고 생각했으며, 따라서 분석이 진행된다고 하더라도 어떠한 치료 효과도 일어날 수 없다는 것을 잘 알고 있었다. 하지만 그는 가변적인 분석을 실천한 라캉주의자에게서 분석을 받았기 때문에 성공적으로 분석을 마칠 수 있었다.

가변적인 면담이 반드시 모든 것을 해결할 수 있는 것은 아니지만, 그럼에도 위와 같은 강박증자를 다루는 데에는 유용하게 쓰일 수 있다. 예를 들어 다음의 사례를 살펴보자.

---

14) 이런 신경증적 전략에 대한 프로이트의 논의에 대해선 SE XII, 136쪽 참조.

내 친구는 한 라캉주의자에게 분석을 받았다. 그런데 분석의 어떤 시점에서 일주일이 넘게 분석가가 단 몇 초 만에 분석을 끝내고 그를 집으로 돌려보낸 적이 있었다. 당시 내 친구와 나는 놀라지 않을 수 없었으며, 더불어 그의 방식이 부당하다고 생각했다. 당시 나는 분석가가 왜 그렇게 분석에 무성의했는지에 대해 정확한 사유를 알지 못했다. 그러나 이후에, 당시 그 친구는 분석 기간 동안 정신분석에 대한 장광한 주제를 놓고 자신의 생각을 조리 있게 말하기 일쑤였다는 사실을 알게 되었다. 그는 자기 만족과 함께 지적인 태도에 과도하게 빠져 있는 일종의 강박증자였다. 그때 분석가는 더 이상 분석의 여지가 없다는 것을 깨닫고 분석을 잠시 중단시킴으로써, 이론의 논쟁에 휘말리지 않고 본질적인 문제로 직접 들어가고자 했던 것이다.

대부분의 심리학이나 정신분석 유파에서는 분석가의 그런 행동을 분석가의 직업 윤리에 어긋나는 부당한 행동이라고 간주할 수도 있다. 그들은 분석가를 찾아온 환자를 그런 식으로 대접해선 안 된다고 말할 것이다. 그러나 분석은 계약이 아니다. 분석주체는 분석에서 무엇인가를 회피하려고 하면서도 역으로 그것을 기대할 수 있다. 위에서 언급한 그 명망 있는 저자의 경우도 무의식적으로나 전의식적으로는 자괴적이었음에도, 분석에서 무엇인가를 계속 얻고자 기대했다. 그가 그렇게 오랫동안 매일같이 분석을 받아 왔다는 사실은 그가 자신이 원했던 것과는 전혀 반대되는 어떤 것을 내심 기대하고 있었음을 의미한다. 그는 아마도 분석가가 자신의 고질적인, 그 자괴적인 성향으로부터 자신을 끌어내줄 것을 기대하고 있었을 것이다.

내 친구도 어떤 의미에서는 이런 경우에 속한다. 그도 내심 분석을 요구하고 있었던 것이다. 그는 이론적인 문제로 분석을 방해하면서도 자신이 무엇을 하고 있는지 잘 알고 있었다. 그로선 어쩔 수 없는 일이었다. 그는 분석가로서 훈련받기를 원했기에 (라캉에 관해 해박한 지식을 가진) 그 분석가를 찾아갔다. 그리고 자신이 관심을 갖고 있는 이론적인 부분들에 관해 이야기하면서, 학교에서 선생님에게 교과목을 배운다는 기분으로 분석에 임했던 것이다. 물론 내 친구는 프로이트의 작업에 대해 어느 정도 익숙했기 때문에 이론이 분석의 대상이 아니라는 사실 정도는 익히 알고 있었다. 그럼에도 그는 사태를 이론화하는 습관을 버릴 수 없었고, 정신분석의 이론에 관해 분석가와 논쟁하려고 했다(처음엔 다소 그렇게 할 수도 있을 것처럼 보였다). 분석가에 대한 친구의 도전은 어떤 의미에서는 〈나를 멈추게 해봐요! 당신이 내 게임에 말려들지 않을 거라는 사실을 증명해 봐요!〉[15]라고 말하는 것과 같았다. 이런 의미에서 내 친구는 분석가가 개입하기를 원하고 있었다고 할 수 있다. 그는 분석가가 자신을 부당하게 다루고 있다고 생각함에도 그를 만나기 위해 계속해서 그를 찾아갔다. 다행히 분석가의 처방에도 불구하고 분석에 대한 친구의 의지는 꺾이지 않았다. 물론 처방이 좀 지나친 점도 없진 않지만, 그의 분석은 그 뒤로 매우 긍정적인 방향으로 진전되었다. 분석가가 과감한 중단으로 분석에 개입하지 않았다면, 그의 분석은 이론적인 문제에 대한 탁상공론에 빠져버렸을 것이다.

---

15) 대개의 분석가들은 분석 중에 환자가 자신을 유혹하는 경험을 당해 본 적이 있을 것이다. 어떤 경우엔 이것이 단순히 환자의 본래 스타일일 수 있지만, 어떤 경우에는 환자가 의식적으로건 무의식적으로건 분석가를 시험하려는 것일 수도 있다. 〈제가 매력이 없나요?〉〈다른 사람들처럼 당신도 제게 빠지지 않나요?〉〈당신도 다른 사람들처럼 믿지 못할 사람은 아니셨지요?〉 환자는 분석가를 유혹하면서도 그가 자신의 유혹을 거절함으로써 이 시험을 통과하길 기대한다.
　앞으로 확인하겠지만, 라캉의 〈요구〉와 〈욕망〉 개념은 언어적으로건 행동으로건 환자가 표현한 요구와 환자가 다른 수준에서 원하고 있는 것을 구분하기 위한 것이다. 〈요구〉는 환자가 말이나 행동으로 무엇인가를 원한다고 표현한 것이다. 실제로 그가 그것을 원하는지는 알 수 없는 일이다. 만약 실제로 분석가가 환자의 유혹에 넘어가면 대부분 환자는 어찌해야 할지 몰라 당황하게 된다.

아무것도 액면 그대로 믿을 수 없다

> 단지 사람들이 당신에게 무엇인가를 요구한다고 해서,
> 그들이 진정으로 그것을 원하고 있다고 생각해서는 안 된다.
> —— 라캉, 『세미나 XIII』, 1966년 3월 23일

> 욕망은 우리가 분석 속에서 다루고 있는 경제 전체의 중심점이다.
> 만일 우리가 그것을 고려하지 못한다면
> 우리는 할 수 없이 <현실>이라는 용어로서 상징화되고 있는 어떤 것만을,
> 다시 말해 사회적인 맥락 속에 존재하는 현실만을 참조하게 될 것이다.
> —— 라캉, 『세미나 VI』, 1959년 7월 1일

    내가 방금 언급한 실례들은, 분석가는 어떤 식으로든 분석주체가 요구하는 것들을 곧이곧대로 믿어선 안 된다는 점을 가르쳐준다. 분석주체는 겉으로는 자신이 분석가가 되기를 원한다고, 분석을 통해서 새롭게 태어나고 싶다고 말하면서도 사실 아무것도 변화시키고 싶어 하지 않는 것처럼 행동할 수 있다. 그는 어떤 주제에 관해 끈질기게 논의하려고 하지만, 속으론 분석가가 자신을 중단시키길 기대할 수도 있다. 그의 요구는 종종 매우 모순적이다. 만약 분석가가 그 요구를 들어주었다면, 이는 그가 분석주체의 피상적인 요구 뒤에 깊숙이 숨겨진 내적인 동기를 발견하지 못하고 그 요구를 그대로 믿었기 때문이다. 환자가 경제적으로 어렵기 때문에 분석 횟수를 줄였으면 좋겠다고 요구하는 경우에도 사실은 분석가가 그런 요구를 거절해 주길 기대하고 있을 수 있다. 아마도 환자는 힘겨운 시기를 보내고 있으며, 분석가가 분석을 지속시키고자 하는 분석가로서의 욕망을 자신에게 표현해 줄 것을 기대할지도 모른다.[16]

---

16) 이 점이 바로 프로이트가 도라 분석의 마지막 대목에서 간과하지 못했다고 비난받는 부분이다. 프로이트의 설명에 따르면, 도라는 K씨의 뺨을 때리고 그의 유혹을 보란듯이 거절했다. 그러나 도라는 그가 여름 휴양지로 돌아와 자신에 대한 사랑을 고백하고 아내와 이혼한 후 자신을 그의 소중한 여자로 받아들이길 은근히 바랐다. 도라가 자기를 귀찮게 하지 말라고 요구했을 때 K씨는 그

분석에서는 아무것도 액면 그대로 받아들일 수 없다. 이는 어떤 이에게는 충격적인 주장이 될 수도 있다. 하지만 위의 사례에서 보았듯이 환자의 요구는 겉보기와 달리 그렇게 단순하지 않다. 환자의 말이나 행동이 그대로 〈어떤 진정한 현실〉과 직접적으로 연관이 있다고 생각해선 안 된다. 가령 환자가 〈아이를 병원에 데리고 가야 하기 때문에 목요일 약속을 지킬 수 없을 것 같아요〉라고 말한다고 생각해 보자. 그렇다면 다음과 같은 의문을 던져보아야 한다. 왜 하필 환자는 분석가와 약속한 바로 그날에 아이를 병원에 데려가려고 하는가? 다른 날에는 할 수 없는 것인가? 다른 시간을 찾는 것이 그렇게 어려운가? 심지어 다른 시간을 찾아보긴 했을까? 아니면 분석가와의 약속을 생각이나 했을까? 아마도 그녀는 아이가 매우 아프기 때문에 그 시간에 병원에 가야 한다고 말할 것이다. 물론 이는 사실일 수도 있다. 그 시간에 병원을 가야만 할 것이다. 하지만 이는 오히려 그녀가 필요로 하는 것일 수도 있다. 가령 미장원에 가는 일이나 학부형회 때문에 병원에 갈 시간이 없어 굳이 그 시간을 고집하는 것일 수도 있다.

여기에서 중요한 것은 〈현실〉, 다시 말해서 분석을 방해하는 〈실제 사건〉이 아니라 심리적인 현실이다. 심리적인 현실은 환자가 마음속으로 자신의 분석이 얼마나 중요한지를 판단하고, 분석을 자기가 하고 싶은 다른 일들과 비교하는 것과 관련된다. 환자가 〈이러저러한 이유 때문에 약속을 지킬 수 없었어요〉라고 말했을 때, 분석가는 항상 그가 제시한 이유가 과연 정당한지를 의심해 보아야 한다. 물론 〈교통사고 때문에 약속을 지킬 수 없었어요〉라는 말은 정말로 정당한 것처럼 들릴 수도 있다. 하지만 진상을 조사해 보면 교통사고는 약속 전날에 일어난 것이었고, 환자는 다치지도 않았을

요구 뒤에 숨겨진 다른 욕망이 있다는 사실을 깨닫지 못했다. 이와 유사하게 프로이트도 치료를 그만두고자 하는 도라의 요구 이면에서 그가 분석을 지속해 줄 것을 기대하는 그녀의 욕망을 읽어내지 못했다.

뿐더러 그의 차도 별탈 없이 잘 굴러갈 수 있다. 사고는 환자가 약속을 지켰더라도 단지 조금밖에 늦지 않을 만큼 매우 경미한 것일 수 있다.

환자의 변명을 곧이곧대로 믿어선 안 된다. 환자가 분석에 대해서 나름대로 머리 속으로 내리는 판단은 분석이 실제로 어떻게 진행되고 있는지와 그의 삶에서 분석이 어떤 의미를 가지고 있는지를 반영하는 것이다. 변명은 결국 분석가에게 〈나에게는 분석보다 중요한 일이 많다〉고 말하는 것과 다르지 않다. 하지만 원래부터 정당한 변명이란 없다. 환자는 분석을 중심으로 그의 일상이나 일주일의 일정을 계획해야 하지 그 역이 되어선 안 될 것이다. 물론 환자에게 부득이하게 약속을 지킬 수 없게 만드는 사건들이 일어날 수도 있다. 하지만 이는 정말로 매우 드문 경우이다. 프로이트를 포함한 많은 분석가들은, 아프다는 이유로 자꾸 약속을 어기는 분석주체에게 약속을 어겼다고 비난하게 되면, 신기하게도 더 이상 아프다고 호소하지 않고 약속을 어기는 경우도 없어진다고 말한 바 있다(SE XII, 127쪽).

환자가 저항[17]을 보일 경우 분석가는 그것에 굴복해선 안 된다. 분석가는 환자의 분석이 환자의 삶에서 가장 중요한 것이라고 생각해야 한다. 환자의 삶에 있어 가장 우선시되어야 할 것이 있다면 그것은 바로 분석이다. 만약 어쩔 수 없이 환자와 타협을 해야 한다면, 분석 일정을 조정할 수도 있겠지만 그렇다고 분석을 빼먹어선 안 된다. 물론 환자가 습관적으로 약속을 자꾸 변경하려 해도, 분석가는 그 요구를 들어주어선 안 된다. 내 친구 중 한 명은 늦잠 자는 버릇 때문에 아침 10시 약속을 지키지 못하고 다시 약속을 잡아야 했는데, 분석가는 그에게 오직 하나의 대안만을 제시했다. 10시에

---

17) 〈저항〉에 관한 프로이트의 정의는 매우 광범위하다. 〈분석 작업의 진행을 방해하는 것은 무엇이든 다 저항이다〉(SE V, 517쪽).

오지 못한다면 아침 7시 30분에 와야 한다는 것이었다. 말할 필요도 없이 그는 늦잠 자는 버릇을 고치고 오전 10시의 약속을 지키게 되었다.[18]

분석 속에선 분석주체가 말하는 것을 모두 그대로 믿어선 안 된다. 왜냐하면 분석가와 분석주체 사이에서 벌어지는 모든 것은 심리적인 의미를 가지고 있기 때문이다. 그러나 분석주체의 말을 그대로 믿지 말아야 하는 이유는 이것이 다가 아니다.

의미는 본질적으로 모호한 것이다

인간이 서로 담화를 주고받을 수 있는 것은 서로간의 오해 때문이다.
— 라캉, 『세미나 III』, 184쪽

분석주체의 말을 그대로 믿지 못한다면, 이는 또한 언어의 의미 자체가 원래부터 모호하기 때문이다. 환자는 막연한 구어를 사용하는 경우가 대부분이고, 분석가는 아무리 노력해도 환자의 말을 완전히 이해할 수 없는 경우가 많다. 의미는 어떤 점에선 매우 개인적인 것이다.[19] 그리고 대부분의 사람들은 언어를 자신만의 고유한 방법으로 사용한다. 물론 우리는 친구나 부모와의 일상 대화에서는 종종 세부 사항을 말하지 않고도 서로를 이해할 수 있다는 것에 기쁨을 느끼곤

---

18) 이는 분석가가 환자에게 약속의 취소에 대해 반드시 납득할 만한 이유를 들어야 한다는 의미는 아니다. 내 경험으로 비추어볼 때, 환자가 분석을 소홀히 여긴다고 지적하는 일은 별로 효과가 없다. 대신에 분석가는 일정을 다시 조정해서라도 분석을 거르지 않길 원한다는 것을 환자에게 보여주는 편이 낫다.
19) 바로 이것이 분석가가 환자에게 충고를 삼가야 하는 이유 중 하나이다. 라캉이 말했듯이 〈환자가 이러저러한 상황에서 결혼을 해야 하는지 말아야 하는지를 물었을 때, 분석가가 대답할 수 없거나 대답을 자제해야 하는 것은 환자의 삶을 잘 알지 못해서가 아니다. 이는 오히려 결혼이 무엇을 의미하는지 잘 모르기 때문이다〉(『세미나 III』, 152쪽).

한다. 우리는 함께 겪은 사건들에 대해 단 한마디 말로 무수한 감정들과 의미들을 환기시킬 수 있으며, 이렇게 서로가 동일한 언어를 말하고 있다는 사실 때문에 일체감을 느끼곤 한다.

하지만 분석가와 분석주체는 결코 동일한 언어로 말하지 않는다. 출신이 같고 사회경제적인 배경이 서로 같다면 그들의 관용구들은 유사할 수도 있겠지만, 그럼에도 궁극적으로 그들이 사용하는 언어는 동일하지 않다.

사람들이 〈비천한 자존심〉이라는 진부한 표현을 사용할 때에는 여러 경우가 있다. 어떤 경우에는 스스로 그렇게 보지 않음에도 자신이 〈비천한 자존심〉을 갖고 있다고 말하는 경우가 있는 반면, 또 어떤 경우는 자신이 결코 그렇지 않음에도 누군가가 그런 식으로 비난하는 경우도 있다. 분석가는 의미가 명백해 보이는 환자의 말에서도 어떤 중요한 의미를 읽어내야 한다. 이에 대해 환자가 당황스러워하더라도 그것을 그만두어선 안 된다.

의미는 결코 투명한 것이 아니다. 분석가는 귀가 잘 들리지 않는 것처럼 가장해서라도 자신이 충분히 이해하지 못한 것처럼 행동해야 한다. 예를 들어, 환자가 〈섹스는 혐오스럽다〉거나 〈여자가 무섭다〉거나 〈거미가 두렵다〉라는 말을 할 때 분석가는 그것이 무엇을 말하는지를 분명히 밝혀내야 한다. 라캉의 유능한 제자 중의 한 명인 미셸 실베스트르 Michel Silvestre는, 환자로 하여금 더 상세히 말하도록 유도하기 위해 분석가는 무식해 보이는 척하는 것을 두려워해선 안 된다고 말한 바 있다.[20] 예를 들어 환자가 〈섹스는 혐오스럽다〉는 말을 할 때, 처음엔 그저 이 말을 단순하게만 생각할 수도 있겠지만 분석가는 거기에서 멈추지 말고 그 섹스가 그의 부모의 섹스를 의미하는 것이라는 사실까지도 간파해야 한다.

---

20) 미셸 실베스트르, 『내일의 정신분석 Demain la psychanalyse』(Paris : Navarin, 1987), 66쪽.

의미는 본질적으로 다의적인 것이다

> 말이란 것은 다양한 사고들이 지나치는 교차점이기 때문에
> 처음부터 모호할 수밖에 없는 것 같다.
> ── 프로이트, SE V, 340쪽

내가 지도한 한 분석가에게 어떤 동성애 환자는 아버지가 〈말 그대로 자기 뒤에〉 있는 것 같다고 말한 적이 있다. 약간의 상상력을 발휘한다면 우리는 그 말을 적어도 두 가지 의미로 이해할 수 있다. 한편으로 그는 아버지가 자신을 도와준다고 느낄 수 있다(물론 이는 그 자체로 이미 모호한 진술이다). 다른 한편으로 그는 공간적인 의미에서 아버지가 자기 등뒤에 서 있거나 누워서 자기 어깨 너머로 주시하고 있다고 느낄 수 있다. 말이란 그 본성 자체가 이미 다의적인 것이다. 말은 적어도 하나 이상의 의미를 갖는다. 우리가 사용하는 표현은 다양한 방식으로 읽힐 수 있으며, 많은 은유적인 의미를 갖고 있다. 한번 시험삼아 문맥을 제거하거나 다른 부분을 강조함으로써, 결코 다의적이지 않은 문장을, 다시 말해 오직 하나의 의미만을 가질 수 있는 문장을 만들 수 있는지 확인해 보는 것도 재미있는 일이 될 것이다.

따라서 중요한 것은 단순히 환자가 말하는 것만이 다의적이라는 사실이 아니라 말은 본질적으로 다의적이라는 사실이다. 모든 말이 본질적으로 다의적이라면, 결국 중요한 것은 그가 어떤 말을 선택했느냐가 될 것이다. 환자는 왜 아버지가 자신을 도와주고 있다고 말하지 않고 그기 뒤에 있다고 말했을까? 환자는 동일한 생각을 표현하기 위해 여러 가지 문장을 만들 수 있었을 것이다.[21] 따라서 〈뒤에〉라는 표현을 선택한 것은 그에게 어떤 특별한 의미가 있을 수 있다. 분명 어떤 이유 때문에 다른 표현이 아닌 바로 그 표현을 선택하게

---

21) 물론 이 문장들의 의미는 대략적으로만 같다는 조건에 한해서이다.

되었을 것이다.

그 동성애자의 경우에는 분명히 어떤 이유가 있었다. 그는 이후에도 다시 그와 똑같은 표현을 그대로 반복했다. 〈아버지가 말 그대로 뒤에 있어요.〉 이 문장은 정확히 프로이트적인 의미에서의 말실수가 될 수 있는데, 이를 풀어서 해석하면 〈아버지는 엉덩이나 다름없다〉, 〈아버지는 항문에만 관심이 있다〉, 〈아버지는 항문 섹스만 좋아한다〉와 같은 말로 이해할 수 있다. 물론 당연히 환자는 자신이 한 말은 아버지가 자신을 도와준다는 의미 외엔 아무 의미가 없다고 주장할 테지만, 정신분석가라면 그가 의도한 것보다는 그가 실제로 말한 것에 주목해야 한다.

환자가 자주 반복하는 〈내가 말하고자 하는 것〉이라는 말은 당시 환자가 의식적으로 생각한 것을 지칭할 뿐이다. 그들은 동일한 순간에 다른 수준에서 자신도 모르는 다른 생각이 형성되고 있다는 사실을 부정한다. 대부분의 환자는 분석 내내 그러한 다른 생각들이 자기 머리 속에 존재한다는 사실을 단호히 부인한다. 환자에게 그가 의도에 없는 어떤 것을 말하고 있다고 말해 주어도 이는 부질없는 짓이다. 꿈이나 말실수에 대해 연상하는 법을 터득하게 되면, 그는 자연스럽게, 많은 생각들이 동시에 자기 머리 속의 다양한 수준에서 떠오를 수 있다는 사실을 받아들이게 된다. 요컨대 자신이 평소 주목하지 못했던 무의식의 사고 활동이 정말로 존재한다는 사실을 받아들이게 된다.

이는 분석가가 매번 분석주체가 한 말의 모호함을 무분별하게 강조하거나 그의 말실수를 모두 강조해야 한다는 뜻이 아니다. 구두점을 찍는 기술은 시간을 두고 단계적으로 도입해야 한다. 그리고 분석가는 다의적인 경우들 중에서도 분석주체에게 어떤 특별한 의미를 갖는 것처럼 보이는 것만을 선택해야 한다. 가령 〈누군가의 목구멍에 뭔가를 처넣는다〉는 은유적인 표현은 강박증자보다는 폭식증자나 거식증자에게 보다 의미 있는 표현이 될 것이다. 다른 모든 개입과 마찬가지로 구두점을 어디에 찍어야 할지는, 분석주체가 누구냐에 따라서, 그리고 그것이 어떤 맥락 속에 있느냐에 따라서 세밀히 판단되어야 한다. 문맥이 분명하지 않은 말의 경우는 당연히 강조할 가치가 있다. 그 부분을 명확히 풀이해 보면 전혀 예상치 못한 새로운 사실이 밝혀질 수도 있기 때문이다.

정신분석에 있어서 중요한 것은 그가 의도한 바가 아니라 그가 실제로 말한 것이다. 왜냐하면 〈의도한 바〉는 그가 말하고 싶다고 의식적으로 생각한 것이기 때문이다. 이는 그가 의식의 수준에서 전달하려고 의도했던 것일 뿐이다. 그리고 그가 전달하려고 했던 것은 그가 자기 자신에 대해 갖는 이미지, 다시 말해서 그가 자기 자신이라고 믿는 어떤 이미지에 부합하는 것이다. 그가 〈말하고자 하는 바〉는 그가 자기 자신의 것이라 믿는 의도의 수준을 나타낸다. 그것은 자기 자신의 이미지에 어울리는 의도이다.

따라서 우리는 왜 라캉이 〈의미는 상상적 imaginary〉이라고 말했는지를 이해할 수 있다(『세미나 III』, 65쪽). 라캉의 말은 의미가 존재하지 않는다거나 의미는 단순히 상상물에 불과하다는 뜻이 아니다. 그가 말하려고 하는 바는 의미가 자기-이미지와, 다시 말해서 우리가 우리 자신에 관해 갖는 이미지와 밀착되어 있다는 것이다. 요컨대 의미는 〈에고〉나 〈자기〉(이 책에서 두 용어는 모두 같은 것을 지칭한다)와, 우리가 우리 자신의 일부분이라고 생각하는 것과 관련이 있다. 따라서 의미는 우리의 자기-이미지와 맞지 않는 것은 모두 배척해 버린다.

1950년대 라캉이 〈프로이트로의 회귀〉[22]라는 슬로건으로 의도했던 것은 당시의 〈에고 심리학 ego psychology〉이 에고를 지나치게 강조했던 것에 대항해 무의식의 중요성을 강조하는 것이었다. 물론 아직도 상황은 많이 바뀌지 않았다. 미국의 심리학과 대부분의 정신분석

---

22) 『에크리』에 실린 라캉의 논문 「프로이트적인 것, 혹은 정신분석에 있어서 프로이트로의 회귀」 참조.

학파들은 아직도 에고를 강조하고 있는 실정이다. 에고가 본질적으로 우리가 우리 자신에 대해 갖는 이미지인 이상 에고는 우리가 이질적이라고 판단하는 모든 것을, 다시 말해서 실수 행위를 통해 새어나오는 모든 사고나 욕망을 배제해 버리고 그것에 대한 책임을 회피한다. 라캉은 환자가 의도한 것보다 실제로 말하는 것을 강조함으로써, 그의 말 속에서 우연히 솟아오른 다의적인 의미나 말실수를 강조함으로써, 프로이트와 마찬가지로 에고보다는 무의식을 중요시했다.

이미 잘 알려져 있듯이 라캉은 문자 letter에 대해 많은 관심을 보였다. 〈법의 문자〉라는 표현은, 법이란 무엇보다 문자로 되어 있기 때문에 그것을 규정하는 의미나 그것을 기술한 정신과는 전혀 무관하다는 점을 함축한다. 따라서 법의 문자에 복종한다는 것은 우리가 그것을 기술한 영혼과는 무관하게, 오직 법의 텍스트에 쓰여 있는 것만을 따른다는 것을 의미한다. 라캉은 환자들의 말에서 나타나는 문자적인 측면에 지대한 관심을 기울였다. 그는 자신이 환자가 의도했던 바를 이해하고 있다고 생각하지 않았으며, 자신이 환자와 동일한 언어를 사용한다는 인상도 주지 않았다. 그는 환자의 다의적인 말들과 그 행간 사이에 주목하면서, 새로운 의미가 떠오를 수 있는 여지를 만들 뿐이었다. 그렇게 함으로써 분석주체로 하여금 자신이 무슨 말을 하는지, 왜 그런 말을 하는지, 도대체 자기 입을 통해 말하는 자가 누구인지를 주체 자신도 모르고 있다는 사실을 깨닫도록 유도했다.

환자가 진정으로 분석에 참여하게 되는 것은 그가 자신의 말에 대해 의문을 던질 때이다. 그가 분석 초기에 가졌던 요구로부터, 다시 말해 단순히 증상으로부터 벗어나고자 했던 요구로부터 한 걸음 더 나아가는 것은 바로 이 지점에서이다. 모든 것은 의문시될 수 있다. 가장 확실했던 것도 더 이상 확신할 수 없다. 이제 그는 무의식에 주목하게 되고, 자신을 통해 말하고 있는 또 다른 목소리에 귀를 기울이며, 그것을 해석하려고 노력하게 된다.

이렇게 해서 열린 공간 속에서, 분석주체는 자신이 무엇을 말하고 무엇을 추구하는지는 알지 못하지만 분명 자기 사고 속에서 활동하는 무의식(꿈, 환상, 백일몽, 망각, 말실수 등과 같은 무의식의 형성물)의 존재를 믿게 된다. 라캉의 말처럼 〈욕망이 곧 질문〉[23]이고 의문을 던지는 과정이라면, 그 공간은 곧 욕망의 공간이라 할 수 있다. 환자가 자신이 왜 그런 말을 했는지, 왜 그런 생각을 하고, 왜 그런 환상을 품었는지에 대해 의문을 제기하기 시작한다면, 이제 분석은 그의 욕망을 끌어들인 것이나 다름없다.[24]

요구는 그 본성상 반복적이다. 분석에 들어오면 환자는 분석가가 그 즉시 자신을 치료해 줄 것을 끈질기게 요구한다. 하지만 또한 환자는 치료에 대한 이러한 요구로부터 벗어나 무의식(혹은 무의식의 형성물[25])을 작동시키는 어떤 것을 시작할 수 있다. 그것이 바로 욕망이다. 욕망은 항상 부단히 작동하며 새로운 대상을 찾는다. 욕망은 한 대상에 잠시 안착할 순 있지만 그것에 영원히 눌러앉진 않는다. 어떤 의미에서 환자는 요구를 욕망과 바꾼다고 할 수 있다. 물론 이 교환은 완벽한 것이 아니다. 일반적으로 환자는 분석이 진행되는 동안 분석가에게 점점 더 많은 요구를 한다. 해석에 대한 요구, 인정에 대한

---

[23] 실제로 라캉은 〈신경증의 구조는 본질적으로 의문〉이라고 주장했다(『세미나 III』, 196쪽). 이 의문은 히스테리인 경우엔 〈내가 남자인가 여자인가?〉로, 강박증인 경우엔 〈내가 죽었느냐 살았느냐?〉라는 의문으로 나타난다(『세미나 III』, 193쪽 이하). 신경증의 의문 형태에 대해선 8장 참조.

[24] 나는 프로이트가 도라 분석에서 저지른 실수에도 불구하고, 도라가 분석의 정점에 도달했다고 믿는다. 프로이트는 다음과 같이 말한 바 있다. 〈얼마 동안 도라는 자기 행동과 거기에 깔린 동기 사이의 관계에 대해 스스로 많은 질문들을 제기했다. 이 의문들 중 하나는 다음과 같다. '호숫가의 그 사건이 일어난 지 며칠이나 지났는데도 왜 나는 그 일에 관해 아무 말도 하지 않았는가?' 그리고 두번째 질문은 이렇다. '그런데 왜 내가 갑자기 그것을 부모님께 말하게 되었는가?'〉(SE VII, 95쪽). 결국 문제는 프로이트가 자신의 의문점에만 사로잡혀 있던 나머지 도라의 질문을 무시해 버렸다는 것이다.

[25] 〈무의식의 형성물 unconscious formations〉이란 용어는 라캉의 『세미나 V』 제목에서 유래한 말이다.

요구, 동의에 대한 요구 등이 바로 그것이다. 하지만 또한 환자는 무엇인가에 고착되어 있는 그런 요구를 포기할 준비가 되어 있다. 환자는 욕망을 위해, 욕망의 〈환유 metonymy〉가 주는 쾌락을 위해 요구에 대한 고착을 포기할 수 있다. 여기에서 환유라는 말은 욕망이 대상들을 계속해서 이동할 뿐이라는 것을, 욕망 그 자체는 끊임없는 미끄러짐과 이동일 뿐이라는 것을 함축한다. 욕망의 목적은 그 자신이다. 욕망은 어떤 특정 대상에 고착되지 않고 더 큰 욕망만을 추구할 뿐이다.[26]

요구를 욕망으로 바꾸고 환유를 위해 고착을 포기하는 이러한 과정을 라캉은 〈변증법화 dialectization〉라고 불렀다. 이 과정이 일어나면 환자는 분석의 변증법적 과정 속으로 진입한 것이라 할 수 있다. 〈변증법〉이라는 용어는 다음과 같은 환자의 진술 과정으로 집약될 수 있다. 처음에 환자는 〈그래, 내가 원하는 것은 바로 그거야〉라고 말한다. 하지만 다음에 그는 〈그것을 정말로 원한 것은 아니지〉라고 말하게 되고, 그 이후엔 〈내가 정말로 원하는 것은……〉이라고 말하게 된다.[27] 환자는 더 이상 자신이 일관성을 지켜야 한다고 생각지 않는다. 분석이 시작되면 그는 하나의 소망을 표현할 수 있다. 하지만 다음 번에 와선 그것을 부인하고, 또 다음 번엔 약간 변화된 비슷한 소망을 다시 표현할 수도 있다. 이 과정은 언뜻 보기에는 비정상처럼 보인다. 하지만 이 욕망의 운동 법칙(무엇인가를 원하면서 동시에 그것을 원하지 않는 것)은 일상적인 의미에서 이해될 수 있는 논리가 아니다.

라캉이 사용한 〈변증법〉(〈욕망의 변증법〉[28])이라는 용어는 이른바

---

26) 약간의 언어 유희가 허락된다면 우리는 욕망을 Wanderlust로 정의해 볼 수 있을 것이다. Wanderlust라 함은 방황하는 wandering 갈망 lust 내지는 방황 wandering/의아함 wondering에서 얻은 쾌락이라 풀이될 수 있다. 욕망에 대한 이 간단한 설명은 나중에, 특히 5장과 8장에서 보충될 것이다.

27) 〈변증법적 부정〉에 대한 자크-알랭 밀레의 논평 참조. 「임상에 대한 라캉의 논의에 관하여」, 『리딩 세미나 I-II』(Albany : SUNY Press, 1966), 245쪽.

헤겔의 변증법(긍정, 부정, 종합)과는 무관하다. 욕망의 변증법은 욕망이 요구의 고착으로부터 벗어나 끊임없이 운동하고 있다는 것을 의미한다. 이는 분석에 있어 매우 중요한 단계이다. 그것은 분석주체가 진정으로 분석에 참여하고 있음을 의미한다. 물론 나는 환자의 욕망이 아무런 장애 없이 영원히 운동하게 될 것이라고 말하진 않았다. 오히려 이 단계는 최초의 교환이 일어나는 순간이다. 요컨대 환자가 처음의 요구를 욕망의 쾌락으로 바꾸는 순간이다.

그러나 어떤 환자에게서는 어떠한 질문도 끌어낼 수 없는 경우가 있다. 그런 환자는 과거에 자신이 말했던 것에 대해 아무것도 의문시하지 않는다. 그리고 현재 분석을 받고 있으면서도 자신이 말하는 것에 관해 아무런 문제도 느끼지 못한다. 그 환자는 분석가에게 계속해서 말을 건네면서도, 자기 말에서 자신이 의도한 것 이외에는 아무것도 발견하지 못한다. 따라서 그에게는 무의식이란 것이 허용되지 않으며, 오직 상상적인 것(의미)만이 그를 지배할 뿐이다. 이 경우에는 두 가지 가능성이 있다. 무엇보다 이는 환자가 정신병자인 경우인데, 이에 관해선 7장에서 보다 상세히 논의될 것이다. 그리고 두번째 가능성은 분석가가 분석주체의 욕망이 부각될 수 있는 여지를 만들지 못했을 경우이다. 그렇다면 분석가는 분석의 구조를 재조정해야 할 것이다. 이는 특히 분석가가 환자에게 무언가를 말해 보라고 강압적으로 요구하는 것에서 비롯될 수 있는데, 이렇게 되면 환자는 〈자기 자신의〉 생각이나 욕망이 아니라 다른 사람들이 듣고 싶어하는 것을 말하고 실행에 옮기게 된다.

---

28) 예를 들어 『에크리』에 실린 라캉의 논문 「주체의 전복과 욕망의 변증법」 참조

3
분석 관계

지식과 암시

분석이 시작될 때 분석주체가 분석가에게 부여하는 역할은 대부분 그가 분석에 대해 보고 들은 것에 의존한다. 이는 그것이 환자가 위치한 사회경제적인 배경이나 교육, 문화적인 환경에 좌우된다는 것을 의미한다. 그러나 일반적으로 현대 사회, 특히 미국과 같은 소비 국가에서는 의사나 치료사에 대해 갖는 이미지가 과거와는 전혀 다른 모습으로 나타난다. 한때는 대부분이 의사나 치료사에 대해 존경심을 갖는 게 상례였지만, 이제는 그런 관행이 현저히 줄어들고 있는 게 사실이다. 병원에서 환자가 종종 다른 의사의 진단을 요구하는 것도 바로 이런 현상 중의 하나이다.

일찍이 1901년 프로이트는 동료 의사에게 보스니아와 헤르체고비나에 사는 터키인들에 관한 이야기를 들은 적이 있다. 그들은 의사에 대한 신임이 두터워 자신의 운명을 모두 의사에게 일임한다는 것이었다. 〈만약 의사가 보호자들에게 환자에겐 더 이상 마땅한 치료법이 없다고 말한다면, 그들은 이렇게 대답할 것이다. '선생님, 제가 뭐라고 말해야 할까요? 만약 그가 살아날 가능성이 있다면, 제 생각에 그를 살릴 수 있는 사람은 바로 당신입니다'〉(SE VI, 3쪽). 물론 당시 프로이트는 의사에 대한 터키인들의 존경심이 비엔나의 환자들이 자신에게 보이는 태도와 무척이나 다른 것을 보고 놀라지 않을 수 없었다.

오늘날 미국인들은 의사가 말하는 것에 대해 다소 회의적인 경향이 있다. 심지어는 정신분석의 치료 효능에 대해 극단적으로 의심하기도 한다. 통속적인 출판물들은 심리치료의 유용성에 대해 날로 의문을 제기하고 있다. 매스 미디어는 분석가에 대해 환자를 착취하거나 혼란만 가중시키는 이미지만을 그리고 있다. 미국에서 정신분석의 위상은 현저하게 추락하고 있으며, 대부분 효과가 없는 최후의 수단으로만 여겨지고 있다. 환자는 보통 의사, 위장병 전문의, 지압요법사, 침술사 등을 모두 거치고 그래도 치료가 되지 않을 경우에만 최후의 수단으로 분석가를 찾는다.

미국인들은 정신분석가를 종종 의과 대학을 제대로 마칠 능력이 없거나 대학 수학이나 과학에서 낙제한 사람이라고 간주한다. 그가 라디오 토크쇼 진행자보다 인간에 대해 더 깊은 이해가 있을 것이라고 여기지도 않는다. 미국인들은 점성술이나 손금을 믿지 않는 것처럼 더 이상 심리학이나 정신분석을 믿지 않는다. 심리치료사나 분석가들을 찾아오는 사람들조차도 그들을 절대적으로 신뢰하진 않으며, 심지어는 분석가의 지식에 대해 공개적으로 의심하기도 한다.

이미 잘 알고 있듯이, 라캉은 분석의 원동력이 〈알고 있다고 가정된 주체 the subject supposed to know〉[1]에 있다고 주장했다. 이 개념은 일반적으로 분석주체가 분석가는 처음부터 차별적인 지식을 가지고 있는 사람이라고 가정하면서, 인간의 고통에 대한 방대한 지식을 그에게 부여한다는 것을 함축한다. 하지만 이러한 상황은 현재 미

---

1) 예를 들어 『세미나 XI』, 18장 참조.

국의 상황에서는 납득하기 어렵다.

물론 오늘날에도 유독 다른 나라보다 더 분석가의 지식에 대해 존경을 표하는 나라가 있다. 예를 들어, 파리에서 정신분석은 매스 미디어를 통해 일상적으로 논의되는 주요 테마 중의 하나이며, 심지어는 고등학교 철학 수업에도 소개되고 있다. 일반적으로 프랑스인들 사이에선 그 가치가 높이 평가되고 있다. 그들은 미국인들과 달리, 생물학이 모든 학문의 근원이라 생각하지 않으며, 앞으로 언젠가는 의학이 모든 정신적인 고뇌와 고통을 해결할 수 있을 것이라 기대하지도 않는다. 실제로 파리에서는 정신분석이 긍정적으로 평가되기 때문에 분석가들도 다른 나라에서보다 더 많은 혜택을 받고 있다.

물론 미국에도 그런 긍정적인 시선이 없는 것은 아니다. 뉴욕이나 LA의 예술가들과 지식인들 중에는 분석가가 불안, 공포, 죄의식, 스트레스 등과 같은 인간의 제반 문제를 꿰뚫고 있다고 생각하는 이들도 있다. 분석가에게 상담할 기회가 생기면, 그들은 쉽사리 그가 자기 증상이나 신경증에 대해 많은 것을 알고 있다고 믿게 된다. 요컨대 자연스럽게 분석가를 〈알고 있다고 가정된 주체〉로 여기게 된다.

이러한 문화적 차이는 어떤 효과를 낳을까? 우선 그것은 어떤 사람들은, 가령 프랑스인들은 처음부터 분석의 효과에 훨씬 더 개방적일 수 있다는 것을 의미한다. 사람들이 의사에게 지식이나 권력을 부여한다면, 이는 그들이 의사의 암시 *suggestions*에 쉽게 빠져들 수 있다는 것을 뜻한다. 메스머 Mesmer와 샤르코 Charcot의 경우를 생각해 보자. 환자들은 〈기적의 치료사〉라는 명성 때문에 쉽게 그들의 암시에 말려들 수 있었다. 샤르코는 걷지 못하던 환자도 최면을 통해 치료할 수 있었을 것이다. 반대로 프로이트는 자신이 최면을 사용했을 때엔 다른 의사들만큼 효과가 나타나지 않는다고 불평했던 적이 있다. 이는 아마 환자들이 프로이트의 능력을 신뢰하지 않았기 때문일 것이다. 프로이트에게는 치료의 〈아우라 aura〉가 없어서 환자들이 쉽게 암시에 빠져들지 않았던 것이다.

물론 프로이트가 유명해지자 당연히 상황은 바뀌었다. 환자들은 그를 쉽게 신뢰하게 되었으며 그만큼 암시 효과도 증가했다. 그러나 대개 암시 효과는 수명이 짧아 일정한 간격을 두고 동일한 암시를 계속 반복해야 하는 어려움이 있었기 때문에, 프로이트는 점차 암시에 대한 의존도를 줄여나갔다. 프로이트는 환자들의 신뢰가 없이도 점차 치료를 잘 해낼 수 있었다. 암시에 매우 쉽게 빠져드는 환자라면 단지 분석가와 분석 일정을 잡는 것만으로도(단지 그것을 계획하는 것만으로도) 불안을 잠재울 수 있겠지만, 이런 효과는 사실 〈위약 효과 placebo effect〉[2]에 지나지 않는다. 그것은 정신분석의 효과라기보다는 환자가 처음부터 갖고 있던 자기 최면의 결과인 것이다.

어떤 경우에는 환자가 분석가를 〈알고 있다고 가정된 주체〉의 자리에 위치시키는 것이 분석에 방해물이 될 수도 있다. 사실 환자가 너무 쉽게 암시에 빠져들고 분석가가 모든 것을 알고 있다고 너무 확고히 믿는다면, 그는 자유연상이 바로 자신의 몫이라는 사실을 잊게 된다. 그런 환자는 자신이 생각한 문제를 분석가에게 간단히 얘기하고 나서, 그가 그 문제를 말끔히 해결해 주길 기다릴 것이다.

분석가는 이 세계에 대해서 해박한 지식을 갖추어야 한다. 명성을 얻는 것 또한 중요한 일이다. 하지만 만약 그가 환자의 암시 효과에만 의존하고 환자를 분석 과정 속으로 끌어들이지 못한다면, 치료는 위약을 조제하는 수준에 머물 수밖에 없다.

---

2) 이런 맥락에서 프로이트가 SE VII에서 한 언급을 참조하자. 거기에서 그는 〈암시의 경우 환자가 치료된다면, 이는 어떤 치료법에 의해서가 아니라 의사에 의해서 치료된 것〉이라고 말한 바 있다. 그 경우 치료는 자유연상이나 해석에 의해서 이루어진 것이 아니라 환자가 자기 의사를 유능하다고 믿었기 때문이라는 것이다.

알고 있다고 가정된 주체

만약 정신분석이 분석가가 지식과 힘을 가지고 있다는 분석주체의 믿음에 의지하지 않는다면, 다시 말해서 정신분석이 단지 믿음에 의한 치료 형식이 아니라면, 지식은 분석 관계 내에서 어디에 위치하는 것일까?

정신분석에서 무엇인가 중요한 것을 알고 있다고 가정된 주체는 다름 아닌 분석주체의 무의식이다.[3] 만약 분석의 틀 안에서 존중되어야 할 어떤 권위가 있다면, 그것은 분석주체의 말실수, 실수 행위, 놀람의 표현과 같은 무의식의 현시물이다.

따라서 분석 관계에서의 〈최종 권위〉는 분석주체가 무엇을 말하는지, 그의 증상이 무엇을 의미하는지 곧바로 포착해 내는 분석가에게 있는 게 아니다. 오히려 그것은 분석주체의 무의식에 있다. 분석가는 단지 무의식을 체계적으로 강조하는 역할을 수행할 뿐이다. 그는 구두법과 절분법을 수행하는 것으로 충분하다. 분석가는 분석주체에게 그의 말을 듣자마자 그것이 무엇을 의미하는지 곧바로 이해할 수 있다는 식의 인상을 주어선 안 된다. 그러나 분석이 본격적으로 진행되면서 분석주체가 무의식의 현시물들을 깨닫기 시작하면, 그는 분석가

---

[3] 이는 환자의 에고가 아니다. 라캉학파의 분석가는 환자가 자신의 증상의 원인이라고 생각하는 것에는 별로 관심을 두지 않는다. 라캉은 오직 무의식에만 〈주체〉라는 개념을 사용한다. 이는 라캉이 무의식을 프로이트적인 의미에서의 하나의 완전한 〈작인(作因)〉으로 보았다는 뜻이 아니다. 그는 에고가 알지 못하는 어떤 것이 있다는 개념에서 출발한다. 우리 안에 있으면서 우리가 알지 못하는 지식이 있다는 것이다. 그리고 그는 우리가 그것에 어떤 주체성을 부여하는 경향이 있다고 말한다. 우리는 지식이 있는 곳에는 주체가 있다고 가정한다는 것이다. 무의식은 바로 지식 속에 가정된 주체이다. 실제로 에고가 모르는 어떤 지식은 주체화되지 않은 지식이라고 할 수 있다. 그것은 주체가 없는 지식이며, 분석의 목적은 그것을 주체화하는 것이다. 지식이 있는 곳에 주체가 있다. 하지만 이는 엄격히 말해 하나의 가정이다. 10장에서 살펴보겠지만, 라캉은 후에 주체의 위치를 무의식에서 이드로 이동시킨다.

를 그런 표상들을 가능케 한 요인이나 대표자로 간주하려 든다. 다시 말해 분석주체는 그런 표상들이 자신이 아닌 분석가에게서 온 것이라고 여기면서 책임을 떠넘기려 한다. 이때 분석가는 미지수로 남아 있는 그 표상들의 자리를 차지하는 데에 동의해야 한다. 따라서 최종 권위는 분석주체의 무의식에 있는 것이 아니라 분석주체를 통해 현시된 무의식에 있다고 말하는 게 옳을 것이다. 왜냐하면 분석주체는 그런 표상들이 자신의 입에서 흘러나왔음에도 그것들을 자기 것이 아니라 낯설고 이질적인, 타인의 것이라고 간주하기 때문이다.

따라서 우회적인 방법으로, 분석가는 점차 분석주체의 무의식, 무의식의 불가해한 현시물들, 그의 말 속에서 떠오르는 미지의 X와 하나가 된다. 분석주체의 무의식, 다시 말해 알고 있다고 가정된 주체는 그 자신으로부터 분석가에게 투사된다. 분석가는 분석주체의 무의식이 자리잡는 공간이며 그의 무의식을 대신하는 대리자이다. 요컨대 분석주체의 무의식이 분석가의 존재를 통해 분석 속에 현존하게 된다.

〈인격적 존재〉로서의 분석가

분석가가 분석 관계에서 자신의 인격을 포기하지 않는다면(다시 말해 분석주체의 무의식을 대신하는 자리가 되기를 저항한다면), 분명 그는 환자가 처음에 분석가에게서 느낀 인상을, 말하자면 분석가는 자신과 비슷한 보통 사람이라는 인상을 강화시키게 될 것이다.

예비 면담 기간 동안, 분석가는 자신에 관해 분석수체가 품은 그런 인상을 변화시켜야 한다. 분석가는 분석주체의 마음속에 평범한 한 사람으로 남기를 거부하고 인격이 없는 추상적인 인간이 되어야 한다. 분석가가 분석주체의 무의식의 대리자가 되기 위해서는 한 개인으로서의 〈인격〉을 포기해야 한다. 그는 분석주체의 말실수를 통해서 말하는 추상적인 타인이 되어야 한다. 요컨대 그는 라캉이 대문자의 큰 타자 Autre라고 부른 어떤 것을 대표해야 한다. 분석주체가 자신이 아닌, 완전히 이질적이고 낯설다고 간주하는 어떤 것을 대표해야 한다.

물론 앞으로 확인하겠지만, 이는 분석가의 최종적인 위치가 아니다. 그러나 왜 분석가가 분석 중엔 개인적인 감정이나 성격을 포기해야 하고, 취미나 취향 같은 개인적인 신상을 최대한 숨겨야 하는지는 지금까지의 논의만으로도 쉽게 이해할 수 있다. 사실 분석가의 개인적인 특징은 분석주체가 분석가를 무의식의 위치로 투사하는 것에 방해가 된다. 분석가가 분석주체에게 개성과 성격을 숨기면 숨길수록, 분석주체는 그를 텅 빈 스크린으로 이용하기가 더 쉬워질 것이다.[4]

분석가를 자신과 똑같은 평범한 사람이라고 간주하면, 분석주체는 쉽게 자신을 그와 비교하게 될 것이고 분석가에게서 자신의 이미지를 발견할 것이다. 이렇게 되면 그는 분석가를 모방하고 결국에는 그와 경쟁하려고 할 것이다. 이것이 바로 라캉이 〈상상적 관계〉라고 불렀던 것이다. 〈상상적〉이라 함은 그 관계가 상상된 것이라는 뜻이 아니다. 라캉이 의도한 것은, 이 경우 분석 관계는 분석주체가 분석가를 통해 확인하는 자기-이미지에 의해 지배된다는 것이다. 분석가의 이미지가, 분석주체가 자기 자신에 대해 생각한 이미지와 일치하는 한, 그는 분석가를 사랑하게 된다. 반대로 그것이 일치하지 않는다면, 그는 분석가를 미워하게 된다. 분석주체가 자신을 분석가에 대한 이미지와 비교할 때, 그가 가장 많이 던지는 질문은 〈내가 그보다 훌륭한가 열등한가?〉라는 것이다. 상상적인 관계는 경쟁적인 특징을 갖고 있다. 대부분의 경쟁은 형제 자매의 경쟁 관계에서 유래한다.

이러한 상상적인 관계는 분석가가 〈알고 있다고 가정된 주체〉의 역할을 수행하기 어렵게 만든다. 상상적인 관계 속에 휘말려들면, 분석가는 무의식의 대리자로서의 권위를 실제의 권위로 혼동하게 되며,[5]

---

4) 『에크리』의 「전이에 대한 발언」 참조.

분석주체는 분석 상황의 최종 권위가 분석가의 개인적인 지식이나 〈인격〉에 있다고 생각하게 된다. 상상적인 관계 속에 빠지면, 분석가는 분석주체에게 자신이 그보다 더 많은 것을 알고 있다는 사실을 입증해 보이려 하고, 그것을 토대로 자신의 권력을 확립하려고 할 것이다.

상상계는 라캉이 이른바 〈역전이 countertransference〉 현상을 위치시킨 곳이기도 하다. 역전이에 휘말리면 분석가는 분석주체와 마찬가지로 자신을 그와 비교하는 게임에 빠져들게 된다. 그리고 분석주체의 담화를 분석가 자신의 기준으로 판단하게 된다. 〈누가 더 똑똑하지?〉 〈그를 보면 왜 나는 자괴감에 빠지는 걸까?〉 1장에서 언급한 것처럼, 라캉은 역전이의 감정이 존재하지 않는다고 주장하지 않았다. 그가 강조하는 바는 역전이가 상상계에 위치하며, 따라서 분석가는 그것을 멀리해야 한다는 것이다. 분석가는 그런 역전이 감정을 분석주체에게 드러내선 안 된다. 왜냐하면 그렇게 되면 분석가와 분석주체는 동일한 수준에 위치하게 되고, 각각은 서로 상대방의 상상적 타인이 되기 때문이다. 이렇게 되면 그들은 비슷한 감정, 비슷한 고민거리, 비슷한 불안감을 갖게 되겠지만, 이는 오히려 분석주체가 분석가를 큰 타자의 위치에 자리매김하는 것을 방해할 것이다.[6]

---

5) 『에크리』, 595/235쪽 참조.
6) 라캉의 용어로 소문자 other(타인)는 대부분의 경우 주체와 상상적인 관계를 맺는 상대를 의미한다. 반면 대문자 Other(타자)는 일반적으로 상징적 기능을 발휘하는 제도나 인물을 말한다. 물론 그것은 종종 실재적이거나 상상적인 위치에 있는 엄마를 지시하기도 한다.
  라캉이 말한 〈역전이〉를 초래하는 또 다른 중요한 요소는 분석가의 편견, 열정, 난점, 심지어는 부적절한 정보의 총체이다(『에크리』, 225쪽). (예를 들어 여성이 정상인이 되기 위해선 남자와의 성기 접촉에서 질[膣]의 만족을 느껴야 한다고 주장하는 것과 같이) 분석가의 편견은 이론적인 편견일 가능성이 높다. 이러한 편견 때문에 분석가는 분석주체의 이야기를 제대로 듣지 못한다. 대부분의 정신분석학파나 심리치료에서는 분석가가 환자보다 현실을 더 잘 알고 있다고 믿는다. 하지만 라캉에 따르면 현실에 대한 분석가의 관점은 그의 역전이의 일부이다. 환자의 심리적 현실을 중요하게 여긴다면, 분석가는 환자가 현실을 잘 알지 못한다고 생각해선 안 된다.

종종 분석주체는 분석가가 자신과 같은 보통 사람이 아니라는 사실을 인정하려 들지 않는다. 그러나 분석가가 자기 위치를 일관되게 유지하면, 대부분의 상상적인 현상은 곧 사라져버린다. 내가 지도한 한 분석가의 환자는 그녀에게 〈저는 당신을 제 여자로 만들 수 있으리라고는 생각지 않아요〉라고 말한 바 있다. 이는 그가 분석가와의 상징적인 관계를 마지못해서나마 인정했다는 것을 의미한다. 그 전까지 그는 커피나 식사 초대를 하며 그녀를 끊임없이 유혹하려 했는데, 이는 그가 그녀를 길거리에서 흔히 만날 수 있는 다른 여자들과 똑같이 생각했기 때문이다. 그러나 그는 결국 그녀가 그들과는 전혀 〈다른〉 여자라는 사실을, 다시 말해서 상상적 타인other이 아닌 상징적인 타자Other라는 사실을 인정한 것이다.

상징적 관계

라캉이 초기에 설정한 분석의 목표는 상징적 관계를 방해하는 상상적인 관계를 제거하는 것이었다. 다시 말해 분석주체가 큰

아무리 훈련이 잘 된 분석가라도 무엇이 현실이고 무엇이 올바른지를 가릴 위치에 있진 않다. 흔히들 분석가의 직무는 환자가 현실을 명확히 직시하도록 하는 것이라고 하지만, 이는 분석가를 지식과 현실의 주인으로 설정하는 터무니없는 이데올로기에 지나지 않는다(여기에서 분석가는 주체를 〈평준화하는〉 기능을 맡는다).

물론 분석가는 모든 이론을 백안시해선 안 된다. 우리를 맹목적으로 만드는 부분도 없진 않지만, 이론은 평상시엔 볼 수 없는 어떤 것을 볼 수 있도록 해주기 때문이다. 우리는 이론 없이는 아무것도 볼 수 없다. 하지만 이미 정형화된 이론에 너무 집착하면 오히려 환자의 말을 주의 깊게 듣는 데 장애가 될 수 있다. 따라서 분석가는 자신의 이론적인 관점에 잘 맞지 않는 새로운 것에도 귀를 기울일 만큼 열려 있어야 한다. 그는 이론을 존중하면서도 언제든지 자신의 관점을 의문시할 수 있어야 한다. 우리가 내릴 수 있는 분명한 결론이 있다면, 이는 역전이가 완전히 근절될 수 없다는 사실이다. 왜냐하면 우리의 이론과 〈정보〉는 항상 불충분하며 불완전하기 때문이다.

타자에 대한 문제를 직시하도록 상상적인 난관들을 퇴치하는 것이었다.

그렇다면 상징적 관계란 무엇인가? 그것을 정의하는 가장 간단한 방법 중 하나는 그것을 법과의 관계, 즉 부모, 선생, 종교, 국가 등이 부과한 법과의 관계로 간주하는 것이다. 상징적 관계는 우리가 부모, 학교, 대중 매체, 언어 등과 같이 광범위한 의미에서 사회에 의해 주입된 이상들과 조화를 이루며 살아가는 방법이라고 생각할 수 있다.

그런데 이러한 상징적 관계에는 정신분석에서 말하는 〈거세 불안〉과 관련된 모든 갈등이 포함되어 있다. 분석주체가 추구하는 것은 그 자신의 순수한 소망에서 비롯된 것이 아니다. 그것은 부모가 그에게 원하는 것이라는 형태로만 주어지기 때문이다. 어떤 목표를 달성하는 일은 부모의 소망을 만족시키는 일이기도 하다. 따라서 〈그것만은 하지 않을 거야. 그들을 기쁘게 할 순 없지〉라고 말하는 것은 주체가 오히려 상징적 관계 속에 있음을 의미한다. 상징적 관계 속에서 주체는 큰 타자를 대표하는 부모가 권장한 이상을 빗겨가고 그들의 요구를 거부하기 위해서 노력한다.[7] 어떤 의미에서 그의 모든 행동은 부모에 대한 일종의 반항이다. 그는 은밀하게든 공공연하게든 큰 타자의 소망을 저버린다. 물론 그는 의식적으로는 전혀 그렇게 생각하지 않는다. 자신의 행동은 부모나 사회의 이상에 항의하는 것이 전혀 아니라고 생각할 것이다. 하지만 그럼에도 그가 큰 타자에 대해 반항하기 위해 자기 삶을 바친다는 사실은 부인할 수 없다.

1950년대 초기 작업에서 라캉이 설정한 분석의 목표는 분석주체

---

7) 이를 통해 우리는 『에크리』의 매우 복잡한 다음 문장이 무엇을 뜻하는지 이해할 수 있다. 〈신경증자가 원하지 않는 것, 그가 분석이 끝날 때까지 집요하게 거부하는 것은 타자의 주이상스를 위해 자신을 거세하는 일이다〉(『에크리』, 826/323쪽). 이 개념은 8장에서 상세하게 논의될 것이다.

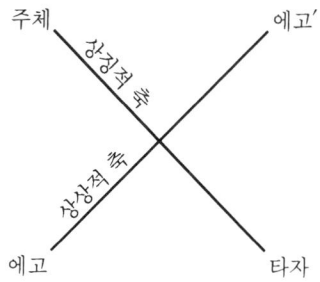

그림 3.1 축약된 L 도식

의 상징적 관계를, 다시 말해서 큰 타자에 대한 그의 위치를 해명하고 수정하는 것이다. 그는 상상계와 상징계라는 범주만으로 분석 상황의 모델(그림 3.1)을 제시한 바 있다.[8] 여기에서 상상적 관계는 분석주체의 에고가 자기와 비슷한 타인들의 에고(그림에서는 오른쪽 상단의 〈에고′〉)와 관계하는 수준임에 반해, 상징적 관계는 그의 무의식(그림에서는 왼쪽 상단의 〈주체〉의 자리)이 큰 타자와 관계하는 수준이다. 분석은 자유연상의 작업(라캉이 〈전이의 작업〉[9]이라고 표현한 것, 혹은 일반적으로 〈돌파〉라고 알려진 것)을 통해서, 점차로 친구나 동료, 형제 자매들에 대한 분석주체의 상상적 관계[10]를 분해시킴으로써 그의 상징적 관계를 부각시키는 것을 목표로 삼는다. 실제로 분석주체의 상상적 관계는 상징적 관계에 의해 결정되는 것이 보통이다. 예를

---

8) 이 모델은 또한 종종 Z도식이라고 불린다. 이 도식에 관해선 『에크리』, 548/193쪽 참조.
9) 여기에서 라캉이 사용한 표현은 travail du transfert이다. 라캉은 그 용어를, 프로이트의 Durcharbeitung을 번역할 때 통상 사용되어 온 신조어 perlaboration 대신 사용한다. 이에 대해선 특히 『에크리』, 596쪽 참조. 그리고 travail du transfert라는 용어가 등장하는 『에크리』, 630쪽 참조. 이 표현은 영어 번역본(235, 265쪽)엔 반영되어 있지 않다.
10) 이는 (에고들 간의) 동일시와 경쟁 관계를 특징으로 한다.

들어 남자아이가 다른 형제와 심각한 경쟁 관계에 있는 것은 (타자의 위치에 있는) 큰 타자를 대표하는 부모가 그 형제를 더 특별하게 대하기 때문이다. 또한 주체의 동성애적인 애착은 선생이나 감독관과 같은 상징적 타자에 대한 그의 애정과 관계가 있다.

따라서 라캉이 1950년대 초기에 구상했던 분석의 목표는 상징계를 가로막고 있는 상상적 차원을 돌파하는 것이었고, 분석주체가 타자를 정면으로 대면할 수 있도록 만드는 것이었다. 이러한 개념 틀 속에서 상상계와 상징계는 서로 모순적인 길을 걷는다.[11] 상징계를 강조하는 것은 역으로 상상계의 중요성을 감소시키는 것이다. 그러나 만약 분석가가 자신을 분석주체와 같은 보통 사람의 역할(상징적 타자가 아닌 상상적 타인)에 위치시킨다면, 그는 자기 에고를 분석주체의 에고에 중첩시키며 그의 상상적 축의 한쪽을 차지하게 될 것이다. 이렇게 되면 분석은 당연히 경쟁적인 힘겨루기나 동일시 속에 좌초된다. 분석가는 상상적인 동일시의 올가미에 빠져버리고, 라캉이 말한 〈치료를 위한 유일한 차원〉인 상징계를 놓치게 될 것이다.

---

11) 라캉의 후기 작업에선 이와 달리 상상계와 상징계가 동등한 서열에 놓인다. 문제는 더 이상 상상계를 축출하는 것이 아니라 상상계가 실재계나 상징계와 결부되는 방식이다. 이에 대해선 특히 『세미나 XXII』(1975-1976년)와 그 다음 세미나를 참조. 하지만 라캉의 후기 논의에서도 분석 중에 상상적인 동일시를 돌파하고 상징적인 타자와의 관계를 정화하고 수정하는 일의 중요성이 부정되진 않는다.

10장에서 살펴보겠지만, 라캉의 초기 작업에서는 분석이 상징계를 통해서, 욕망의 수준에서 해결을 본다(타자에 대한 관계를 변화시켜 죽음에 대해, 다시 말해 자신이 죽음을 향한 존재라는 사실에 대해 책임을 져야 한다). 하지만 후기 작업에서의 분석은 상징적인 해법, 욕망의 해법을 넘어서고 있다. 이런 측면에서 자크-알랭 밀레는 1993-1994년의 미출간 세미나 「Donc」에서 라캉의 작업 시기를 정교하게 구분한 바 있다.

심판관으로서의 분석가

> 분석가란 누구인가? 그는 전이의 도움으로 해석을 하는 자인가?
> 아니면 전이를 저항으로 간주해 그것을 분석하는 자인가?
> 혹은 현실에 대한 자신의 생각을 (환자에게) 강요하는 자인가?[12]
> — 라캉, 『에크리』, 592/232쪽

지금까지의 논의는 분석가가 분석주체와의 상상적 관계 속에 빠지지 않도록 조심해야 한다는 것이다. 하지만 이외에도 분석가에겐 더 큰 함정이 도사리고 있다. 즉 분석주체가 분석가에게서 부모의 이미지나 그와 유사한 권위적인 형상을 찾으려 한다는 것이다. 그는 분석가에게 승인, 거부, 인정, 처벌 등과 같은 판결을 요구하게 된다.

분석주체는 분석가의 판결을 기대만 하는 것이 아니다. 그는 그것을 당당하게 요구하기도 한다. 상상적인 동일시의 위험을 막 넘어선 분석가에게 이제 또 다른 위험이 다가온다. 그것은 바로 분석가를 고해 신부와 같은 존재로 위치시키려는 분석주체의 요구이다. 분석주체는 그에게 죄를 고백하고 이를 통해 속죄할 수 있기를 요구한다. 이 경우 분석가는 신적인 위치로 투사된다. 다시 말해 무엇이 옳고 그른지를, 무엇이 좋고 나쁜지를 판단할 수 있는 전지전능한 큰 타자의 위치로 투사된다.

분석가가 실제로 그런 문제를 심의할 능력이 있는지 없는지는 별개의 문제다. 능력의 여부와는 상관없이 그렇게 판단을 내리는 것 자체가 이미 분석에 악영향을 끼칠 수 있다. 만약 분석가가 분석주체에게 어떤 환상은 나쁘고 또 어떤 충동이나 욕망은 비정상이라고 말한다면 어떻게 될까? 분석 밖에선 어떨지 모르지만, 분석 속에선 분석주체가 그런 것들을 말하길 꺼리게 될 것이다. 물론 그 역도 마찬가

---

12) 라캉의 논의의 맥락에서 볼 때, 분석가는 〈전이를 이용하여 해석하는 자〉라는 것이 분명하다. 라캉은 이 중 마지막 관점을 『에크리』의 이 인용문을 뒤따르는 구절에서 혹독히 비판한다.

지다. 분석주체에게 무엇이 유익하고 정상적인지를 말하면, 그는 더 이상 자기 판단에 대한 충분한 이유들을 선뜻 말할 수 없게 될 것이다. 분석주체가 문제가 있다고 생각한 것을 분석가가 정상이라고 판결을 내린다면, 분석주체는 처음엔 기뻐하거나 안심할 수 있겠지만, 이런 암시 효과는 궁극적으로 분석주체가 자기 문제를 그냥 덮어버리게 할 위험이 있다. 말이 치료를 위한 유일한 방법인 한, 분석주체가 말을 멈추게 되면 분석가는 그에게서 아무런 변화도 기대할 수 없다. 분석가의 판단 때문에 분석주체가 자신의 어떤 경험들에 대해 말하기를 꺼려한다면, 분석가의 모든 노력은 무용지물이 될 것이다.

보다 문제가 심각한 경우는, 분석주체가 심지어는 매우 신중한 분석가 앞에서도 과민 반응을 보이는 경우이다. 분석주체가 분석가의 한숨, 기침, 침묵 등을 검열이나 부인의 기호로 해석하는 게 바로 이런 경우이다. 이 경우 분석주체는 부모, 선생, 판사와 같은 큰 타자의 판단에 너무 익숙해 있어서, 분석가의 개입이 없이도 스스로 자기 마음속에 그런 식의 판단을 가정하게 된다.

따라서 분석가는 어떤 판단을 암시할 만한 행동을 자제해야 할 뿐만 아니라, 그런 식의 의미를 분석가에게 전가하려는 분석주체의 성향을 조심스럽게 이용해 맞대응해야 한다. 분석가가 자신에게 동의하지 않는다고 분석주체가 말하면, 분석가는 그것을 해석을 위한 자료로 이용해야 한다. 분석가는 자신에 대한 분석주체의 투사를 받아들이지 않아야 하지만, 그렇다고 해서 그것을 거절할 필요도 없다. 오히려 그는 그것을 자유연상과 해석을 위한 유용한 자료로 이용할 수 있다. 분석가는 자신에게 그런 태도를 투사한 것이 다름 아닌 분석주체 자신이라는 사실을 분명히 암시해야 한다. 그리고 그로 하여금 왜 그것을 투사했는지 생각해 보도록 유도해야 한다. 이를 위해 분석가는 분석주체가 앞으로 진행시킬 투사를 방해하기보단, 오히려 전이적인 투사가 지속되는 것을 그대로 지켜보아야 한다. 그런 과정 속에서 전이 현상 그 자체가 아닌 전이 안에 숨겨진 내용을 해석하고 그 내용

이 어디에서 유래한 것인지를 새롭게 밝혀내는 것이 바로 분석가의 임무이다.[13]

직업의 특성상 분석가는 분석주체의 눈에, 제도나 법규의 가치와 긴밀히 연관되어 있는 것처럼 비친다. 고도의 작업, 학문적인 성공, 진지함, 자본주의 등과 같은 것이 분석가의 이미지를 구성한다. 분석가의 복장 스타일, 주거지, 인테리어, 독서 경향 등에서 분석주체는 쉽게 분석가를 어떤 가치의 대표자로 간주해 버린다. 물론 그 가치들은 〈분석가라는 한 개인〉과 연관이 있을 테지만, 분석주체는 분석가라는 역할에도 그런 가치를 부여한다. 따라서 분석가는 신중한 태도를 가지고, 그런 투사 행위를 해석 가능한 것으로 변화시켜야 한다. 다시 말해서 그것이 분석가보다는 분석주체 자신에 대해 더 많은 것을 말하고 있다는 점을 부각시켜야 한다.

이는 분석주체가 분석가에게 부여하는 긍정적인 판단의 경우도 마찬가지다. 분석주체는 종종 분석가의 승인을 얻기 위해 노력한다. 그가 어떤 가치를 추구하는지 짐작하고 자신이 그 가치를 실현시키기 위해 애쓴다. 그리고 분석가가 무엇을 욕망하는지 짐작하고 그것을 충족시키려 노력한다. 한마디로, 분석주체는 분석가가 요구하는 바를 미리 예측해서 스스로 그것이 되고자 한다. 하지만 분석은 분석주체

---

13) 이런 측면에서, 쥐인간이 프로이트와 가족을 향해 심한 욕설을 퍼부었을 때 프로이트가 그를 어떻게 다루었는지 생각해 보자(SE X, 209쪽). 프로이트는 〈당신은 나에게 분노를 전이시키는군요〉라고 말하지 않았다. 오히려 그의 대답은 이러했다. 〈옛날의 아버지와 나 사이에 무언가가 일어난 모양이군요.〉 그는 전이가 이루어졌다는 사실을 말하려고 했던 것이 아니라 그 전이의 내용이나 근원을 지적하려고 했던 것이다. 라캉은 전이 현상(환자가 분석가에 대해 사랑이나 증오를 품게 되는 현상)은 분석의 변증법적 운동이 부진해졌을 때 나타난다고 말한 바 있다. 분석주체가 그 부진이 자기 면전에 있는 분석가의 책임이라며 비난하는 것은 충분히 가능한 일이다. 〈그렇다면 전이를 해석한다는 것은 무엇인가? 그건 간단히 말해서 그 막다른 골목의 공허함을 미끼로 바꾸는 것이다〉(『에크리』, 225쪽). 즉 미끼를 통해 분석 과정을 새로운 국면으로 전환하는 것이다.

의 행동을 승인하기 위한 것이 아니다. 분석주체의 그런 태도는 타자와의 분리에 성공하지 못하고 오히려 그에게 더욱더 의존하게 되는 신경증적인 전략의 일부일 뿐이다. 이는 주체가 큰 타자를 대표하는 부모와 이전에 맺었던 관계를, 주체가 부모의 요구를 만족시키려 하거나 내심 실망시키려 했던 이전의 관계를 반복하는 것일 뿐이다.

어쨌든 간에 분석가가 분석주체에게 동의의 기호를 제공하면, 이는 종종 암시의 효과를 낳는다. 분석주체는 자신이 옳은 일을 하고 있다고 믿고, 그 승인된 행동에 근거해 자기 삶을 영위하려 할 것이다. 물론 이는 주체가 타자의 판단에 의존하는 것이다. 그런데 만약 분석주체가 분석가와 의견이 다른 자기 친구들과 함께 휴가를 보내면 어떻게 될까? 아마도 분석주체는 친구들의 말을 듣고는 분석가에게서 벗어나려 할 것이다. 그렇다면 혹자는 분석주체가 친구들과 분석가 중 누구를 따를 것인지 물을 수 있다. 하지만 이는 처음부터 잘못된 질문이다. 왜냐하면 암시 효과는 분석가와의 관계가 지속되는 한, 다시 말해서 분석가가 분석주체의 삶에 지대한 영향을 끼쳤다고 가정할 수 있는 한에서만 유지되기 때문이다.

내가 지도한 한 분석가는 환자에게, 분석은 분석가와 환자가 돈독한 우애를 다짐으로써 환자가 분석가에게 의존하도록 하는 게 아니라 환자 스스로가 자립적인 삶을 영위할 수 있도록 만드는 것이라고 말한 바 있다. 그런데 놀랍게도 그 분석가는 그 후 환자의 증상이 기적적으로 개선되는 것을 볼 수 있었다. 그런 말을 하고 난 후 다음 면담에서 환자는 더 이상 분석가의 도움을 요구하지 않았다. 그리고 그 후 몇 차례 더 분석을 치른 후, 환자는 분석가에게 자신은 자기만의 삶을 즐기며 따라서 자신은 이제 행복하다고 말했다. 그러나 환자에게서 발견된 외면상의 이 치료 효과는 사실 암시에 의한 것이다. 환자는 결코 개선된 게 아니었다.[14] 환자는 분석가가 자신에게서 무

---

14) 실제로 프로이트는 다음과 같이 말한 바 있다. 〈너무 이른 성공은 분석 작업

엇을 원하는지 짐작하고 그에게 그것을 제공하려 했던 것이다. 그리고 그렇게 함으로써 자기 욕망을 분석가에게 종속시키려 했던 것이다.

원인으로서의 분석가

분석가가 상상적인 타인의 역할을 포기하면, 그 다음은 재판관의 역할을 요구받는 것이 상례인데, 분석가는 이러한 위치 또한 받아들여선 안 된다.[15] 분석가는 분석 기간 동안 자신이 무엇을 강조할 것인지 분명히 하고 분석주체가 그것을 말하도록 유도해야 한다. 하지만 그럼에도 그는 분석주체가 〈외부 세계〉에서 취하는 행동, 환상, 상념들에 대해 어떤 판단도 내려선 안 된다. 이렇게 상상적인 타인도 아니고 상징적인 타자도 아니라면 분석가의 역할은 대체 무엇인가?

앞에서 나는 분석을 처음 받는 사람들은 대부분 자기 말실수와 실수 행위에 대해 책임을 거부하며, 오히려 그것을 분석가에게 떠넘기려 한다고 말했다. 심지어 어떤 환자는 분석가에게 이렇게 말하기도 한다. 〈당신은 제 말에서 어둡고 좋지 못한 면만 보는군요!〉 처음에 분석주체는 말실수가 단지 혀의 근육에 문제가 있거나 사소한 부주의 때문에 나타난 것이라고 둘러댄다. 그러면 분석가는 그 말실수엔 어떤 다른 Other 의미가 숨어 있음을 부각시켜야 한다.

하지만 시간이 지나면, 분석주체 스스로가 그런 말실수에 의미를 부여하기 시작하고, 분석가를 무의식이라는 큰 타자의 담화를 대표하는 것으로가 아니라 일종의 원인으로 간주하기 시작한다. 〈지난밤 꿈을 꾸었어요. 그 꿈을 꾼 건 오늘 아침 당신을 찾아오기로 되어 있기 때문인 것 같아요.〉 분석 중에 자주 들을 수 있는 이 말 속에서

을 돕기보다는 오히려 방해가 된다〉(SE XVI, 453쪽).
15) 물론 이는 분석가가 환자의 투사를 가능케 하는 빈 스크린의 역할을 하지 말아야 한다는 뜻이 아니다.

분석가는 분석주체가 꾼 꿈을 유발한 원인의 자리에 놓이게 된다. 〈이 꿈은 당신에 대한 거예요.〉〈지난밤 꿈에서 당신을 보았어요.〉 이제 꿈, 환상, 말실수와 같은 무의식의 형성물들은 분석가에게 무엇인가를 말하기 위한 것으로 간주된다. 이런 의미에서 분석가는 무의식의 형성물들의 배후에서 그것들을 가능케 한 원인이 된다.

분석가가 분석주체와 같은 한 사람의 인격체로 간주된다면, 그는 분석주체의 상상적인 대상이나 상상적인 타인이라 할 수 있다. (라캉은 이를 a´로 표기했다. 이는 라캉이 프랑스어로 타인을 의미하는 autre의 첫 철자를, 상상계를 의미하기 위해 이탤릭체로 표기한 것이다. 물론 주체의 에고는 a로 표기된다.) 그리고 분석가가 재판관이나 부모의 위치에 놓이면, 분석주체에 대해 일종의 상징적인 대상이나 상징적인 타자가 된다(이는 타자를 의미하는 Autre의 첫 철자인 A로 표기된다). 하지만 분석가가 분석주체의 무의식의 형성물을 초래한 원인으로 간주되면, 그는 분석주체에게 있어 일종의 〈실재적인〉 대상으로 자리잡는다(이는 〈대상 a〉로 표기된다).

일단 분석가가 (분석주체의 꿈, 소망, 욕망 등의) 원인의 위치에 자리잡으면, 특히 분석의 초기 단계에서 전형적으로 나타나는 분석주체의 전이애나 〈긍정적인 전이〉가 현격히 줄어들고 훨씬 덜 〈긍정적인〉 색채를 띠는 어떤 것이 나타난다.[16] 분석주체는 분석가가 자신의 배후에 있는 일종의 자극제와 같다는 느낌을 받는다고 호소하게 된다. 분석이 시작될 때에 편안함이나 안정감을 느끼던(물론 대다수가 그런 건 아니지만) 분석주체가 이젠 불편함과 긴장감을 토로하게 된다. 심지어는 분석가가 개입된 자기 삶의 새로운 구조를 못마땅하게 여기기도 한다. 하지만 분석주체의 태도가 어떻든 간에 분석가는 그에게 매

---

16) 프로이트가 말한 것처럼, 〈전이애〉라는 이름으로 알려진 긍정적인 전이는 부정적인 전이 못지않게 저항의 기능을 발휘할 수 있다. 특히 「전이애에 대한 고찰」, SE XII, 159-171쪽 참조.

우 중요한 위치에 있다. 그는 분석주체의 꿈과 자위의 환상은 말할 것도 없고 실제 주변인과의 관계 속에서도 매우 중요한 위치를 차지한다.

물론 대부분의 환자들은 이런 상황을 기대하지 않는 게 보통이다. 게다가 라캉 외의 대부분의 정신분석학파들의 논의는 여기까지 미치지도 못한다. 분석가가 자기 삶에 너무 깊이 〈참견한다고〉 느끼면 분석을 그만두게 되는 환자들도 많다. 대다수의 분석주체들은 그런 느낌(이른바 〈치료의 부정적인 반작용 negative therapeutic reaction〉)을 인정하길 꺼려한다. 실제로 대부분의 분석 이론은 분석가가 분석주체의 삶에 그런 식으로 개입하는 것을 비생산적인 것으로 간주한다. 하지만 라캉은 오히려 그런 개입을 분석의 아르키메데스점으로서 중요하게 강조한다. 그 개입은 증상을 제거할 수 있는 일종의 지렛대이다. 라캉에 따르면, 분석주체의 욕망의 원인으로서 개입하는 분석가는 분석을 가능케 하는 주된 원동력이다. 다시 말해, 원인으로서의 분석가는 전이가 분석가와의 동일시를 넘어서 분석의 최종 종착지에 도달하기 위해 반드시 필요한 것이다(어떤 정신분석학파는 분석가와의 동일시를 분석의 최종 목표로 삼기도 한다).

물론 〈부정적인 전이〉라는 것이, 분석주체가 분석가를 욕망의 원인으로 위치시키는 것 자체는 아니다. 부정적인 전이는 그것을 확인할 수 있는 방법 중의 하나일 뿐이다. 그럼에도 불구하고 대부분의 분석가들은 공격이나 분노와 같은 부정적인 전이(이는 결국 전이애의 이면에 불과하다. 사랑과 증오는 모든 감정에 본질적인 양가성[17]을 통해서 직접적으로 연관을 맺고 있다)를 분석가에게 투사해선 안 되는 감정 중의 하나로 간주한다. 그들은 그것을 중화시키려 하거나 되도록 회피하려 한다. 그런데 만약 분석가가 이런 태도를 취하면, 환자는 분석 중에 그런 감정을 표현하지 않고 자제하려고 할 것이다. 혹은 분석주

---

17) 프로이트가 말한 것처럼, 〈(애정과 적대 감정이) 동시에 나타난다는 것은 타인과의 친밀한 관계 대부분이 감정의 양가성으로 물들어 있다는 점을 잘 보여준다〉(SE XVI, 443쪽).

체가 이를 표현한다 하더라도, 분석가는 그가 자신에게 분노와 증오라는 감정을 투사하고 있다는 사실을, 그리하여 그 감정은 원래 분석가를 향한 것이 아니라는 사실을 지적함으로써, 감정의 강도를 중화시키고 투사를 무용지물로 만든다. 분석가는 이른바 〈이성적인〉 해결 방법에만 몰두한 나머지 환자의 증오와 분노의 문제를 직시하지 못한다. 이렇게 되면 그 감정들이 분석을 통해 전혀 해소되지 못하리라는 것은 자명하다.

그러나 이와는 대조적으로 프로이트가 분석을 분석가와 분석주체 사이에서 벌어지는 일종의 갈등이나 전쟁으로 묘사했다는 사실을 주목해 보자.

> 환자는 그의 무의식적인 충동들을 일깨움으로써 얻을 수 있는 결과를 지금 현재 실제로 일어나고 있는 것으로 생각한다. 그는 실제 상황을 전혀 고려하지 않고 자신의 정열을 행위로 옮기려 한다. 이렇게 해서 과거의 갈등이 의사와 환자 사이로 전이된다. 신경증을 완전히 치료할 수 있는 것은 바로 이렇게 갈등을 분석의 장 속에 끌어들임으로써이다. 물론 정신분석가에게 전이 현상을 통제하는 작업은 결코 쉽지 않은 일이다. 그럼에도 환자의 잊혀진 은밀한 성적 충동들을 그대로 드러낼 수 있도록 하는 것은 바로 그 전이 현상이다. 단순히 언어로 표현하고 행동으로 옮기는 것만으론, 부재하는 누군가를 파괴하는 것이 불가능하기 때문이다(SE XII, 108쪽).

다시 말해, 환자가 부모나 가족에 대한 미움과 같은 심적인 갈등을 해소할 수 있기 위해선, 먼저 그 갈등을 분석가와의 현재 상황으로 불러와야 한다. 증상을 일으키는 내부의 리비도적 갈등이 분석가와의 관계 속에서 반복되고 실행되어야 한다. 물론 이는 그 갈등을 이론적으로 관찰하거나 문제시하기 위한 것이 아니다. 언어화만으론 분석가로부터의 진정한 분리를 성공시킬 수 없다.[18] 갈등으로 얼룩진 관계의 모든 본질적인 양상들을 불러올 수 있을 만큼 투사가 허용되어야 한다. 다시 말해, 투사를 통해 그 관계와 관련된 기억들과 거기에 밀착된 긍정적/부정적 감정들을 최대한 현재화할 수 있어야 한다. 프로이트가 브로이어와 함께 쓴 『히스테리 연구』에서 우리가 얻을 수 있는 교훈 중의 하나는 부수적인 효과들을 재체험하지 않고 단순히 트라우마적인 사건을 말하는 것만으로는 증상을 치료하지 못한다는 점이다.[19]

감정을 현재의 분석 상황 속으로 이동시키는 전이는, 분석주체가 과거와 현재에 주변인과의 관계 속에서 느낀 일련의 감정들을 분석가에게 투사함으로써 이루어진다. 대부분의 분석가는 분석주체가 자신에게 투사하는 역할을 회피하는 경향이 있다. 그들은 이렇게 말한다. 〈나는 당신 아버지가 아니오〉, 〈당신은 지금 투사를 하고 있는 겁니다〉, 〈나를 그와 혼동하진 말았으면 해요〉, 〈투사는 별로 이로운 게 아닙니다〉. 하지만 분석가는 감정의 전이를 통해 일어나는 그릇된 동일시를 권장할 필요까진 없지만 그렇다고 그것을 단념시켜선 안 된다. 오히려 분석주체가 다양한 인격을 투사하도록 내버려두는 것이 좋을 것이다. 그렇지 않다면 분석을 지속시키는 것 자체가 어렵게 될 것이기 때문이다.

분석가는 전이 현상 그 자체를 해석하기보다, 다시 말해 분석주체가 분석가에게 무엇인가를 투사하고 있다는 사실을 지적하기보다, 전이의 내용(관념적 내용과 감정적 내용)에 관심을 기울여야 하며, 분석주체로 하여금 그것을 말로 표현하도록 유도해야 한다. 따라서 분석가는 전이를 제거해서도 안 되고 금지해서도 안 된다. 그리고 분석주체가 그것에 대해 죄의식을 느끼도록 만들어서도 안 된다. 분석가는 무엇보다 분석주체가 그것을 말하도록 유도해야 한다. 분석은 해석보다

---

18) 문제는 항상 리비도나 감정과 같은 양적(量的)인 인자가 존재한다는 사실이다.
19) SE II의 『히스테리 연구』 중에서 특히 1장을 참조.

는 질문을 통해서, 내용(사고와 감정), 인물들, 상황들 사이의 연관 관계와 그것을 최초로 유발시켰던 관계들을 다시 복구하도록 이끌어야 한다.[20] 나는 이 책의 8장에서 강박증 사례를 통해 이 방법에 관해 구체적으로 살펴볼 것이다.

원인(분석주체의 말실수, 꿈, 환상에 대한 원인, 분석주체의 사랑과 증오에 대한 원인, 다시 말해서 분석주체의 욕망에 대한 원인)으로서의 분석가는 너무 성급히 논의된 감이 없지 않다. 나는 다른 많은 개념들을 설명한 후 이 책의 5장에서 다시 이 주제로 돌아갈 것이다. 욕망의 원인이라는 개념은, 예를 들어 라캉이 〈본환상 fundamental fantasy〉이라고 부른 것에서 매우 중요한 역할을 차지한다. 본환상은, 분석주체의 주요 증상 속에 함축되어 있는 주이상스를 무대화하는 환상이다. 환상에 대한 논의에서 보다 분명히 다루겠지만, 분석주체의 환상을 수정하기 위해선 먼저 분석가가 그 환상 속의 원인을 대표해야 한다.

---

[20] 전이가 이루어졌다는 사실이 아니라 그 내용을 해석해야 하듯이, 우리는 저항 그 자체를 해석해선 안 된다. 라캉의 관점에서 볼 때 저항은 에고의 방어라기보다 실재가 상징화에 저항하기 때문에 생기는 구조적인 결과이다. 분석주체가 자신의 경험을 더 이상 언어화할 수 없을 때, 그는 자기 앞에 있는 상대, 즉 분석가에게 그 책임을 전가하게 된다. 따라서 전이는 언어화에 대한 실재(다시 말해 트라우마)의 저항의 직접적인 산물이다. 그렇다면 저항을 일으킨다는 이유로 분석주체를 비난하는 것이 무슨 소용이 있겠는가? 분석주체가 저항하는 건 사실이지만, 그것은 이미 예정된, 구조적인 필연성이다. 해석은 저항 그 자체가 아니라 언어화에 저항하는 외상적인 사건이나 경험을 겨냥해야 한다. 저항과 그것의 〈해석〉에 관해선 『에크리』, 332-336쪽 참조. 그리고 실재의 상징화에 대해선 이 책의 8장(히스테리 사례 연구)과 『라캉의 주체』, 3장 참조.

4

해석 : 욕망 공간의 개시

> 욕망은 인간의 본질이다.
> ── 스피노자, 『에티카』
>
> 우리의 깊은 욕망을 다루고, 그것에 개입하고
> 심지어는 그것을 교정하는 것 등으로 이루어진다.
> ── 라캉, 『세미나 X』, 1963년 5월 22일

요구 대 욕망

 2장에서 우리는 분석주체의 요구를 액면 그대로 믿어선 안 된다는 점에 대해 살펴보았다. 분석주체가 일주일에 두 번 정도 분석을 받았으면 좋겠다고 말한다면, 이는 그 자신의 생각이라기보다는 주위 사람들의 의견인 경우가 많다. 그는 자신의 실제 욕망을 표현하지 못한다. 그는 의식적으로건 무의식적으로건, 분석가가 자신의 요구에 대해 강하게 거절해 주기를 바란다. 그가 자신을 위해 요구한다 하더라도 어떤 의미에서는 여전히 분석가가 거절해 주기를 기대한다.[1]

 만약 분석가가 분석주체의 요구에 쉽게 응한다면, 분석주체는 분석가를 따라서 자기 요구를, 강박적인 상념들이나 소망이 함축된 복잡한 어떤 것으로서가 아니라 단순한 〈실제 욕구〉나 〈직접적인 요구〉로

---

1) 예를 들어, 어쩌면 분석주체는 이 요구가 분석에 대한 저항의 표시임을, 또는 최근에 분석이 활발히 진행된 것에 대한 자신의 두려움에서 온 것임을 이미 알고 있을 수도 있다.

받아들일 것이다.[2] 분석주체의 진술이 단순한 요구의 표현이 될지 욕망의 표현이 될지는 전적으로 분석가의 재량에 달려 있다.

만약 강연자가 진지한 말을 할 때 청중이 웃는다면 그의 강연은 농담이 되어버릴 것이다. 혹은 반대로 강연자가 농담을 했는데도 청중이 무표정한 얼굴을 보인다면, 농담은 따분한 잡담이 되어버린다. 아이가 울 때마다 엄마가 먹을 것을 주면, 아이의 모든 울음은 간식에 대한 요구로 해석될 수 있다. 이와 마찬가지로 분석가가 듣는 입장에서 어떤 태도를 보이느냐에 따라서 분석주체의 말이 요구가 될 수도 있고 욕망이 될 수도 있다. 청자는 화자의 말을 결정할 힘을 가지고 있다. 분명히 화자가 〈의도하는〉 것과 청자가 듣는 것 사이엔 차이가 있다. 의미는 청중에 의해서, 혹은 라캉이 말하는 큰 타자의 자리(장소)에서 결정된다. 어떤 특정한 메시지를 전달하려는 의식적인 의도에도 불구하고 말의 의미는 항상 다른 사람들, 타자에 의해서 결정된다.

정치가들은 종종 언론이나 정적들이 그들의 말을 〈왜곡시켜〉 실제 의도와는 전혀 다른 뜻으로 해석해 버리는 것에 당혹스러워하곤 한다. 그런데 이것이 바로 〈의사소통〉의 본질이다. 우리는 타인에게 무엇인가를 표현하기 위해 말을 하지만, 우리가 의도하는 바를 결정하는 것은 바로 그들이다. 그들은 우리가 말한 것을 자기 나름대로 해석하고 그것에 근거해 중요한 결정을 내린다. 청자의 힘은 실로 대단하다.[3]

청자로서의 분석가의 힘도 마찬가지다. 분석가는 계속해서 분석주

---

2) 또한 분석주체는 분석가가 자신의 분석을 더 이상 원치 않는다고 생각할 수도 있다.

3) 정치가들은 자기가 아무리 노력해도 자기 말이 언론이나 대중에 의해 잘못 해석되고 잘못 이해되고 있다고 불평한다. 그들은 라캉이 우리에게 가르쳐준 뼈아픈 진실을, 즉 의사소통의 본질은 그릇된 소통에 있다는 것을 깨달아야 한다. 라캉의 말에 따르자면, 〈인간들 사이의 담화의 토대는 바로 오해 malentendu 이다〉(『세미나 III』, 184쪽).

체의 말을 단순한 요구가 아닌 다른 것으로 〈들음으로써〉, 그의 욕망이 고개를 치켜드는 공간을 열어놓을 수 있다.[4] 2장에서 언급한 것처럼, 분석의 가장 중요한 목표는 요구에의 고착을 넘어서 가변적인 욕망과 그것의 원활한 운동으로 분석주체를 이끄는 것이다. 요컨대 분석주체의 욕망이 〈변증법적인 운동〉이 되게 하는 것이다. 이를

---

4) 욕구, 요구, 욕망에 대한 라캉의 구분에 관해 몇 마디 덧붙일 것이 있다. 〈욕망desire〉이나 〈요구demand〉는 태어날 때부터 이미 주어진 것이 아니다. 라캉은 생물학적으로 결정된 본능을 욕구needs라고 불렀다. 우리에게 영양이나 배설은 필수적인 것이다. 또한 우리는 따뜻함이나 애정을 필요로 한다. 일정 연령까지 그것들을 공급받지 못한다면, 유아는 죽게 될 것이다. 유아는 필요한 것들의 대부분을 자급자족할 수 없으며 따라서 욕구를 만족시키기 위해선 타인의 도움을 받아야 한다. 유아는 울음으로써 타인에게 도움을 요청한다. 아이는 그들에게 요구를 하는 것이다. 요구는 이렇게 다른 사람에게 말로 건넨 욕구이다.
 하지만 유아의 말은 매우 불명확하기 때문에, 사람들은 그것이 무엇을 뜻하는지 해석해야 한다. 게다가 우는 아이 또한 자기가 원하는 게 무엇인지를 안다고 볼 수 없다. 우는 행위가 의미를 갖게 되는 것은 부모나 보모가 거기에 이름을 붙여주기 때문이다(〈배가 고픈 모양이군〉). 아이가 불편함, 추위, 고통 등을 느낄 순 있으나 그 의미는 부모가 그것을 어떻게 해석하느냐에 달려 있다. 만약 부모가 아이의 울음소리에 먹을 것으로 답한다면, 소급적으로 아이가 느낀 느낌들은 배고픔이라는 의미로 결정될 수 있다. 물론 울음소리 이면에 어떤 다른 의미가 있었다고는 말할 수 없다. 왜냐하면 의미는 사후의 산물이기 때문이다. 의미는 아이에 의해서가 아니라 타자에 의해 결정된다. 어떤 부모들은 아이가 울 때마다 이를 생물학적인 욕구의 표현으로 간주하며 모든 요구를 단순한 욕구에 근거해 해석해 버리는데, 이 경우는 (다른 사람에 대한 요구인) 아이의 울음이 욕구로 축소되어 버린다. 요구를 욕구로 축소시키는 것은 아이가 타자를 향해 무엇인가를 요구한다는 사실을 지워버리는 것이다. 또 어떤 부모들은 아이의 울음을 종종 욕망의 표명으로 읽는다. 아이는 울음을 통해 직접적인 욕구와는 별 관계가 없는 존재, 믿음, 관계, 관심 등과 같은 비가시적인 것들을 욕망한다는 것이다.
 아이의 요구가 욕구로 축소되거나 욕망으로 확장될 수 있듯이, 분석가 또한 분석주체의 요구를 액면 그대로 받아들이거나(예를 들어 분석 횟수를 줄여달라는 요청을 들어주거나) 아니면 욕망의 표명으로 해석하여 그의 욕망에 불을 지필 수 있다.
 어떤 의미에서 욕망은 요구 안에 싹트고 있다고 말할 수 있다. 그 싹은 활짝 피어 꽃이 될 수도 있지만 미리부터 잘릴 수도 있다(욕구로 축소될 수도 있다).

위한 방법 중 하나는 분석가가 분석주체의 〈순진한〉 요구를 넘어서 그 뒤에 숨겨져 있는 잠재적인 욕망에 귀기울이는 것이다.

이런 방법은 분석주체로 하여금 자신 안에 숨겨진 보다 근본적인 동기들을 탐색하도록 하는 데 아주 유용한 방법이다. 하지만 나 자신이 수년 간 분석주체로 있으면서 깨달은 바는, 그 방법이 종종 분석주체를 화나게 만들 수도 있다는 사실이다.[5] 분석주체의 입장에서 볼 때, 분석가는 있는 그대로의 사실을 무시하고, 분석에 영향을 미치는 (일, 돈, 건강 문제 등과 같은) 현실적인 환경을 인정하지 않는다는 인상을 줄 수 있다. 그러나 분석가는 어떠한 저항에도 순순히 굴복해선 안 된다. 아마도 시간이 좀 지나면, 대부분의 분석주체들은 처음엔 단순히 실제 요구(약속을 미룬다든가 분석 횟수를 줄이고자 하는 요구)라고 믿었던 것이 사실은 다른 동기들을 숨기고 있었음을 깨닫게 될 것이다.

따라서 이른바 환자의 요구를 좌절시키는 것은 〈분석 상황의 한계를 유지하기〉 위한 것이 아니라 욕망을 전면에 부각시키기 위한 것이다. 환자가 진술한 요구를 있는 그대로의 요구로 해석하고 그것에 순응하면, 그 뒤에 숨겨져 있을 욕망의 여지를 완전히 제거하게 된다. 환자의 요구를 모두 들어주면, 그는 분명 불안감에 휩싸일 것이다. 왜냐하면 요구된 모든 것이 충족되면, 더 이상 결여가 불가능하게 될 것이고, 결여가 불가능하면 곧 욕망이 난관에 부딪히게 되기 때문이다. 요컨대 욕망을 위한 여지가 전혀 남아 있을 수 없기 때문이다.

---

[5] 한 정신분석가가 자랑스런 목소리로 내게 이런 말을 한 적이 있다. 한 여자 환자가 분석이 끝나고 나서 자기더러 라캉학파의 분석가가 아니라서 고맙다는 말을 했다는 것이다. 만약 분석가가 라캉학파의 사람이었다면 그녀가 말한 모든 것은 그녀의 의도 그대로 받아들여지기보다 먼저 의문에 부쳐졌을 것이다. 이야기를 더 듣고 나는 그가 에고 심리학을 성실하게 실천하고 있다는 걸 알았다. 그는 환자의 진술을, 그녀가 의식하고 말하는 것들을 액면 그대로 믿었던 것이다.

해석 : 욕망을 위한 결여 생성

> 쾌락이 명부를 때리면 욕망은 사라지게 된다.
> —— 라캉, 『에크리』, 773-774쪽
>
> 인간은, 사실상 자신이 부족한 것을 향해 나아간다.
> —— 아리스토텔레스, 『니코마쿠스 윤리학』, 1159b14

욕망은 결여에서부터 나온다. 우리가 요구한 모든 것이 충족된다면, 우리는 과연 무엇을 욕망할 수 있을까? 요구하는 것마다 부모가 다 들어주면 버릇없는 아이는 곧 지루해하며 오히려 더 불평을 늘어놓을 것이다. 마릴린 먼로가 즐겨 부르던 올드 팝송의 노랫말엔 〈당신이 원하는 것을 얻게 되면 당신은 이제 그것을 원하지 않을 거에요〉라는 대목이 있다. 이는 만족이 결국 욕망을 매장시키리라는 것을 의미한다.[6]

2장에서 우리는 예비 면담 기간에 분석가가 사용할 수 있는 개입 방법(구두법, 절분법)에 대해 살펴보았다. 그때 나는 그 다음 단계로 넘어가기 전까진 해석이 별 도움이 되지 못한다고 말한 바 있다. 이는 해석이 본격적인 분석 과정에 국한해서만 사용되어야 한다는 것을 뜻한다. 그런데 거기서 내가 해석이라고 명시한 것은 현대의 심리 치료나 대부분의 정신분석에서 말하는 방식의 해석이 아니다.

내 경험으로 볼 때, 그들에게 해석은 환자의 말, 증상, 환상, 꿈 등이 의미하는 바를 환자에게 명확하게 제시하는 것이다. 물론 어떤 분석가는 환자가 분석가 자신과 동일한 해석에 도달할 때까지, 다시 말

---

6) 만약 유토피아가 아무것도 결여되지 않는 〈곳〉이라면, 거기에선 욕망의 원인이 아예 존재하지 않을 것이며 따라서 어떠한 욕망도 불가능할 것이다. 『세미나 VIII』(14장)에서 요구와 욕망에 대한 세밀한 논의를 펼치면서, 라캉은 다음과 같이 말한 바 있다. 〈요구가 만족 속에서 뭉개지면 필히 욕망을 죽이게 된다〉(239쪽). 앞으로 확인하겠지만, 만족이 욕망을 사장시킨다면, 반대로 욕망은 계속해서 욕망하기 위해 만족(정확히 말해 충동의 만족)을 억제하는 경향이 있다.

해 환자가 자기 말을 이해할 때까지 기다리기도 한다. 하지만 이 또한 (청자나 큰 타자로서의) 분석가가 환자에게 어떤 특정 의미를 강요하는 것에 지나지 않는다.

이런 식의 해석은 악몽을 꾼 아이를 달래기 위해 부모들이 아이에게 해주는 단순한 꿈 해석과 유사하다. 부모들은 아이를 진정시키고 아이가 쉽게 수긍할 수 있도록 그 꿈이 단지 요전 날 TV 쇼에서 본 것이라든가, 동화에서 본 인물이라는 식으로 단순하고 확증적인 해석을 내리려 한다. 물론 그들 중에는 다른 해석이 가능하다는 사실을 처음부터 알고 있는 부모도 있다. 그러나 그들도 아이를 달래는 데에 가장 큰 관심을 갖고 있다는 점에선 다른 부모들과 다를 바 없다.[7]

신탁의 말로서의 해석

> 보통 효과가 있다고 많은 해석은 사실 정신분석적인 해석이 아니다.
> ── 라캉, 《분석을 위한 노트》 3(1966), 13쪽

내가 방금 제시한 예엔 한 가지 분명한 점이 있다. 이런 식의 해석은 제한된 전망과 눈앞의 목표(예를 들어 아이를 진정시키고 빨리 다시 잠재우는 것)에만 치중하고 있다는 사실이다. 라캉에 따르면, 정신분석의 해석은 그런 것이 아니다. 해석은 증상을 어떤 특정 의미에 묶

---

7) 어떤 라캉주의자들은 이런 양식의 해석을 환각과 사고의 생생함과 숫자에 압도당한 정신병 환자에게 사용하기도 한다. 이 경우 분석의 목표는 의미를 고정시킴으로써 환자를 안정시키는 stabilize 것이다. 일반적인 의미 생성 과정과 유사한 이 과정은 소파등을 고정시키기 capitonnage라고 불릴 수 있다. 이는 의미 생성에 대한 라캉의 모델인 소파등의 누빔점 point de capiton에서 온 말이다. 소파등의 누빔점은 소파의 속 내용이 잘 고정되도록 겉 천을 누비는 것이다. 이와 유사하게, 의미 생성은 특정한 의미를 특정한 문장이나 단어로 누비는 것이다. 그렇게 함으로써 의미가 끊임없이 미끄러지거나 환자가 끊임없는 연상에 빠지지 않게 하는 것이다. 이러한 해석에 관해선 7장에서 상세히 논의할 것이다.

어두기보다 다양한 의미를 암시하는 것이 되어야 한다. 해석을 단일한 의미로 제한하면, 분석주체의 에고에 이른바 〈순응 adjustment〉의 결과를 초래하게 된다. 그렇게 되면 분석주체는 분석가가 꿈을 해석하는 방식에 자신의 자기-이미지를 일치시키고자 한다. 즉 분석주체는 자신이 누구인지 자신이 어떻게 해야 하는지를 분석가의 시선에 맞추어 생각하게 된다.[8]

이 경우 분석가는 분석주체가 말하는 바의 의미를 결정하는 청자로서 큰 타자의 역할을 맡게 된다. 분석가는 분석주체의 무의식에 큰 타자의 역할을 맡기지 않고 자신이 직접 그것을 대리하게 된다. 하지만 라캉에 따르면, 분석가는 분석주체의 요구 속에서 단순한 요구가 아닌 다른 어떤 것을 듣기 위해 타자의 역할을 수행해야 하지만, 해석이 본격적으로 시작되면 곧 그 역할을 포기해야 한다. 분석주체에게 이미 결정된 의미를 제시한다면, 그는 벗어나기 힘든, 큰 타자에 대한 종속 관계 속에 빠질 것이다. 여기에서 분석가는 알고 있는 사람으로 위치하는 반면 분석주체는 분석가가 이야기해 주는 것 이외에는 아무것도 모르는 자로 위치한다.[9] 그러면 분석주체는 처음부터 유아적인 위치에 놓이고, 분석은 끊임없는 훈육과 양육의 과정이 될 것이다. 분석은 (분석주체의) 요구와 (분석가의) 응답이 되풀이되는 악순환 속에 빠지고, 분석주체는 점점 더 많은 것을 요구할 것이며, 결국 분석은 어린아이 같은 분석주체에게 이리저리 끌려다닐 것이다. 예를 들면, 분석가가 분석주체의 요구를 만족시키기 위해 분석 외의 막대한 시간을 투자하는 것이다. 분석가는 아무리 타당하고 중요한 의미라 하더라도 이미 결정된 의미를 그대로 분석주체에게 제시해선

---

8) 이는 또한 분명히 분석주체와 분석가 사이에 거울을 세워두는 일이다.
9) 플라톤의 『향연』에서, 아가톤은 소크라테스의 풍부한 지식이 자신의 무지를 채워주리라 기대하면서 그를 따르고 싶다는 욕망을 표현한다. 분석가가 소크라테스에게서 차용하는 것은 이른바 소크라테스식 교수법이 아니라 『향연』이 진행되는 동안 그가 사용한 몇 가지 기술이다. 라캉은 『세미나 VIII』에서 이에 대해 상세하게 논평한 바 있다.

안 된다. 무엇보다 중요한 것은 분석주체의 호기심을 부추겨 자유연상 과정을 유도해 내는 것이다. 해석은, 분석가가 어떻게 해석할지를 분석주체가 궁금히 여기도록 만들어야 한다.

분석가가 모호한 해석을 제공하면, 분석주체는 그의 해석이 무슨 뜻인지를 알아내려 할 것이다. 이는 의식적인 수준에서뿐 아니라 무의식적인 수준에서도 그렇다. 이런 다의적인 해석은 울림을 낳는다. 그리고 그 울림 속에서 분석주체의 무의식이 작동하기 시작한다. 물론 의식은 오직 하나의 진정한 의미만이 있어야 한다고 믿으며, 모호하거나 다양한 의미들을 혐오한다. 하지만 다의적인 해석 앞에서 그 믿음은 좌절할 수밖에 없다. 분석가가 건넨 수수께끼 같은 말들은 분석주체의 꿈과 환상 속으로 나래를 펼치게 된다. 이른바 〈이성〉이 무의식적인 욕망의 자유연상에 자리를 양보한다.

대다수의 정신분석가들은 해석이 옳고 그름의 수준에 있는 것이 아니라 생산적이냐 비생산적이냐의 수준에 있다는 프로이트의 생각을 따른다.[10] 그런데 생산성은 에고의 담화가 아닌 무의식의 형성물의 수준에 있다. 우리의 관심은 분석주체의 무의식이 해석 속에서 무엇을 발견하느냐에 있다. 다시 말해, 큰 타자(알고 있다고 가정된 주체)의 역할을 부여받은 분석주체의 무의식이 무엇을 투사하고 가시화하느냐가 문제이다.

이로부터 우리는 왜 라캉이 정신분석의 진정한 해석은 〈신탁의 말 oracular speech〉[11]이라고 했는지를 이해할 수 있다. 델포이의 신탁과도 같이, 분석가는 이해하기 힘든 다의적인 말을 함으로써 그것이 분석주체의 뇌리에 울려퍼지도록 만든다. 그렇게 함으로써 분식주체에

---

10) 라캉이 말했듯이, 〈해석은 그것이 하나의 해석일 경우에만 옳을 수 있다〉(『에크리』, 601/240쪽).

11) 신탁의 언술로서의 해석에 관해선 『세미나 XVIII』, 1971년 1월 13일 강의를 참조. 『에크리』, 106/13쪽, 588/228쪽; Scilicet 4(1973), 37쪽; Scilicet 5(1975), 16쪽 참조.

게 분석가가 왜 그런 말을 했는지, 그가 하는 말이 무슨 뜻인지를 알고자 하는 욕망을 불러일으키고 이로부터 새로운 투사를 이끌어낸다.

획일적인 해석의 비생산성은 내가 전에 지도한 바 있는 한 분석가의 사례를 통해 쉽게 확인될 수 있다. 환자는 서클에서 또래 남자아이들과 마리화나를 상습적으로 피우던 젊은 아가씨였다. 분석가는 그녀가 마리화나를 〈도피의 도구로 사용하고 있다〉고 말했다. 그녀의 말이 정말로 그런 해석을 암시했는지는 논외로 치더라도, 분석가의 해석은 약물 경험에 함축된 구순적인 의미와 남자아이들에게서 발견될 수 있는 사회적이고 성적인 함의를 무시했다. 그의 해석은 정형화된 의미만을 강조했을 뿐, 의미의 생산 과정 자체를 닫아버렸다. 사실 〈도피〉라는 단어에는 많은 것이 함축되어 있다. 하지만 〈마리화나를 도피의 도구로 사용했다〉는 말은 그렇지 못하다. 그 말은 특정한 의미만 확증할 뿐이다. 물론 의식의 수준에선 그 해석이 분석주체에게 여러 가지 생각을 불러일으킬 수 있다. 하지만 무의식적인 수준에서는 그리 많은 것을 고취시키지 못한다. 그것은 지나치게 비생산적이며 심지어는 반생산적이다. 분석가가 명확한 의미를 제시하면 할수록, 환자는 보다 쉽게 분석가를 특정 가치, 견해, 이론 등과 동일시할 수 있으며, 그렇게 되면 그를 의식적인 수준에서 거부하기가 한결 더 쉬워질 것이다. 분석가가 (사회, 경제, 정치, 정신분석 등에 대한) 어떤 특정한 견해를 대표하게 되면, 환자가 그것을 거부하건 인정하건 간에, 분석 과정에 걸림돌이 됨은 자명한 일이다.

물론 획일적인 해석을 삼가야 한다면 이는 책임을 회피하기 위해서가 아니다. 하지만 분석가가 분석주체에 대해 별로 아는 것이 없다면 되도록 명확한 말은 피해야 한다. 분석의 초기 단계에서 말이 직접적이고 명확할수록, 분석가는 헛다리를 짚기 쉬우며 그 때문에 분석주체에게 무시당하기 쉽다. 말이 모호할수록, 분석가는 분석주체가 그것을 어떻게 받아들일지, 다시 말해서 그가 그것에서 무엇을 읽어낼지 파악하기가 쉬워진다.

따라서 해석의 시기를 결정하는 것은 매우 중요하다. 예비 면담 동안에는 해석을 삼가야 하고, 분석이 진행되는 대부분의 기간 동안은 되도록 다의적인 말을 유지해야 한다. 앞으로 8장의 사례 연구에서 확인하겠지만, 상대적으로 직접적이고 명확한 말이 필요하다면 이는 분석의 구성 construction 단계를 위해 남겨놓아야 한다.

좀전에 언급한 해석 사례는 너무 성급히 해석이 개입한 경우이다. 일반적으로 현대 사회에서 약물이 도피 수단이 된다는 것은 누구나 다 아는 사실이다. 환자가 그것을 모르고 있을 리 없으며 몰랐더라도 별로 놀라워하지 않을 것이다. 하지만 해석은 놀람의 효과를 초래하고 분석주체의 일상적인 사고 흐름을 탈선시킬 수 있는 것이어야 한다. 환자가 논의하기를 꺼리는 성적인 요소(예를 들어 구순 쾌락이나 남자아이들과의 성적인 관계)를 강조해야 할 경우라도, 해석에서 분석가가 강조할 바가 미리부터 예견될 수 있어선 안 된다. 대부분의 분석주체들은 언젠가는 분석가가 반복적으로 강조하는 성적인 모티브들을 이해하며, 외부의 도움 없이도 그런 주제들을 스스로 강조하게 된다. 하지만 그럼에도 해석은 여전히 그들이 이해하지 못하는 무언가가 남아 있음을 암시해야 한다.

해석은 실재를 겨냥한다

해석에 대한 라캉의 주목할 만한 언급들 중의 하나는 그것이 실재 the real를 명중시켜야 한다[12]는 것이다. 이 말이 의미하는 바는, 해석은 분석주체가 표현하지 못하고 그 주위를 맴도는 어떤 것에 도달해야 한다는 것이다. 이따금 분석가는, 분석주체가 표현하지 못한 것

---

12) 라캉은 "L'Etourdit," *Scilicet* 4(1973), 30쪽에서 〈해석은 욕망의 원인에 관한 것〉이라고 말했다. 욕망의 원인이란 곧 실재적인 대상 *a*이다. 자크-알랭 밀레는 그의 강의에서 이 개념에 대해 상세히 논한 바 있다.

으로 다시 돌아온다는 사실을 깨닫게 된다. 분석주체는 여태까지 말할 수 있었던 것에 만족하지 않고, 다양한 각도에서 그것에 재접근한다. 라캉적인 의미에서, 환자의 담화 속에서 나타나는 실재는 분석주체로 하여금 동일한 주제, 사건, 개념 등으로 다시 돌아가 그 주위를 끊임없이 맴돌게 만드는 어떤 것이다. 환자는 어쩔 수 없이, 표현되지 못한 채 남아 있는 어떤 본질적인 것에 집착한다.

이 경우 만약 분석가가, 분석주체가 맴도는 것이 무엇인지를 정확히 깨닫고 있다면, 그는 해석을 통해 그것이 표현되도록 유도해야 한다. 〈당신을 당신 아버지에게 등을 돌리도록 만든 것은 바로 당신 엄마이지요.〉 이는 내가 분석한 한 환자에게 제시한 해석 중의 하나이다. 그 환자는 수년 간 아버지의 희생양으로 엄마를 동정해 왔지만 그 후 엄마에 대해 점점 더 증오심을 품게 된 젊은 여자였다(이 사례는 8장에서 자세히 다룰 것이다). 분석이 진행되면서, 오랫동안 억눌려 왔던 아버지에 대한 사랑이 드러나기 시작했고 엄마에 대한 분노가 중심 주제로 자리잡았다. 하지만 그녀 혼자의 힘만으로는 그 두 개의 주제를 서로 연관짓지 못했다. 그녀는 엄마에 대한 분노를 몇 개의 사건들과 연관시킬 수 있었지만 자신의 설명에 만족하지 못했다. 따라서 위와 같은 내 해석은 그녀의 사고와 감정 사이에 상실된 연결고리를 복구시켜 주는 효과를 가져왔다. 내 해석은, 그때까지는 전혀 표현되지 않았던 어떤 것을 언어화했다는 점에서 〈실재를 명중시킨〉 것이다. 실재는 그녀의 분노의 원인 *cause*으로 작용했으며, 분노는 그 원인이 상징화되지 않고는 해소될 수 없었다. 물론 이 말은 분노가 단번에 사라졌다는 것을 의미하는 게 아니다. 이는 분노가 딸과 공모하여 아버지를 모함하려는(부녀지간을 떼어놓으려는) 엄마의 시도와 연관되면서 더 이상 분석을 방해하지 않게 되었다는 것을 뜻한다.

물론 혹자는 내 해석이 단순히 환자의 분노가 의미하는 바를 그녀에게 제시했다고 생각할 수도 있다. 그리고 그녀가 그것을 증명하기 위해 자기 에고를 나의 견해와 일치하도록 조정하고 있다고 생각할 수도 있다. 이런 주장을 반박하기 위해선 상당량의 자료가 필요할 텐데, 나는 그것을 이 책의 8장에서 제시할 것이다. 여기에서 내가 말하고자 하는 바는, 내 해석이 여러 가지 의미로 이해될 수 있는 것이었다는 사실이다. 예를 들어 (《당신을 아버지로부터 등돌리게 만든 것은 바로 당신 엄마입니다》라는) 나의 어법은 (가령, 침대 안에서처럼) 물리적으로 아버지를 보지 않기 위해 등을 돌린다는 뜻으로 이해될 수도 있다는 말이다. 물론 독자에겐 이런 의미가 금방 떠오르지 않겠지만, 실제로 분석주체는 분석 도중에 이런 의미를 생각했고, 거기에서부터 자신에게 일어난 과거의 사건들에 대한 흥미로운 자유연상들로 나아갔다. 여기에서 내가 강조하고자 하는 바는 해석이 분석주체가 맴돌고 있는 그 어떤 것을 직접적으로 겨냥하는 동안에도 그 안에서는 여전히 신탁적인 무엇인가가 작동하고 있다는 사실이다. 그것은 두 가지 수준(비유적인 수준과 문자 그대로의 수준, 즉 감정적인 수준과 물리적인 수준)에서 동시에 작동한다.

따라서 해석이 신탁의 어법으로 이루어져야 한다는 것은 분석주체가 그것을 전혀 이해할 수 없어야 한다는 뜻이 아니다. 오히려 이는 해석이 의도적으로 암시적인 방법을 찾아야 한다는 것을 의미한다. 예를 들어, 분석주체의 담화에서 중요한 위치를 차지하는 단어나 이름과 유사한 발음의 단어만을 골라서 말하는 것처럼 말이다.

물론 이런 식의 해석이 제시되면 참지 못하는 환자들도 있다. 하지만 그렇다고 해서 분석가가 환자들의 요구에 따라 자신의 해석을 친절하게 설명한다면, 이는 분석의 고유 목적에 어긋나는 일이 될 것이다. 분석가의 친절한 설명은 분석주체로 하여금 왜 분석기기 개입하는지를 생각해 보도록 유도하는 대신에, 그의 요구를 만족시킬 것이며 따라서 더 많은 요구를 초래할 것이다.

지금까지의 논의에서 실재는 언어로 표현되지 않았거나 공표되지 않은 것을 의미한다. 이는 어떤 의미에선 억압된 두 가지 생각 사이의 연결고리로 생각될 수 있다.[13] 또한 이는 프로이트가 트라우마 trauma라고 부른 것과도 일치한다. 다시 말해 언어화되지 않은 트라우마적인 사건(일반적으로 주체에 의해 리비도가 투자되어 온 사람들과 관련된 성적인 사건)을 의미할 수 있다. 라캉에 따르면, 이러한 실재는 분석을 통해서 상징화되어야 한다. 실재는 언어화되어야 하고 〈기표화〉되어야 한다. 자크-알랭 밀레의 말처럼, 분석은 점진적으로 실재를 상징계로 〈유출시키는〉 과정이다.[14] 실재를 겨냥하는 해석은 분석주체의 욕망을 고착시킨 어떤 것을 그 스스로 언어화할 수 있도록 도와주는 것이다.

---

13) 초기 저작인 『히스테리 연구』에서 프로이트는 한 관념과 다른 관념 사이의 연상의 고리가 끊어지는 현상에 관해 말한 바 있다. 만약 분리된 관념이 증상을 더 이상 만들어내지 않는다면 그 고리는 복구되어야 한다. 내가 『라캉의 주체』에서 논했듯이 주체는 바로 그 고리 자체이다. 주체는 상이한 관념들을 연결하는 과정 속에서 존재한다. 그 고리가 끊어지면 주체도 사라진다. 『라캉의 주체』 3장에서 개진된 실재계와 상징계에 대한 논의 참조.

14) 이는 프로이트가 SE XXII, 80쪽에서 말한 〈조이데르 해 Zuider Zee를 간척하는 일〉과 유사하다. 나는 이 표현을 자크-알랭 밀레의 강의에서 빌려 왔다. 라캉의 실재계에 대한 지금까지의 논의는 앞으로 조금씩 보충될 것이다. 보다 충분한 논의는 『라캉의 주체』 3, 7, 8, 10장 참조. 구성(분석주체의 상징화될 수 없는 경험을 〔재〕구성하는 것)을 위한 해석의 실례는 8장에서 제시될 것이다.

5

욕망의 변증법

주체화는 욕망의 변증법을 설정하는 모든 과정에 있어서 본질적인 계기이다.
── 라캉, 『세미나 VIII』, 251쪽

    사람들이 분석가를 찾는 이유는 다양하다. 어떤 이는 자신에게 욕망이 없다고 호소한다. 또 어떤 이는 자신이 원하는 것에 너무 집착한 나머지 밤잠을 설친다고 말하기도 한다. 상황이 얼마나 사적이든, 그들은 욕망과 주이상스에 문제가 있다는 점에선 똑같다.
    대부분의 경우 분석가는 분석주체에게 닥친 문제가 리비도의 정체에서 비롯된 것임을 알 수 있다. 다시 말해 욕망이 무엇인가에 고착되어 움직이지 않는 경우이다. 예를 들어, 자신의 구애를 거부하고 자신에게 별다른 흥미를 보이지 않는 여자에게만 유달리 〈목을 매는〉 남성 환자를 생각해 보자. 그는 파티에서 한 여자를 알게 되었지만, 처음에는 그녀에게 별다른 매력을 느끼지 못했다. 하지만 그녀가 그를 거부하자 그의 태도가 돌변하여 열정적으로 그녀를 욕망하기 시작했고 계속 쫓아다녔다. 그녀는 그의 모든 관심사를 차지했다. 그는 그녀만을 사랑했고 욕망했다. 그녀는 그만의 유일한 대상이었던 것이다. 물론 그녀가 그를 더 거부하고 더 무관심하게 대할수록, 그는 더욱더 그녀를 욕망했다.

그녀가 그를 거부하지 않았을 때 그의 욕망은 거의 죽은 거나 다름없었다. 그런데 그녀의 거부가 그의 욕망에 불을 붙인 것이다. 욕망의 원인 *cause*은 바로 그녀의 거부이다. 물론 그녀는 현실 속에 살아 있는 한 여성과 같이, 그를 사로잡는 진정한 대상이 아니다. 이는 그녀가 그의 끊임없는 구애에 승복하는 순간, 그가 더 이상 그녀를 쳐다보지 않게 되었다는 사실을 보면 알 수 있다. 그를 거부하는 한, 그녀는 그의 사랑을 불타오르게 하고 그를 흥분시킬 수 있었다. 하지만 그를 받아들이자 그의 욕망은 곧 사라져버린다. 그의 욕망의 원인은 사라지고, 손에 쥐어진 대상은 더 이상 아무런 욕망도 부추기지 못한다.

혹자는 그가 그녀를 발견해 내고 그녀를 추구한 것은 처음부터 그가 가지고 있는 욕망 때문이라고 생각할지도 모르겠다. 마치 욕망이란 처음부터 주어진 것이며 삶을 관통하는 일종의 항구적인 힘인 것처럼 말이다. 하지만 사실 그는 사는 동안 많은 여자들을 만나며, 별다른 확신 없이 관계를 맺어 왔다. 오히려 그가 열정에 사로잡히는 경우는 단지 그녀들 중 하나가 그에게 등을 돌리고 그를 거부할 때뿐이다.

원인(여성의 거부)을 대상(어떤 한 여성)과 혼동한다면, 욕망이 대상에 의해 자극되는 것처럼 보일 수도 있다. 욕망이 어떤 특정 대상하고만 관련이 있거나 어떤 특정 대상만을 지향하는 것처럼 말이다. 하지만 양자를 분리해서 생각해 보면, 우리는 이 상황에서 중요한 것은 대상이 아니라 그의 욕망을 불러일으키는 어떤 특질이라는 사실을 깨닫게 된다.

욕망은 특정 대상에 의해 이끌리는 것이 아니다(욕망 → 대상). 욕망은 대상에 의해 끌어당겨지는 것이 아니라 원인으로부터 떠밀리는 것이다(원인 → 욕망). 물론 어떤 순간엔 대상이 원인을 〈보유한〉 것처럼 보일 수도 있다. 그것이 분석주체의 욕망을 자극하는 특질들을 〈간직하고〉 있는 것처럼 말이다. 하지만 원인이 대상으로부터 갑작스럽게 떨어져 나오면, 대상은 그 즉시 폐기되어 버린다.[1]

욕망에는 대상이 없다

여기에선 단지 하나의 사례만을 제시했지만, 라캉의 논의는 욕망 일반에 관한 것이다. 엄격히 말해서 인간의 욕망에는 대상이 없다. 욕망은 대상과는 전혀 무관하다. 인간은 원하는 것을 손에 넣으면, 더 이상 그것을 욕망하지 않는다. 이미 가지고 있는 것은 욕망할 필요가 없기 때문이다. 욕망이 추구하는 잠정적인 대상에 그 욕망이 도달하면 그 욕망은 사라져버린다. 위의 사례에서도 환자의 욕망이 죽어버린 것은 여자가 환자의 끊임없는 회유에 넘어갔기 때문이다. 만족은 욕망을 소멸시킨다. 따라서 원하는 바를 얻도록 해주는 것은 욕망을 활력 있게 유지시키는 데 있어 그리 좋은 방법이 아니다.

히스테리 hysteria와 강박증 obsession은 욕망을 유지하기 위한 두 가지 상이한 방법이라 할 수 있다. 강박증자는 도달할 수 없는 어떤 것을 욕망하기에, 그의 욕망은 처음부터 만족될 수 없도록 설정된다. 반면 히스테리는 욕망을 불만족한 상태로 유지시키려는 시도이다. 프로이트는 이를 충족되지 않는 원망에 대한 원망이라 부른 바 있으며, 라캉은 이를 충족되지 않는 욕망에 대한 욕망이라고 부른 바 있다.[2]

---

1) 환자가 원인이 아닌 특정 대상에 집착하는 것처럼 보이는 경우도 있다. 예를 들어 환자는 학위, 승진, 사랑 등과 같은 자기가 얻을 수 없는 어떤 것만을 고집한다. 그런 경우 환자는 분석가에게 자기가 목표에 도달할 수 있도록 도와달라고 요구한다. 분석주체는 왜 자기가 그렇게 그것에 집착하는지를 의문시하지 않고 오히려 그것을 포기하느니 인생을 포기하는 게 낫다고 생각한다. 욕망은 다른 사람이나 다른 대상으로 굴절되지 않는다.

그러나 이렇게 욕망이 특성 대상에 고착되어 있는 듯이 보이더라도, 사실 그것은 처음에 그 대상에 대한 욕망을 초래했던 원인에 대한 고착, 일반적으로 타자의 욕망이나 요구에 대한 고착이다.

2) 『꿈의 해석』에서 프로이트가 정육점 여인의 꿈에 대해 분석한 것을 참조. 「주체의 전복과 욕망의 변증법」과 「치료의 지침」에서의 라캉의 언급 참조. 또한 (부분적으로 자크-알랭 밀레의 1988-1989년 미출간 강의에 근거한) 콜레트 솔레의 탁월한 논평을 참조. 「히스토리와 히스테리」, *Newsletter of the Freudian Field* 6(1992), 16-33쪽과 「히스테리와 강박증」, 『리딩 세미나 I-II』. 히스테리

어쨌거나 히스테리와 강박증은 모두 욕망의 만족과 실현을 저지하기 위해 어떤 식으로든 장애물을 설정한다(꿈, 환상, 백일몽은 실제로 욕망을 충족시키는 것이라기보단, 단지 욕망이 충족되는 장면을 상연함으로써 역으로 욕망을 지탱하기 위한 것이다).

따라서 욕망은 만족을 추구하지 않는다.[3] 오히려 욕망은 자신의 지속을 원하며 더 한층 가속화되길 원한다. 욕망은 계속해서 욕망하기를 원한다. 물론 혹자는 이것이 신경증에만 유효한 얘기라고 반박할 수도 있다. 욕망의 만족에 어려움을 느끼는 것은 신경증자의 주된 특징이기 때문이다. 그들은 죄의식, 억제, 공포, 불안 때문에 욕망을 제대로 만족시킬 수 없으며 따라서 그들의 욕망은 지속될 수밖에 없다. 하지만 라캉에 따르면, 욕망은 신경증에서뿐만 아니라 분석을 〈성공적으로 마치고〉 나서도 계속해서 자신의 지속을 추구한다. 물론 이 경우는 욕망의 원인과 주체의 관계가 재조정됨으로써, 욕망이 더 이상 만족을 추구하는 것과 갈등을 일으키지 않는다(이에 대해선 뒤에서 더 살펴보기로 하자).[4]

라캉은 욕망의 원인을 〈대상 a〉[5]라고 불렀다. 그런데 이처럼 욕망에는 대상이 아닌 원인만 있다면, 왜 굳이 라캉은 대상이라는 용어를 사용한 것일까? 한편으로 그것은 그의 사상이 시대적인 배경을 안고 전개되기 때문이라 할 수 있다(1950년대 그는 부분 대상이라는 칼 아브라함 Karl Abraham의 개념과 과도적 대상이라는 위니코트 D. W. Winnicott

---

와 강박증에 대해선 8장에서 상세히 논의될 것이다.
[3] 앞으로 확인하겠지만, 만족을 추구하는 것은 욕망이 아니라 충동이다.
[4] 이는 주체가 분석을 성공적으로 끝마치면 쉴새없이 쾌락만 쫓는 기계가 된다는 뜻이 아니다. 이는 욕망이 주체의 만족을 억제하지 못하도록 하는 것이다. 내가 분석한 한 환자는 자신은 〈주이상스를 즐길 수 없다〉는 말로 신경증자의 곤경을 잘 표현한 적이 있다. 이는 그의 만족이 어떤 의미에서는 불쾌감이나 불만족으로 망쳐졌다는 것을 의미한다. 아마도 분석의 목표는 분석주체가 자신의 주이상스를 제대로 즐길 수 있도록 하는 것이라 할 수 있다. 이 부분에 대해선 10장 참조.
[5] 이는 또한 종종 〈대상 a〉, 〈소문자 a〉, 〈소문자 대상 a〉 등으로 표기된다.

의 개념에 많은 영향을 받았다). 다른 한편으로는 라캉이 〈대상 object〉이라는 이름으로 전개되는 이전의 정신분석 이론들을 비판적으로 검토하고자 했기 때문일 수도 있다. 라캉에 따르면, 멜라니 클라인Melanie Klein의 정신분석과 대상관계 이론이 말하는 대상 개념은 대상에 함축된 원인의 의미를 이해하지 못했다. 그들은 (만약 대상이라는 용어를 그대로 사용한다면) 욕망과 관련된 유일한 대상은 오직 욕망을 불러일으키는 cause 〈대상〉이라는 사실을 깨닫지 못한 것이다.[6]

원인에 대한 고착

대상 a는 다양한 모습으로 나타날 수 있다. 그것은 누군가가 당신에게 건넨 시선일 수도 있고, 누군가의 목소리가 될 수도 있다. 혹은 누군가의 냄새라든가 그 느낌이나 하얀 살결이 될 수도 있고, 누군가의 눈동자 색깔이 될 수도 있으며, 말하는 태도가 될 수도 있다. 이에 대한 목록은 무궁무진하다. 그런데 그것이 어떤 형태로 나타나든 간에, 원인은 어떤 것에 의해서도 대체될 수 없는 유일한 것이다. 욕망의 고착은 바로 이 유일한 원인에 대해서 일어난다.

관계가 원만치 않음에도 자신도 모르게 계속해서 한 여자에게 집착을 보인다는 이유로 분석가를 찾아온 환자가 있었다. 이러한 경우는 일반적으로 환자의 상대가 그의 고유한 원인과 일치되어 있기 때문에 그의 욕망이 그녀가 아닌 다른 곳에서는 활동할 수 없는 경우이다. 이 경우 그녀를 포기하는 것은 그로서는 욕망을 완전히 포기하는 것이 된다. 만약 그가 어쩔 수 없이 그렇게 해야 된다면(가령 상대가 그와 연락을 끊는다면), 그의 욕망은 리비도의 죽음이라는 수렁에 빠

---

[6] 이중 부정을 즐겨 사용하는 라캉은 불안에 대해 말했을 때와 마찬가지 방식으로 〈욕망은 대상이 없지 않다 Le désir n'est pas sans objet〉라고 말한 적이 있다. 하지만 여기에서 라캉이 말한 대상은 욕망의 원인으로 이해해야 한다.

질 것이며, 거기에서 그는 아무런 목적 없이 삶을 표류하게 될 것이다.

분석주체의 욕망이 위기에 빠져버린 이유는 그가 그 원인에 고착되어 있기 때문이다.[7] 따라서 분석가는 분석주체를 사로잡고 있는 고착 상태를 깨뜨려 그의 욕망이 원활히 작동하도록 이끌어야 한다. 분석가는 분석주체가 무의식의 모든 현시물들에 관해 관심을 갖도록 유도해, 왜 자신이 그런 결정을 내렸는지, 왜 그런 관계를 맺었는지에 관해 의문을 갖도록 해야 한다. 2장에서 언급했듯이 욕망은 일종의 질문이다. 분석가의 개입을 통해, 분석주체는 자신의 무의식이 무엇을 말하고 있는지, 혹은 분석가가 자신의 말실수, 꿈, 환상 속에서 무엇을 읽어내고 있는지, 혹은 왜 그가 이런 식으로 개입하는지를 묻게 된다. 분석가는 이 모든 사태들에 의미를 부여함으로써, 분석주체의 고뇌, 사유, 꿈 등의 원인이 된다. 한마디로, 분석가는 분석주체의 욕망의 원인이 된다.[8]

분석이 진전됨에 따라, 분석주체는 처음에 자신의 욕망에 대한 원인으로 작용했던 어떤 것에 더 이상 집착하지 않고, 분석 자체를, 더 넓게는 분석가를 자신의 원인으로 간주하기 시작한다.[9] 이로써 새로운 고착 관계가 형성되는데, 물론 이는 〈어떤 지점에서도 분석가가 원만히 개입할 수 있도록〉 해주는 긍정적인 고착이다. 처음에 분석주체에게 문제를 일으켰던 고착은 이제 전이적인 고착이 되고, 분석 이전의 신경증은 〈전이 신경증 transference neurosis〉이 된다(SE XII, 154쪽).

---

7) 이는 어떤 측면에서 내가 1장에서 〈만족의 위기〉라고 말한 것과 관련이 있다.
8) 이는 3장의 말미에서 언급된 바 있다. 종종 분석가는 분석주체의 환상의 원인이 된다. 많은 분석주체들은 자위 도중에 분석이나 분석가의 이름, 혹은 약속 시간이나 분석 중에 언급된 주제들이 떠오른다고 말한다.
9) 이는 (2장에서 살펴본) 분석 초기에 볼 수 있는, 계약 없이 이루어지는 교환의 한 측면이다. 분석주체가 이전의 고착에 집착하면 분석가는 그것 대신 새로운 고착을, 다시 말해 분석가를 원인으로 설정하면서 무의식을 해석하는 고착을 제시한다.

주체의 원인으로서의 타자의 욕망

분석가가 분석주체의 원인(한 평범한 개인으로서의 상상적인 타인도 아니며, 법이나 숭배의 대상과 같은 상징적인 타자도 아닌, 분석주체의 욕망의 실재적인 원인)의 자리에 성공적으로 안착하면, 이제 진정한 분석 작업이 시작된다. 이제 분석은 〈전이의 작업 work of transference〉 혹은 돌파 작업 working through의 국면으로 접어든다. 분석가는 원인에 대한 분석주체의 고착을 깨뜨리는 작업을 시작해야 한다.

이러한 과정을 기술하기 전에, 우리는 먼저 원인이란 것이 어떻게 존재하게 되는지에 대해 좀더 살펴보기로 하자. 다른 책에서 한번 상세히 논의된 바 있기 때문에 여기선 간단히 요약해 보기로 한다.[10]

유아기 동안 주체를 최초로 보호했던 타자는 그에게 매우 중요한 의미를 갖는다. 주체의 삶은 그들과 아주 밀접한 관계를 맺으며 발전한다. 당연히 유아기의 주체는 그들에게 무엇인가를 요구하게 되는데, 이에 따라 그들 또한 그에게 무엇인가를 요구하게 된다. 그들은 아이가 무엇을 하고 무엇을 하지 말아야 할지를 결정하고 그에 따라 삶을 꾸려가도록 강요한다. 그들은 아이가 자신과 똑같은 언어를 말하고, 똑같은 계획표에 따라서 자신의 욕구를 통제하길 요구한다. 그들은 주체가 무엇인가에 대해 관심을 갖고 애정을 갖도록 하는 최초의 원천이다. 주체는 그 요구에 승복함으로써 그들로부터 승인과 사랑을 얻으려 한다. 그들의 요구에 더 잘 순응할수록 그는 더 많은 승인을 얻게 되고, 그들의 소망을 더 많이 충족시킬수록 그들로부터 더 많은 사랑을 얻게 된다.

하지만 그들의 요구가 항상 명확한 것만은 아니다. 종종 그들은 자신이 무엇을 원하지 않는지만을 말하거나, 단지 잘못된 행동만을 처벌할 뿐이다. 그들로부터 호의를 얻고 그런 처벌을 피하고자 한다

---

10) 『라캉의 주체』 참조.

면 주체는 그들이 무엇을 좋아하고 무엇을 싫어하는지 읽어내야 한다. 〈그가 무엇을 원하는 거지?〉〈그가 나한테 바라는 것이 무엇이지?〉라고 자문하면서 말이다.

그들이 무엇을 원하는지 분명히 말한다고 해도 상황은 변하지 않는다. 왜냐하면 말 자체가 이미 근본적으로 애매하기 때문이다. 주체는 타자의 요구가 명확함에도 불구하고 그들이 다른 것을 원할지도 모른다는 생각에 당혹스러워한다. 실제로 그들은 자신들이 실현시키지 못한 소망을 대신 실현해 주길 요구할 수 있지만, 또한 경쟁적인 위기감 때문에 그들처럼 실패하기를 요구할 수도 있다.

타자가 무엇을 원하는지 판독하는 과정에서 우리가 깨닫게 되는 점은, 그들의 말이 항상 그들이 원하는 바를 그대로 담고 있진 않다는 점이다. 인간의 언어는 말과 실제 의도가 분열되어 있다. 부모들 중에는 단지 다른 부모의 소망을 그대로 흉내내는 경우도 있다. 물론 아이가 이를 눈치챈다면 부모가 〈진정으로 원하는 것〉이 무엇인지를 궁금하게 여길 것이다.

이렇게 해서 부모의 욕망은 주체 자신의 욕망의 근원이 된다. 주체는 그들의 욕망을 만족시키기 위해 그들이 무엇을 원하는지 알고자 한다. 그는 그들의 욕망 속에서 자신이 어떤 위치를 차지하고 있는지를 알아내고자 한다. 결국 그는 그들이 자신을 욕망하기를 욕망한다. 라캉이 말한 바처럼, 〈인간의 욕망은 (여기에서는 부모로 대표되는) 타자의 욕망의 대상이 되고자 하는 것이다.〉[11]

주체의 욕망을 일깨우는 것은 그로선 전혀 이해하기 힘든 타자의 욕망이다. 타자의 욕망은 주체를 자극한다. 그것은 주체의 욕망에 생명을 준다.

---

11) 이는 〈Le désir de l'homme, c'est le désir de l'Autre〉라는 라캉의 명제를 참조한 것이다. 라캉의 이 말은 〈인간의 욕망이란 타자가 자신을 욕망하길 바라는 욕망이다〉 혹은 〈인간의 욕망은 타자의 욕망과 같다〉라고 번역될 수 있다. 이 점에 관해선 『라캉의 주체』 5장 참조.

(부모로 대표되는)[12] 타자의 욕망을 분별해 내려는 시도 속에서 주체는 타자가 무엇을 욕망하고 있는지 점차 깨닫는다. 그리고 주체는 그런 타자의 욕망에 의거해 욕망하는 법을 배우게 된다. 그는 타자의 욕망이 자신에게 향하기를 원할 뿐 아니라(우리는 타자의 욕망의 대상이 되기를 원한다), 또한 타자와 같은 방식으로 욕망하기를 원한다. 다시 말해서 그는 타자의 욕망을 자신의 욕망으로 받아들인다.[13]

엄마가 딸 앞에서 자신이 한 남자 배우(예를 들어 셰익스피어의 『말괄량이 길들이기』의 주인공 같은 인물)를 좋아하는 이유는 그가 자신감이 있어서라고 말한다면, 딸은 자신도 모르는 사이에 그러한 속성을 가진 남자를 이상적인 배우자감으로 선택하게 될 것이다. 물론 몇 년 후 딸의 환상을 분석하는 과정에서 그녀가 그것을 알게 된다면, 필경 분노와 소외감을 느낄 것이다. 〈내가 엄마의 환상을 따르다니…… 내 환상조차도 내 것이 아니란 말인가?〉

타자의 욕망에 대한 동화(同化)는 주체가 욕망을 형성하는 데 필연적인 과정이다. 하지만 이후에 그것을 깨닫게 되면 주체는 그것을 타자의 침략과 폭력으로 체험한다. 주체는 타자가 자신을 그렇게 만들었으며, 그가 자신에게 모든 것을 강요했다고 생각하고, 자기 욕망조차 자기 것이 아님을 개탄한다.

타자의 욕망은 주체의 욕망을 촉발하는 원인이다. 한때 가장 개인적이며 가장 은밀한 것이라 간주되던 게 사실은 주체 자신 속에 있는 것이 아니라 그가 아닌 다른 곳으로부터 온 것이라고 판명된다. 그리고 그 다른 곳이란 바로 그의 부모들이다.

---

12) 이는 부모가 모두 동일한 것을 욕망하거나 각기 하나의 단일한 욕망을 가지고 있다는 것을, 다시 말해 그들이 일관되게 욕망한다는 것을 뜻하진 않는다.
13) 이는 부모들이 자신을 닮은 자식을 더 사랑한다는 통념을 떠오르게 한다.

타자의 욕망으로부터의 분리

　프로이트는 청소년기의 가장 중요한 임무가 부모로부터 독립하는 것이라고 말한 바 있다.[14] 신경증자는 이에 실패한 경우라 하겠다. 라캉의 용어로 말하자면, 신경증자들은 타자의 욕망에 집착하는 사람이다. 부모의 욕망이 계속해서 그 자신의 원인으로 기능하는 경우이다. 신경증자는 부모의 욕망에 따라 자기 욕망을 구성한다. 그가 원하는 것은 최종적으로 부모가 원하는 것이다. 타자(부모)의 소망과 정반대로 행동하거나 그들의 욕망에 어긋난 삶을 추구할 때조차도, 그는 여전히 타자의 욕망에 의존하고 있다. 부모의 욕망이 없다면 그의 삶은 어떠한 중심이나 존재 이유도 발견하지 못한다. 따라서 신경증자의 분석은 타자나 타자의 욕망으로부터 그를 분리하는 방향으로 이루어져야 한다.
　물론 이는 환자들이 분석을 시작하는 이유와 항상 일치하진 않는다. 왜냐하면 분석에 참여하는 대부분의 환자들은 자신이 무엇을 원하는지에 관해 별다른 생각이 없기 때문이다. 그들은 자신이 무엇을 원하는지 알지 못하며, 자신이 원하는 것이 정당한지에 관해서, 그리고 심지어는 욕망이란 것에 관해 아무 생각이 없다고 말한다. 따라서 그런 환자들에 대한 분석의 초기 단계는 크게 두 가지 과정으로 이루어진다. 그것은 바로 그들이 원하는 바를 주제화하는 과정과 잊혀졌거나 알 수 없는 그들의 원망을 전면에 부각시키는 과정이다.
　그런 과정을 통해 환자는, 자기 욕망은 자신에게 중요한 인물들이 원하거나 원하던 것과 밀접히 관련되어 있다는 사실을 서서히 이해하게 된다. 그는 자신이 〈소외되어〉 있다는 사실을 깨닫게 된다. 처

---

14) 『정신분석 강의』에서 프로이트가 한 말을 생각해 보자. 〈이 [사춘기] 시기부터 인간은 부모와 분리되기 위해 노력해야 한다. 하지만 신경증자는 결코 그것에 도달하지 못한다〉(SE XVI, 337쪽).

음엔 자기 것이라고 생각했던 욕망이 자기 것이 아님을 알게 된다. 그의 가장 은밀한 욕망조차도 종종 그의 것이 되기 전에 이미 다른 이들의 것이었음이 밝혀진다. 아니면 처음부터 다른 이들을 만족시키기 위해 조작된 것임이 드러난다.

물론 우리는 주체가 엄연히 자기 욕망을 갖고 있는 것처럼 보이는 사례를 만날 수도 있다. 즉 분석의 목적이 주체를 타자의 욕망으로부터 분리시키는 것과 무관하게 보이는 경우가 있다. 예를 들어 분석주체가 자기 욕망이 억제당하고 있다고 불평하는 경우가 그렇다. 〈저는 제가 무엇을 원하는지 잘 알고 있어요. 하지만 그것을 손에 넣을 수 없어요. 그것을 생각할 때마다 죄의식이 생기거든요. 마치 누군가에 대한 배신처럼 느껴져요. 아니면 무슨 엄청난 일이 생길 것 같은 기분이 들기도 하고요.〉 이러한 신경증은 욕망이 일종의 매듭처럼 엉켜 있는 것처럼 보인다. 마치 환자가 무언가를 욕망하지만, 그것과 상충되는 다른 욕망(예를 들어 부모로부터 유래한 금지) 때문에 그 욕망을 억제하는 것 같다. 이런 맥락에서 프로이트도 모든 증상은 적어도 사랑과 미움, 탐욕과 억제 등과 같은 두 가지 상충되는 욕망들이나 힘들로부터 발생한다고 말한 바 있다(SE XVI, 349, 358-359쪽). 그러한 가정에서라면 분석은 단순히 분석주체의 얽혀 있는 욕망의 매듭을 풀어주기만 하면 된다고 여겨질 것이다.

하지만 타자에 대한 신경증자의 종속은 그런 은유(〈욕망의 매듭을 푸는 것〉)가 말해 주는 것보다 더 심각한 것이다. 신경증자의 욕망은 처음부터 그 〈자신의〉 것이 아니었다. 이는 욕망이 아직 한 번도 주체화되지 않은 경우이다. 따라서 분석의 목적은 바로 주체화이다. 다시 말해 원인을 주체화하는 것, 자신의 원인이라 할 수 있는 타자의 욕망을 주체화하는 것이 바로 분석의 목적이다.

본환상

라캉은 분석주체가 원인에 고착되어 있는 상태를 〈본환상 fundamental fantasy〉이라 불렀다. 본환상은 (에고가 아닌) 주체가 자신이 선택한 원인과 맺는 근본적인 관계이다. 그것은 원인에 대한 주체의 위치 내지는 태도를 나타낸다. 본환상에 대한 라캉의 공식은 ($ \$ \lozenge a $)이다. 이 공식에서 빗금 친 S는 의식과 무의식으로 분열된 주체를 의미하고 a는 욕망의 원인을, 그리고 마름모는 둘 사이의 관계를 의미한다.[15]

이러한 본환상은 주체가 자기 자신을 원인과 관련지어, 다시 말해서 타자의 욕망과 관련지어 상상하는 장면을 무대화한다. 어떤 남자가 자신을 뚫어지게 바라본다는 사실 때문에 마음속으로 욕망을 느끼게 된 한 여성의 경우를 생각해 보자. 이 경우 그녀의 환상은 그 남자가 자신을 보고 있는 장면을 형상화할 것이다. 환상이 하나의 무대 위에 남자의 시선과 (아마도 유혹적이 되거나 수동적인 태도를 취한) 그녀 자신을 동시에 올려놓는다.[16] 심지어 우리는 프로이트가 제시한 〈아이가 매를 맞아요〉라는 환상과 같이 주체의 여지가 없는 의식적이거나 전의식적인 환상의 이면에서도 〈나는 아버지에게 매를 맞는다〉는 무의식적 환상의 구조를 발견한다(SE XVII, 179-186쪽). 이 문장에서 확인할 수 있는 것처럼, 무의식적 환상은 주체와 (처벌하고자

---

15) 라캉에 따르면, 마름모는 다음의 관계를 표기한다. 〈포함 envelopment-전개 development-연접 conjunction-이접 disjunction〉(『에크리』, 634/280쪽), 소외(∨), 분리(∧), ~보다 큰(>), ~보다 작은(<). 또한 이는 아주 간단히 〈~와의 관계〉 내지는 〈~에 대한 욕망〉으로 읽힐 수 있다. 따라서 〈$ \$ \lozenge a $〉는 〈주체는 대상과 관련된다〉 혹은 〈대상에 대한 주체의 욕망〉을 의미한다. 이 두번째 표현은 매우 모호한 표현이다. 우리는 거기에 함축된 다양한 의미를 다음 장에서 살펴볼 것이다.
16) 〈이렇게 본다면 환상이란 무엇인가? 하나의 갈망 ein Wunsch, 모든 갈망이 그렇듯이 어떤 것에 대한 순진한 갈망이 아니라면〉(『세미나 X』, 1962년 12월 5일).

하는) 타자의 욕망 사이의 관계를 무대화하고 있다.

대개 사람들은 다양한 모습의 환상을 가지고 있다. 그것들 중 어떤 것은 의식적일 수도 있고, 또 어떤 것은 (주의만 기울이면 의식할 수 있는) 전의식적일 수도 있고, 또 어떤 것은 오직 꿈과 같은 방법을 통해서만 접근할 수 있는 무의식적인 것일 수도 있다. 그러나 라캉은 근본적인 수준에선 단 하나의 무의식적인 환상만이 있을 뿐이라고 말한다. 프로이트의 용어를 참조할 때, 이 본환상은 주체의 성욕과 삶 전반을 구성하는 데 근본적인 역할을 하는 〈원장면 primal scene〉 개념과 일치한다. 원장면에 대한 유아의 태도는 이후 부모나 연인에 대한 그의 관계를 결정하며 그의 성적인 취향과 성적 만족의 능력을 결정함으로써 그의 실존 자체를 채색하게 된다. (이 원장면에 관해선 8장 〈히스테리 임상 사례〉에서 보다 상세히 논의할 것이다.)

분석이 진행되면서 분석가가 분석주체의 욕망의 원인 역할을 수행하기 시작하면, 분석주체는 자기 환상을 분석 내부로 끌어들인다. 요컨대 분석가와의 관계가 분석주체의 본환상으로 투사된다. 분석주체는 본환상을 통해, 분석가의 욕망을 자신이 해석해 낸 타자의 욕망과 동일시한다. 일반적으로 분석주체는 타자의 욕망을 자신이 경험한 바에 비추어 생각하며, 그 경험에 의거해 (부모로 대표되는) 타자의 세계를 해석하려는 경향이 있다. 분석주체는 이를 분석 속에서 반복하기 시작한다. 물론 이때 그는 그 환상 속에서 타자의 욕망의 대상이 되어 그것을 만족시킬 수도 있고 그렇게 되길 거부함으로써 좌절시킬 수도 있다.

부모가 원했던 것이 무엇이건 간에 분석주체는 분석가가 바로 그것을 원한다고 생각한다. 타자가 원하는 바에 관한 분석주체의 추측이 분석 속으로 투사되고 재투사된다. 그러나 분석가는 분석주체의 기대를 저버림으로써 그러한 투사를 계속 깨뜨려야 한다. 분석 과정 속에서, 분석주체의 원인이라 할 타자의 욕망을 형상화하는 분석가는 다양한 행동과 개입으로써 분석주체의 기대를 좌절시켜야 한다. 분석주체는 분석가가 어떤 특정한 단어를 강조하길 기대하며, 어떤 특정한 부호나 문장으로 분석을 마치길 기대한다. 그러나 분석가는 분석주체의 그러한 기대를 충족시켜선 안 된다.

또한 오랫동안 똑같은 주제만을 논의한다면 분석은 습관적이고 비생산적인 게 될 것이다. 무엇인가가 반복되면 분석주체는 분석가가 그것을 바라고 있다고 단정하기 쉽다. 이렇게 되면 분석은 당연히 타자의 욕망에 대한 방어로 작동할 것이다. 분석주체는 이렇게 생각할 것이다. 〈만약 내가 타자의 요구를 들어준다면, 나는 내 욕망을 계속해서 지켜낼 수 있을 거야. 그렇게 되면 최소한의 쾌락을 유지할 수 있겠지.〉 이같은 경우, 분석가는 필히 분석의 방향을 변경해야 한다. 분석가는 분석의 판형화에 대해, 그리고 분석 내부로 투사되는 환상(타자의 욕망에 대한 분석주체의 방어)에 대해 경계의 고삐를 늦춰선 안 된다.

분석주체가 자기 앞에 있는 분석가의 존재를 무시하거나 일부러 그에게서 분석과 상관없는 일상 생활의 징후들만을 주시함으로써, 타자에 대한 환상을 분석 속에서 반복한다면, 분석가는 분석주체가 기대한 것과는 전혀 다른 관심을 보이면서 그의 가정을 빗나가게 해야 한다. 이렇게 해서 그로 하여금 타자의 욕망에 의문을 던지도록 만들어야 한다. 사실, 타자의 욕망은 분석주체가 가정한 바와는 전혀 일치하지 않는다. 한 번도 일치하거나 일치했던 적이 없다. 분석주체가 생각한 타자의 욕망은 그가 만들어낸 허구에 지나지 않는다. 그것은 부모의 수수께끼 같은 욕망에 대한 분석주체의 미봉책에 불과하다.

예를 들어 프로이트가 「강박 신경증에 관한 주석」(SE X, 155-249쪽)에서 제시한 〈쥐인간〉 사례를 생각해 보자. 내 설명은 원래의 자료에 비해 매우 도식적으로 보일 수 있을 테지만 한 가지 핵심을 담고 있다. 즉 쥐인간의 모든 문제는 그의 아버지와 직접적으로 결부되어 있다는 사실이다. 그가 기술한 대부분의 증상에서 중심 문제는 아버지에 대한 복수의 열망이다. 예를 들어 만약 아버지가 죽는다면, 자신이 좋아하는 소녀가 자신을 불쌍히 여기고 관심을 갖게 될 것이라는 어릴 적 믿음에서부터 그가 언젠가 들은 바 있는 고문(항문에 쥐를 쑤셔넣는 것)이 아버지를 괴롭힐 것이라는 끔찍한 생각까지, 그에게 있어 문제는 항상 아버지이다. 따라서 우리는 바로 아버지가 쥐인간의 분노, 격분, 복수심 등의 원인이라고 결론지을 수 있을 것이다.

이런 맥락에서 분석이 이루어지는 동안, 쥐인간은 자신도 모르게 프로이트에게 〈분노를 터뜨리고〉, 그와 그의 가족에게 〈상스러운 욕설을 퍼붓기〉 시작했다. 그런 와중에 그는 프로이트가 앉아 있는 곳과 거리를 두기 위해 자리에서 벌떡 일어났는데, 이는 프로이트가 아버지처럼 자신을 때릴까봐 겁이 났기 때문이다. 아버지는 〈다혈질적인 성격〉으로 한번 때리기 시작하면 그칠 줄 몰랐다(209쪽). 쥐인간은 프로이트를 아버지의 자리에 위치시키면서, 자신의 분노와 복수심의 원인 역할을 맡긴 것이다. 그러면서 그는 프로이트가 자기 욕설에 대해 어떤 반응을 보여주길 기대했다. 그는 바로 프로이트가 아버지처럼 자신을 때려주길 바란 것이다.

우리는 여기에서 본환상은 아니더라도 쥐인간에게 매우 중요한 환상을 하나 발견한다. 쥐인간은 아버지를 약올림으로써 그가 난폭한 행동을 보여주길 기대한다. 그는 아버지가 자신에게 폭력을 행사하길 원한다고 생각한다. 아버지가 제정신을 잃고 자신을 마구 때릴 때 그는 아버지가 폭력을 즐기고 있다고 생각한 것이다. 따라서 분석은 대상에 대한 주체의 관계를 실행시키는 공간이다. 그곳은 쥐인간이 폭력에 대한 아버지의 욕망을 부추기는 공간이다. 그의 환상은 분석 상황 속에서 재실행되고, 이 환상에서 프로이트는 쥐인간의 욕망의 원인 아버지의 역할을 맡는다.

당연히 환상에 대한 프로이트의 반응은 쥐인간의 기대와는 어긋난 것이었다. 프로이트는 그의 욕설이 자신을 향한 것이 아니라 자신의 역할을 향한 것임을 잘 알고 있었다. 따라서 프로이트의 반응은 그에게 신사적인 대화를 요구하거나 그와 똑같이 욕설로 맞서는 것이 아니라 일종의 해석을 제시하는 것이었다. 프로이트는 폭력을 원한 것은 타자가 아니라는 사실을 지적함으로써 쥐인간이 스스로 타자의 욕망에 대한 자신의 환상을 의문시하도록 유도했다. 〈아버지가 그걸 원했다기보단 제가 그를 화나게 한 것 같아요.〉 물론 이런 의문은 프로이트가 직접 쥐인간에게 가르쳐준 것이 아니다. 이는 프로이트의 개입 이후에 분석주체 자신에게 떠오른 의문이다. 쥐인간은 아버지의 언행에 대한 자신의 해석에 스스로 의문을 던지게 된 것이다. 물론 그의 해석은 자기 보존적인 것이었다. 그로선 사태를 그런 관점에서 보는 게 편리했을 것이다.[17] 본환상에 대한 주체의 관계에 대해선 다음 장에서 다시 살펴볼 것이며 쥐인간 사례는 그 이후에 다시 언급하게 될 것이다.

분석주체가 타자의 욕망에 대한 자신의 해석에 대해 의문을 제기할 수 있다면, 이는 오직 분석가가 그의 기대를 저버림으로써이다. 따라서 분석가는 자기 욕망을 분석주체가 읽을 수 있게 해선 안 된다. 분석가는 수수께끼 같은 욕망의 위치를 고수해야 한다.

분석주체가 분석 일정을 전혀 예상할 수 없어야 하듯이, 분석가의 개입과 해석 또한 쉽게 예상할 수 있는 것이어선 안 된다. 〈전 당신이 이 지점에서 분석을 끝낼 것이라는 걸 알고 있었죠.〉 〈전 당신이 그렇게 말할 줄 알았어요.〉 분석주체는 종종 이런 말을 꺼내곤 하는데, 이 말은 분석가의 분석 스타일이 너무 단조로워 놀람의 효과를 전혀 수반하지 못한다는 뜻이다. 분석가의 관심, 호기심, 욕망 등은 분석주체가 쉽게 간파할 수 있는 것이어선 안 된다. 그는 분석주체가 기대하는 곳에 있어선 안 된다. 그렇지 않다면, 분석주체는 자기 본환상에 대해 아무런 의문도 제기하지 못할 것이고, 이에 따라 그의 본환상은 결코 변화하지 않을 것이기 때문이다.

---

17) 이런 맥락에서 라캉은 다음과 같이 말한 바 있다. 〈인간은 주체로서의 자신의 위치에 대해 책임져야 한다.〉 라캉, 「과학과 진리」, *Newsletter of the Freudian Field* 3(1989), 7쪽 참조.

본환상의 재구성

> 증상을 제거하는 것이 분석 치료의 첫번째 과제는 아니다.
> ── 프로이트, SE XVI, 436쪽

> 분석가가 원하는 것은 주체가 건강을 회복하는 것도,
> 그가 정상적인 삶을 사는 것도 아니다. 그는 아무것도 요구하지 않는다.
> 분석가가 거기에 있는 것은 주체가 큰 타자의 요구에 대답하도록 하기 위해서가 아니라
> 그가 자신의 욕망의 진실에 다가갈 수 있도록 하기 위해서다.
> ── 아니 코르디에, 『열등생은 없다』(Paris : Seuil, 1993), 299쪽

> 모든 말은 요구이다.[18] 모든 요구는 사랑에 대한 요청이다.
> ── 라캉, 『에크리』, 813/311쪽

 지금까지 나는 본환상에 대한 라캉의 관점을 되도록 단순화시켜 설명했다. 따라서 내 설명은 상당한 보충이 필요한 것이 사실이다. 예를 들어 나는 신경증자의 욕망이 이미 분석에 선행하는 하나의 완전한 욕망인 것처럼 말했는데 이는 절대로 그렇지가 않다. 왜냐하면 라캉에 따르면 신경증자는 상당 부분 욕망으로부터 뒤로 물러난 상태에 있기 때문이다. 다시 말해 신경증자는 욕망이 요구의 수준에 머물러 있는 경우라 할 수 있다.[19]

---

18) 원문은 이렇다. 〈그는 나에게 무언가를 요구하는데, 이는 그가 말을 한다는 사실에서 연유한 것이다. 그의 요구는 자동사적이며 어떠한 대상도 함축하지 않는다〉(『에크리』, 617/254쪽). 또한 『세미나 VIII』에서 라캉은 분석가에 관해 다음과 같이 말한 바 있다. 〈말을 하는 순간, 그는 요구의 영역으로 자리를 옮기며 구걸꾼이 된다〉(430쪽). 따라서 분석가는 다음과 같은 문제에 직면하게 된다. 어떻게 요구의 영역 속으로 미끄러지지 않고 해석할 수 있을 것인가? 아마도 신탁의 발화로서의 해석이라면 분석가는 부분적으로나마 욕망의 수준에서 말할 수 있을 것이다.

19) 이 점에 관해선 「욕망과 그 해석」, 『세미나 VI』(1958-1959)을 참조. 이 중 일곱 차례의 세미나가 편집되어 Ornicar? 24-26/27에 실려 있다. 이 가운데 햄릿에 관한 세 차례의 세미나가 Yale French Studies 55/56(1977)에 영어로 번역되어 실려 있다. 또한 브루스 핑크, 「라캉을 통한 햄릿 읽기 Reading Ham-

이에 관해 라캉은, 분석의 도입부에서 신경증자가 갖는 본환상은 타자의 욕망이 아닌 타자의 요구에 관한 것이라고 말한 바 있다.[20] 주체는 타자의 욕망보다 타자의 요구를 선호한다. 그리고 타자가 자신이 무엇을 원하는지 분명히 밝혀주길 원한다(우리는 이에 대한 임상적인 실례를 8장의 〈강박증 사례〉에서 살펴볼 것이다). 그는 자신이 모르는 타자의 욕망을 참지 못한다. 그는 차라리 타자가 자신에게서 어떤 특정한 것을 원하고 있다고 믿으려 한다. 심지어는 그것이 생각할 수도 없을 만큼 끔찍하거나 굉장히 불쾌한 것일지라도 말이다.[21]

이는 주체가 타자의 욕망과 마주친다면 엄청난 불안에 사로잡히게 되기 때문이다. 라캉은 암컷 버마재비를 예로 들어 이 점을 설명한 바 있다. 암컷 버마재비는 교미를 하는 동안 상대 수컷의 머리를 뜯어먹는다. 이로부터 라캉은 다음과 같은 상황을 가정한다. 자신이 암컷인지 수컷인지 확인할 수 없는 버마재비의 가면을 쓰고 있다고 생각해 보자. 암컷 버마재비가 다가온다면 우리는 극도의 불안에 빠지게 될 것이다. 불안은 자신이 남성임을 아는 것보다 자신의 성을 아예 모르는 경우가 더욱더 클 것이다(사실상 전자의 경우 우리가 경험하는 것은 곧 닥쳐올 운명에 대한 두려움에 지나지 않는다). 따라서 우리는 사실의 여부와는 상관없이 차라리 우리 자신을 수컷으로 단정하면서 처음부터 죽음이 가까이 와 있다고 생각하길 원할 것이다. (상징적인 타자가 아닌 실재적인) 타자[22] 앞에서, 미지의 상태 속에서 불안해하기

---

let with Lacan」, 리차드 펠트슈타인 Richard Feldstein과 윌리 애펄론 Willy Apollon 편, 『라캉, 정치, 미학 Lacan, Politics, Aesthetics』(Albany : SUNY Press, 1996), 181-198쪽 참조.

20) 신경증자는 〈타자의 결여와 타자의 요구를 혼동한다. 타자의 요구는 신경증자의 환상 속에서 대상의 기능을 수행한다〉(『에크리』, 823/321쪽). 라캉이 (주체와 욕망의 원인과의 관계를 의미하는) $ \$ \lozenge a $로 표기한 본환상은 신경증의 경우 $ \$ \lozenge D $로 표기된다. 이는 주체와 타자의 요구와의 관계를 의미한다.
21) 라캉에 따르면 신경증자는 타자가 자신을 거세하길 원한다고 믿는다. 이에 관해선 8장의 강박증 사례에서 구체적으로 살펴보게 될 것이다.
22) 다시 말해서 이는 상징적인 협약으로서의 타자가 아니다. 이 점에 관해선 7장

보다는, 그가 우리를 잡아먹을 것이라고 가정하는 게 오히려 마음 편하다는 얘기이다. 라캉은 (프로이트가 말하는 〈현실주의적인 불안〉이나 두려움 fear을 조성하는) 확정된 죽음을 기다릴 때보다 더 격렬한 불안을 야기하는, 미지의 상태 속에서 느끼게 되는 불안 형태를 angst (angoisse)라고 불렀다.[23]

우리는 자신이 무엇인지 모르는 채로 불안해하기보다 타자가 우리에게 원하는 것이 무엇인지를 즉시 알고 싶어한다. 타자의 욕망이 불확실한 채로 남아 있으면 우리는 극도의 불안감에 휩싸일 것이다. 따라서 그의 욕망을 수수께끼로 남겨놓기보다는 그것에 분명한 속성을 부여하고 싶어할 것이다. 거기에 이름을 부여함으로써 이 불확실한 상태를 끝내길 원할 것이다. 일단 그것에 이름을 붙이고 나면, 다시 말해 〈타자가 원하는 것은 바로 이것이야〉라고 단정하게 되면, 불안은 수그러들고 우리는 그것을 슬쩍 비켜갈 수 있을 것이다.

이렇게 타자의 욕망에 대해 단번에 결론을 내리게 되면 (엄격히 말해서 아무런 대상도 갖지 않는) 타자의 욕망은 특정한 대상에 대한 욕망으로 변질되어 버린다. 다시 말해, 이는 타자의 욕망을 요구(〈나를 막지 말아라〉)로 변질시킨다. 타자의 욕망은 그것을 명명한 주체에게 하나의 요구가 된다. 욕망은 대상이 없는 반면 요구는 분명한 대상을 갖고 있기 때문이다.

타자의 욕망에 대한 주체의 해석은 구조적으로 이름이 없는 욕망의 운동을 어떤 특정 욕망으로, 요컨대 어떤 특정한 것에 대한 요구로 만들어버린다. 그러한 요구가 아이에게 불안을 초래하더라도 이는 단지 완화된 불안, 아이가 원만하게 대처할 수 있는 불안일 뿐이다. 당연히 아이는 부모의 요구를 따른다면 그들이 자신을 사랑할 것이라고 믿을 것이다. 하지만 아이는 또한 부모를 괴롭힐 때에만 부모가

과 9장 참조.
23) 『세미나 X』, 1962년 11월 14일 강의. 또한 이 예는 콜레트 솔레의 「히스테리와 강박증」에 인용되어 있다.

자신에게 관심을 갖는다고 믿을 수도 있다. 그러면 그 아이는 부모의 처벌에는 아랑곳하지 않고 과감히 그런 짓을 저지를 것이다.

임상 분석에서 종종 신경증자는 부모가 자신에게 이러저러한 것을 원하고 있다는 말을 한다. 그런데 놀라운 것은 부모의 소망에 대한 그의 해석이 그의 쌍둥이 형제나 누이들의 것과는 전혀 다르다는 사실이다. 똑같은 조건 속에서 양육된 경우라도 아이들은 서로 다른 해석을 내린다. 이러한 사실에서 알 수 있는 것은 아이는 처음부터 부모가 무엇을 원하는지 완전히 〈알아낼〉 수 없다는 점이다. 부모의 욕망은 해석될 수밖에 없다. 신경증자는 어떻게 하면 부모의 사랑과 관심을 얻을 수 있는지 알고자 한다. 그리고 그는 그 조건들을 자신의 것으로 삼는다. 요컨대 신경증자는 자신이 부모의 판단이라고 해석한 것에 따라 자신을 판단한다. 그는 부모의 이상과 자신을 동일시하며, 자기 자신을 그 이상에 따라서 판단한다.

프로이트의 관점에서 볼 때, 신경증자가 부모의 요구를 확정짓고자 노력하는 것은 그의 에고 이상 ego-ideal의 형성과, 다시 말해서 그가 자신의 (대개 부적합한) 행실을 판단하기 위해 스스로에게 설정한 이상들과 관련이 있다. 프로이트는 에고 이상을 초자아와 동일시하고,[24] 그것에 관해서 〈개인의 가장 중요한 동일시, 다시 말해서 [부모]와의 동일시〉(SE XIX, 31쪽)라고 말했다.

별로 놀라운 일은 아니지만, 과거에 부모와 자신을 동일시했던 신경증자는 이제 자신을 분석가와 동일시하려 한다. 신경증자는 분석가의 욕망의 행간을 읽어내려 노력하며, 그가 무엇을 요구하며 그가 어떤 가치와 어떤 이상을 가지고 있는지 밝혀내고자 한다. 그는 만약 자신이 분석가의 요구와 이상을 알아낼 수 있다면 분석가가 자신에게 호감을 갖고 사랑의 징표를 보여줄 것이라고 믿는다(혹은 그에게

---

24) 그러나 프로이트가 에고 이상과 초자아를 항상 동일시하진 않았다는 사실에 주의해야 한다. 라플랑슈와 퐁탈리스가 쓴 『정신분석의 언어』(New York : Norton, 1973), 144-145쪽 참조.

대항하여 전혀 상이한 형태의 관심을 얻으려 노력한다). 따라서 그는 분석가의 에고 이상을 자신의 것으로 만들길 원하며 분석가처럼 되기를 원한다. 에고 이상의 형성은 유년기의 심적 발달 과정에 없어선 안 될 중요한 과정이다(우리는 7장에서 라캉이 어떻게 거울 단계를 1960년대의 관점에서 다시 설명하는지 살펴볼 것이다). 그런데 이는 또한 신경증의 메커니즘과도 밀접한 관련이 있다. 신경증자는 계속해서 타자의 에고 이상과 자신을 동일시하려 한다. 타자의 요구에서 벗어나지 못하는 그는 분석가가 자신에게서 무엇을 원하는지 알고 싶어한다. 신경증자가 분석가에게 무엇을 원하는지 말해 달라고 요구하는 건 당연한 일이다. 물론 그가 스스로 자기 욕망에 대해 의문을 던지는 것은 극히 보기 드문 일이다.[25]

일부 정신분석학파들은 분석주체의 〈나약한 에고〉를 지탱하기 위해 그로 하여금 분석가의 〈강력한 에고〉와 동일시하도록 권유한다. 그러나 이렇게 되면 신경증자가 요구의 악순환으로부터 헤어나오지 못할 것은 분명한 일이다. 분석가가 분석주체를 타자의 욕망의 수수께끼와 대면시키지 않기 때문에 분석주체 자신도 욕망을 갖지 못한다. 대신에 분석주체는 분석가의 눈을 통해 자신을 바라보고 분석가의 이상과 가치를 자기 것으로 선택하는 법을 배우게 된다. 물론 분석가나 정신분석 자체를 계속해서 타자의 위치에 놓을 수 있다면, 분석주체는 어떤 형태로든 안정을 취할 수 있을지도 모른다(분석주체가 신경증적인 방식으로 분석가, 분석 단체, 분석 연구지나 협회 등으로부터 계속해서 승인과 인정을 요구함에도 불구하고 말이다). 하지만 타자를 대표할 만한 새로운 인물이 나타나면, 여전히 동일한 문제가 발생할 것이다. 신경증자는 새로운 타자가 자신에게서 무엇을 요구하는지 알아내

---

[25] 물론 욕망의 영역이 신경증자에게 아주 낯선 것은 아니다. 왜냐하면 그는 이미 언어 속에 진입해 있기 때문이다(7장과 8장 참조). 그럼에도 그들의 욕망은 완전히 성장하지 못한 욕망이다. 『라캉의 주체』 5-6장과 「라캉을 통한 햄릿 읽기」 참조.

려고 할 것이며, 그것에 융합하려고 노력할 것이기 때문이다(혹은 그 것에 반대하여 그의 환심을 사려고 노력할 것이다).

라캉이 분석가의 욕망이라는 개념을 제시한 것은, 분석의 목적이 왜 분석가와의 동일시가, 분석가의 건강한 에고와의 동일시가 되어선 안 되는지를 말하기 위함이었다. 분석에서 그러한 목적을 상정한다면 분석주체를 분석가와의 영원한 전이 속에 빠뜨리게 되거나(이는 프로이트가 말했던 〈전이의 해소〉가 아니며, 라캉이 말한 바 있는 〈알고 있다고 가정된 주체를 저버리는 것〉도 아니다. 라캉에게 있어서 분석의 최종 목적은 분석주체가 더 이상 분석가가 자신에 관해서 무엇인가를 알고 있다고 가정하지 않는 상황이다), 혹은 처음의 문제를 다른 맥락 속에서 되돌아오게 만들 뿐이다(다른 타자로부터 동의와 인정을 얻기 위한 신경증자의 노력이 지속될 뿐이다).

분석 밖에서도 신경증자는 자신이 어떻게 행동해야 할지를 부모나 선생님이나 배우자가 가르쳐주기를 원한다. 그는 타자의 위치에 있는 그들에게서 자신의 행동 지침을 기대한다. 타자로 하여금 자신에게 요구하도록 부추기며, (다른 모든 것이 실패하면) 그것을 강요해서라도 타자의 욕망과 결부된 불안을 피하고자 한다. 이때 타자의 요구가 특정적일수록 그의 마음에 흡족하리라는 것은 자명하다. 내가 아는 한 환자는 전에는 스스로 알아서 모든 일을 처리했지만, 애인이 생기자 갑자기 유아적인 무력감을 보이며 상대에게 자신이 무엇을 해야 할지를 말해 달라고 요구하기 시작했다. 그는 그녀가 자신을 통제하고 자신에게 자질구레한 집안일 같은 무언가 확실한 것을 요구하도록 만들었다.

아내에게 의존하며 그녀의 하인 노릇을 하는 남자들을 우리는 흔히 공처가라고 부른다. 그런 식으로 남자들이 공처가가 되는 이유는 그가 아내의 변덕스럽고 불가해한 욕망에 대해 원만히 대처할 수 없기 때문이다. 그는 아내의 〈욕망을 읽어내지〉 못하며, 그녀의 욕망 속에 이미 자기 욕망이 반향되어 있다는 사실을 깨닫지 못한다(아내는 아내대로 남편이 그러는 것에 대해 당황해할 것이다.)[26] 아내의 불가해한 욕망 앞에서 차라리 그는 그녀에게 철저히 복종하려 한다. 그녀가 자신에게 무언가를 요구하고 있다고 생각하는 게 편한 것이다. 그는 아내와 그런 관계(이는 그녀의 자리가 없는 그의 환상에 불과하다) 속에서 자기 욕망이 제대로 표현되지 못한다고 불만스러워할 수도 있지만, 이는 사실 엄연히 그가 스스로 선택한 삶의 방식이다.

타자의 불가해한 욕망을 직시하지 못하는 신경증자는 타자가 자신에게 어떤 특정한 요구를 부과해 주길 원한다. 그리고 요구는 더 많은 요구를 필요로 하는 악순환 속에 빠진다. 신경증자는 욕망이 우리가 가지고 있는 무엇이 아니라 우리가 가지고 있지 않은 무엇이라는 사실을 인정하지 않으려 한다. 욕망은 결여로부터 생겨난다. 아무도 그가 무엇을 원하는지 알 수 없다. 욕망은 어떤 특정한 대상을 향한 것이 아니다. 욕망은 막연하고 분산된 원망의 과정 그 자체이다. 이에 반해 요구는 어떤 특정한 원망이다. 우리가 어떤 생물학적인 욕구를 〈가지고〉 있다고 말할 때처럼 우리는 어떤 요구를 〈가지고〉 있다. 신경증자가 견디지 못하는 것은 타자의 욕망, 즉 타자의 결여, 타자의 불완전함이다. 특정한 요구는 일종의 소유 양식이다. 하지만 욕망은 요구와는 전혀 다른 것이다. 그것은 결여와 무능력과 일정한 부적합을 암시한다.[27] 신경증자는 바로 그러한 욕망을 기피한다.

---

26) 이 점과 관련해선 히스테리와 강박증에 관한 8장 참조.
27) 타자의 이러한 결여나 불충분은 욕망의 관점에서뿐 아니라 지식과 권력의 관점에서도 다루어질 수 있다. 가령 아이는 종종 부모가 전능하고, 이 세상에서 가장 훌륭한 사람이라고 생각한다. 아이들은 부모가 다른 사람으로부터 자신을 보호해 줄 수 있기 위해선 완전한 존재여야 한다고 생각한다. 어떻게든 부모가 결여된 존재가 아니길 바라는 것이다. 하지만 그들은 완전한 존재가 아니다. 아이는 부모의 결여가 자신과 관련되어 있다고 느낀다. 그들이 무언가가 부족하기 때문에 자신을 낳았다는 것이다.

만약 부모가 전능하지 않으며 모든 걸 알고 있지 못하다면, 아이는 더 이상 부모의 말을 믿지 못할 것이고 따라서 아마도 보다 믿을 만한 권위를 찾아야겠다는 필요성을 느낄 것이다. 부모의 지식이 결여되어 있는 이상, 아이는 다

그러나 분석주체가 자기 욕망을 명명하고 확정하는 것에 대해 분석가가 거부하면, 분석주체는 더 이상 타자의 욕망과의 대면을 회피할 수 없다. 이러한 대면은 분석가가 분석을 갑작스럽게 종료시킬 때 가장 잘 이루어진다. 분석주체는 분석가가 무엇 때문에 자신의 말을 가로막고 갑작스럽게 회합을 끝내버렸는지 궁금히 여길 것이기 때문이다.

이때 분석주체는 분석가의 욕망 활동과 마주하게 된다. 분석주체는 쉽게 확정지을 수도, 쉽게 예견할 수도 없는 분석가의 욕망과 대면한다. 분석가는 이러한 욕망을 철저히 유지해야 한다. 분석가가 환상, 꿈, 백일몽의 형태로 유도해 낸 무의식적인 자료에 대해, 분석주체가 (〈아! 그가 원하는 게 바로 이것이군!〉이라고) 결론을 내릴 수 있어선 안 되기 때문이다. 분석주체가 분석가의 요구(가령 꿈에 대해 더 말해 보라는 요구)에 집착할 때마다, 다시 말해서 분석가의 요구를 만족시키거나 혹은 고의로 그것을 좌절시킴으로써 그 요구를 중심으로 자신을 재축조할 때마다, 분석가는 자신의 욕망을 미지의 것으로 남겨놓기 위해 끊임없이 자신의 자리를 이동시켜야 한다.[28] 이는 증상의 해소, 병의 치료, 분석가의 해석으로 이어지는 요구의 끈질긴 악순환을 깨뜨릴 것이다(라캉에 따르면, 모든 요구는 궁극적으로 사랑에 대한 요구이다. 내가 당신의 사랑을 얻기 위해선 무엇을 해야 하는지 말해 달

른 곳에서 자신의 행위를 정당화할 만한 준거들을 찾게 된다. 그런데 또한 자신이 믿는 준거의 체계가 단지 여러 체계들 중 하나에 불과하다는 사실을 깨닫게 되면 아이는 자신의 실존에 위기를 느낀다. 자신이 그토록 믿었던 타자가 결여되어 있기 때문이다. 자신이 무엇을 해야 하고 자신이 무엇이 되어야 할지를 말해 줄 신과 같은 최종적인 존재가 없다는 것이다. 라캉은 이를 〈타자에겐 내가 누구인지를 답해 줄 기표가 없다 Il n'y a dans l'Autre aucun signifiant qui puisse…… répondre de ce que je suis〉는 말로 표현한 바 있다 (*Ornicar?* 25, 1982 : 32쪽). 이 점에 관해선 브루스 핑크, 「라캉을 통한 햄릿 읽기」 참조.

28) 분석가의 개입(구두법과 절분법)이 비언어적으로 실행되고 쉽게 이름붙여지지 않는 한, 그의 욕망은 부분적으로나마 비가시적인 것으로 남아 있게 된다.

라고 당신에게 요구하는 것이다). 이렇게 함으로써 분석가는 신경증자를, 외상적이라고까지 할 수 있는 타자의 욕망, 고착을 통해 회피할 수밖에 없었던 그 타자의 욕망과 대면시킬 수 있다.

따라서 전이의 작업은 두 가지 단계로 전개된다. 첫번째로 분석가는 분석주체의 요구를 좌절시켜 그의 욕망을 끌어내야 한다. 이러한 과정은 $\$ \lozenge D$에서 $\$ \lozenge a$로의 이동을 의미한다. 그리고 두번째로 분석가는 타자의 욕망에 대한 분석주체의 해석을 수정하도록 만들어 주체로서의 그의 위치/태도를 이동시켜야 한다. 첫번째 단계는 욕망의 변증법화 *dialectization*라고 불릴 수 있을 것이고, 두번째는 본환상의 재구성 *reconfiguration* 혹은 본환상의 횡단이라고 불릴 수 있을 것이다. 앞으로 10장에서 확인하겠지만, 이 두 단계는 주체화 subjectification의 중요한 논리적 단계들을 구성한다. 이를 통해 분석주체는 요구의 주체에서 (타자의 욕망에 종속된) 욕망의 주체로, 그리고 욕망의 주체에서 (더 이상 타자의 욕망에 종속되지 않는) 주이상스의 주체로 이동한다.

이와 관련해 프로이트의 다음과 같은 비유가 도움이 될 수 있을 것이다. 「쾌락 원리를 넘어서」에서 프로이트는 폭격 때문에 충격을 받은 병사들이 왜 그 동일한 장면을 꿈(악몽) 속에서 다시 체험하게 되는지를 설명하기 위해 다양한 이론들을 개진한다. 그 논문의 첫 부분에서 그는 이를 정신이 외상을 다르게 체험하기 위한 것이라고 가정한다. 외상적인 장면의 반복은 과거의 사건을 다르게 〈체험하기〉 위한 정신의 노력이라는 것이다. 프로이트가 여기에서 설정한 가설은 불안(방어 태세나 준비된 자세로서의 불안)은 사건으로부터 일정한 거리를 취함으로써, 과거에 사건을 경험했던 방식을 소급적으로 변경하려는 시도라는 것이다.

물론 프로이트는 논문의 후반부에 가서 이 가설을 포기하게 된다. 하지만 이 가설은 사후 효과에 근거한 증상 형성의 모델, 즉 첫번째 사건이 두번째 사건의 효과에 의해 소급적으로 외상이 된다는 것(이렇게 해서 증상이 형성된다)을 생각나게 한다. 외상이 소급적으로 형성되는 것이라면,[29] 프로이트가 위 가설에서 설정한 불안의 기능은 역으로 외상적 사건의 위험한 효과들을 소급적으로 해체하는 것이다.

프로이트가 스스로 폐기한 이 가설은 주체화에 대한 하나의 비유로서 이해될 수 있다. 즉 분석은 분석주체를, 고착을 통해 회피했던 타자의 욕망과 다시 대면시킴으로써 그에게 일정한 거리가 소급적으로 형성되길 기대하는 것이다. 물론 이는 종종 불안을 초래할 수도 있지만 대다수의 평가에 따르면 매우 효과적인 방법이다.[30] 실제로 상당수의 분석가들은 이를 프로이트가 거세의 〈암초 bedrock〉[31]라고 일컬었던 것을 넘어설 수 있는 유일한 방법이라고 생각한다.

거세와 본환상

> 신경증자가 원하지 않는 것, 그리고 그가 분석이 끝날 때까지 집요하게
> 거부하는 것은 타자의 주이상스를 위해 자신을 거세하는 일이다.
> ── 라캉, 『에크리』, 826/323쪽

본환상이라는 라캉의 개념은 프로이트의 이론에서 나타나는 두 가지 복합적인 측면을 포괄한다.[32] 초기에 프로이트는 신경증의 기원에

---

29) 이에 대해선 SE I, 353-356쪽에서 프로이트가 제시한 세밀한 실례를 참조. 또한 『에크리』와 『세미나 V』 참조.
30) 이 증언은 개인에 의한 것이기도 하고 제도에 의한 것이기도 하다. 개인적인 증언에 대해선 엘리자베스 루디네스코가 쓴 『자크 라캉과 그 학파: 프랑스 정신분석의 역사(1925-1985) Jacques Lacan & Co.: A History of Psychoanalysis in France, 1925-1985』(Chicago: University of Chicago Press, 1990)에 실려 있는 콜레트 솔레, 제라르 포미에 등의 언급을 참조. 제도적인 증언은 이른바 프로이트 원인 학교가 채용한 〈통과〉 절차에 근거한다. 이는 수많은 문헌으로 정리되어 있다. 예를 들어 『분석은 어떻게 끝나는가 Comment finissent les analyses』(Paris: Seuil, 1994), 163-210쪽 참조.
31) SE XXIII, 252쪽. 이에 대한 라캉의 해석에 대해선 『세미나 VIII』, 269쪽 참조.

32) 후기 프로이트처럼 라캉도 구성물 construct로서의 환상을 강조한다. 하지만 라캉이 〈본환상〉에 관해 말했을 때 염두에 두었던 것 중의 하나는 〈주체(로서)의 위치/태도〉(『에크리』, 856쪽)이다. 본환상은 주체가 트라우마, 즉 초기의 성 경험에 관해 취한 태도를 무대에 올린다. 이런 의미에서 그것은 초기 프로이트의 트라우마 이론을 포괄한다. 아이는 과도한 성욕을, 과도한 쾌락이나 성적 쾌감을 경험하고 그것에서 혐오스러움을 느끼게 되거나(히스테리) 죄의식을 느끼게 된다(강박증). 주체가 반응한 그 성적인 쾌감은 1장에서 보았듯이 프로이트가 〈만족 satisfaction〉이라고 부르고 라캉은 〈주이상스 jouissance〉라고 부른 것을 구성하는데, 이는 곧 쾌락 원칙을 넘어선 쾌락이라 할 수 있다.

　여기에서 주체의 태도는 성적인 만족이나 주이상스에 방어하는 것이다. 이러한 방어는 주체의 욕망의 충족을 무대화하는 환상 속에 반영된다. 따라서 만족 대신 욕망이 주이상스에 대한 방어로서 들어선다. 따라서 우리는 욕망의 본성이 왜 실제의 성적인 만족을 멀리하는지 알 수 있다. 욕망은 환상 속에서 일종의 쾌락을 발견한다. 〈환상은 욕망에 고유한 쾌락을 제공한다〉고 라캉은 말한 바 있다(『에크리』, 773쪽). 그런데 그 쾌락은 〈외부의 실제 세계〉로 발을 들여놓기보다는 환각에 몰입함으로써 얻는 쾌락이다. 즉 쾌락 원칙의 관할 아래 있는 쾌락인 것이다.

　프로이트(『꿈의 해석』 7장과 『정신분석의 기원』에 실린 「과학적 심리학을 위한 구상」 참조)에 따르면 유아는 누군가가 젖병을 물려줄 때까지 기다리기보다 자신에게 젖을 주던 사람의 얼굴을 마음속에 그리고 젖을 빠는 모습을 상상하면서 만족을 얻는다고 한다. 아이는 상상을 통해서 만족을 얻는다. 그것은 타인과 관련된 위험스럽고 불확실한 실제 만족보다 훨씬 더 믿을 만하기 때문이다.

　실제로 욕망은 충동의 만족보다 환상의 쾌락을 선호한다. 욕망은 충동에 고삐를 조이며 그런 만족을 억제한다. 왜냐하면 충동은 일종의 지나친 만족을 추구하기 때문이다(만족은 욕망을 죽이며 질식시킨다). 욕망은 여기에서 방어에 지나지 않으며, (욕망하는) 주체도 주이상스에 대한 방어와 다르지 않다.

　앞으로 확인하겠지만, 일단 분석주체가 자신의 원인(주체의 욕망의 토대인 타자의 욕망)을 주체화하면, 그의 욕망은 변형되고 더 이상 만족/주이상스의 추구를 억제하지 않게 된다. 욕망이 주이상스에 대한 방어에 불과했던 양자의 관계가 주체화를 통해서 변형되는 것이다. (특히 라캉의 「프로이트의 〈충동〉과 정신분석가의 욕망」, 『리딩 세미나 I-II』, 417-421쪽과 그 책에 실린 자크-알랭 밀레의 「라캉의 텍스트에 대한 논평」, 422-427쪽 참조. 이는 10장에서 상세하게 논의될 것이다.)

　프로이트의 관점에서 보면, 욕망의 주체는 어떤 의미에서 (부분적으론 의식적이며 부분적으론 무의식적이기도 한) 에고와 동일시될 수 있는데, 왜냐하면 에고는 만족을 추구하는 이드에 대해 방어적인 태도를 보이기 때문이다. 이드가 사회의 규범과 이상을 무시하는 이상, 에고는 이드의 만족 추구를 위험한 것으

있는 〈성적인 과부하〉에 관심을 가졌다(이 책의 8장 참조). 그러나 후기로 들어서면서 그는 성적 쾌감의 상실을 강조하기 시작한다. 아이의 〈교육 과정〉을 통해서 부모는 아이에게 많은 희생을 강요한다. 식욕이나 배설 욕구의 직접적인 만족이 억제되거나 처벌의 대상이 되며, 자기성애적인 행동이 점차 금지된다(손가락을 빠는 행위는 처음엔 용인될 수 있는 행동이지만 결국엔 금지되고 처벌감이 된다. 그리고 자신의 성기를 만지는 것도 아주 어린아이에겐 허용될 수 있는 일이나 취학 연령의 어린이에겐 반드시 금지되어야 할 일이 된다). 라캉이 〈거세〉라고 부른 것은 바로 (자기성애적이건 엄마와 같은 다른 인물과 연루된 이타성애적이건) 이러한 만족의 상실을 말한다.

이러한 상실은 어떤 의미에선 아이에게 강요되는 것이다. 하지만 부모의 요구를 무시하고 계속해서 은밀하게 자신의 손가락을 빠는 아이에게서 볼 수 있는 바와 같이, 아이는 이러한 상실에 대한 부모의 요구와 관련하여 자신의 입장을 선택할 수도 있다. 요컨대 아이는 이러한 만족을 완전하게 포기하기를 거부할 수도 있다. 하지만 대부분의 아이들은 어떤 이유에서든 그런 만족을 완전히 포기하게 되는 것이 보통이다. 부모의 노골적인 거세 위협 때문에 포기할 수도 있고, 아주 어린 아이들의 경우엔 자기 성기에서 오는 쾌감을 영원히

로 받아들인다. 이드의 추구를 억제하는 대신 에고는 대리만족을 제공한다. 하지만 인간은 욕망만으론 살 수 없다.

프로이트의 관점에서 바라보면, 1950년대에서 1960년대로 넘어가면서 라캉의 주체 개념이 어떻게 변천하는지를 확인할 수 있다. 라캉의 초기 작업에서 주체는 욕망과, 일반적으로 무의식적인 욕망과 동일시되며, 이때 분석의 목표는 분석 주체가 〈자신의 욕망에 대해 포기하지 않도록〉 하는 것이다(『세미나 VII』). 즉 욕망에 얽힌 매듭을 풀어 〈결정된 욕망 désir décidé〉을 구성하는 것이다. 하지만 1965년 주체는 이드와 보다 가까운 것으로, 〈아무 생각 없이(라캉은 acephalous라는 용어를 사용하는데, 이는 문자 그대로 '머리가 없다'는 뜻이다), 에고나 초자아가 방해했던 충동의 만족을 추구하는 것〉으로 제시된다. 라캉의 작업에 대한 이 간단한 시기 구분은 자크-알랭 밀레로부터 빌려온 것인데 앞으로 10장에서 더 구체적으로 제시될 것이다.

잃어버릴까 두려워서 포기할 수도 있다(이런 아이들은 성기의 쾌락을 모두 상실하게 될까 두려워 자기성애적인 쾌락을 포기한다). 또한 이외에도 부모의 사랑을 잃을까 두려워서 그런 경우도 있다.

신경증자는 이와 같은 만족이나 주이상스의 상실(라캉이 〈거세〉라고 부른 것)을 어느 정도 인정한다. 물론 그에겐 이런 사태가 별다른 선택의 여지가 없는 것처럼 보일 수도 있다. 하지만 그가 상실을 허용하는 것은 부모나 사회적 질서의 대표자들에 의해 제시된 문제를 해결하는 일종의 실마리이다. 〈이 만족을 포기한다면, 나는 다른 것을 얻게 될 거야.〉 그럼에도 이렇게 희생된 주이상스는 쉽게 포기될 수 있는 성질의 것이 아니다. 사실 주체는 주이상스의 상실과 관련하여 자신의 위치를 선택함으로써 자기 자신을 구성한다. 대상 a는 그러한 주이상스를 제공하는 (이제는 상실되어 버린) 대상으로 이해될 수 있다(그것은 상실된 주이상스에 대한 기념비이자 그 상실의 잔유물이다).[33]

포기된 주이상스는 그것이 상실되었기 때문에 보다 더 귀중한 가치를 갖게 된다(우리는 자신이 그것을 충분히 가지고 있었다는 사실을 알지 못하는 것 같다). 그리고 우리가 1장에서 보았듯이, 금지의 과정은 (예를 들어) 자기성애적인 행위에서 느낄 수 있는 〈단순한〉 만족을 엄밀한 의미에서의 주이상스로 변형시킨다. 부모들이 쾌락을 금지하면 그 쾌락은 전보다 더 중요한 의미를 획득한다. 금지된 쾌락은 부모들의 욕망과 관련된 의미를 띠게 된다. 〈순진하고〉 〈단순했던〉 신체적 쾌락이 부모의 금지를 통해서 전보다 더 에로틱하고, 더 외설적인 주이상스로, 다시 말해서 실재적인 흥분을 초래하는 주이상스로 변질된다. 금지는 쾌락을 보다 더 성적으로 만든다. 금지가 강할수록 금지된 행동은 더 성적인 행동이 된다.

본환상은 주체와 상실된 만족의 대상 간의 관계를 무대화한다. 본

---

33) 프로이트가 말한 상실된 대상과 라캉의 대상 a의 관계에 대해선 『라캉의 주체』 7장 참조. 여기에서 우리는 우리가 소유한 것의 산물이 아니라 상실한 것의 산물이라 할 수 있다.

환상을 통해 표현되는 욕망은 금지된 만족을 조건으로 한다.[34] 우리는 여기서 왜 금지가 욕망에 있어서 그렇게 중요한지를 깨닫게 된다. 금지는 욕망을 금지된 것에 고착시키는 욕망의 조건이다. 라캉이 「사드와 함께 칸트를」에서 밝혔듯이, 〈법과 금지된 욕망은 분리될 수 없는 하나이다〉(『에크리』, 782쪽). 우리는 욕망과 거세의 친밀한 관계를 확인할 수 있다. 욕망은 정확히 주체 자신이 희생한 것을 욕망한다.

다시 한번 프로이트의 쥐인간 사례로 돌아가보자. 분석이 진행되는 동안 프로이트는 쥐인간이 아동기에 아버지에게 호되게 매를 맞았다는 사실을 밝혀낸다(SE X, 205-208쪽). 처벌의 이유는 그가 집 안에서 일하던 간호사와 성적인 놀이를 했다는 것이었다. 물론 아동기의 쥐인간은 이 놀이가 정확히 무엇을 의미하는지 몰랐다. 아버지의 처벌이 있고 나서 쥐인간은 아버지가 엄마나 간호사 같은 특정 여자가 아닌 모든 여자와의 성 접촉을 금지하길 원한다고 생각하게 되었던 것 같다. 이러한 사실은 그가 그 처벌 이후 아버지를 〈자신의 성적인 쾌락의 방해자〉로 인식했다는 점을 통해 알 수 있다(205쪽). 그는 처벌당하기 전처럼 집안의 여자들에게 마음대로 애정을 표현할 수 없었다. 아버지는 여자들에 관한 그의 모든 상념 속에 나타나 그 관계를 방해하는 장애물이 되었다(163, 178-179쪽). 그 후로 수음 행위는 아버지가 세상을 뜨던 해, 즉 그가 스물한 살이 되던 해까

---

34) 대상은 분명히 상실된 만족과 관련이 있다. 어떤 의미에서, 주체는 거세 콤플렉스 때문에 주이상스를 억제한다고 할 수 있는데, 라캉은 이 상실된 주이상스를 $(-\varphi)$라고 표기한 바 있다(『에크리』, 823-826쪽). 따라서 본환상은 다음과 같이 표기될 수 있다.

$$\$ \diamond \frac{a}{(-\varphi)}$$

이 공식에 관해선 보다 많은 설명이 가능할 것이다. 특히 라캉의 「주체의 전복과 욕망의 변증법」과 『세미나 VIII』, XV-XVIII 장 참조. 그리고 이 책의 8장 참조.

지 중단되었던 것 같다. 몇 년 후 그는 처음으로 한 여자와 관계를 가졌다. 그리고 그때 그는 이렇게 생각했다. 〈이게 이렇게 좋은 것이었군! 이걸 위해선 아버지도 죽일 수 있을 거야!〉(201쪽).

쥐인간이 털어놓은 주요 증상(이는 그가 자진해서 분석가를 찾게끔 만든 일련의 증상들 중 하나이다) 중 하나는 자신이 관심이 있는 여자에게 선뜻 마음을 줄 수가 없다는 것이었다. 그의 부모는 그가 〈장가를 잘 들어야〉 하고 미래의 신부감으로 사업상 관계가 있던 친척 집안의 여자를 골라야 한다고 생각했다. 쥐인간은 그 여자에게 무관심한 척하면서 그 대신 아버지가 싫어하고 자신의 유혹을 뿌리친 한 〈숙녀〉에게 관심을 보였다. 군복무를 마친 어느 날 쥐인간은 그 〈숙녀〉가 사는 비엔나로 갈 것인지 아니면 자신이 생각하기에 몸을 쉽게 허락할 것 같은 두 명의 여자(여관 주인의 딸과 우체국에서 그의 안경 대금을 결제해 준 여자)가 사는 도시(사례에선 Z시〔市〕라고 불린다)로 갈 것인지 결정을 내려야 했다.

여기에서 쥐인간이 보이는 우유부단의 원인은 복잡하게 뒤얽혀 있다. 하지만 가장 중요한 원인은 그가 〈행실이 바른 여자〉와 결혼하기를 원하는 아버지의 욕망(쥐인간이 아버지의 욕망이라고 생각하는 것)과, 아버지를 기쁘게 하고 싶지만 동시에 그를 조롱하고 싶은 쥐인간의 이중적인 욕망이다. 사는 동안 내내 아버지는 비엔나에 사는 그 숙녀를 인정하지 않았다. 그런데 바로 이런 이유에서 쥐인간은 그 여자에게 매력을 느꼈다. 이와 동시에 쥐인간은 Z시에 사는 두 여자들이 자신보다 하류층에 속하기 때문에, 그런 여자들과의 잠자리는 성적 만족에 대한 아버지의 금지로부터 벗어날 수 있는 행위가 된다고 믿었다.[35]

이렇게 해서 쥐인간은 자신도 모르는 사이에, 어떤 의미에서는 아

---

[35] 이는 또한 쥐인간의 아버지가 결혼을 앞두고 직면했던 상황을 그대로 이어받은 것이다. 아버지는 〈가난한 여자〉를 좋아했으면서도 쥐인간의 엄마와 결혼함으로써 〈제대로 된 결혼〉을 했다.

버지의 법(쥐인간이 아버지의 법이라고 생각하는 것)에 정확히 동조하는, 다시 말해서 여자에 대한 성적인 만족을 금지하는 법을 착실히 이행하는 상황을 구성해 낸다. 쥐인간은 Z시로 갈지 비엔나로 갈지 확실하게 마음을 정할 수 없으며, 아무런 구체적인 행동도 취하지 못한다. 대신에 그는 일종의 정신적인 수음이라 할 수 있는 자기 학대에서 〈대리만족〉을 얻게 된다. 그의 욕망은 그가 자신의 아버지가 금지했다고 생각하는 대상 주위를 맴돌게 된다.

아버지가 점지해 준 친척 여자는 이런 증상에서 별다른 두각을 나타내지 못한다. 물론 한 가지 유념할 것은 여자의 아버지가 결혼의 조건으로 요구했던 학업을 쥐인간이 몸이 아프다는 이유로 끝까지 못 마쳤다는 사실이다(198-199쪽). 이러한 행동은 아버지의 요구에 대해 그가 거부한다는 것을, 다시 말해서 아버지에게 쾌락을 주길 거부한다는 것을 나타낸다. 실제로 그의 강박관념 중 많은 부분이 그의 아버지를 처벌하거나 죽이는 것과 관련되어 있다.

쥐인간은 살면서 상당량의 직접적인 성적 쾌락을 포기해 왔으며, 단지 아주 소량의 쾌락에만 몰두했을 뿐이다. 그는 자신이 원하는 여자들과 결혼하지 못했고, 결국 죽은 아버지의 소망에 대해 대놓고 반항하진 못했다. 하지만 그는 요양원에서 수치요법(水治療法)을 받는 동안 한 간호사와 은밀한 관계를 가졌으며, 종종 심부름꾼 여자아이나 가정부와 관계를 가졌다. 그는 여전히 아버지의 사랑을 얻는 것에 관한 환상을 품으면서 동시에 그 자신의 성욕을 과시했다(그는 아버지가 자신이 공부하는 것을 바라보는 가운데 거울에 자신의 발기된 성기를 비춰보는 환상을 품는다: 204쪽). (물론 내가 여기에서 제시한 것보다는 훨씬 더 복잡하지만) 이 모든 행동과 환상들은 쥐인간이 그가 얻었던 성적 만족을 희생한 것에 아쉬워하고 있다는 점을 보여준다. 그는 자신의 거세에 순순히 동조할 수 없었던 것이다.

「종료 가능한 분석과 종료 불가능한 분석」에서 프로이트는 신경증자들을 분석하다 보면 분석이 〈거세의 암초〉에 부딪히게 되는 지점이 나타난다고 말한 바 있다. 분석은 거세를 발견하는 지점까지 진행될 수 있다. 요컨대 분석은, 부모의 명령에 의해 만족의 상실이 이루어지는 지점까지 도달할 수 있다. 하지만 분석은 종종 그것을 넘지 못하고 거기서 멈추게 된다.[36]

이를 라캉의 관점에서 생각해 보자. 신경증자는 부모라는 타자에게 주이상스를 넘겨주었다. 하지만 그럼에도 그는 그러한 희생에 대해 끊임없이 아쉬워하게 된다. 그는 그러한 상실에 집착하면서 (심리적 경제 속에서) 자신이 포기한 것을 타자가 즐기도록 내버려두지 않는다. 〈물론 난 포기했지. 하지만 지금부터는 당신들이 원하는 것을 하지 않을 테야!〉 신경증자는 (결혼, 아이, 직업 선택 등에서와 같은) 부모의 요구를 그대로 따를 것이다. 하지만 속으론 다른 생각을 할 것이다. 〈부모가 나에게서 귀중한 것을 빼앗아갔지. 물론 난 그들이 만족하도록 내버려두었어. 하지만 나는 그들이 그것 때문에 고통스러워하도록 만들었지. 나는 그것 때문에 그들을 오랫동안 원망했지. 그들이 그걸 잊고 잘살게 내버려두진 않았어.〉 만족의 상실에 대한 분노는 결코 사그라들지 않을 것이다.

모든 신경증은 타자의 만족에 대해 바로 이러한 불만을 표하는 위치를 함축한다. (7장에서 확인하겠지만, 정신병자와 달리) 신경증자는 희생을 받아들인다. 하지만 그는 동시에 타자의 면전에서 자신의 희생을

---

36) 한 가지 주목해야 할 것은 프로이트가 이 논문에서 분석은 환자의 거세 콤플렉스를 넘어설 수 없다고 완전히 단정하진 않았다는 점이다. 다음과 같은 그의 마지막 문장을 생각해 보자. 〈우리가 분석 치료 속에서 이 인자[거세에 대한 항거: '남근 선망'이나 '남성적 항변']를 통제할 수 있을지는, 또한 언제 그럴 수 있을지는 미지수이다. 우리는 환자가 그것에 대한 태도를 재검토하고 변경할 수 있게끔 할 수 있다는 것으로 위안을 삼을 수 있을 뿐이다.〉

다시 말해서, 프로이트는 환자가 거세에 대해서 다른 태도를 선택할 수 있다는 가능성을 배제하지 않았다. 그는 〈우리는 종종 더 멀리 나아갈 수 있다는 인상을 받는다〉고 말했다. 그는 분석주체를 더 멀리 데려갈 수 없다는 말은 결코 하지 않았다.

보상해 줄 만한 또 다른 만족을 얻으려 한다. 자위, 도둑질, 사기, 과속, 위법 행위 등과 같은 행동은 신경증자가 발견할 수 있는 불법적인 만족이다. 그것들은 모두 그의 심리 구조 안에서 타자로부터 상실된 주이상스를 되찾아주며, 타자에게서 희생을 보상받도록 해준다. 타자에 대한 신경증자의 요구는 한이 없다(예를 들어 〈나는 부모의 사랑, 인정, 승인을 충분히 받지 못했다〉). 그들은 타자의 사랑을 받으려는 희망에서 자신의 주이상스를 포기했지만, 이에 대한 대가는 항상 자신이 포기한 것보다 더 작다고 느낀다.[37] 프로이트의 말을 따르자면, 가령 여성은 엄마가 제 성기를 빼앗아갔다고 생각하며 계속해서 엄마를 미워하게 된다. 상상적인 상실에 대한 보상으로서 얻은 사랑과 인정은 결국 항상 부족한 것으로 나타난다. 그리고 남성은 자신이 삶에서 중대한 결정이라고 생각한 것 앞에서 결코 거세 불안을 극복하지 못한다. 그는 자신이 무엇을 하건 아버지(아버지의 기대, 요구, 기준, 이상들)를 만족시킬 수 없다고 생각하게 된다. 아버지가 주는 인정은 항상 성과에 의존한 것처럼 여겨지기 때문에, 남성은 자신이 무엇을 이룩했건 간에 결코 편안히 쉴 수 없다.

프로이트와 많은 정신분석가들은 분석이 제대로 완수된다고 하더라도 분석주체가 그러한 태도를 넘어설 수 있을 확률은 거의 희박하다고 보았다. 희생과 거세에 대한 신경증자의 반항은 대개 극복될 수 없다는 것이다.

하지만 라캉은 이에 대해 다른 견해를 취한다. 그에 따르면 〈거세의 암초〉를 넘어서는 해결책은 바로 환상을 넘어서는 것이다. 이는 타자의 욕망과 정면으로 대면하는 것에 의해 가능해진다. 절분법을 포함한 분석가의 모든 개입은 분석주체의 환상을 새로운 형태로 조직해 낼 수 있다. 말하자면 분석주체를 타자와의 새로운 관계로 이끌

---

[37] 프로이트는 〈인간은 쾌락을 쉽게 포기하지 못한다. 그는 일종의 보상 없이는 그것을 포기할 수 없다〉(SE XVI, 371쪽)고 말한 바 있다.

수 있다는 것이다. 바로 이때 분석주체의 욕망에 대한 최초의 고착이 깨어지며, 분석주체의 욕망은 더 이상 만족의 추구에 대해 방해물이나 대체물로 기능하지 않는다.[38]

그런데 여기에서 분명히 해야 할 사항이 하나 있다. 본환상은 분석에 앞서 그 자체로 존재하는 어떤 것이 아니라 분석 과정을 통해서 구성되는, 혹은 재구성되는 어떤 것이라는 점이다. 어떤 의미에서 본환상은 분석 과정 속에서 밝혀지는 환상들의 전체 사슬로부터 증류되어 나온 것이다. 분석이 충분히 진척되면, 우리는 특정한 본환상이 주체의 선택과 행동의 어떤 원인에 대해서 주체 자신이 선택한 위치/태도라는 사실을 알게 된다.

분석 속에서 그러한 위치/태도가 확인될 때까지 당연히 본환상은 어느 정도 변화를 겪었을 것이다. 이는 프로이트가 〈원장면〉이라고 부른 것도 마찬가지다. 원장면은 아이가 어떤 특정 시점에 목격한 실제 장면이 아니라 분석 과정을 통해서 아이가 스스로 구성한 장면을 말한다(물론 이때 그것은 상상되었거나 아니면 실제로 관찰된, 혹은 우연히 들은 바 있는 수많은 장면들에 근거해 구성된다).[39]

분석가로부터의 분리

분석 속에서의 최종적인 갈등(분석주체로 하여금 거세에 대한 보상을 타자에게 요구하는 대신 거세에 대해 스스로 책임지도록 하는 데서 오는 갈등)은 타자를 대표하는(이와 동시에 상실된 대상을 대표하는) 분석가와 분석주체 사이에서 펼쳐진다. 분석은 분석주체가 더 이상 자신의 고

---

[38] 다시 말해 주체의 욕망이 더 이상 타자의 주이상스를 위해 봉사하지 않는다 (『에크리』, 826/324쪽).

[39] 예를 들어, 특히 「분석의 구성」, SE XXIII, 257-269쪽 참조.

통 때문에 (대상이나 타자로서의) 분석가를 비난하지 않는 순간까지, 따라서 그가 더 이상 분석가에게서 자신의 상실에 대해서 보상받으려 하지 않는 순간까지 나아가야 한다. 동시에 분석은, 분석을 진행시키고자 하는 분석가의 항구적인 욕망 앞에서, 분석주체가 더 이상 그 욕망에 고착되지 않는 순간까지 이루어져야 한다.

분석의 말미는 실제적인 힘들이 결집되는 장이다(프로이트와 라캉은 분명히 이 점을 지적하고 있다). 따라서 우리는 분석이 일종의 갈등 상황 속에서 종결된다는 사실에 대해 전혀 놀랄 필요가 없다. 그런 갈등 속에서 분석주체는 거세와 희생된 주이상스에 대해 태도를 바꾸게 될 것이고, 결국 상실된 대상을 완전히 포기하게 될 것이다. 이러한 포기는 일종의 체념이 아니라 라캉이 〈돌변 precipitation〉이라고 말한 것, 사태의 갑작스런 반전을 의미한다. 이는 본환상의 재배열이다. 이러한 과정은 조용하고 일관되게 진행되는 것이 아니라 통제하기 힘들 만큼 혼란스럽게 이루어진다. 프로이트는 〈부재할 때나 이미지로 나타난 경우엔 결코 누군가를 파괴시킬 수 없다〉고 말한 바 있다. 분석은 분리를 현재 속에서 실행하는 것이며, 그 결과 또한 매우 실제적인 것이다.

종종 분석주체들로부터 분석이 화기애애하게 끝났으며, 그 이후로 분석가와 좋은 친분 관계를 유지하고 있다는 말을 들을 때면 나는 당황하지 않을 수 없다. 그들은 마치 분석가를 친구로 선택하는 것이 자기 분석과는 전혀 무관하다는 듯이 말한다. 심지어 분석가만큼 좋은 친구는 없는 것처럼 말하기도 한다. 물론 신경증자가 자신의 문제나 운명과 관련해 타자를 비난하는 단계를 이미 넘어서 있다면, 그런 우정이라는 게 전혀 불가능한 것은 아닐 것이다.[40] 하지만 그렇지 못

---

40) 신경증자는 항상 〈그들이 나한테 그렇게 했다〉〈그들이 나를 이렇게 만들었다〉고 불평한다. 신경증자는 자기 행동, 선택, 결정에 대해 책임을 지지 않는다. 심지어 자신에 대한 비난을 자처하는 강박증자도 자기 삶을 스스로 선택했다고는 생각하지 않는다.

한 경우 우정은 타자를 향한 어떤 요구(인정과 승인, 간단히 말해 사랑에 대한 요구)가 해결되지 못한 채 남아 있다는 것을 의미한다. 거세를 넘어서기 위해선 분석주체가 그 거세에 대한 태도를 바꾸어야 하는데, 이는 분석의 평화스러운 〈종료〉와는 논리적으로 맞지 않는다.

주체화는 주체가 자기 운명, 과거의 행동, 사고 등에 대해 책임지는 것을 의미한다(이는 말뿐인 책임, 의식상의 책임이 아니라 〈심층〉의 무의식적인 수준에서의 책임이다). 주체는 외부의 비인격적인 힘이, 즉 자신을 이 세상에 데려온 부모의 욕망이 자신을 결정한 곳에 존재해야 한다. 〈그것이 있던 자리에〉(내 삶이 타자의 욕망에 의해 주어진 곳에서), 〈나는 존재해야 한다〉(Là où fut ça, il me faut advenir, 『에크리』, 524/171쪽). 이는 『정신분석 강의』(SE XXII, 80쪽)에서 프로이트가 말한 〈Wo Es war, soll Ich werden〉에 대해 라캉이 제시한 해석 중의 하나이다.

Ⅱ 진단과 분석가의 위치 설정

6
라캉의 진단법

 라캉의 진단법은 DSM-III나 DSM-IV로 훈련받은 분석가들에겐 이상하게 느껴질 것이다. 라캉의 방법은 어떤 측면에선 매우 단순하다. 하지만 질환의 구분에 있어선 어떤 현대 심리치료보다도 훨씬 더 확실한 방법이다. 라캉의 진단 기준은 기본적으로 프로이트의 작업(프로이트의 저작 속에서 발견되는 개념들에 대한 특정 방식의 독해와 확대 해석)과 프랑스와 독일에서 활동했던 소수의 심리치료사들(그 중 특히 에밀 크래플린, 조르주 가티앙 드 클레랑보)의 방법에서 유래한다. 임상적으로 관찰되는 새로운 증상들을 별도의 새로운 〈장애〉로 분류해 질환의 수를 늘리기보다, 라캉의 진단 구조는 신경증, 정신병, 도착증 등 세 개의 범주만으로 매우 간단히 구성된다. DSM-IV에서 제시된 범주들이 환자의 다양한 질환을 어떻게 다루어야 하는지에 대해 별로 구체적인 방향을 제시하지 못하는 반면, 라캉의 진단 체계는 분석의 목표가 무엇이고, 전이에 대해 분석가가 어떤 태도를 취해야 할지를 구체적으로 제시해 준다.

 가장 기본적인 수준에서, 라캉의 이론은 신경증자와 정신병자의 경우 각기 다른 목표를 가지고 각기 다른 기술들을 적용해야 한다는 사실을 증명해 보이고 있다. 신경증자를 위한 기술은 단순히 정신병자에게 적용될 수 없을 뿐 아니라, 심지어는 정신병적인 분열을 초래할 만큼 위험한 방법이 될 수도 있다.[1] 라캉의 관점에서 볼 때, 진단은 공공 기관이나 보험 회사가 요구하는 것처럼 형식적인 업무를 수행하는 것이 아니다. 진단은 개개 환자를 다루는 데 있어 분석가가 일반적으로 어떻게 접근해야 하는지를, 전이에 대해 어떤 태도를 취하고 환자의 분석에는 어떤 식으로 개입해야 하는지를 결정하는 데에 매우 중요하다.

물론 이 말은 라캉학파의 분석가들이 즉각적으로 정확한 진단을 내릴 수 있다는 뜻이 아니다. 많은 임상분석가들이 알고 있듯이, 대개 환자의 심리적 질서의 기본 메커니즘을 확인하기까지는 아주 오랜 시일이 걸릴 수 있다. 그럼에도 분석의 시초에 환자를 신경증자로 위치시킬지, 정신병자로 위치시킬지를 결정하는 일은 매우 중요하다. 이를 할 수 없다면, 분석가는 예비 면담 기간 동안 매우 신중한 태도를 취해야 할 것이다.

라캉은 프로이트의 일부 용어들을 확장하면서 프로이트의 진단 범주들을 보다 체계화했다. 프로이트는 신경증의 특징을 억압 Verdrä-

---

[1] 라캉은 다음과 같이 말한 바 있다. 〈우리는 예비 정신병자들 prepsychotics이 분석 때문에 정말로 정신병에 빠지는 것을 종종 발견하게 된다. 너무 성급히 분석을 시행하려 했기 때문에 진짜로 정신병이 발동된 이러한 분석 사례를 기억한다면, 분석에 대한 금기의 문제를 생각하지 않을 수 없다〉(세미나 III, 285쪽). 그런데 나중에 라캉은 정신병을 분석의 금기로 간주하지 않게 된다. 즉 더 이상 정신병을 분석 치료에서 제외시키지 않는다. 하지만 그는 또한 정신병자의 분석이 다른 방식의 접근을 필요로 한다는 점을 시사한다. 예전에 나를 찾아온 한 정신병자가 있었는데, 그는 이전의 분석가가 자기가 한 말에서 자꾸 모호한 의미를 강조했기 때문에 나를 찾아왔다고 말했다. 이전의 분석가가 그를 신경증자처럼 다루었던 것이다. 그가 그 분석가에게 계속 분석을 받았다면, 아마도 정신병적인 발작이 일어났을지도 모른다.

ngung[2]으로, 도착의 특징을 부인 Verleugnung[3]으로 공론화함으로써 양자를 구분한 바 있다. 라캉은 프로이트가 (물론 정교하게 이론화하진 못했지만) 이외에도 보다 더 근본적인 어떤 심적 메커니즘을 설명하기 위해 Verwerfung이란 용어를 사용하고 있다는 점을 지적했다. 이 용어는 프로이트 저작의 여러 군데에서 발견된다.[4] 라캉은 (특히 프로이트의 1925년 논문「부정」에 대한 세밀한 독해를 통해서)[5] 그 용어를 정신병의 주요 메커니즘으로 제시했다. 그는 그것을 초기에는 〈배척 rejection〉으로, 그리고 나중에는 〈폐제 foreclosure〉로 번역했다.[6] 나는 이를 7장에서 자세하게 다룰 것이다. 여기에선 다음과 같은 점만을 지적하는 것으로 만족하자. 프로이트가 그 용어로 의미하는 것은 단지 에고가 무엇인가를 거부하거나(이는 억압이라고 할 수 있을 것이다) 기억 속에 저장된 어떤 것을 인정하길 거부하는 것(이는 부인에 해당할 것이다)이 아니라, 에고뿐 아니라 자기 자신 전체로부터 〈현실〉의 일부분을 완전히 추방한다는 것이다.

따라서 라캉의 세 가지 주요 진단 범주들은 세 가지 기본 메커니즘에 근거한, 다시 말해서 세 가지 상이한 주요 부정 Verneinung 양식에 근거한 구조적인 *structural* 범주이다.

---

2) SE XIX, 153쪽 참조.
3) 이 점과 관련해선 SE XIX, 143쪽과 SE XXIII, 204, 277쪽 참조. 프로이트의 구분은 생각만큼 일관되지 않는다. 예를 들어 SE XXI, 153쪽에선 부인이 억압당한 감정과 밀착된 관념에 대해 일어나는 것이라고 간주되지만 SE XIX, 184쪽에선 부인이 〈정신병의 반작용〉이라고 간주된다.
4) 특히 *Gesammelte Werke* I(Frankfurt : Fischer Verlag, 1952), 72쪽에서 프로이트는 verwirft라는 동사를 사용한 바 있다. 스트래치는 이 동사를 〈배척〉이라고 번역했다(SE III, 58쪽).
5) 우리는 이 세밀한 독법을 『세미나 II』에서 발견할 수 있는데, 이는 헤겔 프랑스어판 번역으로 유명한 장 이폴리트의 도움으로 이루어진 것이다. 이는 또한 『에크리』에서도 논의된다.
6) 첫번째 번역(배척)은 『세미나 I』, 53/43쪽에서, 두번째 번역(폐제)은 『세미나 III』, 361쪽에서 확인할 수 있다. 이 두 번역은 『세미나 XXI』, 1974년 3월 19일 강의에서 다시 언급된다.

범주	메커니즘
신경증	억압 repression
도착증	부인 disavowal
정신병	폐제 foreclosure

이러한 메커니즘을 인정하건 인정하지 않건, 분명한 것은 라캉의 기획이 본질적으로 프로이트에 근원을 두고 있다는 점이다. 라캉의 기획은 심리 구조들의 가장 근본적인 차이들을 구분해 내려는 프로이트의 시도와 직접적인 연장선상에 있다. (8장에서 우리는 아마도 독자들이 익히 알고 있을, 강박증과 히스테리에 대한 프로이트의 구분을 확인하게 될 것이다.)

나의 바람일지도 모르지만, 이 근본 메커니즘(환자들의 부정 양식)에 근거하여 환자들을 구분한다면 진단에 있어 상당한 효과를 볼 수 있을 것이다. 여기에서 분석가는 병리적인 특징들을 DSM-IV와 같은 지침서의 목록과 비교하면서 그 상대적인 중요성을 측정하는 것이 아니라, 범주를 확정짓는 단 하나의 특징인 메커니즘을 규정하는 것에 중점을 두게 된다. 예를 들어, 프로이트가 늘상 밝혔듯이 신경증의 유일한 원인은 바로 억압이다. 말하자면, 억압은 단순히 신경증과 결부된 하나의 요소가 아니다. 억압은 신경증을 구성하는 본질이다. 요컨대 신경증은 억압 때문에 일어난다. 라캉 또한 이와 유사한 방식으로 질환에 대해 인과론적인 논증을 펼쳤다. 그에 따르면 정신병의 원인은 바로 폐제이다. 폐제는 단순히 정신병적인 특징 중의 하나가 아니다. 폐제는 정신병을 구성하는 본질 그 자체다.

이러한 구조적인 접근의 중요한 성과는 정신 질환이 크게 세 가지 구조로 분류 가능하다는 점이다. (물론 다양한 하위 범주들이 가능하다. 예를 들어 신경증은 히스테리, 강박증, 공포증과 같은 하위 범주가 있으며, 따라서 세 가지 신경증이 있다고 할 수 있다.) 이른바 〈정상인〉에겐 자신의 고유한 구조가 없다. 임상적인 관점에서 볼 때, 정상인은 대개가 신경증적이라 할 수 있다. 요컨대 그의 기본 메커니즘은 억압이다. 프로이트 자신이 말했듯이, 〈만일 이론적인 관점을 택하고 양의 문제를 무시한다면, 우리는 모두 신경증적이라고 말할 수 있다. (억압과 같은) 증상 형성의 전제 조건이 또한 정상인에게도 발견될 수 있다는 점에서 말이다.〉[7] 물론 당연히 다른 양식의 부정도 발견될 수 있으며, 따라서 네 개의, 혹은 보다 많은 구조가 가능할 수도 있다. 하지만 현재의 연구와 이론에 근거해 볼 때, 이 세 가지 부정 양식은 인간의 모든 심리 현상을 포괄하고 있다. 물론 라캉에게 있어선 그 사이의 〈경계선〉이란 것이 존재하지 않는다.

이는 라캉의 정신분석학파가 진단에 있어 전혀 주저함이 없다는 것을 뜻하진 않는다. 물론 정신병적인 구조가 아닌 경우에도, 환자에게서 어떤 정신병적인 특징들이 발견될 수 있다. 요컨대 환자의 구조가 어디에 속하는지가 잘 드러나지 않을 수 있다. 하지만 이러한 모호함은 확실한 진단을 내리지 못하는 분석가의 무능력에서 비롯된 것이다. 환자에겐 두 가지 구조 사이의 경계선이란 것이 존재하지 않는다. 진단하는 도중 경계선에서 주저하는 것은 바로 분석가 자신이다.[8]

---

7) SE XVI, 358쪽. 그는 『정신분석 강의』에서 이 점에 관해 보다 상세히 언급한 바 있다. 〈우리는 건강한 사람의 정신적인 삶에서도 꿈도 증상을 형성하는 무언가가 있다는 점을 부인할 수 없다. 우리는 그들에게도 억압이 일어나며, 일정량의 에너지가 억압을 위해 소모되고, 그들의 무의식적인 체계는 에너지로 충전된 억압된 충동들을 숨기고 있다고, 일정 부분의 리비도가 에고의 관할로부터 철회되어 있다고 결론지어야 한다.〉
8) 대부분 심리치료에서 범주들의 〈경계선 borderline〉에 있다고 규정되는 환자들은 라캉의 입장에서 보면 단지 좀 다루기 힘든 신경증자일 뿐이다. 역사적인 관점에서 보면, 심리치료/심리학엔 줄곧 범주화할 수 없는 환자들을 처리하는 범주가 하나 있어 왔는데, 19세기에는 〈편집증 paranoia〉이라고 불렸고, 오늘날엔 〈경계선 장애〉라고 불린다. 라캉은 이전에 프랑스와 독일에서 편집증을 어떻게 생각했는지를 다음과 같이 말한 바 있다. 〈편집증자라면 비열하고, 편협하며, 까다로우며, 교만하며, 신뢰할 만하지 못하며, 과도하게 예민하며, 자기를 지나치게 과대평가하는 사람을 일컫는 말이었다. 이것들은 편집증의 근본 기저

세 가지 주요 임상 구조는 앞으로 상세하게 논의될 것이다. 여기에선 한 가지 사항만을 분명히 지적하고자 한다. 분석가가 임상 구조에 대해 아무리 체계적으로 이해하고 있다 하더라도, 개별 환자의 메커니즘을 결정하는 일은 상당한 임상 경험과 숙련을 필요로 한다는 것이다. 억압과 마찬가지로 폐제는 분석가가 직접 〈눈으로 확인할〉 수 있는 성질의 것이 아니다. 그것은 지각되지 않는다. 그것은 분석 주체가 제공하고 분석가 자신이 도출한 임상 자료로부터 유추되어야 한다. 〈정신병〉이라는 제목으로 세 번째 세미나를 열었을 때 라캉은 이미 상당한 경험을 쌓은 임상분석가였다(당시 그의 나이는 54세였고 적어도 25년 간을 정신병과 씨름해 왔다). 그러한 그도 (심지어는 정말 정신병처럼 보이는 경우에도) 정신병의 〈서명〉을 도출하는 일이 얼마나 어려운지를 그 세미나에서 밝히고 있다.[9]

신경증, 정신병, 도착증을 이론적으로 훌륭히 구분해 낼 수 있다고 해서 임상적인 난제들이 모두 해결되는 건 아니다. 하지만 내가 보기에 라캉은 그 세미나에서 정신병의 근본 구조인 폐제와 관련된 주된 임상적 특징들을 확신을 가지고 자세히 제시하고 있다. 주요 임상적인 특징들 중 어떤 것은 환자에게서 직접적으로 발견될 수 있으나, 어떤 것은 상당량의 조사와 연구를 필요로 한다. 분석가가 그런 특징들에 익숙해 있을수록 더 수월하게 진단을 내릴 수 있다는 것은 자명한 일이다.

라고 간주되었다. 그런 편집 증세가 심해지면 착란 delusions이 나타난다고 생각되었던 것이다〉(『세미나 III』, 13쪽).

9) 『세미나 III』, 42쪽 참조.

7
정신병

폐제와 부권적 기능

　폐제는 어떤 특정 요소를 상징계(언어)로부터 완전히 추방하는 것이다. 이 요소는 상징계 전체를 떠받치는 요소이기에 그것이 폐제되면, 상징계 전체가 타격을 입게 된다. 정신분열증을 다룬 상당수의 문헌에서 확인할 수 있듯이, 언어는 신경증과 정신병의 경우 각기 다른 방식으로 작동한다. 라캉에 따르면 정신병에서 폐제된 요소는 아버지와 직접적인 관련이 있다. 라캉은 그 요소를 〈아버지의-이름Name-of-the-Father〉이라고 불렀다(물론 앞으로 확인하겠지만 프랑스어의 Nom-du-Père는 이보다 훨씬 더 시사하는 바가 크다). 지금 나는 이와 거의 같은 맥락에 있는 〈아버지 기능〉 내지는 〈부권적 기능〉에 관해 논하고자 한다. 프로이트도 이 용어들을 가끔 사용한 바 있지만, 그것을 엄격히 공식화한 것은 바로 라캉이다.[1]

---

1) 예를 들어, 프로이트의 「여성의 성욕」 참조. 스트래치는 그것을 〈부권적 작인 paternal agency〉이라고 번역했다(SE XXI, 229쪽). 라캉의 『세미나 III』, 230쪽

부권적 기능의 부재는 정신병을 진단하는 데 가장 중요하고 확실한 준거이다. 하지만 대부분의 경우 그것은 눈으로 직접 확인할 수 없다. 부권적 기능은 실제 아버지에 의해 연출되는 기능이 아니다. 그것은 그가 가족 안에서 연출하는 역할이 아닌만큼 그의 특정한 스타일이나 인격과는 무관하다. 실제 아버지가 반드시 부권적 기능을 수행하는 것은 아니며, 또한 아버지의 부재가 꼭 부권적 기능의 부재를 의미하는 것도 아니다. 전쟁이나 이혼과 같은 사유로 아버지가 일찍 죽었거나 집에 없다고 하더라도, 부권적 기능은 〈아버지다운 면모〉를 가진 또 다른 인물에 의해 수행되며, 또 다른 방식으로 나타날 수 있다.

부권적 기능을 완전히 이해하기 위해선 먼저 언어와 은유에 대한 라캉의 작업에 관해서 상당한 지식이 있어야 한다. 지금은 핵가족 내에서 부권적 기능을 형상화하는 아버지가 일반적으로 엄마와 아이 사이에 위치하게 된다는 사실만을 지적해 두기로 하자. 아버지는 아이에겐 엄마에게 끌려가지 못하도록 하고, 엄마에게는 그들의 아이를 삼켜버리지 못하도록 한다. 물론 라캉은 (일부는 그럴지 몰라도) 모든 엄마들이 아이를 삼켜버리는 경향이 있다고는 말하지 않았다. 오히려 그는 아이가 엄마의 욕망을 위험하고 위협적인 것으로 〈느낀다〉는 점을 강조한다. 아이의 이러한 〈느낌〉은 어떤 경우엔 자신을 엄마의 전부로 간주해 주길(이는 결국 독립적인 존재로서의 아이를 제거하는 것이라 할 수 있다) 바라는 아이의 원망이 반영되어 있다고 할 수 있다. 또 어떤 경우엔, 다른 곳에선 성취할 수 없는 만족을 아이에게서 대신 얻으려는 엄마의 노력에 대한 반응이라고도 할 수 있다.

두 경우 모두 결과는 동일하다. 아버지는 엄마와 합일하려는 아이의 시도를 방해하거나 엄마가 아이에게서 어떤 만족을 성취하려는

과 『세미나 XX』, 74쪽에서 우리는 아버지 기능 *fonction du père*이라는 표현을 발견한다.

것을 금지함으로써 아이가 엄마에게서 일정 정도 거리를 유지하도록 만든다. 바꿔 말하면, 아버지는 아이를 잠재적인 위험 요소인 엄마의 욕망(이는 엄마에 대한 아이의 욕망을 의미하면서, 동시에 아이에 대한 엄마의 욕망을 의미한다)으로부터 보호한다. 아버지는 엄마와 아이에게 금지령을 내리고, 둘 사이를 방해하고, 그들을 보호하는 자로 자리잡는다. 한마디로 말해, 그는 엄마와 아이에게 무엇이 허용되고 무엇이 허용되지 않는지를 명확히 제시하면서 집안의 법을 제정하는 자이다.

따라서 지금까지 내가 묘사한 아버지는 (적어도 사회학자들에 따르면) 우리 시대엔 찾아보기 힘든 아버지상(像)이라 할 수 있다. 그는 집안에서 권위를 갖는 〈가정의 우두머리〉, 이유가 필요없는 최고 명령권자이다. 자신의 명령에 대해 납득할 만한 이유를 제시하지 못한다 하더라도, 사실 그는 〈내가 그렇게 말했다〉라는 말로써 모든 논쟁을 불식시킬 수 있는 자이다.

우리는 이러한 수사학적인 전략에 익숙하다. 여러 가지 다양한 맥락 속에서 이러한 논리를 발견할 수 있다. 예를 들어 정치경제에 관한 좌파의 연구를 볼 것 같으면, 〈『자본론』 제3장에서 마르크스가 말했듯이〉라는 말이 되풀이되면서 추론의 과정이 아무런 논증 없이 간단히 암시되는 경우가 있다. 일반적으로 〈권위에 의거한 논증〉이라고 불리는 이런 논리는 정치학, 철학, 일상 영역 속에서뿐만 아니라 정신분석학에서도 흔히 볼 수 있다. 예를 들어 내가 〈프로이트〉와 〈라캉〉을 인용할 때는 그들을 살아 있는 개인으로 인용하는 것이 아니다. 권위의 무게를 실어주는 것은 바로 그들의 이름 그 자체이다(물론 이는 그들을 권위로서 인정하는 사람들에게만 해당되는 이야기다).

마찬가지로, 아버지가 〈내가 그렇게 말했기 때문에……〉라고 말할 때, 이 말엔 〈나는 네 아버지이므로 너는 항상 나에게 복종해야 한다〉는 뜻이 함축되어 있다. 현대 서구 사회는, 인간이 언제나 아버지에게 복종해야 한다는 원칙에 대해 많은 이의를 제기해 왔다.

하지만 이 원칙은 수세기 동안 인정되어 왔으며, 여전히 일반인들에게 효력을 갖는다. 문제의 핵심은 대다수 가정 내에서 아버지가 권위의 자리에 있는 것이 그가 〈진정한 가장〉(존경하지 않을 수 없는, 권위와 훌륭함을 갖춘 인물)이기 때문이 아니라, 그가 (많은 이들의 마음속에서) 〈아버지〉와 결부된 기능들을 수행한다고 가정되기 때문이라는 것이다.

부권적 기능은 상징적인 기능 *symbolic function*이다. 아버지는 일시적으로 부재할 때조차도 지금 여기에 있는 것처럼 작동한다. 아이에게 말을 할 때 엄마는 심판관이나 처벌가의 위치에 있는 아버지에게 호소한다. 하지만 이때 그녀가 호소하는 것은 이름으로서의 아버지, 다시 말해서 어떤 관념과 결부된 아버지라는 기표이다. 남편이 없는 미망인의 경우를 생각해 보자. 그녀는 아이들에게 다음과 같은 물음을 통해서 아버지가 살아 있음을 끊임없이 환기시킨다. 〈네가 그렇게 행동하면 아버진 뭐라 하시겠니?〉 혹은 〈네 아버지라면 그것을 결코 좋아하시지 않을 거다.〉 무엇보다 우리는 이 경우 아버지가 말의 일부로서, 다시 말해 엄마의 담화를 구성하는 한 요소로서 작동한다는 것을 알 수 있다. 여기에서 엄마가 자신을 넘어선 권위와 자신의 소망을 넘어선 이상으로서 아버지를 참조한다는 점에서, 부권적 기능은 〈아버지〉라는 명사에 의해 수행된다(단지 자신의 소망을 확신하거나 지탱하기 위해서 그것에 호소하는 경우도 있지만).

〈아버지의-이름〉은 프랑스어 원어 Nom-du-Père에 훨씬 더 인상적인 뜻이 담겨 있다. Nom은 이때 이름과 명사를 동시에 의미한다. 우선 그것은 아버지의 역할을 수행한다는 점에서 아버지의-이름이다(아버지 없이 태어난 유복자의 경우에도 엄마가 아버지의-이름을 들먹이는 한 그것은 아이에게 부권적인 기능을 수행할 수 있다). 또한 그것은 엄마의 담화 속에 등장하는 〈아버지〉라는 단어에서처럼(예를 들어, 아버지는 너를 매우 자랑스러워하실 게다) 아버지라는 명사 자체를 의미하기도 한다.[2)] 라캉은 또한 nom이 〈아니오〉를 뜻하는

non과 발음이 똑같다는 점에서 아버지의 금지를 환기시킨다는 사실을 지적한다.

그런데 엄마는 아이들에게 〈우리는 아버지에게 이 이야기를 비밀로 할 거지? 그렇지?〉 내지는 〈네 아버지는 자신이 뭘 이야기하는지도 모른단다〉라고 말하면서 남편의 위치를 격하시킬 수도 있다. 또한 엄마는 평소엔 아버지를 따르다가도 그가 안 보이는 곳에선 그의 명령을 어길 수도 있다. 따라서 부권적 기능은 아이의 아버지가 확실히 존재하는 경우에도 작동하지 않을 수 있다. 반대로, 아이가 태어나기 전부터 아버지가 부재하는 경우에도 부권적 기능이 제 기능을 다할 수 있다. 현실에서의 아버지의 부재와 현존은 그 자체로는 분석주체의 임상적인 상황에서 아무것도 의미하는 바가 없다.[3] 나는 우선 부권적 기능의 실패가 어떤 결과를 낳는지에 대해 논의한 후, 부권적 기능과 그 기능의 용도에 대해 좀더 상세히 설명할 것이다.

---

2) 아버지의-이름은 또한 아버지가 아이에게 부과한 이름을, 다시 말해서 아버지에게서 유래하고 전수된 이름을 의미할 수 있다. 아버지의 **상징적** 기능은 몇몇 페미니스트 작가들이 주장한 것처럼 사랑과 격려를 주는 아버지의 기능을 배제하지 않는다.

3) 〈폐제〉는 일종의 기능이다. 우리는 그러한 폐제를 초래할 만한 모든 환경이나 가족 형태를 일일이 다 열거할 순 없다. 그런 것을 시도하는 사람들이 있다면 그들은 일종의 심리화의 오류를 범할 위험이 있다. 그들은 〈길 잃은 영혼처럼, 좌절감을 주는 엄마로부터 숨막힐 듯한 엄마에게로 방황할 것이다〉(『에크리』, 577/218쪽). 그리고 아버지의 기능(〈위압적인 아버지, 만만한 아버지, 전능한 아버지, 모욕당한 아버지, 겁쟁이 아버지, 가엾은 아버지, 가정적인 아버지, 빈둥거리는 아버지〉[『에크리』, 578/218쪽])을 검토할 때, 그들은 엄마가 아버지의 말에 부과한 기능을, 다시 말해서 〈법의 격상 속에서 아버지의-이름을 위해 남겨놓은 자리를〉(『에크리』, 579/218쪽), 그리고 법과 아버지의 관계를 파악하지 못할 것이다.

부권적 기능의 실패와 그 결과들

> 아버지의 형상적인 기능 속에서 어떤 결여가 일어나면 무슨 일이 벌어질까?
> —— 라캉, 『세미나 III』, 230쪽

라캉의 정신분석학에서 부권적 기능은 있거나 없거나 둘 중 하나이다. 다시 말해서 (명사 noun, 이름 name, 금지 non으로서의) 아버지는 상징적인 기능을 떠맡을 수 있거나 아니면 그렇지 못할 뿐이다. 그 중간은 존재하지 않는다.[4]

이와 마찬가지로, 부권적 기능은 일반적으로 일정 연령이 되면 작동하지만, 그렇지 못한 경우는 영원히 작동하지 않는다. 라캉의 정신분석은 정신병자를 구제하기 위한 것이지만 그럼에도 궁극적으로 정신병의 구조를 바꿀 순 없다. 한번 정신병이면, 영원한 정신병이다. 물론 부권적 기능이 자리잡게 되는 최고 연령에 관한 문제가 제기될 수도 있다. 요컨대 인간의 심리 구조가 언제부터 변화를 멈추는지에 대해 물을 수 있다.

물론 아이들의 경우엔, 정신분석을 성공적으로 끝마치면 어느 정도까지는 부권적 기능이 자리잡도록 유도할 수도 있다. 하지만 라캉에 따르면, 성인의 경우에는 아무리 오랫동안 분석을 시행한다 하더라도 정신병의 구조는 바뀌지 않는다. 물론 일상 생활을 원만히 지속시킬 수 있도록 일부 정신병적인 증세를 제거할 수는 있다. 하지만 정신병의 심리 구조 자체는 근본적으로 뜯어고칠 수 있는 것(예를 들어 정신병자를 신경증자로 변환시키는 것)이 아니기 때문에 사실상 〈치

---

4) 우리는 힘없는 아버지 대신 엄마가 가족을 주도하는 가정을 쉽게 발견할 수 있다. 실제로 이는 유대인 가정에서 전형적으로 나타난다. 그럼에도 이것이 바로 부권적 기능의 부재를 의미하는 것은 아니다. 엄마가 아버지를 지배하는 경우에도 그에 대해서 불평함으로써 그에 대해 일정한 무게를 부여하는 경우가 있다. 만약 엄마 쪽에서 볼 때 그가 그 많은 불운과 고통의 근원이라면, 그는 여전히 무시하지 못할 만큼의 힘을 가지고 있는 것이다. 부권적 기능을 폐지시키기 위해선 이보다 더 철저히 아버지의 자리를 근절시킬 수 있어야 할 것이다.

료)란 것이 불가능하다.

정신병을 구조적인 관점에서 본다면, 30대에 〈정신병 발작〉을 일으켰다 하더라도 환자는 원래부터 정신병의 구조를 가지고 있었다고 할 수 있다. 단지 그 나이까지 아직 정신병을 촉발할 만한 방아쇠가 당겨지지 않았을 뿐이다. 따라서 명백한 정신병 증세가 나타나기 이전에도, 이미 환자는 이론상 정신병으로 진단될 수 있다.

우리가 임상적으로 확인할 수 있는, 부권적 기능의 실패에서 비롯된 결과들은 그 종류도 많고 수도 많다. 임상분석가는 진단을 내릴 때 그 결과들을 주목할 필요가 있다. 논의는 정신병의 현상 중에서도 가장 잘 알려진 환각으로부터 출발할 것이다. 그리고 일반인에게는 잘 알려져 있지 않지만, 정신병의 발작이 나타나지 않는 잠재적 정신병을 진단하는 데 유용한 현상들을 살펴볼 것이다.

환각

넓은 의미에서의 환각 hallucination은 부권적인 기능의 실패에서 오는 결과가 아니다. 프로이트는 환각이 유아가 만족을 얻을 수 있는 최상의 방법이라고 말했다. 가령, 배가 고플 때 아이는 부모를 향해 우는 대신 이전의 만족의 경험을 환각으로 떠올릴 수 있다. 환각은 일차 과정적 〈사유〉의 전형적인 형태이며, 백일몽, 환상, 꿈꾸기를 구성하는 한 요소이다. 따라서 이런 환각은 도착증, 신경증, 정신병 등 모든 질환에 나타난다.

그렇기 때문에 넓은 의미에서의 환각은 정신병의 준거가 아니다. 환각을 발견한다 하더라도 환자가 정신병자라고는 장담할 수 없다. 또한 환각이 나타나지 않는다 하더라도 반드시 환자가 정신병자가 아니라고 말할 수도 없다. 자크-알랭 밀레의 말을 빌리자면, 환각은 〈히스테리와 정신병 모두에서 발견되기 때문에, 그것만으로는 구조의 증거가 될 수 없다⋯⋯ 만약 당신이 환각과 비슷한 요소를 발견한다면, 당신은 분석주체에게 구조적인 범주들을 구별하기 위해 다양

한 질문을 던져보아야 한다.〉[5]

그럼에도 라캉은 우리에게 좁은 의미에서의 환각을 이해할 수 있는 방법을 제시해 준다. 현재 미국에선 환자가 환각과 유사한 어떤 것을 드러내면 그 즉시 정신병자(혹은 적어도 경계선 장애자)로 분류해 약물을 투여하는 경향이 있다. 이와 관련해 내가 강조하고 싶은 것은 환각이라고 해서 다 같은 환각은 아니라는 사실이다. 내가 보건대, 진짜 정신병적인 환각은 비정신병적인 사례에서 흔히 발견되는 환청이나 환영과는 전혀 다르다.

내가 지도하는 한 분석가의 환자는 언젠가 전 부인이 현관 복도에 서 있는 듯한 느낌을 받았던 적이 있다고 말했다. 분석가는 그것을 〈환각〉이란 임상적인 특징으로 기록했으며, 그를 지도했던 다른 분석가들 또한 그렇게 했다. 하지만 환자는 〈환각〉이란 단어를 결코 사용하지 않았다. 만일 그가 그렇게 했다면 이는 전에 자신을 분석했던 분석가가 그 단어를 사용했기 때문이다.

그 경험에 대한 그의 반응을 조사해 보면, 많은 변별적 특징들이 눈에 띈다. 예를 들어, 환자는 그 이미지에 대해 놀라워했고, 자신에게 통고도 하지 않고 전 부인이 집에 찾아올 리는 없다고 말했다. 따라서 그는 자신이 경험한 것(이미지나 환영) 자체는 아니지만 그 이미지의 내용에 대해 의문을 품었다. 그는 옆에 앉아 있던 사람 두 명을 쳐다보았다. 그가 다시 복도 쪽의 전 부인을 돌아보았을 때 그녀는 이미 사라지고 없었다. 그는 결코 누군가가 실제로 거기에 있었다고 믿지 않았다. 그는 자신이 무엇인가를 보았다고 생각했지만(다시 말해, 이미지 자체의 존재는 믿었지만), 자신이 본 것을 믿진 않았다.[6] 그

---

5) 「임상에 대한 라캉의 논의에 관하여」, 『리딩 세미나 I-II』, 242쪽.
6) 예를 들어 『세미나 XXII』, 〈RSI〉에서의 라캉의 언급을 보자. 〈그럼에도 증상의 존재를 믿는 것과 증상을 믿는 것은 분명히 다르다. 이것이 바로 신경증과 정신병의 차이이다. 정신병자는 [자신에게 들리는] 목소리의 존재를 믿을 뿐만 아니라 또한 그것을 사실로서 믿는다. 모든 것은 바로 이러한 구분에 달려 있다〉(1975년 1월 21일). 영어로는 줄리엣 미쳴Juliet Mitchell과 재클린 로즈

는 자신에게 나타난 어떤 것이 실재라고 믿지 않았으며, 그렇게 간주될 수 있다고 생각하지 않았다. 요컨대 그는 환상(심리적 현실)과 현실(일생 동안 그가 동화되어 온 서구의 사회/물리적 현실이란 개념)을 구분할 수 있었던 것이다.

그러나 환상과 현실이라는 관점에서 논의를 전개한다면 우리는 신경증과 정신병을 구분할 수 없다. 왜냐하면 대다수의 신경증자들도 정신병자와 마찬가지로 환상과 현실(사회적으로 구성된 현실 관념)을 구분할 수 없기 때문이다. 이에 대한 가장 분명한 예는 히스테리 환자의 예(프로이트와 브로이어의 『히스테리 연구』를 생각해 보자)로서, 주체의 개인사를 다시 써야 할 만큼 환상이 생생한 경우이다. 신경증자와 정신병자는 모두 심리적 현실과 사회적으로 구성된 현실을 구분하는 데 어려움을 호소한다. 사실, 아마도 중요한 문제가 제기된다면, 이는 이 구분 자체가 과연 정당한지에 관한 것이다. 예를 들어 사회적인 현실이라고 했을 때 이는 누구의 사회적인 현실인가? 환자의 것인가, 분석가의 것인가? 심리적인 것과 사회적인 것 사이의 분명한 분기점이란 게 과연 존재하는가?[7]

나는 이러한 인식론적인 문제를 잠시 유보하겠다. 그 대신 내가 강조하고 싶은 것은 〈현실〉 개념이 환상과 환각을, 신경증과 정신병을 구분하는 데 별로 효과가 없다는 라캉의 주장이다. 양자를 구분하

Jacqueline Rose가 편집한 『여성의 성욕 Feminine Sexuality』(New York: Norton, 1982), 170쪽 참조. 이 점에 관해서 또한 콜레트 솔레, 「분석가를 위한 자리는 무엇인가?」, Actes de l'Ecole de la Cause freudienne 13, 『정신병의 분석 경험 L'expérience psychanalytique des psychoses』(1987), 30쪽 참조.

7) 실제로 라캉은 우리가 모두 자신의 (본)환상이라는 렌즈를 통해서 현실을 본다고 암시한다. 그러면 어떻게 분석가가 분석주체보다 현실을 더 잘 알 수 있을까? 그리고 어떤 것이 현실인지 아닌지를 어떻게 알 수 있을까? 라캉학파의 정신분석은 분석가가 현실에 대한 지배자로서 간주되는 지배의 담화가 아니다. 분석가가 자신의 〈훈련 분석〉을 통해서 배우는 것은 무엇이 현실인지가 아니다. 그가 거기에서 배우는 것은 바로 자기 자신의 (물론 재구성된 것이지만) 환상이고, 어떻게 하면 그것이 환자와의 분석에 침해를 주지 않는가이다.

는 데 보다 유효한 개념은 현실성이 아니라 〈확실성〉이다.[8]

정신병자는 의심하지 않고 확신한다. 물론 정신병자는 자신이 보고 들은 것의 〈현실성〉에 대해선 반드시 확신하지 않을 수도 있다. 하지만 그것이 무엇인가를 의미하며 또 그 의미가 자신과 밀접한 관련이 있다는 점에 대해선 결코 의심하지 않는다. 정신병자는 자신이 보고 들은 것이 다른 사람에겐 보이지 않으며 들리지 않는다는 사실을 인정할 수 있다(『세미나 III』, 87쪽). 분명 그것은 사회적으로 공유된 현실이 아니다. 하지만 이는 그 경험이 그에게만 특수한 것이라는 사실을 보여주는 것에 지나지 않는다. 이 경우 그는 많은 사람 중에서 그것을 보고 들을 수 있도록 선택된 사람이다. 〈미합중국의 대통령이 뇌파를 통해 나와 개인적으로 만나려고 했다.〉 〈신께서 나를 전도사로 선택하셨다.〉 주체는 메시지에 대해 확신하며, 수신인의 정체성, 즉 자기 자신에 관해 확신한다. 정신병자에게서 〈확실하고〉 〈진실한〉 것은 바로 그 메시지(그가 보고 들은 것의 내용)가 자기 삶에 있어 어떤 의미를 지닌다는 사실이다. 〈그들이 나를 죽이려고 한다.〉 〈그들은 나의 두뇌를 원한다.〉 여기엔 오해나 오류의 여지가 추호도 있을 수 없다. 정신병자에게 경험의 의미는 자명할 따름이다.

반면, 신경증자를 지배하는 것은 바로 의심이다. 의심은 신경증을 진단할 수 있는 중요한 단서이다.[9] 신경증자는 확신하지 못한다. 아마

---

8) 『세미나 III』, 88쪽 참조. 또한 『에크리』(576/216쪽)에 실린 라캉의 언급을 생각해 보자.
〈물론 〔산타 클로스나 자유의 이념을 믿는 것과 같은 집단적인〕 정신병이 이른바 유익한 질서와 양립할 수 있다는 것을 증명할 수도 있을 것이다. 하지만 그렇다고 해도 심리치료사가 그 질서와 자신이 양립 가능하다는 믿음으로부터, 자신이 환자가 적응하지 못한 올바른 현실 관념을 가지고 있다고 결론짓는 것은 정당치 못하다.〉
〈그러한 조건 아래에선 치료의 목적으로 되돌아가 정신병의 근거에 대한 그의 가치 평가로부터 이런 믿음〔현실〕을 지우는 것이 좋을 것이다.〉
9) 라캉이 말했듯이 〈정상적인 주체에게선 확실성이란 것을 찾아보기가 매우 어렵다〉(『세미나 III』, 87쪽). 여기에서 정상적인 주체라 함은 신경증자를 의미한

누군가가 거기에 있었을 수도 있고 그렇지 않을 수도 있다. 목소리가 외부에서 들려올 수도 있고 그렇지 않을 수도 있다. 그 목소리는 어떤 의미를 가질 수도 있고 그렇지 않을 수도 있다. 의미는 누군가와 관련이 있는 것처럼 보일 수 있지만, 아마도 그가 잘못 해석한 것일 수도 있다. 신경증자는 알고 싶어한다. 〈그런 것들이 보이다니 내가 미친 것은 아닐까? 어떻게 그런 게 보일 수 있는 거지?〉 신경증자는 자신이 경험한 것으로부터 일정한 거리를 두고 있다. 그 경험에 매혹되건, 그것 때문에 불안에 빠지건 신경증자는 그것이 무엇을 의미하고 어떤 맥락에 있는지를 확실히 알 수가 없다. 〈신이 나에게 말했다. 한데 이는 내가 그의 사도가 된다는 걸 의미하는 것일까? 그렇다면 그는 나에게 무얼 원하는 거지?〉

이에 반해 정신병자는 분명히 알고 있다. 〈신은 나를 자기 부인으로 삼기를 원한다.〉[10] 〈악마가 나와 함께하기를 원한다.〉 〈화성인이 나의 뇌를 연구하기 위해 머리 속에서 뇌를 꺼내 갔다. 그래서 그들은 나의 사고를 지배할 수 있다.〉

전 부인이 현관 복도에 서 있는 듯한 느낌을 받은 환자의 사례로 돌아가보자. 그의 〈환영〉은 진정한 의미에서의 환각이 아니라 오히려 환상이나 백일몽에 가깝다. 그가 그녀를 보고자 하는 욕망이 너무 강해서 그녀가 그 앞에 〈나타난〉 것이다. 환영 속에서 전 부인이 자신을 박해하는 것처럼 보인 것(환영 속에서 그녀는 〈널 죽이고 말 거야〉라고 말한다)은 그녀에게 복수를 하고 싶은 그의 소망을 의미한다. 복수에 대한 소망이 오히려 그녀가 그를 해칠 것이라는 두려움으로 변

다. 라캉은 속담에 나오는 한 〈질투심 많은 남편〉(라캉의 설명에 따르면 정상인의 유형)에 대해 말한 바 있다. 그는 〈자신의 마누라가 다른 남자와 침실로 들어가는 것을 눈으로 확인하고도〉 그녀가 정말로 혼외 정사를 갖는지 궁금해한다. 이에 반해 정신병자는 그러한 증거가 없이도 확실성에 도달한다.

10) 예를 들어 다니엘 폴 슈레버 Daniel Paul Schreber, 『나의 신경 질환에 대한 회고록 Memoirs of My Nervous Illness』(Cambridge, Mass. : Harvard University Press, 1988) 참조.

형되어 나타난 것이다. 이렇게 소망이 두려움으로 위장해서 나타나는 것은 신경증의 전형적인 메커니즘이다.[11] 만일 그녀가 자신을 해치려 한다고 생각한다면, 그는 자신이 그녀에게 복수하는 것을 정당화시킬 수 있을 것이다.

따라서 이 환자의 경험은 환각이 아니라 환상이나 백일몽이다. 사실 프로이트가 〈히스테리 환자가 종종 환각에 빠진다〉고 말할 때 그 말이 의미하는 바는, 환자의 상념이나 소망이 아주 강렬해지면(대량의 에너지와 리비도가 투자되어) 그것이 마치 현재 실행되거나 충족되는 것처럼 〈보이거나〉 〈들린다〉는 것이다. 히스테리 환자는 환상을 실제 사건처럼 생생하게 체험한다. 하지만 그럼에도 마음 한구석엔 여전히 의심이 남는다. 실제로 그들은 어떤 것이 사실이고 어떤 것이 사실이 아닌지를 쉽게 구분하지 못한다.

강박증자 또한 종종 환각에 빠진다.[12] 그의 〈환각〉은 일반적으로 청각적인 특성을 지닌다. 강박증자의 청각적인 경험은 통상 그를 박해하는 초자아의 목소리로 이해될 수 있다. 환자는 〈너는 아무것도 하지 못할 거야〉, 〈이건 너의 잘못이야. 네가 모든 걸 망쳤어〉, 〈너는 잘난 게 아무것도 없어〉, 〈너는 그것 때문에 벌을 받을 거야〉 등등의 목소리를 듣는다고 말한다. 하지만 우리는 그것을 단번에 편집증으로 진단해선 안 된다. 환자를 박해하는 초자아의 목소리는 익히 알려진 현상 중 하나이다. 환자는 종종 그 목소리를 아버지의 목소리나 전형적인 어투로(혹은 그의 생각이 담겨 있는 듯한 어투로) 인식한다.

신경증자들에게 들려오는 모든 목소리를 총망라하기란 불가능하다. 게다가 그것들 모두를 병리적으로 진단할 수도 없는 일이다. 이 중 한 가지 예로, 일상에서 벌어지는 갖가지 일들에 대해 끊임없이 의식하며 주석을 다는 행위(예를 들어 〈이제 그녀는 레스토랑으로 들어간다.

---

11) SE X, 180쪽 참조.
12) 예를 들어 SE X에 실려 있는 쥐인간 사례를 보라. 쥐인간은 자신에게 명령을 던지는 목소리에 대해 말한 바 있다.

이제 그녀는 카운터 뒤에 있는 한 사람에게 미소를 짓는다……))는 거울 단계에 대한 라캉의 작업에 근거해서 이해될 수 있다.[13] 에고가 본질적으로 (거울의 영상과 같이) 〈자기〉 눈에 비친 자기(다시 말해 다른 사람이 자신을 보는 것, 혹은 누군가가 외부에서 자신을 보는 것과 같은)인 한, 그런 행위는 당연히 자기 의식의 형태로, 즉 세계 내에 활동하는 자기에 대한 의식의 형태로 나타난다.[14] 철학자들은 자신의 사고 과정을 마치 다른 인간이 생각하는 것처럼 관찰하는 경향이 있다. 그리고 우리는 자신을 다른 사람인 것처럼 바라보며 관찰할 수 있다. 〈자기 의식의 신비로움〉은 에고(나는 이를 〈자기〉라는 용어와 비슷한 용어로 사용했다)[15]의 본성으로서, 내향 투사되고 내면화된, 주체의 객관적 이미지라 할 수 있다. 따라서 에고는 일종의 대상이다.[16] 의식은 타인을 바라보듯 자신을 바라본다.[17]

---

13) 『에크리』에 실린 「주체 기능을 형성하는 거울 단계」와 이후 거울 단계 이론을 재수정한 관점이 실린 『세미나 VIII』 참조.
14) 에고에 대한 세부적인 논의는 『라캉의 주체』 참조. 라캉은 〈옆에서 말하는 논평의 목소리〉를 또 다른 자아와 연관시켰다(『세미나 III』, 219쪽).
15) 이 말은 다른 모든 이론가들이 정의하는 〈자기 self〉 개념이 에고와 완전히 일치한다는 뜻은 아니다. 내가 말하고자 하는 바는 우리가 말하는 〈자기〉란 것이 일반적인 어법에서 볼 때 라캉의 정신분석에서 이해되는 에고와 다소간 일치한다는 것이다.
16) 『에고와 이드』에서 프로이트는 적어도 자아에 관해 네 가지 설명을 제시했다. 그 중 둘은 에고를 대상으로 정의하는 것인데, 이는 에고가 (1) 신체의 표면에 대한 투사와 (2) 폐기된 대상-카텍시스, 다시 말해 이전의 동일시의 침전물이라는 것이다. 그리고 나머지 둘은 에고를 작인 agent으로 정의하는 것이라 할 수 있는데, 이는 에고가 (3) 현실의 대표자이고, (4) 특별히 수정된, 다시 말해 탈성화된 이드의 일부라는 것이다. 이 네 가지 특징이 하나의 동일한 〈것〉을 지칭할 수 있을지는 분명치 않다. 라캉은 처음 둘이 에고의 정의에서 중요한 반면, 나머지 둘은 그렇지 않다고 생각했다.
17) 에고가 존재할 수 있기 위해선 먼저 언어가 필요하다. 따라서 자기 의식의 가능성을 열어놓는 것은 바로 언어라고 할 수 있다. 언어는 결국 우리에게 무엇인가를 대상으로서 말할 수 있도록 해준다. 예를 들어 언어 때문에 우리는 말하는 것에 관해 말할 수 있고, 생각하는 것에 대해 생각할 수 있다. 〈자기 의식〉

신경증자도 당연히 모든 것을 느낄 수 있다. 그들은 무엇인가를 보고, 듣고, 피부로 느끼며, 냄새 맡을 수 있다. 신경증자는 환상 속에서 초자아의 목소리나 어떤 내면의 목소리를 들을 수 있다. 하지만 이는 엄격한 의미에서의 환각이 아니다. 진정한 의미에서의 환각이라면, 외부의 작인이 자신에게 부과하는 것처럼 환자 자신이 주관적으로 확실하게 느껴야 한다. 그리고 환각은 폐제된 것이 외부로부터 돌아오는 것과 관련된다.

이 논의의 일차적인 결론은 환자가 환각을 말하면 분석가는 그것을 곧바로 진짜 환각으로 믿어선 안 되며 좀더 시간을 두고 그의 경험을 면밀히 조사해야 한다는 점이다. 그리고 만약 분석가가 환자에게서 확신의 여부를 판단하기 어렵다면, 다시 말해 환자의 경험이 환각인지 아닌지를 판정할 수 없다면, 다른 진단 기준을 찾아보아야 할 것이다.

언어 장애

> 정신병을 진단하기 전에 먼저 우리는 [언어] 장애가 존재하는지를 확인해야 한다.
> ─ 라캉, 『세미나 III』, 106쪽

> 신경증자가 언어 속에 거주하는 자라면, 정신병자는 언어가 그 속에 거주하고 그를 소유하는[사로잡는] 경우이다.
> ─ 라캉, 『세미나 III』, 284쪽

우리가 태어나서 사용하기 시작하는 언어는 우리 것이 아니다. 만일 우리가 우리 자신을 주변 사람들에게 표현해야 한다면, 우리는 그들의 언어를 습득해야 한다. 부모가 사용하던 그 언어를 정신분석학에선 타자의 담화라 부른다. 때때로 우리는 우리가 의도하는 바를 전

에 대한 흥미로운 논의에 관해선 그것을 〈아침의 잔잔한 호수를 담은 카메라〉와 비교하는 『세미나 II』, 62-69/46-52쪽과, 또한 라캉이 우리가 흔히 자신의 마음속에서 어떤 목소리를 듣는 경험과 같은 청각 환상에 대해 논한 『세미나 III』, 204쪽 참조.

달할 만한 단어가 없다고 느낄 때가 있다. 혹은 의도에 대해 너무 많이 말하거나 너무 적게 말함으로써 말이 핵심을 빗겨가는 경우도 있다. 하지만 그런 말들이 없이는 의미의 영역 자체가 불가능할 것이다. 라캉은 이를 언어 속의 소외 *alienation*라고 부른 바 있다.[18]

언어 앞에서 우리가 직면하게 되는 문제는 우리가 언어 속에 어떻게 자리잡으며 그것을 어떻게 최대한 우리 자신의 것으로 만드는가이다. 우리는 하위 문화 subculture의 특수어를 구사하면서 자신의 정체성을 획득한다. 우리가 권력이 억압하고 무시한 언어를 찾아 사용하는 것은 바로 이런 맥락에서 이해될 수 있다. 자신의 정체성을 위해 반항적인 성향의 젊은 세대는 외설스런 욕을 선택할 것이고, 무정부주의자는 권력의 언어로부터 자유로운 단어들을 찾으려 할 것이고, 페미니스트는 가부장적이지 않은 단어들을 선택할 것이다. 보다 급진적으로, 자신이 혐오하는 제도적 담화나 부모와 결부된 것이라면 모국어조차도 저버리고 외국어에서 위안을 찾는 경우도 있다.[19]

정도의 차이는 있겠지만 신경증자는 부분적으로나마 언어 속에 자리잡는 데 성공한 경우이다(대부분의 자연 언어들이 변화와 발전을 거듭하는 한, 우리는 결코 언어 전체 속에 완전히 자리잡을 수 없다). 신경증자는 소외를 완전히 극복한 것은 아니지만, 적어도 부분적으로 언어를 〈주체화〉하고 자신의 것으로 만드는 데 성공한다. 말이 우리의 생각보다 더 많은 것을 의미하거나, 우리가 단지 주위 담화의 전달자에 지나지 않거나,[20] 우리가 인정할 수 없는 어떤 것(말실수)이 우리 입

---

18) 라캉의 소외 개념에 대한 상세한 설명에 관해선 『라캉의 주체』 1, 2, 4, 5장 참조.
19) 사무엘 베케트는 이런 관점에서 생각해 볼 수 있는 흥미로운 작가이다. 그는 자신의 모국어인 영어를 버리고 프랑스어를 선택했으며 프랑스어로 많은 저작을 남겼다.
20) 예를 들어 어린아이는 TV, 라디오, 집, 이외의 모든 곳에서 들은 광고 문구, CM 송과 같은 모든 종류의 문장을 계속해서 외워댄다. 또한 우리는 우리가 아침 뉴스에서 들은 것을, 동일한 단어와 동일한 용어, 그리고 종종 그것을 축약

을 통해 튀어나오는 경우가 있긴 하지만, 우리는 우리 자신이 언어 속에 안착하고 있으며, 단순히 그것에 종속된 건 아니라고 생각한다. 이에 반해 정신병자는 〈담화 전체에 완전히 종속된 경우이다〉(『세미나 III』, 235쪽). 신경증자가 이질적인 신체로 작용하는 언어 속에 성공적으로 안착한다면,[21] 정신병자는 자신이 언어에 의해 소유된다는〔사로잡혀 있다는〕느낌을 받는다. 그는 언어를 내부가 아닌 외부에서 오는 것처럼 느끼며 자신이 거기에 종속되어 있다고 생각한다. 그는 자기 머리 속에 떠오른 생각들이 자신이 아닌 외부의 힘이나 실체로부터 왔다고 말한다. 이에 반해 쥐인간 사례에서 알 수 있듯이, 신경증자는 머리 속에 떠오른 상념에 대해 책임을 회피하는 경향이 있긴 하지만 그렇다고 그것의 발단을 외부로 돌리지는 않는다.

요컨대 라캉에 따르면 정신병자와 신경증자는 언어 전반에 대해 다른 방식의 관계를 맺는다. 이를 이해하기 위해서는 상상계와 상징계를 라캉이 정의한 바에 따라서 보다 세밀하게 연구해야 하며, 그 두 질서가 두 질환에서 수행하는 각기 상이한 역할을 고려해야 한다.

상상계를 덧쓰는 데 실패한 상징계

지금까지 라캉의 작업 중에서 영어권에 가장 많이 알려진 부분은 그가 1936년에 제시한 〈거울 단계 mirror stage〉[22] 개념이다. 간단히 말해서, 거울 단계는 아이가 극도의 분열 속에서 혼돈스런 감각과 지각 덩어리로 남아 있는 일정한 시기에 상응한다. 라캉에 따르면, 향후 모든 발전 과정에 영향을 미치게 될 자기의 통일성과 일관성을 아이에게 최초로 제시하는 것은 바로 거울 이미지이다. 아이는 흥분

한 어구를 사용해 그날 오후 주변 사람들에게 그대로 전달한다.
21) 『라캉의 주체』, 1장 참조.
22) 『에크리』의 「주체 기능을 형성하는 거울 단계」 참조.

에 휩싸여 거울 속의 이미지에 리비도를 투자하며 그 이미지를 내면화한다. 거울 이미지는 이렇게 해서 아이의 에고의 토대와 중핵이 된다. 부모나 선생과 같은 주변인들에 의해 아이에게 역반사된 일련의 〈자기 이미지들〉이 거울 속의 이미지를 중심으로 결정화된다. 라캉에 따르면 거울 단계는 구성적인 structuring 이미지를 통해, 이전에 있었던 지각과 감각의 혼돈에 질서를 부여한다. 이는 자아에 대한 감각을 발전시키면서, 여태까지 실현되지 않았던 자아의 정체성과 통일성을 예고한다. 이렇게 해서 아이는 최종적으로 〈나〉라고 말할 수 있게 된다.

하지만 중요한 것은 이러한 거울 단계에 대한 초기 이론보다, 현재는 프랑스어로만 접할 수 있는, 라캉이 1960년대에 다시 구성한 거울 단계 이론[23]이다. 여기에서 라캉은 아이가 거울 이미지를 내면화하고 거기에 리비도를 투자하는 것은 거울 앞에서 자신을 안고 있는 (아이가 거울 속의 자신을 응시하는 걸 바라보는) 부모가 승인과 동의의 몸짓을 보내기 때문이라고 말한다. 부모가 고개를 끄덕이는 것과 같은 상징적인 몸짓을 보낼 때나 부모가 기뻐하거나 놀라워하면서 〈그래 아가야, 그게 바로 너야!〉라고 말할 때처럼, 거울 이미지는 부모가 그것을 인정하고 승인하는 한에서만 중요성을 갖는다. 이는 이미지가 동물들에게 미치는 영향과는 전혀 다르다. 암컷 비둘기는 다른 비둘기의 이미지(미끼나 거울 이미지)를 보는 것만으로 생식선(生殖腺)이 성숙된다고 한다(『에크리』, 95/3쪽). 이처럼 동물은 이미지만으로도 중요한 유기체적인 발달을 이룰 수 있다. 물론 인간도 침팬지처럼 일정 연령에 이르면 거울 이미지에 관심을 갖게 된다. 하지만 아이에게 중요한 위치를 차지하는 어떤 인물이 그 이미지를 공준하지[24] 않는다면,

---

23) 『세미나 VIII』 참조.
24) 이에 해당하는 라캉의 용어는 법률적인 의미를 지닌 entériné이다. 그것은 법에 의해서 인정되거나 합법화된 어떤 것의 경우에서와 같이 비준되거나 인증된 것을 의미한다.

그것은 자기 의식과 에고를 형성하는 데까지 이르지 못할 것이다.

라캉은 이러한 공준을 프로이트가 에고 이상 ego-ideal이라 부른 것과 연관시킨다. 아이는 부모의 이상(상징적으로 표현된 목표)을 내면화하고 그 이상에 따라 자신을 판단한다. 실제로 아이는 자신에 대한 부모의 판단을 내면화한다. 부모가 자신의 행동을 바라보듯이 그것을 바라보며, 부모의 관점(아이가 부모의 것이라고 생각하는 관점)에서 그 행동이 칭찬받을 만한지 비난받을 만한지를 평가한다.

이렇게 해서 하나의 새로운 질서가 형성된다. 최초의 감각과 지각의 혼돈이 하나의 질서로 재편성(혹은 첫번째 조직화)된다. 상상계(시각, 청각, 후각과 같은 모든 종류의 감각과 환상의 영역)는 상징계에 의해서, 다시 말해 부모의 언어에 의해서 다시 구조화되고 〈덧쓰여진다 overwritten〉.[25] 새로운 언어 질서(상징계)가 이전의 상상계를 대신한다. 라캉이 언어가 인간의 실존을 지배하고 결정한다고 말한 것은 바로 이 때문이다. 그리고 바로 이 점이 라캉이 대상관계 이론을 비판하는 요체이기도 하다.[26] 라캉은 대상관계 이론이 상상계만을 중시한다고 비판했다. 상상계는 이후에 상징계에 의해 대체되기에 분석은 사실상 상상계에 도달할 수 없다. 분석은 오직 말을 통해서만 가능하기 때문이다.

상상계를 상징계로 덧쓰는 것(이는 〈평범한 신경증자〉나 〈정상인〉의 진로이다)은, (3장에서 논의된 바와 같은) 경쟁이나 공격성으로 얼룩진 상상적인 관계를 이상, 권위, 수행, 법, 성과, 죄의식 등과 같은 상징적 관계에 종속시키는 것이다. 이 덧쓰기는 프로이트가 말한 거세 콤플렉스와 관련되어 있다. 아이에게 거세 콤플렉스는 성기대(性器帶)의 지배(혹은 프로이트의 표현을 따르자면 〈독재〉)[27] 하에 충동들의 위계

---

25) 〈우리의 [동물과 다른 인간 존재의] 영역에서 이미지가 또한 중심적인 역할을 한다면, 이 역할은 전적으로 상징적 질서에 의해 재작업되고, 재축조되고, 재가동된 것이다〉(『세미나 III』, 17쪽).
26) 『세미나 III』의 마지막 부분과 『세미나 IV』에서의 라캉의 언급 참조.

적인 질서를 구축한다. 아버지가 엄마를 향한 외디푸스적인 고착을 억압하는 기능을 수행함에 따라, 주이상스로 뭉쳐진 아이의 다형적인 성욕에 질서가 나타난다. 아버지(프로이트가 말하는 상징적인 아버지, 요구와 금지를 부과하는 아버지)가 문화적으로 인정된 (상징적) 법규를 따르도록 요구함으로써, 아이의 성욕은 사회화를 완수하게 된다.

프로이트는 심지어 도착증자의 경우도 예외는 아니라고 말한다. 그의 다형적인 성욕도 충동들의 위계화를 따른다. 하지만 이 경우는 성기대가 아닌 다른 영역들, 예컨대 청각, 시각, 항문의 기관들이 지배적인 위치에 놓인다. 라캉의 용어로 풀이하자면, 물론 신경증자와는 다른 방식이겠지만, 어쨌든 도착증자의 상상계도 상징적인 덧쓰기를 완수한다(9장 참조).

하지만 정신병의 경우는 이러한 덧쓰기가 일어나지 않는다. 이론적인 관점에서 볼 때 이러한 실패는 주체가 에고 이상을 완성하지 못했기 때문이라고 할 수 있다. 정신병은 아버지의 은유가 작동하지 않고 거세 콤플렉스가 시작되지 않은 경우이다. 여기에서 핵심은 정신병에서는 상상계가 계속해서 지배권을 행사한다는 점이다. 정신병자도 상징계에 동화될 순 있지만, 이는 그 상징계가 〈상상계화된 imaginarized〉 것에 불과하다. 요컨대 상징계가 상상계를 재구조화한 것이 아니라 단지 타인에 대한 모방을 통해서 상징계에 동화된 것일 뿐이다.

에고 이상이 자기 의식을 고정시키며, 그것을 부모라는 타자의 승인과 인정에 결부시킨다면, 에고 이상의 부재는 자기-의식을 불안정하게 남겨놓을 것이며, 이에 따라 자기-이미지 또한 사라져버릴 위험이 있다. 정신병자 라첼 코어데이는 『실마리 놓치기 Losing the Thread』(인사이트 미디어, 1993)라는 제목으로 자신의 실제 체험을 상세하게 보고하는 교육용 비디오 테이프를 제작한 바 있다. 거기서 그녀는 정신병이 발병한 이후로 자기를 상실하는 경험을 했다는 사실을 여러

---

27) SE XVI, 323쪽.

차례 털어놓은 바 있다. 그녀는 자기 self가 풍선처럼 하늘 높이 떠올라 시야에서 사라지는 것 같았다고 말했다. 당시 그녀는 무엇과도 관계를 맺을 수 없었는데, 이는 그 관계의 주체라고 할 수 있는 나라는 것이 사라져 더 이상 지향성의 확실한 중심이 없었기 때문이다. 〈제 자신의 육체뿐만 아니라 모든 것이 산산조각 났어요〉라고 그녀는 말했다. 그리고 자신은 직장 상사와 함께가 아니라면 한 발자국도 움직일 수 없었다고 말했다. 그녀에게 있어 그 직장 상사는 신체가 하나로 통일되어 있음을 느끼게 해주는 예고의 위치에 있었던 것이다. 물론 육체의 신경 근육은 별문제 없이 이전처럼 복잡한 활동을 실행할 수 있다. 하지만 그녀는 자기 의식을 상실함으로써 육체가 산산이 흩어져 사라져버린 것 같은 느낌을 받았다.[28]

그녀는 종종 혼잣말로 이렇게 말했다고 한다. 〈너 자신을 꼭 붙들고 있어.〉 이런 현상은 다른 많은 환자들에게도 발견된다(예를 들어 〈라캉의 정신병 사례〉에서 라캉이 인터뷰한 제라르 프리모).[29] 그들은 그녀와 비슷한 말로 자기 self가 상실되는 듯한 느낌을 호소한다. 물론 정신병자에게 자아가 항상 그렇게 분열되어 있는 것만은 아니다. 이와 더

---

28) 이는 자폐증 아이에게 나타나는 신체 현상과 유사하다. 이 경우 아이의 신체 일부가 배설 기능을 담당한다면 이를 위해 신체의 다른 부분이 도와줄 필요는 전혀 없다(예를 들어, 브루노 베텔하임 Bruno Bettelheim이 『비어 있는 요새 The Empty Fortress』[New York : Free Press, 1967]에서 보여준 로리 Laurie에 대한 논의를 보라). 근육의 일부는 다른 근육과 독립적으로 작동한다. 신체는 하나의 전체로서 조화되고 통일된 방식으로 작동할 수 없다. 상대적으로나마 일관되고 안정된 자기 이미지를 형성하는 정박점이 없다면, 자폐증의 경우 자기에 대한 통일된 감각이 전혀 불가능할 것이다. 정신병의 경우 이 자기 이미지와 자기 감각은 압박 속에서 쉽게 부서질 수 있다.

29) 스튜어트 슈나이더맨 Stuart Schneiderman이 번역 편집한 『라캉의 이론은 어떻게 임상에 적용되는가 How Lacan's Ideas Are Used in Clinical Practice』 (Northvale, N.J. : Jason Aronson, 1993) 중에서 특히 19-40쪽을 보라. 이 책은 그 초판본인 『프로이트로의 회귀 : 라캉학파의 임상 분석 Returning to Freud : Clinical Psychoanalysis in the School of Lacan』(New Haven : Yale University Press, 1980)이라는 제목으로 더 잘 알려져 있다.

불어 자아는 또한 누가 말하는지를 결정하기가 어려울 만큼 종종 타인과 혼동되기도 한다. 코어데이는 〈내 목소리가 어디에서 오는지를 알지 못한다〉고 말했다. 정신병에선 에고의 〈울타리〉가 신경증에서처럼 단순히 유동적인 것이 아니다. 그것은 완전히 사라져버린 것이나 다름없다. 때문에 코어데이는 누군가가 자신의 자리를 침범하려 한다는 느낌을 받았다. 나중에 더 확인하겠지만, 정신병은 언어가 이름과 한계를 부과하는 기능(주체가 언어의 구조를 단순히 모방하는 것이 아니라 그것을 자신의 것으로 습득하는 것)을 다하지 못해, 상상적인 관계가 우세권을 가지고 지배하는 경우이다.[30]

은유 생산 능력의 결여

> 슈레버가 작가인 건 틀림없지만, 시인은 아니다.
> 그는 새로운 차원의 경험을 도입하진 않는다.
> —— 라캉, 『세미나 III』, 91쪽

정신병자가 언어의 본질적인 구조를 습득할 수 없다는 사실은 신경증자와는 달리 그가 새로운 은유를 창조해 낼 수 없다는 점을 통해서 입증된다. 물론 정신병자도 정상인처럼 은유를 사용할 순 있다. 어차피 은유는 모든 자연 언어의 일부이기 때문이다. 그는 주변 사람들이 사용했던 은유나 책에서 읽은 은유를 그대로 사용할 수 있다. 하지만 새로운 은유를 고안해 낼 수는 없다.

따라서 정신병자는 일반인과 똑같은 방식으로 언어 구조(명사, 동사, 목적어)에 동화되는 것이 아니다. 본질적으로 언어 구조는 단어들 간의 대체가 가능하다. 예를 들어 〈자궁〉은 〈극장〉이나 〈월경 극장〉이라는 문구로 대체될 수 있다. 언어 구조는 근본적으로 은유(이른바

---

30) 달리 말해서 정신병의 경우 언어는 결코 상징적인 것이 될 수 없다. 그것은 실재적인 것으로 남아 있다.

〈대체적 은유〉[31])를 만들어 낼 수 있다. 하지만 신기하게도 정신병자의 담화엔 이런 창조적인 은유들이 없다. 거기엔 대부분의 사람이 새로운 의미들을 만드는 데 사용하는 시적인 장치가 없다. 정신병자는 모방을 통해 타인들이 말하는 방식을 배울 수 있지만(『세미나 III』, 285쪽), 언어의 본질적인 구조는 정상인과 동일한 방식으로 구성되지 않는다.

라캉에 따르면, 정신병자는 가장 중요한 은유를 정초시키는 데 실패함에 따라 언어를 은유적으로 사용할 수 없다. 가장 중요한 은유라 함은 바로 부권적인 은유를 말한다. 라캉은 부권적인 기능을 (대체적인) 은유의 구조를 정초시키는 기능으로 간주한다. 은유는 위의 항이 아래의 항을 삭제하거나 대체하는 것이다.

$$\frac{\text{아버지의-이름}}{\text{욕망으로서의 엄마}}$$

혹은 더 간단히 다음과 같이 줄일 수 있다.

$$\frac{\text{아버지}}{\text{엄마}}$$

이름, 명사, 금지로서의 아버지는 엄마를 지워버리며, 중화시키며, 대체한다. 간단히 말해, 아버지는 자신의 금지와 이름으로 엄마를 대체한다. 이렇게 규정된 부권적인 은유는 거세 콤플렉스와 상당 부분 일치한다. 유아는 아버지의 요구와 위협으로 인해 엄마와의 주이상스를, 엄마와의 친밀한 관계를 포기해야 한다. 한마디로, 이는 프로이트가 〈원억압 primal repression〉이라고 부르고 우리가 〈일차 억압 first

---

31) 대체적 은유 substitutional metaphor에 관한 러셀 그릭 Russell Grigg의 탁월한 논의 참조. 러셀 그릭, 「은유와 환유」, *Newsletter of the Freudian Field* 3(1989), 58-79쪽.

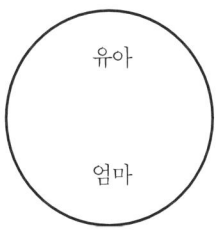

그림 7.1

repression〉이라고 부르는 것[32]에 해당한다.

다음과 같은 상황을 가정해 보자. 갓 태어난 유아는 엄마와 같은 최초의 보호자의 세계 속으로 빠져들게 된다. 이는 종종 유아의 성장에 있어 가장 근본적인 가정(假定)이라 할 수 있다. 예를 들어, 극단적인 유아 자폐증은 유아가 엄마의 세상 속에서 자신을 위한 어떤 자리도 발견하지 못했기 때문에, 다시 말해서 엄마가 유아에게 아무것도 요구하지 않았기 때문에 발병한 것이다. 이 경우, 아이는 (종종 부모뿐 아니라 무관심한 유급 보모들에 의해) 가장 최소한의 생물학적인 욕구만을 충족시킬 수 있을 뿐이며, 언어 행위나 타인과의 교류도 고함이나 거절 등과 같은 것에 국한될 뿐이다.[33] 이와 달리 그림 7.1은 엄마의 세계 속에 유아를 위한 자리가 마련되어 있는 상황을 보여준다.

서구 문명의 핵가족 사회에서 엄마와 아이의 절대적인 관계를 방해하는 것은 전형적으로 아버지의 역할이다. 아이는 종종 자신이 엄마에게 접근하는 것을 아버지가 방해한다고 느낀다. 아버지는 〈다 큰 것이 엄마만 찾는다〉고 하면서 아이가 엄마와 함께 성취할 수 있는 만족을 제한한다.

---

32) 8장과 9장에서 확인하겠지만, 그럼에도 이는 아직 고유한 억압이 아니다.
33) 아이는 엄마의 세계 속으로, 타자의 언어 속으로 〈유혹되고〉 이끌려졌다고 느껴야 한다. 부모가 오직 적대감을 표현하거나 급식과 배설 훈련에 대한 요구를 표현하기 위해서만 언어를 사용한다면, 아이가 말하길 거부하는 것은 당연한 일이다.

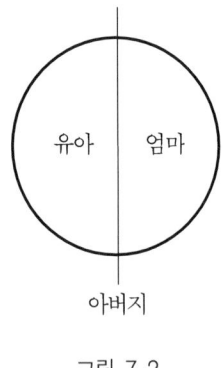

그림 7.2

간단히 말해, 여기에서 아버지는 분리의 기능을 수행한다. 아버지는 엄마와 아이 사이의 장애물이나 금지선으로 기능하며, 아이가 엄마의 부속물이 되는 것을 방해한다(그림 7.2). 엄마-아이의 관계를 가능한 밀접하게 유지하는 것은 엄마와 아이 모두의 바람이다(물론 엄격히 말해서 한 번 방해를 받은 다음에야 비로소 그들은 그걸 〈바라게〉 된다). 하지만 어떤 경우에든 아버지는 아이를 만족의 일차적인 근원으로부터 분리시키는 기능을 한다. 따라서 그는 주이상스를 금지하는 자로 기능한다.

$$\frac{\text{아버지의 금지}}{\text{주이상스의 근원으로서의 엄마}}$$

앞서 확인한 바와 같이, 금지는 욕망을 창조한다. 자신이 원하는 것이 무엇인지, 자신에게 결여된 것이 무엇인지, 자신이 가질 수 없는 것이 무엇인지를 확인할 수 있는 건 그 무언가가 금지되었을 때이다. 아버지의 금지는 엄마에게서 얻을 수 있는 쾌락(신체 접촉, 애무, 포옹의 따뜻함, 음성, 사랑스러운 시선 등등)에 대한 욕망을 구성한다. 하지만 이러한 욕망은 은밀하게 작동해야만 한다. 아버지가 허용하지 않기에, 의식 속에서 지워져야 하는 것이다. 따라서 남자아이건 여자아이건 최초의 억압은 엄마에게서 얻을 수 있는 만족에 대한 욕망을 잊는 것이다. 이러한 억압은 종종 여자아이보다는 남자아이에게서 더 강하게 나타난다. 왜냐하면 전형적으로 아버지는 딸보다는 (자신의 경쟁자인) 아들에게 더 엄격하게 엄마와의 분리를 요구하기 때문이다. 아버지는 종종 딸이 아주 오랫동안 엄마와 친밀한 관계를 맺는 것을 허용한다. 하지만 이 경우에도 아이가 엄마에게서(혹은 엄마가 아이에게) 얻어낼 수 있던 만족에 한계가 부과되고, 이렇게 해서 억압이 일어난다는 것은 변함없는 사실이다. 이는 종종 아이가 엄마의 애무와 포옹을 혐오스럽고, 불쾌하고, 부적당하게 느끼기 시작할 때 분명해진다. 아이의 그런 태도는 억압이 있었음을 말해 주는 징조이다. 억압은 다음과 같이 억압된 것을 금지선 밑에 위치시킴으로써 도식화시킬 수 있다.

$$\frac{\text{아버지의 금지}}{\text{주이상스로서의 엄마}}$$

물론 부권적 은유엔 이외에도 또 다른 계기가 함축되어 있다.[34] 이

---

34) 내가 말하는 〈계기〉라 함은 발전의 계기라기보다는 라캉이 말한 논리적인 계기를 의미한다. 그것은 항상 혹은 쉽게 연대기적으로 구분되진 않지만, 아이가 현재의 임상 구조(예를 들어 정신병이 아닌 신경증)에 도달하기 위해선 반드시 거쳤어야 하는 계기를 말한다. 아주 간단히 말해서 부권적인 은유의 두번째 계기는 다음과 같이 이해될 수 있다.

한 번 억압이 일어나면 일종의 투명성이 사라지게 된다. 나는 더 이상 전처럼 내 자신에 대해 알 수 없으며, 내가 무엇을 원하는지, 타인들이 나에게서 무엇을 원하는지 궁금히 여기기 시작한다. 이전에 나는 〈엄마가 원하는 것은 무엇이지?〉라는 질문을 던지진 않았다. 하지만 이제 나는 그녀에게 내가 정말로 소중한 존재인지를 묻게 된다. 아버지가 주위에 있는 동안, 심지어는 그가 외출 중일지라도 엄마는 아버지의 금지를 받아들인다. 그렇다면 나는 그녀에게 아직까지 귀중한 존재인가? 따라서 아이는 엄마의 욕망이 드러날 만한 엄마의 말과 행동을 주시하며, 그 속에서 자신의 자리가 어디에 있는지 찾으려 한다. 일

에 관해선 좀더 나중에 다룰 기회가 있을 것이다. 내가 여기에서 강조하고 싶은 것은 이 첫번째 계기에 의해 단어와 의미가 밀착된다는 점이다(의미는 사회적/언어적으로 구축된 현실, 다시 말해 이야기의 주제가 된다는 점에서 우리가 공유하는 현실의 〈원료〉이다). 이 책의 I부에서 살펴보았듯이, 의미는 사후에 결정된다. 엄마와 유아의 관계 또한 아버지의 금지에 의해 사후에 의미를 부여받는다. 이 의미가 바로 〈최초의 의미〉라 할 수 있다. 그것은 엄격히 발화된 금지와 엄마와의 일체감에 대한 막연한 열망(이 열망은 금지에 의해 욕망으로 변질된다) 사

> 반적으로 아이는 결코 자신이 엄마의 전부가 아님을 깨달을 수밖에 없다. 아이는 엄마가 아버지가 부르거나 아버지를 위한 일을 해야 하거나 그와 함께 있어야 하는 경우엔 자신을 혼자 버려둔다는 사실을 깨닫게 된다. 〈엄마가 무엇을 원하지?〉라는 질문에 대해 아이는 그것은 바로 아빠라는 결론에 도달하게 된다. 엄마의 욕망은 엄마와 아이의 이항적인 관계를 넘어서 전형적인 외디푸스 삼각 구조를 지시하게 된다.
>
> 따라서 부권적 은유의 두번째 계기는 엄마가 원하는 것은 무엇이고, 그녀를 나로부터 멀어지게 만든 것이 무엇인지를 묻는 때라고 이해될 수 있다. 그 물음에 대한 고전적인 대답은 바로 아버지이다. 아버지는 엄마의 욕망이라는 미스터리를 이해할 수 있는 열쇠가 된다. 부권적 은유의 이 두번째 계기는 엄마의 욕망을 이름붙이는 것으로, 다시 말해 그것을 해석하고 제한하는 것으로 귀착한다.
>
> 아버지의-이름
엄마의 욕망
>
> 물론 아이는 일반적으로 여기에서 멈추지 않는다. 아이는 엄마가 아버지에게서 욕망하는 것이 무엇인지를, 엄마가 타인들, 다른 활동들, 다른 것들에서 욕망하는 것이 무엇인지를 궁금해하게 된다. 만약 아이가 그녀가 원하는 것이 무엇인지를 알게 된다면, 아이는 계속해서 그녀가 원하는 바로 그것이 되고자 노력할 수 있다. 물론 그것은 그녀가 주이상스를 얻는 대상이 아니라, 그녀가 중요하게 여기고 욕망하고 칭찬하는 대상이다. 그것이 부(富)건, 지위건, 권력이건 간에 그것은 상징적인 수준에서 아이가 사회적으로 가치화된 것(스포츠, 요리, 춤, 노래, 음악, 수학, 혹은 명망 있는 어떤 팀이나 그룹의 일원이 되는 것)을 추구하도록 만드는 어떤 것이 될 것이다.
>
> 부권적 은유의 첫번째 계기는 라캉이 소외라고 말한 것에 해당되고, 두번째는 분리에 해당된다. 이 점에 관해선 9장에서 좀더 상세히 논의될 것이다.

이에 견고한 연관 관계를 설정한다. 부권적인 은유에 의해 실현된 최초의 의미, 그 근본적인 의미는 엄마에 대한 원망이 그릇된 것이라는 것이다. 나중에 어떻게 생각하건(지금 당장 돌아오는 이득이 없기에 아버지의 금지에 불복한 것에 대해 후회하더라도) 그 첫번째 의미는 한번 설정되면 영원히 파괴될 수 없고 근절될 수 없다.

물론 아버지가 엄마-아이의 관계에 대한 무엇인가를 금지할 때 오해의 여지가 있을 수 있다. 〈아버지는 무엇 때문에 금지하는 거지? 엄마가 내 손을 잡고 있기 때문인가? 아니면 내가 엄마 손을 붙잡고 있어서? 아니면 우리가 시끄럽게 했기 때문인가?〉 아버지가 반대하는 게 정확히 무엇인지를 아이가 알고 있어야 할 필요는 없다. 단지 아버지가 무엇인가를 금지하려고 한다는 사실만으로, 이미 언어와 의미(사회적으로 구성된 현실) 사이에, 다시 말해서 기표와 기의 사이에 파괴될 수 없는 관계가 설정된다.

이것이 바로 라캉이 말한 〈누빔점〉이다. 이는 천에 단추를 달거나 의자나 소파의 속을 채울 때 쓰이는 바늘땀이다. 그 누빔점 덕분에 천은 단추와 함께 고정된다. 물론 엄밀한 의미에서 부권적 은유는 누빔점이란 말이 어울리지 않는다. 왜냐하면 누빔점이란 말에는 무엇인가를 고정할 수 있는 불변의 토대가 이미 전제되어 있기 때문이다. 이에 반해 부권적 은유는 어떤 절대적 지시물과는 상관없이(다시 말해, 실재를 깎아 만든 현실 너머에서 어떤 신화적인 절대적 현실을 찾지 않고) 특정 의미를 특정 단어와 밀착시킨다(그림 7.3).[35] 아버지의 은유는 최초의 확고부동한 의미를 만들어낸다.

---

35) 그림 7.3은 부분적으로 페르디낭 드 소쉬르 Ferdinand de Saussure, 『일반언어학 강의 Course on General Linguistics』(New York : McGraw-Hill, 1959), 112쪽에 나오는 그림에 근거한 것이다. 하지만 소쉬르는 언어(〈소리가 발생하는 모호한 수준〉)를 아래에, 의미(〈의미로 뒤범벅이 된 불확정한 수준〉)를 위에 위치시켰다.

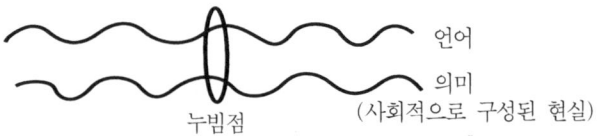

그림 7.3

우리는 언어에 대해 모든 것을 의문시할 수 있다. 심지어 우리는 그 최초의 의미가 어디에서 온 것인지, 어떻게 해서 가능하게 된 것인지를 물을 수 있다. 그런데 우리가 이렇게 의문을 던질 수 있는 것은 이미 누빔점(일종의 매듭)이 그 첫번째 자리에 제대로 고정되어 있기 때문이다. 요컨대 우리가 언어의 구조를 습득할 수 있는 것은 바로 그 누빔점 때문이다. 그 누빔점이 없다면, 모든 것은 해체되고 말 것이다. 코어데이의 말을 따르자면, 그녀는 자기 의식을 한쪽으로 집중하려고 해도 계속해서 〈다른 쪽이 풀려버리게 된다.〉 그녀는 누빔점이 없기 때문에 자기의 실타래가 풀려버렸고, 자주 〈실마리를 놓쳐버렸던〉 것이다.[36]

해체된 언어와 신조어

정신병자의 경우는 (은유적인 대체를 가능하게 하는) 언어의 구조가 자리잡지 못했기 때문에 부권적 은유가 기능하지 않는다. 이외에도 언

---

36) 이는 부권적 은유와 에고 이상 사이의 중요한 연관 관계를 암시한다. 실제로 부권적 은유가 S_1, 주인 기표, 명령 등으로 이해될 수 있다면 에고 이상은 〈단항적 필적 unary trait〉을 설정하는 것과 관련된다고 할 수 있으며, 여기에서 단항적 필적은 라캉이 초기에 S_1을 칭하던 용어이다(예를 들어『세미나 IX』 참조). 만약 우리가 자기(또는 에고)를 풍선과 비교한 코어데이의 이미지를 빌려 온다면, 에고 이상은 풍선을 묶어 바람이 빠지지 않도록 하는 끈이라 할 수 있다.

어가 그 구조 없이 작동할 때 나타나는 장애가 있다. 예를 들어 정신병자는 자기 내면 속에서 어떤 목소리를 듣게 되는데, 그것은 가장 중요한 부분에서 끊겨버린 문장이나 어구들로 구성된다. 따라서 그는 자기도 모르게 문장의 빠진 부분을 메워야 한다는 의무감에 사로잡힌다.

언어의 구조적인 특성상, 문장은 마지막 단어가 발화된 이후에야 비로소 완전한 의미를 얻게 된다. 왜냐하면 문장에서 각각의 단어나 문구는 그 다음에 오는 단어들을 위해 길을 닦아주고 먼저 온 단어들과 관련을 맺기 때문이다. 〈가장 중요한 것은 ~이다〉란 미완의 문장에서 서술격 조사는 이미 앞에 있는 주어에 의해 예고되어 있으며, 그 사이의 빈자리에는 화자가 중요하다고 간주하는 어떤 것이나 어떤 행위(예를 들어, 당신을 기쁘게 하는 것)가 올 것으로 기대된다. 문장은 하나의 사슬로 이해될 수 있다. 동사는 주어에, 형용사는 그것이 수식하는 명사에, 문장의 마지막 부분은 첫 부분에 연결되어 있다. 문장 내의 요소들은 모두 이렇게 서로 연결되어 서로를 위한 여지를 준비한다. 어떠한 요소도 완전히 독립적일 순 없다. 그것들은 모두 〈함께 연결되어 사슬을 이룬다〉(바로 이런 이유에서 라캉은 〈기표연쇄〉라는 말을 사용한 바 있다).

문장의 일부분만으론 결코 그 의미를 완전히 이해할 수 없다. 그 의미는 오직 그 문장이 끝나고 나서야 명확해진다. 의미 창조와 관련된 예상과 소급의 운동은 누빔점에 대한 라캉의 도식[37] 속에서 잘 나타난다. 이는 은유화를 통해 새로운 의미가 창조되는 과정과 관련이 있다. 이 점과 관련하여 우리는 정신병에 대해 다음과 같이 말할 수 있다. 정신병자에게 들리는 단속적(斷續的)인 목소리들은 말의 사슬을 끊으며 그것을 외떨어진 단위들이나 사물들로 해체시켜 버린다.[38] 이는 의미를 만드는 과정에 문제가 있다는 것을 뜻하며, 특히

---

[37] 『에크리』, 804-827쪽. 이에 대한 상세한 주석은 슬라보예 지젝, 『이데올로기라는 숭고한 대상 The Sublime Object of Ideology』(London : Verso, 1989), 3장을 보라.

정신병자가 단어를 사물과 동일시한다는 점과 관련이 있다.

내가 지도하는 한 분석가의 환자는 정신병자의 언어가 지닌 이러한 측면을 잘 보여준다. 그 환자는 누군가가 자신에게서 재산을 빼앗는 듯한 strip her of her assets 공포감에 대해 말한 적이 있다. 그때 그녀는 이 문구와 Strip District(그녀가 방금 전에 다녀온 피츠버그의 장터), New York Strip Steak(최근 메뉴판에서 본 것) 사이의 기이한 연관에 대해 언급했다. 그녀가 그런 연상을 한 것은 strip이란 단어에 담긴 다른 의미들(예를 들어 성적인 의미들) 때문이 아니다. 그것은 그 단어가 그녀 인생의 세 가지 맥락 속에 나타났다는 사실 때문이다. 그녀의 〈연상〉은 그것과 엇비슷한 단어들(예를 들어 stripe, trip, tripe)이나 그 단어에 담긴 다양한 의미들 사이에서 이루어진 것이 아니라, 하나의 동일한 단어가 여러 맥락 속에서 마치 사물처럼 나타나는 것이었다. 이와 비슷하게 그녀는 또한 데이비드 레터만과 『신약성서』에 등장하는 성(聖) 바울의 편지 letter에 관심이 있는 또 한 명의 데이비드 사이에서 일종의 희극적인 연관 관계를 보았다. 내가 분석한 한 환자는 단어들이 자신에게 얼마나 중요한지에 관해 이렇게 말한 바 있다. 〈그것들은 그 누구도 거기에 오줌을 갈길 수 없는 제왕관의 보석들입니다.〉 바꿔 말하면, 그에게 단어들은 누군가가 거기에 오줌을 갈길 수 있는 사물이나 마찬가지란 얘기다.

정신병자는 또한 신조어에 대해 남다른 애착을 보인다는 점이 종종 지적되어 왔다. 이는 그가 은유를 만들 수 없다는 사실과 관련이 있다. 그는 기존 단어들을 사용하여 새로운 의미를 창조할 수 없다. 그렇기 때문에 그는 결국 새로운 단어를 만들어내기에 이른다. 그리

---

38) 『세미나 XX』에서 라캉은 슈레버의 미완성 문장(〈나는 ~할 거예요〉 내지는 〈당신은 ~하겠지요〉)에 대해 이와 비슷한 말을 한다. 〈우리는 여기에서 문장의 필요 조건을 보게 된다. 그 연관 고리 중의 하나가 분실되면 다른 모든 것까지 풀려버린다는 것, 거기엔 더 이상 하나라는 게 없다는 것〉(115쪽), 다시 말해서 의미에 대한 문장의 통일성이 해체되어 버린다는 것이다.

고 그것에 자신이 표현할 수 없었던 의미를 부여한다. 보통 단어들은 기존 단어들에 의해 다시 설명될 수 있는 반면, 정신병자의 신조어는 그 무엇에 의해서도 설명되거나 정의될 수 없다. 일반적으로 단어의 의미는 항상 다른 의미들을 지시하지만, 정신병자가 사용하는 신조어는 기존의 다른 의미나 설명 가능한 의미를 지시하지 않는다. 라캉은 바로 이런 신조어를 정신병의 주요 특징 중의 하나로 간주한 바 있다(『세미나 III』, 43-44쪽).

상상적 관계의 우위

타인에 경쟁이 있다…… 진정한 인간 세계가 구성되는 것은…… 어떤 근본적인 경쟁 속에서다.
— 라캉, 『세미나 III』, 51쪽

상상계와 상징계에 대한 라캉의 구분은 정신병과 신경증을 구분하는 데 매우 유용한 임상적인 준거가 될 수 있다. 환자가 친구들이나 동료들(다시 말해 그와 비슷한 상상적 타인들)과의 다소 심각한 갈등에 관해 고백하더라도, 신경증의 주된 문제는 상징적인 타자에 관한 것이다. 이 점은 분석 초기에 환자가 부모, 권위적인 인물, 사회적인 기대, 자존심이 걸린 문제 등에 대해 불평할 때 쉽게 확인될 수 있다. 이는 모두 환자가 이상적인 타자, 즉 부모의 관점에서(다시 말해 환자의 에고 이상이나 초자아의 수준에서) 자신을 바라볼 때(다시 말해 자신을 실패작으로 생각하며 죄의식을 느낄 때) 일어나는 내적 갈등이다.

반면에 정신병자는 사태를 다르게 제시한다. 갈등은 경쟁자나 연인과 같이 자신과 비슷한 연배에 대한 것이다. 정신병자는 상징계의 권위적인 인물로부터 동의를 구하려고 하지 않는다. 오히려 자신과 비슷한 상상적인 타인이 정신병자의 자리를 침범한다.[39]

---

39) 내가 파리에서 활동하고 있을 때, 극심한 심리적 혼란에 빠진 한 캐나다 출신 사진작가가 나를 찾아왔다. 그는 삶의 진정한 위기의 한복판에 있었다. 그는 6년 동안이나 치료를 받았고, 자발적으로 근처의 정신 병원을 찾아가 두 차례나 입

이른바 박해 persecution 현상은 (정신병에 속한) 편집증의 주요 특징 중의 하나로서 상상적인 관계의 범주에 속한다. 라캉에 따르면, 〈[환자]가 순수하게 상상적인 타인과 마주치는 것은 그가 [상징적인] 타자[기저의 구조를 갖춘 언어]를 습득하지 못했기 때문이다. 이 상상적인 타인은 그를 부정하고 질식시킨다〉(『세미나 III』, 236쪽). 그럼에도 라캉은 환자가 박해를 호소한다고 해서 곧바로 그것을 정신병으로 단정할 순 없다는 점을 강조한다. 그 불평은 사실일 수도 있고 과장된 것일 수도 있다. 하지만 이를 정확히 판단하기가 쉽지 않은 경우도 있다. 이런 맥락에서 라캉은 환자를 정신병자로 진단하기 위해선 그에게서 먼저 〈언어 장애를 확인해야 한다〉는 점을 다시 한번 강조한 바 있다(『세미나 III』, 106쪽).[40]

주이상스의 침입

정신병에선 상상계가 상징계에 의해 덧쓰여지지 않는다. 따라서 이 경우 충동은 모방을 통해서가 아니라면 신체 내에서 결코 위계화

원했다고 말했다. 그의 상태는 당시로선 즉시 병원으로 데려가야 할 정도로 심했기에 나의 첫 관심사는 그가 정신병인지 아닌지를 판가름하는 것이었다. 나는 그에게 그런 혼란을 야기한 것에 대해 얘기하도록 유도하면서 그것이 정말로 상상계의 수준에 위치한 것인지를 확인하고자 했다. 그는 자신이 아는 다른 한 사진가가 자신의 일자리를 빼앗으려 한다고 말했다. 하지만 대화를 해나가면서 다른 사진사와의 갈등은 그들이 함께 일하는 곳의 책임자를, 다시 말해 그들보다 나이가 많은 아버지와 같은 한 인물을 만족시키기 위한 그의 욕망 때문이었음이 점차 밝혀졌다. 나는 상징계와 상상계, 이 두 축만을 이용해 환자의 상황을 즉각 판가름할 수 있었다. 나는 잠정적으로 그를 신경증자로 진단했으며, 병원 치료 없이 그를 치료해 나갔다. (물론 이는 모든 정신병자가 위기의 순간에 병원 치료를 해야 할 필요가 있다거나, 신경증자는 전혀 그럴 필요가 없다는 것을 뜻하지는 않는다.)

40) 라캉에 따르면 거울 단계에 에고의 기원이 있다는 것은 우리 모두에겐 편집증의 가능성이 있다는 것을 의미한다. 에고 자체는 나인 것과 내가 아닌 것을 규정하며 타인과 근본적인 경쟁 관계를 맺는다는 점에서 본질적으로 편집증적인 본성을 가지고 있다.

될 수 없다. 이는 정신병자에게서 엿보이는 충동의 위계 질서가 충분히 뒤바뀔 수 있다는 것을 의미한다. 신경증자는 사회화 기간 동안 주이상스의 희생을 인정함으로써 리비도를 신체 전체로부터 성감대로 (다소 완전하게) 흘려보낸다. 이에 반해 정신병자는 신경증자처럼 주이상스를 충분히 희생시키지 않는다.

라캉은 신경증자의 신체는 본질적으로 죽은 신체라고 역설한 바 있다. 신경증자의 신체는 기표로 덧쓰여져 있다. 그것은 상징계에 의해 코드화되어 있다.[41] 생물학적인 메커니즘으로서의 신체는 라캉이 〈실재계 the real〉라고 부르는 것이다. 그런 신체는 사회화를 통해 점차 〈길들여져〉 극소수의 영역에 숨어들 뿐인데, 그것이 이른바 성감대이다.[42] 신체는 바로 이 성감대 속에서만 살아 있으며, 실재적일 수 있다. 여기서 리비도(혹은 주이상스)는 경로화되어 있고 억제되어 있다. 하지만 정신병에선 이런 일이 일어나지 않는다. 충동의 위계는 상상적으로 획득된 것이다. 따라서 만일 그 위계를 지탱하는 상상계가 흔들린다면 그 위계 또한 충분히 붕괴될 여지가 있으며, 그 위계가 붕괴되면, 주이상스가 격렬하게 되돌아와 신체를 범람할 것이다. 정신병자가 그것을 외부의 강압적인 침입이나 공격으로 경험한다는 점에서, 이는 주이상스의 보복이라고 부를 수 있다.

따라서 슈레버와 같이[43] 환자가 신체의 〈관능적 쾌락〉, 〈내 환자의

---

41) 『히스테리 연구』(SE II)에서, 프로이트는 불감증과 민감증에 대한 다양한 사례를 다룬 바 있는데, 이에 따르면 그것들은 신체의 신경해부학적인 구조와는 무관하다. 오히려 그것은 신체에 대한 통속적인 관념을 정확히 따른다. 예를 들어서, 손목은 일반적으로 우리가 거기에 팔찌나 시계를 찬다는 점에서 정신신체적인 무감증이나 민감증에 빠질 수 있다. 언어는 신체를 재단하고, 그것을 근소하게나마 다른 방식으로 감싼다. 신체는 기표에 의해 기록된다. 베르그송의 표현을 빌린다면, 언어는 유기체에 아로새겨진다. 신체는 언어에 의해 덧쓰여진다.
42) 대상 a가 신체 바깥 hors corps에 위치한, 리비도의 활동 영역인 한, 이는 〈신체 바깥으로도 경로화〉된다.
43) 프로이트, 「편집증 사례의 한 전기적인 해설에 대한 정신분석적 주해〔슈레버〕」, SE XII, 9–82쪽 참조. 프로이트의 연구는 다니엘 폴 슈레버, 『나의 신경 질환

표현을 따르자면) 〈몸 전체로 전기가 흐르는 듯한 느낌〉, 이루 형언할 수 없는 황홀경, (생물학적으론 전혀 아무런 이유가 없는) 견디기 힘든 고통 등을 호소할 때, 이는 바로 정신병의 지표가 될 수 있다. 물론 (그리 많지는 않지만) 종교적인 신비주의자들도 종종 유사한 형태의 경험에 관해 말하는 것을 보면, 그것은 확정적인 증거는 아니다. 하지만 그것은 상징계가 신체를 덧쓰지 못했다는 사실을 확인할 수 있는 매우 유용한 지표이다. 그리고 우리는 이 지표를 통해, 한때 상상계를 통해 구축되었던 리비도의 질서가 정신병의 발작과 함께 완전히 붕괴되고 있다는 사실을 확인할 수 있다.

통제되지 않는 충동들

신경증의 일반적인 특징은 초자아나 성숙된 자아가 충동을 통제한다는 점이다. 신경증자가 공격적인 행동을 보인다면, 이는 아마도 그가 술 취한 상태이거나 최악의 상황(예를 들어 누군가가 계속 화를 돋우거나, 궁지에 몰리거나, 잠이 부족하거나, 마약을 했을 때)에 몰렸을 경우일 것이다. 이런 특별한 경우에 한해서만 신경증자는 의식의 자제력을 잃고 행동을 직접 표출할 것이다. 사실 신경증자에게는 직접적인 행동이란 것이 매우 어렵다.

부권적 기능의 부재는 모든 상징적 기능들에 영향을 미친다. 따라서 그것이 도덕성과 의식에 연관된 모든 것에 영향을 미친다고 해서 놀랄 필요는 없다. 물론 이는 정신병자가 언제나 〈비도덕적인〉 행동을 보인다는 것을 뜻하진 않는다. 그것이 의미하는 바는 조금만 자극을 주어도 정신병자는 충분히 처벌받을 만한 행동을 저지를 수 있다는 것이다. 신경증자에겐 〈교육〉, 사회화, 외디푸스화, 탈외디푸스화 등을 통해 충동의 통제가 일어나지만(이는 종종 신경증자가 어떤 육욕

에 대한 회고록』에 근거한 것이다. 라캉은 이 슈레버 사례를 「정신병에 대해 할 수 있는 모든 치료에 대한 예비적 질문에 관하여」, 『에크리』, 531-583/179-225쪽에서, 그리고 『세미나 III』에서 광범위하게 다루었다.

이나 공격을 실행에 옮기기 전에 그것에 대한 대안이 없는지를 고심한다는 점에서 잘 나타난다), 정신병자에게선 그런 것이 전혀 일어나지 않는다. 따라서 정신병자는 행위를 직접 표출하는 성향이 있고, 살인이나 강간 같은 범죄를 저지르더라도 죄의식을 느끼지 못한다. 설령 수치심이 있을지언정 죄의식은 없는데, 왜냐하면 죄의식은 억압을 전제로 하는 것이기 때문이다. 우리는 우리 자신이 나쁜 짓을 하길 원하며 그것으로 쾌락을 느낀다는 사실을 알 때에만 죄의식을 느낀다. 하지만 정신병에 있어선 아무것도 억압되지 않고, 따라서 아무것도 숨길 것이 없다.

여성화

우리는 남성 정신병자에게서 흥미로운 점을 하나 발견할 수 있는데 그것은 바로 그가 종종 여성이 된다는 점이다. 슈레버는 환각 과정에서 자기 자신을 신의 여자라고 생각했다. 우리는 정신병의 다른 사례들에서도 성전환적인 경향을, 성을 뒤바꾸려는 무수한 시도와 동성애적인 행동을 발견한다.[44] 프로이트는 슈레버의 정신병을 동성애에 대한 미숙한 방어의 결과로 분석했다. 하지만 라캉은 슈레버의 여성화가 정신병 자체에서 연유한 것임을 지적했다.[45]

정신병은 결코 가정 내에 아버지가 물리적으로 부재함에 따라 생긴 결과가 아니다. 이미 언급한 것처럼, 아버지는 상징적인 기능이다. 그리고 이 기능은 가족이나 가족이 아닌 다른 사람에 의해, 심지어는 엄마의 담화에 의해서도 실행될 수 있다. 물론 정신병은 아버지나 아버지의 형상이 환자의 유년기에 부재한 경우 나타나기 쉽다. 그리고 환자에게 있어 아버지가 실제로 어느 정도로 모습을 보였는지도 중

---

44) 예를 들어 프랑스와즈 고로 Françoise Gorog의 「임상 단평 : 성전환 사례 Clinical Vignette : A Case of Transsexualism」, 『리딩 세미나 I-II』, 283-286쪽을 보라.
45) 『세미나 III』, 74-75쪽 참조.

요하다. 하지만 정신병은 아버지나 아버지의 형상이 존재하더라도 충분히 발병할 수 있다.

라캉에 따르면, 일부 아버지들(이들은 사회적으로 매우 성공한 경우가 많다)은 과도한 야심과 〈무절제한 권위주의〉를 보이며(『세미나 III』, 230쪽), 아들과 상징적인 협약의 관계가 아닌 상상적인 경쟁 관계나 적대 관계를 맺는 경우가 있다. 상징계가 평화라면, 상상계는 곧 전쟁이다. 상징계는 사태를 분할하고 일종의 분배적인 정의를 제공한다. 이것은 네 것이고 저것은 내 것이다. 법을 구현하는 아버지, 상징적 아버지는 이렇게 말한다. 〈네 엄마는 아빠 거란다. 물론 다른 여자들은 네가 가져도 돼.〉 〈이건 아빠 침실, 아빠 침대야. 너도 네 방과 네 침대가 있잖니.〉 상징적인 아버지는 아들과 암묵적인 계약을 맺는다. 〈자, 이제 숙제할 시간이야. 그것만 다하면 네가 하고 싶은 것을 해도 좋단다.〉 〈넌 이걸 반드시 해야 돼. 나머지는 네 맘대로 할 수 있겠지만.〉

이와 대조적으로 무절제한 아버지는 아이에게 일방적으로 행동한다. 그는 변명할 기회도 주지 않고 즉시 벌을 내린다. 그의 요구는 끝이 없으며 만족할 줄 모른다(요구하는 사람과 요구받는 사람 모두에게 한계를 명시해 줄 만한 상징적인 기준이 없다). 아이의 눈에 아버지는 마치 괴물처럼 보이며, 라캉에 따르면, 그들 사이엔 상상적인 관계[46]만이 있을 뿐이다. 거기엔 성적인 에너지로 충만한 경쟁적인 긴장감이 감돈다. 그들 사이엔 삼자적인 외디푸스적 관계가 형성되지 않으며, 아이는 횡포스런 아버지, 상상적인 아버지에 대해 여성적인 위치를 차지한다.[47]

---

46) 내 환자 중 한 명은 자신의 아버지는 남자아이가 아닌 여자아이를 원했으며, 틈만 나면 자신과 경쟁하려 했다고 말한 바 있다. 케이크가 한 조각 있으면, 아버지가 그것을 다 먹으려 했기 때문에 엄마는 어쩔 수 없이 그것을 똑같이 나누어주어야 했고, 환자가 대학에 들어가게 되었을 때에도 아버지는 아들과 동일한 학과에 등록하기로 결심했다. 엄마의 상징적인 개입은 아버지와 아들의 경쟁적인 관계를 막기엔 역부족이었고, 아들은 20대에 정신병 발작을 일으켰다.

남성 정신병자가 형제나 친구와의 동일시를 통해 자기 삶을 지탱하는 경우라면, 이 여성적인 위치는 겉으로 나타나지 않는다. 하지만 정신병 발작이 일어나면,[48] 환자의 상상적인 동일시나 〈상상적인 버팀목〉(『세미나 III』, 231쪽)이 붕괴되고 여성화가 진행된다. 물론 유년기부터 자신이 여성인 것처럼 느꼈다고 말하는 경우도 있다.[49] 그런 환자는 거의 대개가 성전환을 요구하게 된다.

따라서 정신병에서 나타나는 여성화는 가정 내에서 실제로 아버지가 부재함을 의미하는 것이 아니다. 이는 아버지가 (적어도 이따금씩) 존재하지만 주체가 그와 상징적인 관계가 아닌 상상적인 관계를 맺는다는 것을 뜻한다. 흥미롭게도, 어떤 정신병자는 언어 자체에 대해 자기 자신을 여성적이거나 수동적인 관계로 기술하기도 한다. 그는 언어에 수동적으로 종속되어, 그것에 의해 침입당하거나 그것에 의해 소유당하고 있다고 말한다.[50]

라캉은 후기 저작에서 이러한 여성화가 구조적인 이유 때문에 일어나며, 따라서 아버지와 상상적인 관계를 맺는 남성 정신병자에게만 국한된 것이 아님을 강조한다. 여기에서 라캉이 『세미나 XVIII』부터 『세미나 XXI』에서 개념화한 남성 구조와 여성 구조를 모두 다 설명할 수는 없다. 이는 이 책의 핵심을 벗어나는 일인데다 이미 나의 다른 책에서 다룬 바 있기 때문이다.[51] 아주 간단히 요약하자면, 라캉은 남성 구조가 (남자아이에게 한계를 부과하는) 상징적인 아버지에 의

---

47) 이러한 여성적 위치는, 비정신병적 남성 동성애에서와 같은 엄마와의 동일시에서 비롯된 것이 아니다.
48) 나는 이 장의 정신병 사례에 대한 논의에서 정신병 발작의 원인에 대해 더 설명하게 될 것이다.
49) 프랑스와즈 고로, 「임상 단평: 성전환 사례」 참조.
50) 이에 반해 부권적인 기능은 언어를 자족적인 기능을 수행하는 기계로 만든다. 이에 대해선 『라캉의 주체』 2장과 부록 1, 2 참조.
51) 『라캉의 주체』 8장 참조. 『세미나 XX』에 실린 남성 구조와 여성 구조에 대한 라캉의 세밀한 논의를 참조.

한 일종의 〈전체화totalization〉와 관련이 있는 반면, 여성 구조는 비전체화pas tout나 전체화의 불가능성과 관련된다고 말한다. 이는 곧 부권적인 기능이 아이의 삶에서 작동하지 않으면, 아이에겐 전체화가 일어나지 않으며 여성 구조의 어떤 요소가 자리잡게 된다는 것을 뜻한다.[52] 또한 여성 구조의 신경증자의 경우엔 여성 구조의 전형적인 특징이라 할 수 있는 〈또 다른 주이상스〉가 일시적으로만 출현하는 반면, 정신병자의 경우에는 그 주이상스가 항구적으론 아니지만 매우 오랫동안 지속된다(그것에 의해 침입당하는 것처럼 느낀다).

질문 부재

확신하건대 신경증자들은 스스로 의문을 제시해 왔다. 이 점에 관해서 정신병자의 경우는 분명치 않다.
― 라캉, 『세미나 III』, 227쪽

2장의 마지막 부분에서 나는 분석주체가 항상 의문을 던지는 건 아니라고 말한 바 있다. 어떤 환자들은 심지어 몇 달 동안 계속해서 분석에 참여했음에도 아무것도 의심하지 않는다. 그들은 어느 순간에 어떤 일을 하고 나서도 왜 자신이 그렇게 했는지, 자기 꿈이 무엇을 의미하는지, 또는 자신이 왜 그런 독특한 방식으로 반응하는지에 대해 의심하는 법이 없다. 살아가는 데 있어서 어떤 것도 그들의 마음에 의문을 일으키지 않는다. 이해되지 않는 것이 하나도 없기 때문에 생각할 일이 없는 것이다.

라캉에 따르면 욕망은 질문이다. 따라서 위처럼 의심이 없는 상황

---

52) 이러한 여성화에 해당하는 라캉의 용어는 pousse à la femme이다. 이 용어는 상당히 번역하기 어려운데, 문자 그대로는 〈여성으로 움트기〉, 〈여성으로 자라나기〉, 혹은 조금 의역하면 〈여성처럼 되는 성향〉 정도가 된다. 이와 동일한 맥락에서 프로이트는 남성 정신병 속에서의 동성애의 중요성에 대해 강조한 바 있다. 그는 또한 Verweiblichung이라는 용어를 사용했는데, 그것은 〈여성으로 변형되기〉 내지는 〈여성화〉라고 풀이될 수 있다. 『에크리』, 565/206쪽 참조.

은 두 가지 중 하나이다. 욕망이 모습을 드러낼 수 있는 공간을 분석자가 만들어내지 못했거나, 아니면 신경증자에게선 확인할 수 있는 욕망이 이 경우엔 아예 존재하지 않는 것이다. 인간의 고유한 욕망은 오직 언어 속에서만 존재하고 언어의 변증법에 종속되어 있다.

사람들은 자주 행동, 욕망, 가치의 변증법적 변화 가능성이 인간 행동의 근본 특징이며, 그것이 인간을 변화하도록 만든다는 사실을, 그것도 단지 한순간만이 아니라 영구적으로 그러하며, 심지어는 그로 하여금 정반대의 가치를 지향하도록 만들 수도 있다는 사실을 잊어버린다…… 인간이 욕망, 애정, 심지어는 인간 활동의 가장 영속적인 의미를 끊임없이 의문시할 수 있다는 점은 너무나 쉽게 경험할 수 있는 것이기에 사람들이 그러한 차원을 잊고 있다는 사실은 무척 놀라운 일이다(『세미나 III』, 32쪽).

신경증의 경우 우리는 분석이 진행되는 동안 환자의 욕망, 환상, 가치, 신념 등이 진화하는 과정을 쉽게 목격한다. 물론 우리는 종종 신경증자의 일부 삶에서 나타나는 무기력 때문에 낙담하기도 한다. 하지만 보다 일반적인 경우, 신경증자는 자신이 방금 전까지 자기 〈인격〉의 중심이라 여겼던 생각이나 정체성에서 너무나 쉽게 벗어나게 된 것에 대해 스스로도 놀라게 된다. 강인한 남성성만을 주장하던 자가 곧바로 자신 안에 있는 동성애적인 성향을 확인하게 되거나, 가족의 가치를 충실하게 대변하던 자가 자기 부모와 곧바로 결별을 선언하게 되는 경우가 그렇다. 요컨대 에고의 정체성이 무너지고 새로운 정체성이 나타나며, 욕망이 보다 활발하게 자신의 길을 추구할 수 있게 된 것이다.

반면에 정신병자는 사고나 관심사에 있어서 완벽한 무기력을 보인다. 그의 사고는 변증법이나 운동 능력이 결여되어 있다. 물론 강박증자도 자신이 반복해서 동일한 것을 사고하는 것에 대해 불평한다.

하지만 이 경우는 분석을 통해, 비록 증상과 밀접히 관련된 부분은 변화의 속도가 느리긴 하지만 적어도 사고의 일부는 눈에 띄게 변화를 보이는 것이 일반적이다. 이에 반해 정신병자는 동일한 문장을 계속해서 반복한다. 그에겐 반복이 설명을 대신한다. 따라서 〈욕망의 변증법〉을 위한 자리가 없다. 요컨대 욕망이란 게 없다. 언어의 구조가 없는 곳에선(내 자신의 생각과 감정에 관해서 투명함이 불투명함에 자리를 내주지 않는다면) 욕망이 작동하지 않기 때문이다. 그리고 억압이 없기에 또한 의심과 질문도 없다. 그는 자신의 과거, 동기, 심지어는 사고와 꿈에 대해서도 전혀 의문을 제기하지 못한다.

정신병의 치료: 사례 분석

> 가장 특정한 사례는 가장 보편적인 가치를 지닌 사례이다.
> ─ 라캉, 『세미나 VI』, 1959년 2월 11일

라캉은 우리에게 정신병에 대해 새로운 이해 방법만을 제시해 준 것이 아니다. 그는 정신병을 치료할 수 있는 토대를 마련해 주었다. 앞에서 말했지만, 이는 라캉이 정신병의 완치 가능성을 믿었다는 뜻이 아니다. 다시 말해 부권적 기능이 설정되지 않은 환자에게 그것을 설정해 주었다는 것을 뜻하지 않는다. 가령 그는 사건이 터지고 20년이나 지난 마당에 엄마의 욕망이나 엄마에 대한 욕망에 이름을 붙여 그것을 금지된 것으로 구성하고 억압을 활성화할 수 있으리라고는 기대하지 않았다.

가장 중요한 요소(아버지의-이름)를 결여한 상징계는 우리가 아는 한도 내에서는 구조적으로 복구될 수 없다. 그러나 그것은 다른 질서에 의해 지탱되거나 (라캉 자신의 용어를 따르자면) 〈보충될 supplemented〉 수 있다. 라캉의 초기 작업에서 상징계의 구멍을 메우기 위해 이용된 것은 다름 아닌 상상계이다. 라캉에 따르면, 정신병자가 정신병

의 발작 없이 20-30대를 무사히 보낼 수 있는 것은 상상계(이 경우 타인들을 모방하는 것) 때문이다. 따라서 분석의 목표는 상상계를 복구함으로써, 정신병의 발작 이전에 존재했던 안정 상태를 회복하는 것이다.[53]

여기에서는 정신병 치료에 대한 라캉의 접근을 모두 다룰 순 없다. 무엇보다 그것은 여기에서 설명되지 않은 많은 개념들을 필요로 하기 때문이다. 대신에 나는 두 명의 분석가들이 서로 다른 방식으로 분석한 한 정신병자의 간단한 사례를 소개할 것이다. 이 사례는 정신병에 대한 라캉의 많은 명제들과 그 치료 가능성에 대해 잘 보여줄 것이다.

슈레버에 관한 프로이트의 연구와 달리 이 사례는 1960년대 후반에서 1970년대 초반까지의 것으로, 극히 최근의 것이다. 내가 직접 분석한 사례가 아님에도 여기에 소개하기로 결심한 이유는 그것이 이 책에서 다루어진 많은 논의들을 예증해 주며, 또한 (물론 잘 알려져 있진 않지만) 영어권에서도 쉽게 구할 수 있는데다 분량도 매우 짧기 때문이다. 이는 「브론즈헬멧, 혹은 한 정신병자에 대한 심리치료의 여정」이라는 제목으로 장-클로드 셋첼이 (프랑스어로) 쓴 사례 연구이다.[54] 이 사례 연구는 전기적인 정보는 별로 담고 있진 않지만 그 대신 환자의 치료 과정에서 일어나는 것들을 집중적으로 다루고 있다.

셋첼은 그 프랑스 환자를 로제 브론즈헬멧이라고 불렀다. 앞으로 확인하게 되겠지만, 브론즈헬멧이라는 이름은 그의 개인사에 있어서

---

53) 실제로 정신병자가 고안한 착란적인 시스템은 상상적인 체계(다시 말해서 의미의 체계)를 구성해서 그 자신의 세계를 유지하기 위한(기표와 기의 사이의 관계를 안정시키기 위한) 자발적인 시도를 의미한다. 라캉은 그것을 〈착란적인 은유 delusional metaphor〉라고 불렀다(『에크리』, 577/217쪽). 우리는 이것을 이 장에서 구체적인 사례와 함께 살펴보고, 9장의 마지막 부분에서 다시 논의하게 될 것이다.

54) 원래는 *Scilicet* 2-3(1970), 351-361쪽에 실려 있던 것으로, 스튜어트 슈나이더맨이 편집한 『라캉의 이론은 어떻게 임상에 적용되는가』에 영역되어 실렸다. 이 책에서 인용한 페이지는 영어본에 준한다.

상당히 중요한 의미를 갖는다. 로제의 가족에 관해 한 가지 주목할 만한 점은, 로제 아버지가 스스로 자기 장모에게 철저히 복종했던 나머지 로제가 외할머니를 가족의 〈아버지〉로 여겼다는 사실이다. 장모가 죽자, 아버지는 알코올 중독이 되었고 아내가 장모를 대신해 가족을 이끌어주길 바랐다. 아버지가 일곱 살 많은 로제의 누나만 각별히 여겼기 때문에 로제는 엄마의 사랑만을 받고 자랐다. 1943년에 태어난 로제는 유년기와 사춘기에는 별다른 어려움이나 정신 질환이 없었던 걸로 기록되어 있다. 그가 뚜렷하게 장애를 보이기 시작한 것은 대학생이던 1960년대 중반이 되어서였다.

유년기에 로제는 자기 누나와 〈성적인 놀이〉를 즐겼는데, 그것이 어떤 것이었는지 분명하지 않다. 그가 심각한 장애를 일으킨 것은 그가 성인이 되어 첫번째 성관계를 가지려 했을 때였다. 사고로 맹인 남편을 잃은 지 얼마 안 된, 로제와 한 아파트에 사는 여인이 분명히 성적이라 할 목적으로 그를 초대했다. 약속 시간이 다가오자, 그는 불안해하며 아파트를 피해 자신의 지도 교수를 찾아갔다. 로제는 〈이 최악의 상황에 대해 그와 상의하려고〉(185쪽) 했다. 거기에 있던 한 조교가 그의 곤경을 알고는 그를 한 사회사업가에게 데려갔고, 이렇게 해서 그는 그의 첫번째 분석가에게 인도되었다.

이 사례에서 특별히 중요한 것은 치료가 진행되는 동안 로제가 자기 아버지와 아버지의-이름에 대해서 한 말과 그가 보인 행동이다. 〈제 이름과 같은 것이 아버지에겐 없어요.〉 그는 분석가에게 이렇게 말했다. 그는 아버지를, 법에 발각되지 않기 위해 자기 아들에게 망보는 일을 맡기려고 한 파렴치한 〈밀렵꾼 poacher〉이라고 불렀다. 그런데 사실 이 말은 아들에게 법을 부과하길 포기한 아버지에겐 전혀 어울리지 않는 말이었다. 치료 기간 동안에 일어난 한 사건을 통해 우리는 로제가 일생 동안 아버지로부터 전혀 인정받지 못했고 아무런 관심도 받지 못했음을 확인할 수 있다. 처음부터 다시 아버지와의 돈독한 관계를 쌓고 싶어했던 로제는 다음과 같이 말하면서 아버지에게 과거를 청산하자고 부탁했다. 〈살기 위해선 말이죠, 아버지에겐 아들이 필요한 거예요. 아들에게 아버지가 필요하듯이 말이죠.〉 그러자 아버지는 이렇게 말했다. 〈차라리 개를 키우는 게 낫겠다.〉

아버지와 원만한 관계를 맺으려는 로제의 시도는 언뜻 보기에 신경증자에게서 흔히 볼 수 있는 것과 다르지 않다. 신경증자 또한 자신에게 칭찬과 인정과 사랑을 충분히 주지 않았다고 느껴지는 아버지와 다시 관계를 맺으려는 경향이 있기 때문이다. 하지만 로제의 시도는 이보다 더 광범위하고 적극적이다. 아버지에게 다시 퇴짜를 맞자 로제는 자기 엄마와 함께 사는 그 파렴치한 인간은 자신의 진짜 아버지가 아니라고 믿기 시작한다. 그는 국립 기록보관소에 찾아가 자신의 출생 신고서를 확인하고 부모의 혼인 신고서를 조사한다. 그것을 서명한 남자가 누구이고 진짜 아버지가 누구인지를 직접 눈으로 확인하기 위해서 말이다. 하지만 자기 눈으로 직접 보았으면서도 그는 거기에 써 있는 이름이 자기 엄마와 함께 사는 그 악당의 것임을 믿지 못한다. 그는 자기 정체성을 확인하고 그 누군가의 자식으로서 자신의 자리를 찾기 위해 스스로 부계의 족보를 세울 필요성을 느낀다. 신경증자는 자기 아버지가 다른 사람이길 원하거나 그를 증오할 수 있지만, 일반적으로 로제처럼 아버지의 존재 자체를 부인하지는 않는다.[55]

여기에서 우리는 매우 구체적으로, 아버지의 기능은 상징적인 것이지 생물학적인(실제적, 물리적, 유전적) 것이 아니라는 점을 확인하게 된다. 아버지는 아이의 삶에서 특별한 역할을 수행하는 자다. 이는 단순히 누군가의 이름이 종이 위에 적혀 있다고 해서 되는 일이 아니며 공식적으로 그렇게 인정한다고 해서 되는 일도 아니다. 분명 어떤 남자가 로제 엄마에게 로제의 정자(精子)를 제공한 것은 사실이

---

55) 입양이나 재혼과 같은 경우에는 생물학적인 아버지의 정체성이 당연히 의문시 될 수 있다.

다. 하지만 로제는 스스로를 그 누구의 자식으로 생각지 않으며 자신에겐 아버지가 없다고 느낀다.

자신의 정체성을 필요로 하는 로제는 스스로 〈자기 삶을 지탱시켜 줄 비밀스런 이름을〉 만들어낸다(188쪽). 그는 자신이 자신과 분석가로부터 태어날 수 있다고 생각하고, 자기 이름과 분석가의 성의 철자를 따서 새로운 이름을 조합해 낸다(이 조합은 분석가의 이름의 단순한 아나그람 anagram으로 판명된다). 로제는 이 이름을 종이 위에 적고는 그것을 자신의 진짜 출생 신고서라고 믿는다(프랑스어로 출생 신고서는 acte de naissance인데, 이는 출생 행위, 태어남 그 자체를 환기시킨다). 그리고 그 종이를 자기 집 건물 초석 틈에 끼워넣고 거기를 막아버린다. 그가 그날 느낀 기쁨은 이루 헤아릴 수 없는 것이었다. 오직 이름만이 주체를 탄생시킬 수 있으며, 아이에게 가계와 족보라는 상징적인 세계 속에 존재할 수 있을 만한 자리를 부여한다. 하지만 로제에게는 그와 같은 자리가 어디에도 없었던 것이다.

로제는 그의 첫 분석가와 2년 동안이나, 거의 기계적으로 분석에 참여했다. 그는 분석가에게 산더미 같은 글을 가져왔다. 그는 자기가 꾼 꿈을 꼼꼼하게 기록해서 타이프로 쳤으며, 그것들을 암기해서 분석 때마다 외워댔다(이런 식의 〈문학적인〉 다산은 정신병에서 흔히 볼 수 있는 특징이다). 분석가는 로제의 글들에 관심을 가졌고 로제에게 오랫동안 그 꿈들을 외워보도록 했다. 그러던 어느 날 로제가 자신이 〈장미로 뒤덮여 있는〉 금빛 새장 속에 갇혀 있는 꿈을 외우자 분석가는 이것이 현재의 삶을 보여주는 이미지일 거라고 암시했다. 이러한 해석에 따르면, 새장 안에서 모든 것을 장밋빛으로 바라보는 새처럼, 로제는 분석가가 자신의 글에 감탄하고 있을 거라고 생각한다는 것이다.

이러한 해석이 정당한 것인지의 여부를 문제삼기 이전에 우리는 먼저 그것이 불러일으킨 효과를 지적할 필요가 있다. 어쨌든 그것은 로제에게 정신병의 발작을 가져왔다. 분석가는 해석을 통해서 로제에게 그가 모르고 있던 꿈의 의미를 일깨워주었다. 이때까지 로제는 꿈이 단지 즐겁고 멋진 이미지나 이야기일 뿐이라고 생각했다. 분석가는 이 개입을 통해, 환자가 자기 생각과 꿈과 글을 털어놓을 수 있는 증인의 위치가 아니라 타자의 위치, 다시 말해 의미가 결정되는 장소에 자리잡으려 했다.

앞장에서 확인했듯이, 신경증의 경우 분석가는 환자가 자기 말 속에서 의식하지 못한 어떤 것을 듣는 타자로 위치해야 한다. 이는 신경증자로 하여금 자기가 말한 것을 항상 알고 있는 건 아니라는 점을 깨닫게 하고 그에게 중요한 의미를 문제화하기 위해선 필수적인 일이다. 신경증의 경우, 이러한 타자의 자리는 처음부터 주어져 있다. 따라서 환자가 분석가의 그러한 위치를 거부하더라도 분석가는 노력만 하면 충분히 그 자리를 차지할 수 있다. 하지만 정신병의 경우는 타자의 자리가 처음부터 존재하지 않는다. 그런데도 분석가는 로제에게 그때까지 모든 것을 지탱시켜 주던 상상적인 축을 넘어서 상징적인 축을 끌어들였고, 이렇게 해서 〈상상계에 상징계를 대립시키게〉 되었다(『에크리』, 577/217쪽). 한마디로 그는 삼항 관계를 유도해 이항 관계에 〈외부〉를 도입하려고 했던 것이다.

3장에 소개된 L도식의 관점에서 볼 때, 로제와 분석가는 상상적인 축의 양쪽 끝에 위치해 왔다(그림 7.4). 하지만 자신도 모르는 사이에 분석가는 해석과 함께 (그림 7.5의 상징계의 축을 따라서) 상징적인 수준에서 주체와 대립적인 위치를 차지하려고 했다. 그런데 문제는 로제에겐 처음부터 주체라고 할 만한 것이 없었다는 것이다. 분석가는 로제에겐 주체와 타자의 자리가 존재하지 않는데도 불구하고 자신을 로제와 상징적인 관계 속에서 위치시키려고 했던 것이다.[56] 그 결과

---

56) 에고, 또 다른 에고, 주체, 타자 등 네 개의 자리는 각각의 〈개인〉 내부에서 발견된다. L도식은 한편으로 분석 관계의 상상계와 상징계의 요인들을 이해하기 위해 사용될 수 있지만 다른 한편으로는 각각의 개인에게 적용되어 〈내부의 심리적인 공간〉과 〈개인 내적인〉 구조를 지표화할 수 있다. 하지만 L도식의 절

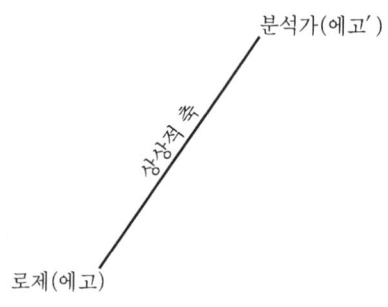

그림 7.4 L도식(상상적 축)

타자에게 응답할 수 있는 주체 대신 모습을 드러낸 것은 거대한 구멍 내지는 진공 상태였다. 그리고 의미 주체(부권적 은유에 의해 설정된 최초의 의미 속에 뿌리를 둔 주체)의 부재 속에서 로제는 모든 것들에 위협의 의미를 부여하기 시작했다. 분석가의 해석 이전에는 별로 특별한 의미가 없었던 것들이 의미를 갖게 된다. 해석 이후, 로제는 우연찮게 분석가의 대기실에 놓인 망치를 보고 갑자기 분석가가 자신을 〈나사 풀린 미치광이〉로 생각하고 있다고 믿게 된다.[57] 그리고 대기실에서 본 잡지 표지에 적힌 〈학생들은 미쳤는가〉라는 표제를 보고는 그것이 정확히 자기를 겨냥한 질문이라고 믿게 된다. 말하자면 로제에게 절대적으로 의심할 수 없는 생각들이 떠오르기 시작한 것이다. 요컨대 그는 착란에 빠진 것이다.

반은 정신병자에겐 적용이 불가능하다(L도식은 신경증과 도착증자에게만 적용 가능하다). 라캉은 R도식을 통해서 〈말기〉의 정신병을 훨씬 복잡하게 지표화했다(『에크리』, 571/212쪽).
　우리는 여기에서 주체를, 욕망으로서의 엄마에 대한 원억압에 의해서 구성되는 것으로 이해할 수 있다. 이러한 억압이 바로 주체와 타자를 자리매김한다.
57) 이러한 연관은 망치를 뜻하는 프랑스어 marteau에 보다 직접적으로 함축되어 있다. 왜냐하면 그것은 망치를 뜻하는 동시에 미치광이를 뜻하기 때문이다.

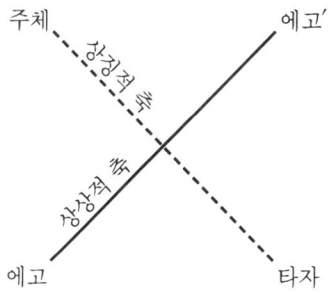

그림 7.5 L도식(상상적 축과 상징적 축)

여기에서 우리가 주목해야 할 것은 로제가 겉으로는 분석가 이름의 아나그람으로 자신을 세례함으로써 그 첫번째 분석가를 아버지상으로 설정한 것처럼 보이지만, 오히려 (두번째 분석가인) 셋첼에게 고백하기로는 그 분석가를 〈엄마처럼 느꼈다〉고 했다. 분석가가 자기 엄마와 닮도록 하기 위해서 로제는 심지어 그의 집무실에 자기 엄마 사진을 남겨놓으려고까지 했다. 로제는 이 세상에서 일정한 역할과 특정한 혈통을 가진 어떤 자리를 차지하기 위해 스스로 새로운 족보를 만들어냈지만, 분석가를 상징적 아버지로 삼지는 못했다. 오히려 그는 분석가에게서 애정 어린 모성상(母性像)을 발견했다. 때문에 분석가가 상징적인 아버지의 역할을 맡으려 할 때까지는, 다시 말해 그가 〈자신을 $a-a'$(에고/또 다른 에고)로 이루어진 상상적 관계에서 3항의 자리로 옮겨가려고〉 할 때까지는, 로제가 그에게서 위안을 얻었던 것이 사실이다(『에크리』, 577/217쪽). 라캉은 로제의 분석가가 맡으려고 했던 그 아버지의 역할을 한-아버지 Un-père[58]라고 불렀는데,

---

58) 라캉이 특히 후기 저작에서 Un을 대문자로 쓴 것은 전체화하는 기능을 가진, 다시 말해 하나의 전체를 설정하는 기능을 가진 상징계를 지칭하기 위함이다 (무정형의 이질적인 집합의 사물들과 사건들을 취해서 그것들을 하나로 셈하는 것, 예를 들어 무수한 이질적인 사건들로 이루어진 역사적인 시기를 취해서 거

이는 단순히 그가 연장자이기 때문이 아니라 (엄마와 아이의) 이항적 관계에 개입해 정신병자와 상징적 관계를 맺으려고 하기 때문이다.

로제에게 정신병의 발작이 나타난 것은 그가 한-아버지, 순수한 상징적 기능을 하는 아버지[59]와 마주쳤기 때문이다(이는 종종 남성이건 여성이건 상징적인 역할을 담당하거나 그렇게 하려고 하는 한 특정 인물과의 만남이라는 형식을 취한다). 라캉은 이를 정신병의 일반 원리로 간주하고, 모든 정신병의 발작의 기원에서 한-아버지와의 드라마틱한 대면을 확인한다. 〈남편의 면전에서 아이를 낳은 여인, 고해자로서 자신의 죄악을 고백하는 회개자, '남자 친구의 아버지'를 보고 사랑에 빠진 소녀〉 등이 모두 이에 해당되는 경우들이다(『에크리』, 578/217쪽). 한편 순수한 상징적 기능으로서의 아버지와의 대면은 다른 이의 매개 없이도 일어날 수 있다. 예를 들어, 자신이 곧 아버지가 될 것이라는 사실을 깨닫거나 사회적/정치적/법적으로 아버지의 역할을 해야 한다는 사실을 깨달을 때가 바로 그런 경우이다(『세미나 III』 344-345쪽. 라캉은 후자의 경우 슈레버를 염두에 두고 있다).

이러한 대면이 로제에게 초래한 직접적인 결과들 중 하나는 그가 자신에게 존재를 부여할 수 있는 새로운 이름을 찾기 시작했다는 점이다. 그가 분석가의 이름을 가지고 짜맞추어낸 첫번째 이름은, 로제가 분석가의 해석에 의해 상징계의 주체 자리로 내던져졌을 때 주체로서 응답할 수 있을 만큼 견고하지 못했다. 그가 언어의 주체로서 타자의 부름을 받았을 때, 다시 말해 자기 꿈 속에 숨겨진 의미에 대해 책임질 수 있는 주체가 되도록 요구받았을 때, 그 첫번째 이름은 제 기능을 다하지 못했다. 논리적으로 당연히, 로제는 자기 분석가를

기에 〈르네상스〉라는 이름을 붙이는 것처럼 말이다). 그것은 상징계에 이질적인 것, 상징계의 외부에 남아 있는 것, 다시 말해 상징화를 거부하는 것(타자의 주이상스)으로 이해될 수 있는 〈타자〉와 근본적으로 대립된다.

59) 이는 우리가 〈하나님 아버지〉라고 부르는 것, 무(無)에 이름을 붙임으로써 무에서 유(有)를 창조하는, 다시 말해 주체를 창조하는 아버지와 비슷하다. 명명 행위와 창조에 관한 9장 참조.

분석한 분석가, 즉 그 분석가의 상징적인 아버지에게서 새로운 이름을 찾으려 했다. 하지만 이러한 시도는 성공하지 못했다. 그러자 그는 그 다음으로, 자신이 다니는 대학의 저명한 교수(로제의 표현을 쓰자면 〈정말로 대단한 이름〉)에게 접근하려고 했다. 이때 누군가 그에게 다른 분석가에게서, 이번엔 본인이 직접 선택한 분석가에게서 분석을 받아볼 것을 제안했다.

이렇게 해서 로제는 새로운 분석가로 장-클로드 셋첼을 선택했다. 셋첼이란 이름이 아버지가 그토록 귀여워했던 누나의 별명과 상당히 유사하게 들린다는 사실 외에 로제가 그를 선택한 이유는 그다지 분명하지 않다. 분석을 시작하기 전에, 셋첼은 운 좋게도 옛 분석가로부터 로제에 관한 사례 발표를 들을 수 있었다. 그는 로제가 정신병자이며 쉽게 정신착란에 빠지고 자기 꿈을 적는 일을 매우 소중하게 여기고 있다는 것을 알게 되었다. 셋첼은 한 번도 로제의 글을 거부하지 않았고 항상 분석 도중에 그 꿈을 읽어보게끔 했다. 하지만 그는 로제가 자리에 앉기 전후 〈무심결에 언급한〉 것들과, 그가 읽지 않은 꿈들에 관해서 즉흥적으로 언급한 것들을 부각시켰다. 셋첼에게 보다 편안하게 말을 할 수 있게 되자 로제는 다음과 같은 사실을 고백했다. 〈언어는 저에게 두려움을 주죠. 저는 항상 쓰기를 원했어요. 하지만 쉽게 쓸 수가 없었어요…… 말이 사물들을 비켜가는 듯한 느낌이었지요.. 그래서 이런 생각을 하게 되었어요. 사전의 A항목에서 Z항목까지 공부하면서 내가 모르는 단어를 적게 되면, 그 단어들을 모두 소유할 수 있을 것이고 그렇게 되면 내가 원하는 건 무엇이든지 쓸 수 있게 될 것이라고 말이죠〉(190-191쪽). 물론 그런 노력에도 불구하고 로제는 그 모든 단어들을 소유할 수 없었다. 〈단어들이 사물들을 비켜가는 것〉을 막을 수 없었다. 왜냐하면 그에겐 말과 단어를, 혹은 보다 정확히는 기표와 기의를 연결시킬 어떠한 누빔점도 없었기 때문이다. 아버지의-이름 혹은 금지와 엄마의 욕망을 연결시킬 근본적인 누빔점이 없었기 때문에 말과 의미, 기표와 기의는 정처

없이 표류할 수밖에 없었다. 그럼에도 로제는 글을 쓰는 순간에는 조금이나마 위안을 느낄 수 있었는데, 왜냐하면 글쓰기는 의미를 어느 정도 고정시키고 고형화시키는 것처럼 보였기 때문이다(이렇게 해서 사물들이 영원히는 아니더라도 어쨌든 〈활자화〉된다는 것이다). 반면 그에게 구어(口語)는 의미가 계속해서 미끄러지고 그것을 꽉 움켜쥘 수 없기 때문에 매우 위험스럽게 보였다.

셋첼이 인내심을 가지고 대함에 따라 로제는 그를 〈마음놓고 자신이 말을 건넬 수 있는 사람〉(191쪽)으로 간주하게 되었다. 로제는 셋첼이 첫번째 분석가와 달리 자신이 의도하지 않은 의미들을 암시하거나 자신이 한 말의 의미(물론 그렇다고 그가 이 의미를 확신할 수 있는 것은 아니다)를 파괴하려 들지 않는다고 느꼈기 때문에 그 앞에선 꿈을 외우는 일을 거의 완전히 멈추게 된다.

그러던 중 셋첼은 로제가 〈203 남자〉[60]가 등장하는 꿈에 관해 말하는 순간 중요한 개입을 감행한다. 숫자 203에 해당되는 프랑스어 deux cent trois는 〈셋이 아닌 둘〉을 의미하는 deux sans trois와 발음이 똑같다. 로제의 전 분석가가 자신과 환자 사이의 이항적 관계 속에 3항의 위치를 도입함으로써 문제를 야기했다는 사실을 인식한 셋첼은 〈셋이 아닌 둘이 있다〉는 해석으로 로제에게 개입한다. 그 말이 암시하는 바는 셋이 아니라 둘이어도 괜찮다는 것과, 셋첼 자신은 로제에 대해 엄마와 아이의 이항 관계로 족하고 자신은 한-아버지의 역할을 하려고 하는 게 아니라는 것이었다. 그러자 잠시 침묵이 흐른 후, 로제가 이렇게 말했다. 〈이제 엄마와 같이 있는 것 같군요…… 저는 항상 아버지 없이 엄마와 함께 있었지요〉(193쪽).

실제로 로제에게는 상징적 아버지가 아닌 실제적(생물학적)이거나 상상적인 아버지만 있었을 뿐이다. 그에겐 〈엄마에게서 떨어지거라.

---

60) 원문은 L'homme à la 203이다. 슈나이더맨은 〈203호의 남자〉라고 번역했는데, 프랑스어에서 à la라는 표현은 아파트나 거리의 번지수를 의미하지 않는다.

엄마는 네 것이 아니라 아빠 거야. 너도 나중에 네 여자를 갖게 될 거야〉라고 말하는 아버지가 없었다. 유년기를 통틀어서 그에겐 셋이 아닌 둘만이 있었다. 그것을 돌이키기엔 때가 너무 늦었다. 로제의 현재 나이로선 외부(3항)를 들여오려는 시도는 착란과 자괴적인 우울증만을 불러올 뿐이다. 로제에게는 아버지의 금지나 아버지의-이름이 없기 때문에 타자라는 것도 존재하지 않는다. 요컨대 원억압이 일어나지 않은 것이다. 우리는 여기에서 라캉이 〈폐제〉라고 말한 메커니즘을 발견하게 된다. 〈폐제〉라는 말엔 무엇인가를 완강히 거부하려는 능동적인 시도가 함축되어 있다. 하지만 로제의 경우는 단순히 부권적 금지가 나타나지 않았고 그에 따라 아버지를 상징적인 타자로서 등록하고 설정하는 작업이 이루어지지 않았을 뿐이다. 로제는 아버지의 상징적인 역할을 완강히 거부하지 refuse 않았다. 오히려 그에겐 그것을 수긍하거나 거부할 기회조차 없었다. 그는 헛되이, 부재하는 아버지의-이름을 다른 것으로 대체하려고 했을 뿐이다. 분석가의 이름의 아나그람이나, 자기 학교의 저명한 교수처럼 〈대단한 이름〉이 바로 그것이다. 하지만 어떤 것도 제 기능을 다하지 못했다. 아무것도 여태까지 없었던 것을 대신할 수 없었다. 아버지의-이름에 호소해 보았지만 쓸데없는 일이었다. 그의 부름에 아무도 대답하지 않았다. 결국 분석가는 그에게 3항 관계를 부과할 수 있으리라 기대할 수 없었다. 따라서 그는 모든 노력을 상상적인 영역에 기울여야 했다. 요컨대 부재하는 아버지의 자리를 보충하기 위해 상상계를 가능한 한 견고하게 만들어야 했다.

이것이 의미하는 바는 무엇인가? 로제는 셋첼에게 〈자신에게 일어난 일에 대해 이해하고〉 싶다고 말했다(193쪽). 바로 이것이 분석가가 정신병자에게서 치료의 효과로서 기대할 수 있는 것이다. 분석가는 그가 한 사람의 개인으로서 자신의 자리를 발견하고 삶을 지속시킬 수 있는 의미의 세계를 구축하도록 도와주어야 한다. 2장에서 살펴보았듯이 의미는 상상적인 것이다. 정신병자의 분석이 성공을 거두는 것은 바로 이 수준에서다. 물론 신경증의 경우 분석가는 환자가 너무 빨리 이해하지 않도록 주의해야 한다. 왜냐하면 신경증자는 자신이 무엇을 원하는지, 무엇을 알고 싶어하는지를 이미 잘 알고 있기 때문이다. 에고가 의미와 이해를 중심으로 구축되는 한, 분석가는 신경증자의 모든 조급한 의미 활동을 중지시키고 에고가 아닌 무의식에 영향을 미치도록 노력해야 한다. 하지만 정신병자의 경우는 그 반대이다. 그에게는 주체가 없기 때문에(에고밖에 없기 때문에), 오히려 그런 의미 활동을 적극 권장해야 한다. 그 자신이 누구이며, 자신의 자리가 어디에 있는지 알 수 있도록 그에게 자아 의식을 구축해 주어야 한다.

로제는 첫 분석가의 해석에 의해서 착란을 일으켰지만 그것을 통해 슈레버처럼 새로운 우주관이나 세계관을 형성하진 않았다. 분석가의 개입이 이런 착란 활동을 무시하지 않고 오히려 권장한다면, 정신병자는 세계를 이해할 수 있는 새로운 토대를, 즉 라캉이 〈착란적 은유〉라고 부른 것을 구성할 수 있게 된다(『에크리』, 577/217쪽).[61] 로제 사례에서 이 새로운 출발점은 어떻게 해서 엄마의 가계와 아버지의 가계가 만날 수 있었는지를 설명해 주는 착란적인 족보와 같은 것이다. 라캉은 그러한 새로운 세계관을 〈착란적 은유〉라고 불렀는데, 왜냐하면 그것은 부권적인 은유를 대신해 말과 의미를 안정적으로 결집시켜 주기 때문이다. 예를 들어, 슈레버는 수년 동안 극도로 특이한 우주관을 생각해 냈는데, 그 결과는 바로 그를 위한 자리가 보장된 안정적인 의미 세계(다수가 공유하는 의미는 아니지만 그럼에도 의미라 할 수 있는 것)였다. 결국 슈레버는 그 스스로 만든 세계 속에서 자신을 위한 자리를 찾으려고 했던 것이다. 라캉은 이것을 슈레버의 〈정신병 과정〉의 〈종착점〉이라고 불렀다(『에크리』, 571/212쪽).

9장에서 살펴보겠지만, 부권적 은유는 일종의 설명 원칙으로서 기

---

[61] 정신병자에게 약물을 투여함으로써 착란 활동을 중지시킬 수도 있을 것이다. 이는 결국 착란적인 은유의 구축을 방해하는 것이 될 것이다. 그리고 이렇게 되면 환자의 안정성을 유지하기 위해 약물 치료는 계속될 수밖에 없다.

능한다. 그것은 우리를 탄생시키는 타자의 욕망(왜냐하면 주체로서의 우리는 부모의 신체가 아닌 그들의 욕망으로부터 태어나기 때문이다)을 설명한다. 다시 말해 우리가 왜 여기에 있는지, 타자가 왜 우리를 원하는지, 우리를 어느 정도로 원하는지 등등을 밝혀주는 것이다. 그러한 설명 원칙이 결여된 정신병자는 착란적인 방법을 통해서 스스로 그것을 고안해 낸다.

하지만 로제의 착란 활동은 첫 분석가의 잘못된 개입에 의해 그만 중단되고 말았다. 따라서 셋첼의 작업은 로제로 하여금 슈레버처럼 세계 전체를 재축조하지 않고도, 삶을 유지할 수 있을 만큼의 최소한의 의미를 구축하도록 도와주는 것이었다. 물론 셋첼은 로제의 의미 체계를 구성한 것이 무엇인지에 관해선 말하지 않았다. 왜냐하면 그의 사례 보고서는 2년 동안의 작업에 국한된 것이기 때문이다. 물론 셋첼은 거기에서 자신이 앞으로 로제와 어떤 작업을 해나갈지 명시했다.

라캉의 정신병 치료 방법에 대한 이외의 논의는 보다 많은 이론적인 자료를 필요로 하는 일이다. 특히 라캉이 환각 활동을 축소시키거나 정신병자로 하여금 새로운 의미 체계를 구성하도록 유도하는 방법이라고 지적한 것들은 좀더 명확히 규명되어야 할 것이다. 나는 이를 위한 자료들을 이 책의 후편에서 제시하게 될 것이다.

분명 로제에 관해선 보다 많은 것들을 말할 수 있다. 예를 들어 왜 그의 혼란이 (맹인 남편과 사별한 지 얼마 안 된) 어떤 여인과 성관계를 맺어야 하는 순간에 야기되었는지는 좀더 생각해 볼 여지가 있다. 또한 그의 혼란이, 어렸을 적에 자기 누나와 즐겼던 성적인 놀이와 관련된 건 아닌지도 의심해 보아야 한다. 그리고 그에게 과연 여성화의 문제가 없었는지도 고려해 볼 만하다. 하지만 내가 보기에 셋첼이 제시한 자료는 이런 문제들을 해결하기에 충분치 않다. 사례는 주로 아버지의-이름의 폐제가 무엇을 의미하는지, 그리고 신경증이 아닌 정신병의 경우엔 분석가의 역할이 어떻게 달라져야 하는지를 보여주는 데 주안점을 두고 있기 때문이다.

아버지에서 더 나쁜 것으로

사회학자들과 역사가들은 현대 서구 사회에서 아버지의 위치가 몰락하고 있다고 주장해 왔다. 그런데 테렌티우스Terence와 플라우투스Plautus의 고대 희극도 아버지의 권위를 이미 지나간 것으로 그렸다는 점을 생각해 보면, 이 주장은 그다지 신빙성이 있는 것 같지가 않다. 물론 ⟨(오늘날 편친[偏親] 가정의 비율이 점점 늘어나고 있는 것과 같은) 가족 구조의 변화와 성역할의 이데올로기의 변화는 가족 내에서 남성과 아버지의 상징적 역할의 중요성이 광범위하게 도전받고 있다는 사실을 암시한다.

점차 자기 의지만으로 아이를 갖고 가족 삼각형(엄마-아이의 이항 관계 속에 외부, 상징적 타자인 제3항을 도입하는 것, 혹은 부권적 은유를 설정하는 것)의 중요성을 거부하는 독신 여성들이 늘어가고 있다. 아버지 없이 아이를 기르는 레즈비언 커플도 흔히 볼 수 있는 추세다. 이혼율이 증가하고 그에 따라 엄마 힘으로만 양육되는 아이들이 증가하는 한편, 남성들 사이에선 아이에게 반권위주의적인 태도(이는 분명 적어도 부분적으로는 현대의 페미니즘 담화의 영향일 것이다)를 취하고자 하는 경향이 늘어가고 있다. 이에 비추어보면 부권적인 기능이 일부 사회 환경 속에서는 절멸의 위기를 맞이하고 있는 것 같기도 하다.

라캉은 부권적인 기능(아버지에게 엄마를 넘어선 권위의 기능을 설정하는 것)이 더할 나위 없이 좋은 최고의 가족 구조라고 주장한 것은 아니다. 그는 ⟨가족의 가치⟩를 옹호하지 않는다. 아버지가 우리 사회의 버팀목이 되어야 한다고도 주장하지 않는다. 그는 단지 우리에게 한 가지 경고를 할 뿐이다. 아버지의 역할을 배척하는 것은, 다시 말해서 아버지의 상징적인 기능을 전복시키는 것은 이로울 게 없다는 것, 그 결과는 아버지의 기능 자체보다도 더 나쁜 것이 될 수 있다는 것이다. 왜냐하면 그것은 정신병의 발병률을 높이는 결과를 가져오기 때문이다. 이것이 바로 라캉이 ⟨~이냐, 더 나쁜 것이냐 ~ou pire⟩

라는 제목으로 시행한 1971년의 『세미나 XIX』에서 말하려고 했던 바이다. 물론 그 제목에서 생략된 단어는 바로 아버지라는 뜻의 père이다. 만약 아버지를 두 가지 나쁜 것 중에서 그나마 덜 나쁜 것으로 간주한다면, 아버지를 폐제하는 것은 결국 더 나쁜 것을 선택하는 게 된다.

따라서 부권적인 기능을 제거하려는 시도에 대한 라캉의 경고는 다음과 같다. 〈부권적 은유와 같은 어떤 것이 상징적인 기능으로서의 아버지가 없이 자리잡을 수 있는가? 그렇다면 그것은 어떻게 가능한가? 그렇지 않다면, 외부를 도입할 수 있는 다른 방법이 있는가? 어떻게 하면 엄마와 아이의 관계에 3항을 도입할 수 있는가? 어떻게 하면 정신병을 막을 수 있는가? 이는 상징계에 의존하지 않고 가능한 일인가? 경쟁과 전쟁의 세계인 상상적인 세계에 상징계가 개입하지 않고 가능한 일인가? 양성 중 한 성이 그 상징적인 표상의 역할을 책임져야 하지 않겠는가?〉

라캉의 작업이 암시하는 바를 따른다면, 아버지 이외에 동일한 효과를 얻을 수 있는 다른 방법이 발견되지 않는다면, 그러한 아버지를 폐제하려는 시도는 결국 정신병의 발병률을 높이게 될 위험을 감수해야 할 것이다.[62]

---

62) 브루노 베텔하임이 말한 것처럼 아이들을 키울 때 〈사랑이 전부가 아니다〉. 일반적으로 〈부모의 사랑〉만을 강조하는 사람들은 무분별한 규율과 진정한 법의 차이를 포착하지 못하고 있다. 하지만 무분별한 규율과 상징적인 법은 절대로 혼동되어선 안 된다. 부모들은 종종 자신의 편의에 따라서 아이에게 규율을 부과할 때가 있다. 이 경우 무분별한 규율은 전적으로 그들의 기분이나 변덕에 달려 있을 뿐이다. 만약 내가 아이들에게 매일 8시 30분에 잠자리에 들어가야 한다고 말해놓고도 11시까지 그냥 놔두었다면, 이는 아이들에게 바로 내 자신을 그들의 주이상스에 대한 유일한 한계라고 밝히는 게 된다. 그러고서도 내가 그들에게 그러한 규칙을 지키라고 말한다면, 나는 나 이외엔 어떠한 법도 없다고 생각하고 있음을 보여주는 게 된다. 내 자신의 의지와 욕망에 대한 정당한 한계나 규제가 없다고 말이다.

반면 상징적인 협약은 예외를 두지 않고 모든 부분에 적용된다. 만약 내가 아이들에게 토요일을 마음대로 보내도 좋다고 약속한다면, 토요일에는 아이들에게 다른 일을 시킬 수 없을 것이다. 상징적인 협약에 따라 나는 아이들과 똑같이 내 약속에 의해 제한을 받는 것이다. 만약 내가 내 마음대로 예외를 둔다면, 아무것도 규칙으로 남지 않을 것이며 아이들은 나를 거역하고 자기 마음대로 행동하길 바랄 것이다.

부모들이 법과 관련해 문제가 있는 신경증자인 경우라면, 무엇보다도 먼저 상대의 잘못을 지적하고 비판하는 경향이 있다. 그들은 자신에겐 관대하면서도 상대에게선 변덕스러움이나 자만, 비일관성 등을 쉽게 포착해 낸다. 이론상 독신 엄마들은 자신과 아이 사이에 긴밀한 유대 관계를 유지하면서 동시에 자신과 아이를 초월해 있는 어떤 법에 호소함으로써 상징적인 제3항을 도입할 수 있다. 이는 독신 아버지나 게이 커플의 경우도 마찬가지이다. 하지만 여러 세기 동안 각각의 성에 사랑과 법의 임무를 따로 분배해 온 전통적인 가족 구조가 이미 무너졌다면, 한쪽 부모나 평준화된 양쪽 부모가 이 두 역할을 동시에 맡을 수 있는지는 확신할 수 없으며, 정신병이 발병하지 않으리라는 보장도 없다.

법에 대한 우리의 관계는 분명 매우 복잡한 문제이다. 우리는 항상 법의 불공평이나 부도덕성을 지적해 왔다. 이는 안티고네에서 헨리 소로우Thoreau까지 이어진다. 이 경우 우리는 어떤 특정 법을 초월한 정의라는 개념에 호소한다. 무엇이 법을 법으로서 만드는지, 다시 말해 라캉이 법의 〈보증인〉이라고 말한 것, 요컨대 타자, 법 그 자체에 권위를 주며 그것을 정당화하는 게 무엇인지를 묻는 것이다. 그러나 문제는 최종적인 보증인이 존재하지 않는다는 것이다. 법을 정당화할 만한 최종적인 근거는 없다(라캉의 용어로는 〈타자의 타자〉는 존재하지 않는다. 타자의 일관성을 보장할 만한 외부의 지침이 없다).

흥미롭게도 대중 소설이나 영화는 (적어도 아이스퀼로스와 플라톤에서부터 시작해, 루소와 롤즈의 사회계약론까지 계속해서 지적되어 온) 법의 부당성이나 정당성의 문제뿐 아니라 법을 집행시키기 위해 필요한 불합리한 장치들, 은밀한 조작들을 잘 지적해 주고 있다. 예를 들어 현행의 법률 체계가 증인을 보호하기 위해서라면 불법적인 일을 서슴지 않는다든가, 수감 시설의 부족으로 혐의자들을 그냥 방치한다든가, 변호사가 범죄자를 위해 일을 한다든가, 고위 관리나 권세가들은 법의 특별한 보호를 받는다든가 하는 것들이 그것이다. 법은 이론상으론 공평하고 정의롭지만, 실행의 측면에선 그렇지 못하다는 것이다. 또 다른 한편으로 대중 소설이나 영화 속에서는 (FBI, CIA, 국가안전기획부 등과 같이) 법을 수호하기 위해서라면 위법적인 일도 서슴지 않는 공작 기관들이 등장한다. 그들은 이른바 〈국익〉을 위한다는 미명 아래 대통령이나 의회의 승인 없이 비밀 공작을 수행한다. 더욱 재미있는 것은 대통령이나 의회는 너무나 〈순진하기〉 때문에 그런 작전의 존재나 필요성을 알지 못한다는 점이다. 또한 그런 공작 기관들은 그들 나름대로 건전한 사회가 유지될 수 있는 것은 음지에서 수행한 자신들의 비합법적인 작전 때문이라고 믿는다. 여기에서 우리는 타자를 보증하는 것, 다시 말해 타자의 타자는 지독한 잔혹성을 띠고 있다는 사실을 확인하게 된다. 하지만 이는 결코 누설되어선 안 될 비밀이다.

이러한 〈법의 정당성의 위기〉는 보다 뿌리깊은 것이다. (미국 원주민들을 학살한 일이나 흑인들을 노예화한 일과 같이) 한때는 승인되고 권장되던 것이 불법인 것으로 밝혀졌다. 우리 시대의 가장 충격적인 사건 중 하나인 존 F. 케네디의 암살은 아직 그 진상이 밝혀지진 않았지만 분명 미국 정부와 헌법 체계의 정당성을 뒤흔들어놓은 일이었다. 미국이 공개적으로 전쟁을 선포한 적이 없음에도 정부 고위 관료의 지휘 아래 동남아시아에 비밀리에 폭격을 가했던 일도 마찬가지다. 그런 사건들은 법의 집행 기관이 정치적으로 좌파건 우파건 간에 그것의 합법성을 의심하지 않을 수 없게 만든다.
 분명 나는 과거엔 법과 그것을 대표하는 기관이 나무랄 데가 없었다고 주장하는 것이 아니다. 하지만 법의 대표 기관이 신뢰를 잃을수록 법률 자체는 더욱 의문에 부쳐질 것이며, 우리는 법이 강요한 희생(거세)을 받아들이지 않을 것이다. 우리가 어떤 특정법을 넘어선 절대적인 법이라는 관념을 갖기 위해선, 먼저 그러한 이상과 가까운 법을 자기 집에서 경험해야 한다. 만일 전형적인 핵가족 내에서 이런 경험을 충분히 하지 못한다면, 그것을 회복하려는 이후의 시도들은 별로 효과를 보지 못할 것이다. 라캉이 한때 염세적인 어조로 말했듯이 〈나는 나쁜 것을 제거하려는 시도가 더 나쁜 것을 남겨놓을 수도 있다고 말하는 것이 아니다. 그것은 항상 더 나쁜 것으로 이끌 것이다〉(『세미나 III』, 361쪽).

신경증

> 환상은 욕망에 고유한 쾌락을 제공한다.
> —— 라캉, 『에크리』, 773쪽

신경증의 특징 중 대부분은 이미 이 책에서 언급된 것들이다. 처음 다섯 장에서 제시된, 분석에 대한 입문적인 논의는 무엇보다 신경증에 적용될 수 있는 것들이다. 7장에서 나는 정신병의 경우에는 그와 다른 접근 방식이 필요하다고 말한 바 있다. 이는 (9장에서 확인하겠지만) 도착증의 경우에도 마찬가지다.

신경증은 다양한 방식으로 정의될 수 있다. 정신병과 대조적으로, 신경증은 부권적 기능의 자리매김을 전제로 한다. 따라서 신경증자는 이미 언어의 기본 구조를 습득한 자이며 확실성보다는 의심에 지배받는 자이다. 충동들이 제한 없이 행위하는 경우가 정신병이라면, 신경증은 충동이 상당 부분 금지된 경우로서,[1] 직접적인 성적 접촉보다는 환상을 통해 쾌락에 도달하려는 성향이 강하다. 그리고 신경증

---

1) 진정한 행위에 대한 라캉의 정의를 생각해 보자. 〈행위는 금지되기 위해 지시된 욕망, 그것이 드러나는 행위이다〉(『세미나 X』, 1963년 6월 25일). 또한 라캉이 일 년 동안의 세미나를 〈정신분석의 행위〉라는 제목으로 시행했음을 생각해 보자(『세미나 XV』).

은 정신병의 폐제와는 반대로, 억압의 구조를 갖기 때문에 억압된 것이 내부로부터, 말하자면 프로이트가 얘기한 말실수, 실수 행위, 증상의 형태로 되돌아온다. 신경증의 특징은 이뿐만이 아니다. 도착증과 비교하자면 신경증은 성감대 중에서 성기대(性器帶)가 우위를 차지하는 경우로서, 주이상스를 가져다주는 것에 대해 일정 정도 불확실한 상태로 남아 있기 때문에 그것이 무엇인지 안다고 해도 실제로 추구하는 데는 상당한 어려움을 느낀다. 또한 신경증은 도착증과 달리 타자의 주이상스의 원인이 되기를 거부한다.

억압

> 무의식에 관해 말할 수 있는 첫번째 것은…… 프로이트의 말을 따르자면, 그것이 사유로 이루어져 있다는 사실이다.
> —— 라캉, *Scilicet* 1(1968), 35쪽

> 억압에 있어 근본적인 것은…… 감정이 제거된다는 것이 아니라 그것이 자리가 바뀌어 오인될 수 있다는 점이다.
> —— 라캉, 『세미나 XVII』, 168쪽

신경증을 규정하는 근본적인 메커니즘은 억압이다. 정신병자가 일반인이 꺼리는 외설적인 감정이나 행동을 스스럼없이 드러낸다면, 신경증자는 억압을 통해 그런 것들을 다른 사람에게뿐 아니라 자신에게도 감추어버린다. 반면 라캉은 정신병자의 상황을, 무의식이 〈그대로 노출되어 있다는à ciel ouvert〉 표현을 써서 설명한 바 있다.[2] 사실 어떤 의미에선 정신병자는 무의식이 없다고 할 수 있다. 왜냐하면 무의식은 억압의 결과로서만 나타나기 때문이다.[3]

---

2) 예를 들어 『세미나 III』, 20쪽 참조.
3) 프로이트에 따르면 무의식은 이중의 과정에서 기인한 것이다. 원억압과 2차 억압이 바로 그것이다. 라캉이 이것을 어떻게 해석했는지는 『라캉의 주체』, 5장

프로이트에 따르면, 억압은 (그 원동력이 무엇이 되었건 간에, 예를 들어 에고나 초자아 같은 억압의 작인에 있건, 아니면 주체를 매혹시켰던 억압의 대상에 있건) 한때 마음속에 스쳤던 지각이나 사고의 기록을 따로 분리해 내는 것이다. 따라서 폐제와 달리, 억압은 지각이나 사고를 완전히 지워버리지 않는다. 프로이트가 「부정」이라는 논문에서 밝혔듯이, 어떤 현실(예를 들어 부모의 성교 장면에 대한 지각)이 억압되려면 그것은 먼저 정신에 의해 긍정되어 있어야 한다.[4] 정신병이 처음부터 현실을 폐제시키고 축출하는 경우라면, 신경증은 그 현실을 이미 긍정한 상태에서 의식으로부터 밀어내는 경우이다.

프로이트가 꿈의 잠재적 내용과 현시적 내용을 상이한 종류의 언어로 생각했던 것과 마찬가지로(SE IV, 277쪽), 라캉은 무의식을 해석을 통해서만 이해할 수 있는 일종의 외래어로 간주했다(『세미나 III』, 20쪽). 프로이트가 (물론 다른 곳에서도 여러 번 반복해서 밝히고 있지만) 「억압」에서 강조한 것을 따라, 라캉은 억압된 것은 감각이나 감정이 아니라 그 감각이나 감정에 부착된 관념이라고 지적했다.[5] 요컨대 무의식은 감정이 아닌 관념들로 구성된다는 뜻이다(그 관념들은 또한 말이나 기표를 통해서만 표출될 수 있다). 일반적으로 감정과 생각은 처음엔 결합된 형태로 있지만 억압이 일어나면 서로 분리되어 생각이 의식으로부터 밀려나게 된다.

이것이 바로 환자들이 원인도 모른 채 불안에 떨거나 우울증에 빠

을 참조. 정신병자에게 무의식이 없다고 한다면, 이는 존재도, 주체도, 엄밀히 말해 욕망도 없다는 것을 의미한다는 데 주목하자.
4) 〈긍정 Bejahung〉에 관해선 「부정」(SE XIX, 236-239쪽)과 『세미나 II』에 실려 있는 이 논문에 대한 장 이폴리트의 긴 논평을 참조하라. 콜레트 솔레는 Bejahung이 프랑스어로는 admission(용인)이라고 번역되어야 한다는 점을 지적한 바 있다. 이에 대해선 「상징계」, 『리딩 세미나 I-II』, 52쪽을 참조하라. 나는 또한 그 책에 실린 임상에 관한 그녀의 논문 「히스테리와 강박증」을 많이 참조했다.
5) 억압이 지각이 아닌 관념과 관련된다는 점에 대해선 부인에 관한 9장의 서두 부분 참조.

지거나 죄의식으로 가득 차 있는 이유이다. 아마도 그런 상황의 원인을 생각해 낸다고 하더라도 그것은 그들을 압도한 감정의 힘과 결코 일치하지 않을 것이다. 어떤 생각을 억압하더라도 거기에 상응하는 감정은 그대로 남아 있으며 그것에 의해 압도된 환자는 어떤 식으로든 그것을 설명하고 이해하려 한다.[6] 생각을 〈망각〉하고도 감정이 그대로 잔존하는 이런 경우는 특히 히스테리 환자들에게 공통적으로 나타난다.

물론 이와 반대의 경우도 있다. 이는 의식이 생각(예를 들어 유년기에 일어난 어떤 특정한 사건에 대한 기억)을 허용하지만 그럼에도 아무 감정도 불러내지 못하는 경우이다. 이는 강박증자들에게 나타나는 공통적인 현상이다. 강박증자는 사건을 회상할 수 있지만 당시의 감정 상태는 떠올리지 못한다. 억압이 관념과 그것에 결부된 감정의 고리를 끊어버린 것이다. 따라서 분석은 환자가 관념과 고리가 끊긴 예전의 감정을 지금 이곳의 분석 관계 속으로 전이시키는 것으로 시작된

---

6) 관념이 억압되는 경우, 거기에 부착된 감정은 그 관념을 억압했던 힘들과 충돌을 일으킨다. 따라서 환자는 종종 그 감정이 상반된 힘에 의해 중화되었기 때문에 그것을 느끼지 못하기도 한다. 예를 들어, 공격적인 충동이 그러한 충동을 검열하는 도덕적인 판단과 충돌을 일으키면, 분노나 감정은 판단에 의해 제어되며 균형을 찾는다. 이렇게 되면 신경증자는 자신은 전혀 화가 나지 않았다고 말하며 감정 표현을 자제하게 된다. 하지만 이런 경우 대부분의 분석가들은 그 상황을 고려하지 못하고 환자가 너무 〈이성적〉이며 〈자신의 감정을 표현할 줄 모른다〉고 생각한다. 따라서 그들은 환자가 〈감정을 되찾는〉 것을 분석의 목표로 삼게 된다. 환자가 너무 깊은 생각을 자제하고 〈자신의 감정에 충실하게〉 되는 것이 그들 분석의 목표이다. 결국 그들은 한 가지 중요한 점을 간과하는데, 그것은 바로 감정과 관념은 서로 협력 관계에 있다는 사실이다. 환자가 억압된 생각을 표현할 수 있으려면 먼저 꿈, 환상, 백일몽을 연상해야 한다. 그리고 그렇게 해서 그 생각이 외부로 표현되면, 자연스레 이와 관련된 감정이 되돌아올 것이다. 분석가가 환자에게 그가 감정을 느낄 줄 모르고 지나치게 생각에 몰두한다고 말한다면, 이는 암시와 다르지 않다(이러한 암시에 의해, 환자가 분석가를 위해 자신의 감정을 표시하게 될 수도 있다). 이는 환자의 저항을 해석하지 못하고 그에게 저항에 사로잡혀 있다고 비난하는 것이 된다(4장 참조).

다. 이는 분석가가 환자에게 암시를 걸거나 그의 과실을 따져서 되는 게 아니다. 이는 가능한 한 분석가가 텅 빈 스크린의 역할을 취함으로써만, 다시 말해 부정태를 통한 투사 속에서만 가능하다.

예를 들어 쥐인간에 대한 프로이트의 연구를 생각해 보자. 프로이트가 일찍부터 확신한 바에 따르면, 환자는 어렸을 때 아버지에 대해 증오의 감정들을 품었었지만 유년기의 기억 속에서 그 감정들을 불러낼 수 없었다. 그러자 프로이트는 스스로 〈무기질 인간 Man without Quality〉을 형상화하면서 분석주체가 그 감정들을 분석 상황 속에서 재생산해 내도록 유도했다. 프로이트는 끈기 있게 환자의 아버지를 대신하려고 했으며 그렇게 해서 아버지에게 향하던 비난을 자신에게 향하도록 만들 수 있었다. (아버지에게서 분석가로 이어지는) 바로 이러한 대체를 통해 분석주체는 고리가 끊겨 있던 감정을 표출할 수 있게 된 것이다.

억압된 것의 회귀

생각이 한번 억압되면, 그것은 단순히 잠자는 상태로 머물지 않는다. 그것은 다른 생각들과 관계를 맺고, 가능하면 꿈이나 말실수나 증상을 통해 자신을 표현하고자 한다. 이런 의미에서 라캉은 〈억압과 억압된 것의 회귀는 하나이자 동일한 것〉[7]이라고 말했다. 다시 말해 억압된 생각은 프로이트가 말한 망각이나 말실수, 혹은 〈우연찮게〉 병을 깨는 것과 같은 위장된 형태로 표출된 생각과 동일한 것이다(예를 들어 엄마가 쓰다듬어주는 것을 메스꺼워한다면 이는 곧 엄마에 대한 욕망이 억압되어 있음을 나타낸다). 실제로, 억압된 것이 존재한다

---

7) 예를 들어 『세미나 III』, 57쪽 참조. 이와 동일한 개념이 1950년대의 그의 작업 속에 여러 차례 표현된 바 있다.

는 〈증거〉는 그것의 회귀, 다시 말해서 그것이 증상이나 말실수를 통해 되돌아온다는 사실에 있다. 얼굴 경련과 같은 증상이 존재한다는 것은 정신분석이 억압에 관해서 가시적으로 확인할 수 있는 유일한 증거이다.[8] 아마도 얼굴 경련은 억압되어 버린 혐오스런 생각이나 더 많은 것을 보고자 하는 억압된 소망으로부터 온 것일 수 있다. 〈신경증의 증상은 언어의 역할을 하며, 억압은 바로 그 언어를 통해서 표출된다〉(『세미나 III』, 72쪽). 증상은 곧 타자를 향한 메시지인 것이다.

(경미한 통증, 가슴이 죄는 느낌, 편두통의 현기증, 쑤시고 욱신거리는 느낌, 눈이 안 보인다든가 말이 안 나오고 귀가 들리지 않는 것과 같은 마비 상태 등 그 범위가 다양한) 신체로 표현된 증상의 경우, 증상이 선택한 매체는 언어에 의해 쓰여진 신체, 다시 말해서 기표로 덧쓰여진 신체이다. 〈언어치료법 talking cure〉의 창시자인 안나 O(조셉 브로이어가 치료했던 베르타 파펜하임)[9]는 이따금씩 오른팔이 마비됨을 느꼈는데, 이는 그녀의 백일몽 속에서 뱀이 아버지를 물려고 했을 때 그 팔이 위험에 처한 아버지를 보호하길 거부했기 때문이다. 요컨대 그녀의 신체적 증상은 그녀가 인정하고 싶지 않은, 아버지가 죽길 바라는 소망에 대해, 그리고 아버지와 그녀의 관계에 대해 〈말을 건넨다〉. 그녀는 신경 계통에 대한 의학 지식으로는 도저히 설명할 수 없는 또 다른 증상을 보이는데, 그것은 바로 넓적다리에서 국소적으로 느껴지는 심한 통증이다. 그런데 이는 나중에, 아버지의 발을 치료하던 중 치료를 위해 그 발이 기댔던 부분으로 밝혀진다.

일반적으로 히스테리는 억압된 것이 신체로 되돌아오는 반면, 강박증은 억압된 것이 정신으로 되돌아오는 것이라고 말해지곤 한다.

---

8) 프로이트는 다음과 같이 말한 바 있다. 〈우리는 '무의식'을 그 존재를 인정할 수밖에 없는 어떤 정신 과정이라고 부른다. 우리는 어떻게든 그것의 효과로부터 그것을 추론해 낼 수 있기 때문이다〉(SE XXII, 70쪽).
9) 『히스테리 연구』에 대한 브로이어의 사례 연구 참조(SE II, 21-47쪽).

그러나 이는 결정적인 것이 아니다. 물론 강박증자가 특정 생각(겉으로 보기엔 무의미하지만, 심지어 환자 자신을 박해하는 것처럼 보일 정도로 그가 어쩌지 못하고 집착할 수밖에 없는 생각들) 때문에 곤란을 겪는다면, 히스테리 환자는 시시각각 변화하는 신체적 장애 때문에 고통을 겪는다는 것은 쉽게 확인할 수 있는 사실이다. 하지만 이는 강박증과 히스테리를 명확히 구분할 수 있는 엄격한 잣대가 아니다. 요즘은 〈스트레스와 관련하여〉 신체적인 장애를 겪는 강박증자가 계속해서 증가하는 추세에 있다. 강박증도 히스테리의 정신육체적인 증상처럼 신체의 특정 부분을 선택하고 그것을 통해 말하는 경우가 있다. 예를 들어, 강박증자가 배설 기관과 소화 기관의 고통을 호소하는 것은 우연이 아닐 것이다(오늘날 〈민감성 위장 장애〉와 같은 새로운 〈증후군〉이나 〈스트레스와 관련된〉 위장 장애로 진단되는 많은 경우를 생각해 보자).

따라서 히스테리와 강박증을 구분할 수 있는 잣대는 억압된 것이 어떤 장소로 되돌아오느냐가 아니다.[10] 분석가는 환자의 임상적 정황 속에서 신체 경련의 증상이 주도적으로 나타나는 것을 보고 히스테리로 진단하는 경우가 많은데, 사실 이런 현상은 좀더 조심스럽게 관찰할 필요가 있다. 신체 경련과 같은 특징들은 임상 구조를 진단하는데 그다지 결정적이지 못하다. 피가학적인 성향과 함께 신체 경련은 다른 많은 임상적인 범주들에서도 발견될 수 있는 일반적인 특징이기 때문이다.

---

10) 하지만 억압된 것이 타자 속으로(타자와의 관계 속으로) 회귀한다는 점은 신경증을 정신병과 구분짓는 기준이 된다고 말할 수 있다. 왜냐하면 정신병의 경우에 폐제된 것은 (정신병자가 TV 아나운서가 자신에게 직접 얘기하고 있다고 믿는 것처럼) 실재 속으로 회귀하거나 상상적인 타인과의 관계하에 분절되기 때문이다.

라캉적 주체의 위치/태도

라캉에 따르면, 신경증에 속한 〈임상 구조들〉(진단 범주들)은 증상에 따라 결정되는 것이 아니라 주체가 어떤 위치/태도를 취하느냐에 따라 규정된다. 미국의 심리치료사들, 정신분석가들, 심리학자들은 신경증에 보다 많은 분류와 진단 범주를 포함시키는 경향이 있다 (〈우울성 장애〉, 〈양극성 장애〉, 〈공황 장애〉, 〈과민성 장애〉, 〈최면 상태〉 등등). 하지만 그러한 범주들은 단지 어떤 특정 시기에 표출되는 일련의 증상이나 개인의 전반적인 심리 구조에 속한 국소적인 패턴일 뿐이다.

라캉에 있어 중요한 것은 그러한 패턴들 이면에 숨겨진 〈심층적인〉 구조이다. 이른바 〈중독성 인성〉, 〈내향성〉, 〈외향성〉, 〈애정과다증 여성〉, 〈애정기피증 남성들〉 같은 문제는 부차적인 수준에 있을 뿐이다. 미국의 심리학과 심리치료법은 심층적인 구조들을 무시한 채 가시적인 증상들에만 몰두하고 있다. 그들은 분할과 정복이라는, 현재 미국 과학을 주도하는 진부한 흐름을 그대로 따른다. 모든 패턴을 보다 작은 단위로 분할하고 그 단위에 새로운 이름을 붙여 그것들을 전혀 다른 〈장애〉로 취급해 치료하는 것이 바로 그들의 일이다(이는 대부분 약물을 통해서, 혹은 그것으로 안 되면 특이한 치료 기술을 통해서 이루어진다). 〈과학적인〉 의학에 의해 공식화된 범주들도 사실 통속 심리학의 범주들과 별반 다를 것이 없는데, 이는 양자 모두 증상과 증후군을 나열하는 식의 접근 방식에만 몰두하고 있기 때문이다.

이러한 관점에서 본다면 거식증에 걸린 한 여성은 결국 〈식사 장애〉라는 이름으로 분류되는데, 이는 사실 거식증이라는 말을 동어반복하는 것에 지나지 않는다. 하지만 라캉의 관점에 따라 그녀를 히스테리로 구분한다면, 우리는 〈식사 장애〉가 보다 상위의 범주인 그녀의 심리 구조 속에서 어떤 기능을 차지하는지 자리매김할 수 있을 것이다. 뿐만 아니라 (유년기의 구토에서부터 시작해 10대의 거식증, 20대

초반의 상습적인 절도 행위, 그 이후의 주식중매인으로서 겪게 되는 중압감이나 스트레스까지) 살아오면서 그녀가 겪어 온 모든 증상들의 이면에서 동일한 기능을 확인할 수도 있다.

라캉의 정신분석에 있어선 신경증 안에 포함된 하위 범주들 또한 구조적인 범주이다. 이들은 어떤 특정한 증상들에 국한되지 않는다. 왜냐하면 하나의 동일한 증상이 여러 범주에서 동시에 발견될 수도 있기 때문이다.

신경증이라는 이름하의 주요 임상 구조들은 다음과 같이 도식화될 수 있다.

주요 범주들:	신경증	정신병	도착증
하위 범주들:	히스테리 강박증 공포증		

그렇다면 이제 신경증에 속한 이 〈심층 구조들〉이 어떻게 규정되는지 살펴보도록 하자.

히스테리와 강박증

초기 저작에서 프로이트는, 초기의(최초의) 성경험에 대해 주체가 반응하는 방식에 따라서 히스테리와 강박증을 정의하려고 했다. 그가 제안하는 정의 중 가장 인상적인 것은 강박증이 죄의식으로 반응하는 반면, 히스테리는 혐오감으로 반응한다는 것이다.[11] 가장 포괄적

---

11) 프로이트가 제시하는 또 다른 정의는 다음과 같다. 강박증자는 초기의 성경험에서 너무 많은 쾌락을 얻은 반면, 히스테리 환자는 너무 적은 쾌락을 얻었다는

인 의미에서의[12] 프로이트의 성욕 개념을 중시하는 분석가들에게, 성적인 태도의 기본적인 차이에 따른 진단은 매우 간편한 일이 아닐 수 없다. 하지만 실제 임상 작업에서는 이와 같은 경험적인 지표들(강박적인 의례나 신체적 증상과 같은 것들)이 결정적인 역할을 수행하지 못한다. 우리는 강박증에서도 이른바 히스테리의 특징을 발견하며 히스테리 안에서도 강박증의 특징을 발견할 수 있다. 실제로 내가 지도한 한 분석 사례에서는 (일반적으로 히스테리의 증상이라고 생각되는) 환자의 거식증 성향이 (일반적으로 강박증과 연관이 있다고 생각되는) 죄의식에 의해 초래된 것이었다. 환자는 엄마에 대한 죄의식이 커질 수록 그만큼 더 열량 소모를 제어했던 것이다.[13]

따라서 그 환자에게 숨겨진 히스테리를 올바로 진단하려면 겉으로 확인할 수 있는 강박 현상보다 더 근본적인 메커니즘을, 다시 말해서 정말로 심리 구조를 통제한다고 할 수 있는 어떤 메커니즘을 확인할 수 있어야 한다. 이는 또한 분석가가 각각의 임상 구조를 토대로 한 다양한 현상적인 증상들을 파악하거나 환자의 심리 구조에 고유한 전이 현상 속에 개입하기 위해서도 반드시 필요한 일이다.

1890년대 후반, 프로이트는 히스테리를 이런 식으로 정의(모든 경우에 적용될 수 있도록 분명하게 정의하는 것)하고자 했다. 그러나 그는 그것이 가능하리라고는 생각지 못했다. 플리스Fliess에게 보내는 한 편지[14]에서 그는 히스테리를 완전히 설명할 수 있을 만한 최종판을

것이다. 이 정의에 대한 라캉의 언급에 대해선 『세미나 XI』, 67/69-70쪽 참조.
12) 〈성욕 sexuality〉에 대한 프로이트의 광범위한 정의에 대해선, 예를 들어 『정신분석 강의』, 20장과 21장 참조.
13) 강박-강압 obsession-compulsion이란 용어는 오해의 소지가 있다. 이 용어는 모든 강압적인 행위가 강박증이라는 범주로 진단될 수 있음을 암시한다. 하지만 충동은 특정 질환에 국한되지 않고 항상 강압적임을 주목해야 한다.
14) 제프리 마송 Jeffrey Masson이 번역한 프로이트의 『플리스에게 보내는 프로이트의 편지 Freud's Letters to Fliess』(Cambridge, Mass.: Harvard University Press, 1988)를 참조.

쓰겠다고 밝힌 바 있다. 하지만 그는 그 책을 쓰지 못했다. 그에게는 일관되지 않은 잠정적인 정의만이 있을 뿐이다. 이러한 정의가 실전 분석가들에게 유용한 건 사실이지만, 그럼에도 여전히 많은 문제점을 남긴다. 왜 두 가지 신경증만 있는 것일까? 왜 넷이나 여섯일 수는 없는가? (사실 프로이트에게는 공포증을 포함해서 모두 세 가지 신경증이 있다.)[15]

히스테리와 강박증이라는 범주는 정신분석의 발전에 중대한 기여를 했고 역사적으로도 매우 중요한 의미를 갖는다. 하지만 절대적인 정의가 부재하는 상황에서, 게다가 정신분석에 대한 관심이 예전 같지 않은 상황에서 정신분석 범주의 중요성을 전달하기란 그리 쉽지 않다. 일반적으로 사람들은 어떻게든 하나의 범주 안에서 환자들의 공통적인 특징을 발견할 수 있다면 이로써 충분하다고 생각하는 경향이 있다. 이것만 가능하다면, 어떤 분류법도 치료에 유용한 것이며 중요한 의미를 지니게 된다는 것이다. 이런 맥락에서 혹자는 정신분석 범주의 타당성을 말할 수도 있을 것이다. 요컨대 정신분석의 진단법은 분석가가 다양한 환자들에게 개입할 수 있는 요령을 가르쳐준다는 점에서 다른 진단법보다 훨씬 더 유용하다고 말할 수 있을지도 모르겠다.

하지만 라캉은 그 범주가 보다 심층적이고 구조적인 수준에서 정의될 수 있다는 사실을 보여줌으로써, 본질적으로 정신분석의 범주를 보다 설득력 있게 제시했다. 라캉은 프로이트의 저작을 형식화하고 확장하면서, 프로이트가 제시하지 못했던 강박증과 히스테리의 구조적인 이해를 위한 토대를 마련해 주었다.

---

15) 공포증에 관해선 이 장의 말미에서 간단히 살펴볼 것이다. 라캉이 항상 공포증을 별도의 신경증으로 설정하지 않았다는 점에 주목해야 한다. 예를 들어, 자크-알랭 밀레의「임상에 대한 라캉의 논의에 관하여」,『리딩 세미나 I-II』참조. 또한 프로이트가 편집증을 신경증에 포함시킨 반면, 라캉은 그것을 정신병에 위치시켰다는 것에도 주목하자(『세미나 III』, 282쪽).

구조적인 정의들

> 강박증자는 <타인을 위해서라면 무엇이든지 하겠다>고 말한다. 비록 이것이 그가 하는 일이다. 왜냐하면 타인을 파괴하는 영원한 현기증 속에서, 그는 타인이 계속해서 존재할 것이라고 확신할 수 있을 만큼 충분히 그렇게 할 수 없기 때문이다.
> —— 라캉, 『세미나 VIII』, 241쪽

히스테리와 강박증에 관한 라캉의 가장 기본적인 구분을 이해하기 위해선 내가 5장에서 제시한 본환상 개념으로 돌아가야 한다. 이 본환상의 기본 형태는 $ \$ \lozenge a $라고 공식화될 수 있는 주체와 대상 간의 관계이다. 그러나 강박증과 히스테리의 본환상은 근본적으로 다른 형태로 나타난다. 요컨대 강박증의 환상이 대상과의 관계를 함축하긴 하지만, 강박증자는 이러한 대상이 타자와 연관되어 있다는 사실을 인정하지 않으려 한다. 라캉에 따르면, 일반적으로 대상은 항상 주체가 타자로부터 분리되는 순간에 상실되는 것으로서 나타난다(그림 8.1 참조). 그런데 강박증자는 이 순간 대상과 타자 사이에 존재하는 어떠한 연관 관계도 인정하기를 거부한다.[16]

프로이트와 라캉의 가장 간단한 예를 들자면, (아이가 엄마젖을 먹고 자란 경우) 엄마의 젖가슴은 아이가 만족을 얻는 최초의 근원이다. 그림 8.1에서 우리는 아이를 왼쪽 원 안에 위치시킬 수 있으며 아이의 타자인 엄마는 오른쪽 원 안에 위치시킬 수 있다. 그리고 양자 사이의 교차된 부분에는 젖가슴을 위치시킬 수 있다. 처음에 유아는 엄

---

16) 상실된 대상과 그것의 탄생에 관해선 『라캉의 주체』, 7장 참조. 히스테리와 강박증에서의 본환상을 예시하기 위해 아래에 제시된 도식들과 분리에 관해선 『세미나 XI』, 16-17장을, 그리고 『세미나 XIV』와 『세미나 XV』를 참조. 그림 8.1은 『세미나 X』, 1963년 6월 12일 강의에서도 발견할 수 있다. 또한 라캉의 분리와 소외 개념을 정식화한 자크-알랭 밀레의 미출간 강의(특히 1983년 3월 9, 16, 23일 강의) 참조. 밀레의 작업에 근거한 브루스 핑크, 「소외와 분리: 라캉에게 있어서 욕망의 변증법의 논리적 계기들 Alienation and Separation: Logical Moments of Lacan's Dialectic of Desire」, *Newsletter of the Freudian Field* 4(1990) 참조. 또한 『라캉의 주체』, 5장을 참조. 분리는 이 책의 9장에서 논의될 것이다.

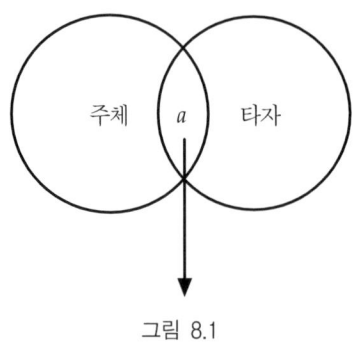

그림 8.1

마의 젖가슴을 자기 자신과 분리된 것으로 인식하지 못하고 〈자신〉의 일부분이라고 생각한다(아이는 처음엔 자기라는 감각이, 어디에서 끝나고 어디에서 시작하는지 알지 못한다). 아이는 모든 것을 연속적인 것으로 경험하게 된다. 하지만 일단 유아가 자신을 엄마로부터 분리된 것으로 인식하기 시작하면, 젖가슴은 예전과 똑같은 방식으로 〈소유되지〉 않는다. 왜냐하면 그것에서 느꼈던 최초의 만족은 자아/타인, 주체/대상에 선행하는 원초적인 시간에 속해 있기 때문이다.[17] 이유기(간단히 말해서 일종의 분리)가 진행되는 동안, 아이는 젖가슴을 타인에게 빼앗기는 것으로, 따라서 상실되는 것으로 체험한다. 아이가 분리에 의해 상실한 것은 엄마가 아니라, 이전에 엄청난 쾌락을 제공했던 성적인 대상이다.[18] 그런데 아이는 이 상실을 순순히 받아들이진 않는다. 아이는 그것에 대해 어떤 식으로든 보상받으려 한다.

강박증자는 욕망의 원인인 젖가슴을 자신의 것으로 구성하는 환상을 통해 분리를 극복하고 그것에 대해 보상받으려 한다. 그(앞으로 나

---

17) 여기에서 프로이트와 라캉이 염두에 두는 것은 연대기적인 시간이 아니라 논리적으로 필연적인 시간이다. 왜냐하면 아이는 처음부터 다른 것, 다른 사람과 구분될 수 있는 하나, 한 사람으로 구성되어 있지 않기 때문이다.
18) 라캉이 『세미나 X』에서 말했듯이, 분리는 아이와 엄마의 수준에서 일어나는 것이 아니라 아이와 엄마의 젖가슴 수준에서 일어난다.

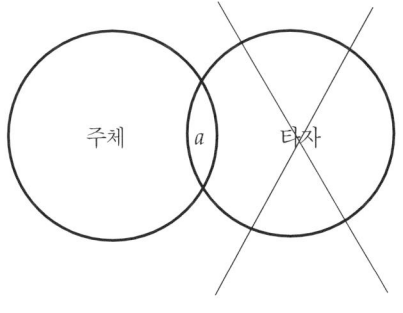

그림 8.2

는 강박증자를 〈그〉라는 대명사로 지칭하게 될 텐데, 이는 일반적으로 강박증자의 대부분이 남성이기 때문이다)는 대상을 얻음으로써 통일성과 전체성을 회복하게 된다. 따라서 강박증자는 젖가슴이 타자, 즉 엄마나 자신의 성적 파트너인 어떤 여성과 관련이 있다는 사실을 인정하길 거부한다.

그림 8.2에 간략히 제시된 바와 같이 강박증자는 대상을 자기 자신의 것으로 간주하며, 타자의 욕망과 그 존재를 인정하지 않는다. 강박증자가 이렇게 타자를 무화시키고 중화시키려고 애쓴다는 점을 고려한다면, 우리는 강박증자의 본환상을 본환상의 일반적인 공식($\$ \lozenge a$)으로 대신할 수 있을 것이다.[19]

이와 반대로, 히스테리 환자의 환상은 타자가 〈상실한〉 대상과의 관계 속에서 자기 자신을 구성하는 것이다. 이것이 바로 히스테리 환

---

19) 1973년 라캉은 〈성결정 공식 formula of sexuation〉에서 $\$$에서 a로 가는 화살표를 그린 바 있다. 필자가 보기에 그것은 강박증 공식($\$ \lozenge a$)의 정당성을 재확인하는 것이라 할 수 있다. 이 공식들이 라캉이 말한 남성 구조와 여성 구조를 개념화하기 위한 것임에도 나는 어느 정도까지는 남성 구조를 강박증과, 여성 구조를 히스테리와 연결시킬 수 있다고 믿는다. 〈남자는 상대에게서 대상 a 이외에는 아무것도 생각하지 못한다…… 그는 자신의 욕망의 원인을 제외하고는 자신에게 타자인 성적 상대에 도달하지 못한다. 이런 점에서 이는 환상과 다르지 않다〉(75쪽).

자가 분리를 극복하는 방법이다. 분리가 일어나면 히스테리 환자는 자신의 상실을 엄마-타자의 상실이라는 관점에서 생각하게 된다. 그녀(내가 〈그녀〉라고 말하는 것은 대부분의 히스테리 환자들이 여성이기 때문이다)는 자신이 없이는 엄마가 완전할 수 없을 것이라 생각하며, 자신이, 엄마를 완전한 하나로 만들기 위해 필요한 대상(엄마의 욕망을 충족시키고 그 결여를 메워줄 수 있는 대상)이라고 생각한다.[20] 만약 이러한 관계가 아버지의-이름 Name-of-the-Father을 통해서 삼각구도로 탈바꿈되지 않는다면 정신병이 발병할 것이다. 그러나 일단 삼각 구도를 구축하는데 성공하고 나면, 히스테리 환자는 자신이 타자의 욕망을 지속시킬 수 있는 대상이라고 생각하게 되고, 이로써 대상으로서의 그녀의 위치가 확정된다. 다시 말해서 타자 안에 그녀를 위한 공간이 마련된 것이다.

히스테리 환자는 강박증자처럼 대상을 자기 자신을 위한 것으로 간주하기보다, 타자가 무엇을 욕망하는지 알아내려 한다. 그녀는 스스로 타자의 욕망을 지속시킬 수 있는 특정한 대상이 되려고 한다. 그녀는 환상 공식에서 주체의 자리에 위치한 자신을 대상 a의 자리에 위치시킨다. 따라서 본환상은 분리에 대한 일종의 응답으로 이해될 수 있다. 요컨대 강박증자는 분리가 주체에게 끼친 효과들을 뒤집으려 하는 반면, 히스테리 환자는 분리가 타자에게 끼친 효과를 뒤집으려 한다.[21]

---

20) 9장에서, 우리는 이러한 히스테리의 전략과 도착 사이에서 일정한 유사 관계를 확인하게 될 것이다.
21) 9장에서 나는 분리와 그것을 설명하기 위해 사용한 도식들에 관해 이야기하게 될 것이다. 여기에서 나는 (일반적으로 여자에 해당되는) 히스테리와 (일반적으로 남자에 해당되는) 강박증이 각기 보여주는, 분리를 극복하는 상이한 방법에 대해 일종의 사회심리학적인 설명을 보여주고 싶다.
  도식적으로 말해서, 엄마는 아들에게 출생 직후부터 줄곧 자신을 희생하면서까지 좀더 많이 베풀고 싶어하는 경향을 갖고 있다. 엄마는 남자아이에게 아이 자신이 무엇인가가 부족한 존재임을 느끼게 하며, 그 부족한 것을 아이에게 제공하려 한다. 결과적으로 남자아이는 나중에 엄마와 관련된 대상(가슴, 따뜻한

음성, 부드러운 응시)의 환상을 통해 엄마와의 분리를 극복하려고 한다. 남자아이는 자신이 무엇인가를 결여한 존재임을 느끼게 된 이후로 자신을 보충할 수 있을 만한 대상을 환상 속에서 추구한다.

반면 딸의 경우 엄마들은 좀 덜 적극적으로 보살피는 경향이 있다(한 조사에 따르면 엄마가 여자아이에게 젖을 먹이는 시간이 남자아이의 70퍼센트에 불과하다고 한다). 여기에서 결여된 존재는 딸이 아니라 엄마이다. 딸은 엄마를 무엇인가가 결여된 존재로 느끼며, 따라서 그 부족한 부분을 엄마에게 제공해야 한다고 생각하게 된다. 이후 엄마와의 분리를 극복하려는 딸의 시도는 타자에게 자신을 대상으로 제공함으로써 그 타자를 보충하는 방식으로 이루어진다. 요컨대 그녀는 엄마가 자신을 필요로 한다고 느낀다.

외디푸스화가 일어나면, 타자로서의 엄마를 보충하는 이런 전략은 이제 남성적인 타자에게, 일반적으로 아버지에게 전이된다. 하지만 이것은 먼저 아버지가 아닌 엄마라는 타자와 관련하여 일어난다는 점을 분명히 하고 싶다. (우리는 여자에게서 임상적으로 남자 파트너와의 관계 속에서 엄마와의 관계를 적어도 부분적으로나마 재생산하는 현상을 발견할 수 있다. 우리는 이런 전략이 이 장의 후반부에 상세히 논의된 히스테리 사례에서 어머니상과 아버지상 모두와 관련하여 작용하고 있음을 확인하게 될 것이다.)

물론 아버지의 역할이 전혀 없는 건 아니다. 아버지는 딸에게선 아들에게만큼 경쟁심을 느끼지 않으며, 딸을 엄마로부터 분리하려는 노력을 덜 기울인다. 아버지는 딸과 엄마의 관계가 자신의 부족한 부부 관계를 일정 정도 보충해 준다고 생각하면서 종종 딸이 엄마에게 위안, 위로, 기쁨을 준다는 점을 만족스럽게 여긴다.

이런 상황 속에서 분리를 극복하는 다양한 방법들은 남자와 여자가 무언지, 그들은 각기 어떻게 행동해야 하는지에 대한 사회적인 통념이나 습득된 성역할과 일치하지 않는다. 이 방법들은 타자에 대한 근본적인 관계를 구성하는데, 이는 개인이 의도했던 관계와는 상관없이 각기 타인들과의 관계를 재생산하는 과정에서 종종 탐지된다. 타자와의 이 관계는 가정, 학교, 매스 미디어에서 〈상호의존도〉를 줄이고 자율성을 가져야 한다고 가르침에도 불구하고 주체가 부지불식중에 따르게 되는 관계이다.

물론 어떤 아버지는 엄마와 딸의 관계는 허락하지 않으면서 아들이 엄마의 불만족스런 요구를 만족시키는 점에 대해선 용인하기도 한다. 그리고 아들에게선 남편에게서 얻을 수 없었던 부분을 찾으려 하면서 딸에게는 자신의 도움이 필요할 만큼 무엇인가가 결여되었다고 느끼도록 하는 엄마들도 있다. 하지만 심리학적인 설명을 위해 나는 현대 서구 사회의 〈통계학적인 일반성〉이라고 불리는 것에만 관심을 한정시키고 싶다.

그렇다면 무엇 때문에 남자아이와 여자아이를 이렇게 다르게 대하는 것일까? 남자아이는 가족의 이름을 물려받으며 경제적인 생산 활동에 참여한다는 사실

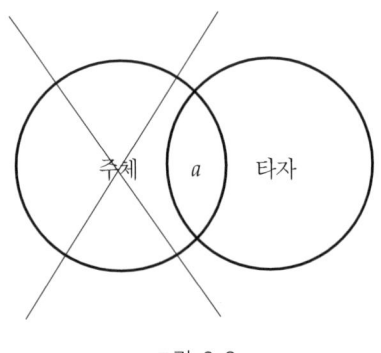

그림 8.3

따라서 강박증자와 달리 히스테리 환자의 본환상은 본환상의 일반 공식($ \$ \Diamond a $)으로 대체될 수 없다. 주체가 나타나는 $\Diamond$의 왼쪽 자리, 다시 말해 주체의 위치가 표시되고 주체가 위치하는 그 자리에서 히스테리 환자는 대상 a와 동일한 것으로 나타난다. 또한 그녀가 자신의 본환상 속에서 관계하는 대상은 강박증에서처럼 상실된 대상이 아니다. 그녀의 대상은 결여를 안고 분열되어 있는 타자로서 라캉이 말한 빗금 친 A, 즉 $\bcancel{A}$이다. 따라서 히스테리 환자의 대상이나 〈성적 상대〉는 상상적 타인, 다시 말해서 자신과 닮았다고 생각되는 타인이 아닐 뿐더러, 욕망의 원인으로서 기능하는 실재적인 대상(예를 들어 목소리나 응시)도 아니다. 오히려 그것은 상징적인 타자이거나 주인, 다시 말해서 남녀를 불문하고 지식이나 권력을 거머쥐고 있는 자이다. 따라서 히스테리 환자의 본환상은 $ a \Diamond \bcancel{A} $로 표기될 수 있다.[22]

때문에 더 중요하게 여겨지듯이 그들의 외디푸스적인 경쟁과 질투는 분명 중요한 역할을 수행한다. 이 모든 것은 〈성적 차이〉나 (좀더 정확히는) 전형적인 성역할과 분리를 극복하는 상이한 방식을 재생산하도록 하면서 아이의 성에 대해 상이한 태도를 야기한다.

22) 『세미나 XVII』과 『세미나 XX』에서의 히스테리 담화에 대한 라캉의 공식을 참조한다면 이 공식을 수정해야 할 수도 있다. 『라캉의 주체』, 9장과 아래 참조.

앞으로 더 상세히 설명되겠지만, 우리가 우선적으로 주목해야 할 점은 히스테리 환자와 강박증자는 타자와 대상에 대해 근본적으로 정반대의 관계를 맺고 있다는 사실이다.

그리고 또 한 가지 분명히 해야 할 것은 내가 제시한 강박증과 히스테리의 공식들(라캉이 〈수학소 mathemes〉라고 말한 것)[23]이 각각 다른 시기에 라캉이 제시했던 것들과 완전히 일치하진 않는다는 사실이다. 그가 제시한 공식들은 대략 1960년에서 1961년으로 거슬러 올라갈 수 있는 것들인데,[24] 이들은 대부분 1970년대에 라캉 자신에 의

---

[23] 음소 phoneme가 말의 가장 기초적인 단위이며 의미소 semanteme가 의미의 가장 기초적인 단위인 것처럼, 라캉은 〈수학소 matheme〉를 심리 구조의 가장 기본적인 단위라고 생각했다.

[24] 라캉은 히스테리와 강박증에 대해 다양한 수학소들을 제시했다. 1960년의 한 텍스트에서 그는 $(-\varphi)$, 즉 〈거세의 상상적인 기능〉은 신경증에 있어 빗금 친 주체 아래에 놓인다고 생각했다.

$$\frac{\$}{(-\varphi)} \diamond a$$

그는 또한 바로 그 텍스트에서 $(-\varphi)$는 a 아래에도 위치할 수 있는데, 그런 경우엔 본환상이 비신경증적이 된다고 암시했다(그는 여기에서 플라톤의 『향연』에서 나오는 소크라테스에 대한 알키비아데스의 욕망을 염두에 두고 있다). 『에크리』, 825-826/322-323쪽 참조.

1961년(『세미나 VIII』, 289, 295쪽)에 라캉은 이와 약간 다른 공식을 제시한다. 다음은 히스테리에 대한 공식이다.

$$\frac{a}{(-\varphi)} \diamond A$$

왜냐하면 히스테리 환자는 타자와의 관계에서 자신을 대상의 위치에 놓기 때문이다. 강박증은 다음과 같다.

$$\cancel{A} \diamond \varphi(a, a', a'', a''', \cdots\cdots)$$

해 어느 정도 수정되거나 폐기돼 버린 것이 사실이다. 그러나 나의 목적은 라캉의 작업의 발전을 역사적으로 설명하는 것이 아니라 내 나름대로 분석가들에게 매우 중요한 가치를 갖는다고 생각되는 이론적인 요소들을 공식화하고 체계화하는 것이다. 따라서 나는 라캉의 수학소들에 함축된 다양한 의미를 되도록이면 간소화하는 방향으로 작업하고 있다. 이는 무엇보다 그것들이 별로 중요하지 않기 때문이 아니라 나의 논의를 빗나가게 만들 위험이 있기 때문이다.[25]

여기에서 라캉은 강박증자의 모든 대상들($a, a', a'', a''', \cdots$)이 동등한 가치를 지니도록 만드는 것은 바로 거세의 상상적인 기능임을 암시한다. 거세는 여기에서 다양한 대상들이 변수 x의 자리에 놓일 때 동일한 기능을 따르게 되는 $f(x)$와 같은 수학적인 함수와 가까운 것이다. 강박증적 주체는 $Ⱥ$라고 쓰이는데, 왜냐하면 그는 결코 스스로를 지시하지 못하기 때문이다. 예를 들어, 그는 이렇게 말한다. 〈나는 목사지만 그건 본업이 아니야. 사실은 시나리오 작가야.〉 그를 무엇으로 정의하건 간에, 그것은 실제의 그가 될 수 없다. 정의되지 않은 다른 무언가가 남아 있기 때문이다.

또한 라캉이 다른 맥락에서 히스테리와 강박증을 위해 제시한 상이한 〈Φ 기능들〉을 주목하자. 〈상실된 기표의 Φ기능은 남성 욕망에선 $\Phi(a)$이고, 여성 욕망의 경우엔 $Ⱥ(\varphi)$이다〉(『에크리』, 683쪽). 『세미나 VI』에서 라캉은 모든 신경증자에 대한 초기의 공식을 약간 변형하여 제시한다. 그는 신경증자가 타자의 요구를 만족시키기 위해 자신을 헌신한다고 말한다. $ \$ \lozenge a $는 $\Phi \lozenge i(a)$로 변형된다. 여기에서 후자는 욕망의 대상 앞에서 빗금 친 팔루스를 뜻한다. 대상은 여기서 상상적인 타인이나 에고의 이미지이다. 이 공식은 물론 『에크리』의 $\$ \lozenge D$ 공식을 예고한다. 거기에서 라캉은 신경증자가 타자의 요구와 타자의 결여를 혼동한다고 말한다. 타자의 요구는 신경증자의 환상 속에서 대상의 기능을 취한다(『에크리』, 823/321쪽).

물론 초기 공식들에 관해선 많은 것들이 이야기될 수 있다. 하지만 이 책에서는 〈거세의 상상적 기능〉이라는 라캉의 개념이 다루어지지 않았다. 왜냐하면 라캉은 좀더 나중에 그것을 남근 기능(『세미나 XVIII』-『세미나 XXI』에서 Φx로 제시된 상징적 기능) 개념으로 대체하기 때문이다. 『라캉의 주체』, 8장 참조. 반면 라캉의 후기 작업에서 $-\varphi$는 대상 a로 〈실체화된〉 주이상스의 상실을 뜻하게 된다. 예를 들어 *Scilicet* 1(1968), 23쪽.

25) 라캉의 초기 수학소에 관심이 있는 독자는 라캉의 「주체의 전복과 욕망의 변증법」과 『세미나 VIII』, XV-XVIII장 참조. 또한 이에 대한 다양한 논평이 실린, 프로이트 원인 학교에서 발간된 매우 유용한 논집 『히스테리와 강박증 *Hystérie*

또한 여기에서 제시된 임상 구조들이 단지 피상적인 〈패턴〉이 아니라는 것도 분명히 해야 할 사항 중의 하나이다. 이들은 인과적인 관찰로서 확인하거나 (이따금 너무 쉽게 나타나는 경우도 있긴 하지만) 분석 초기에 쉽게 발견할 수 있을 만한 것들이 아니다. 오랜 경험을 쌓은 노련한 분석가라면 단기간 내에 진단의 구조적인 지표를 발견할 수도 있겠지만, 확신할 만한 진단에 도달하기 위해선 상당한 시간의 분석이 필요한 게 보통이다.

사유 안에 있기(강박증) / 원인으로 있기(히스테리)

라캉은 신경증과 관련된 근본적인 물음이 존재의 문제라고 생각했다. 〈나는 무엇인가?〉 이미 5장에서 언급했듯이 이 문제는 무엇보다 부모(타자)의 욕망에 대한 아이들의 탐색 과정 중에 나타난다. 〈왜 나를 낳게 되었지? 나한테 원하는 게 무엇이지?〉 이러한 문제들은 아이가 부모의 욕망 속에서 차지하는 위치와 관련되어 있다. 아이들은 종종 부모에게 이러한 질문을 직접 묻기도 하는데, 대부분 그들의 대답(〈엄마, 아빠가 서로 사랑을 하게 돼서 네가 나온 거지……〉)은 그다지 신통치 않다. 결국 아이는 부모의 담화나 행동의 불일치를 통해서, 어떻게 해서 자신이 존재하게 되었는지에 대해 자기만의 결론에 도달하게 된다. 이 결론이 바로 본환상이다.

강박증자와 히스테리 환자는 존재에 대해 서로 다른 방식으로 질문을 던진다. 존재에 대한 히스테리의 주된 질문이 〈내가 남자냐 여자냐〉라는 질문이라면, 강박증의 주된 질문은 〈내가 죽었느냐 살았느냐〉이다. 강박증자는 자신이 의식적인 생각에 빠져 있을 때만 살아 있다고 확신한다.[26] 그는 명상이나 환상에 유난히 집착하는데, 이는 예

---

et Obsession』(Paris : Navarin, 1986) 참조.
26) 데카르트의 진술은 강박증자와 아주 잘 들어맞는다. 〈나는 생각한다. 고로 존재한다.〉 또한 강박증자는 사유뿐 아니라 셈하기(예를 들어, 자신이 차지한 여자나 재산을 셈하는 것)를 통해서도 자신의 존재를 확신할 수 있다.

를 들어 오르가슴의 순간처럼 사고를 중단해야 하는 경우가 생긴다면 자기 존재에 대해 확신을 잃게 될 것이기 때문이다. 존재하고자 하는 그의 노력은 사고하는 의식적 주체, 즉 에고와 관련된다. 그는, 자신이 자기 생각과 욕망에 대해 아무것도 깨닫지 못하는 분할된 주체가 아니라고 생각한다. 자신이 자기 운명의 주인이라고 믿는 것이다.

의식적인 사색가와 같이 강박증자는 고의적으로 무의식을 무시한다. 자신 안에 있지만 그럼에도 자신의 의도와는 정반대로 말하는 통제불능의 그 이질적인 담화[27]를 무시한다. 강박증자는 자기 입을 다른 사람의 목소리와 같이 쓰길 원치 않는다. 그리고 최선을 다해 그 목소리를 짓누르거나 멀리하려 하며, 마치 그 목소리가 존재하지 않는 것처럼 행동한다. 학생으로 치자면, 자신의 말실수엔 별다른 의미가 없으며 자신은 자기가 생각하는 것에 관해 모든 것을 알고 있다고, 따라서 그것을 알아내는 데 타인의 도움이 전혀 필요치 않다고 주장하며 무의식적인 생각들을 인정하길 거부하는 학생이 바로 강박증자이다. 그가 마음을 바꿔 무의식을 인정하는 경우가 있다면, 이는 마지못해 그런 것이며, 그것도 이론적인 수준에 국한해서일 뿐이다.

따라서 강박증자는 자신을 완전한 주체로 생각한다(따라서 그는 빗금이 없는 S로 표기될 수 있다). 그는 자신의 말이나 자신이 원하는 바를 모른다고 생각하지 않는다. 요컨대 자신은 결여에 종속된 주체가 아니라는 것이다. 그는 욕망의 원인에 대해 누구에게도 종속되지 않은 환상을 유지한다. 따라서 실제 성관계보다는 아무에게도 의존하지 않는 자위를 즐기면서 자신이 타자에 종속된 주체라는 점을 극구 부정한다. 강박증자가 자신을 완전한 존재로 생각한다는 점에서 우리는 그의 환상 공식을, 일반적인 본환상의 주체에게 그어진 빗금을 제거

---

27) 이는 라캉이 〈무의식은 타자의 담화이다〉(『에크리』, 312쪽)라고 말한 것과 일치한다. 그것은 우리가 전달하고자 하는 메시지가 아니라 우리 안에서 말하는 낯설고 이질적인 어떤 메시지이다. 『라캉의 주체』, 1장 참조. 무의식을 인정하길 거부하는 것은 강박증자가 타자를 지워버리려고 하는 방법 중 하나이다.

하고 S◇a로 고쳐 쓸 수 있다. 강박증자는 성관계에 연루되더라도 상대를 대상 a의 우연적인 〈용기〉나 〈매체〉로밖에 여기지 않는다. 그에게 상대는 대체 가능하고 교환 가능한 것일 뿐이다.[28] 그는 만나는 여자마다 그녀는 자기 타입이 아니라고 확신하며 상대를 무화시켜 버린다. 이런 경우가 아니라면 그는 상대를 자신이 사랑하는 엄마의 형상으로 변형시켜 버린다. 이는 프로이트가 〈사랑의 영역에서 나타나는 가치 하락〉이라고 부른 것과 일맥상통한다(SE XI, 179쪽 이하). 강박증자는 두 종류의 여성을 만들어내는데, 그것은 바로 성모와 창녀이다. 한편에는 사랑과 숭배의 대상인 엄마의 형상이 있으며, 다른 한편에는 엄마의 형상으로 변형될 수 없는, 대상 a를 구현하는 성적인 대상이 있다.[29]

이에 반해 히스테리 환자는 성적 상대인 타자를 강조한다. 그녀는 타자의 욕망을 지배하기 위해 스스로 그 욕망의 대상이 된다. 환상을 통해 그녀는 자신을 타자의 대상으로 위치시키고, 이에 따라 (일반적으로 애인이나 배우자인) 타자는 욕망하는 주체로 자리잡게 된다. 실제로 히스테리 환자는 자신이 대상의 역할을 영원히 수행할 수 있도록, 타자의 욕망을 불만족한 상태로 유도한다. 욕망하는 주체로서의 타자는 여기에서 꼭두각시에 지나지 않는다. 타자를 불만족한 상태로 남겨두는 것은 환자가 자신을 그의 욕망의 대상으로, 그에게 결여된 것으로 만들기 위한 것이다. 따라서 히스테리 환자는 이른바 〈불만족한 욕망에 대한 욕망〉에 의해 특징지어진다고 할 수 있다. 라캉은 히스테리 환자의 주체적 위치가 그의 불만족한 욕망에 있다고 규정한 바 있다(『세미나 VIII』, 425쪽).

---

28) 강박증에 대해 라캉이 1961년에 제시한 수학소를 생각해 보자. $Ⱥ ◇ \varphi(a, a', a'', a''', \cdots\cdots)$
29) 라캉은 『세미나 VI』에서 다음과 같이 강조한 바 있다. 〈우리의 경험으로 볼 때, 분명 사랑과 욕망은 다른 것이다. 우리는 누군가를 열렬히 사랑하면서도 다른 이를 욕망할 수 있다는 사실을 인정해야 한다〉(1959년 6월 17일).

불만족한 욕망(히스테리) / 불가능한 욕망(강박증)

(욕망이) 정의는 본질적으로 불가능성 속에서 발견된다.　── 라캉, 『에크리』, 852쪽[30]

히스테리와는 대조적으로, 강박증자의 욕망은 불가능한 욕망이다 (『세미나 VIII』, 425쪽). 예를 들어, 콜레트 솔레가 제시한 예를 생각해 보자.[31] 한 강박증자가 매혹적인 여자를 만나 그녀와 규칙적으로 성관계를 가졌다. 그는 그녀에게서 자신의 욕망을 불러일으킬 수 있는 대상을 발견했다. 하지만 그는 언제 어디서 그녀와 성관계를 가질 것인지 미리 계획하고, 다른 여자에게 그날 그 시각에 자신에게 전화를 걸어달라고 부탁한다. 그가 여자와 성관계를 맺는 순간 전화벨이 울리면 그는 잠시 행위를 멈추고 전화를 받는다. 물론 이것이 전부가 아니다. 그는 관계를 가지면서 동시에 다른 여자와의 통화를 계속한다. 그의 성적 상대는 폐지되고 중화되는 것이다. 이렇게 해서 그는 자신이 그녀와 그녀의 욕망에 의존한 존재가 아니라고 믿는다.[32] 일반적으로 오르가슴은 잠시나마 사고의 흐름을 중단시키는 것이 보통이다.[33] 하지만 강박증자는 다른 여자와 전화상으로 대화를 지속함으로써 관계 도중에 한순간도 자신을 잃지 않고 계속해서 의식적인 주

---

30) 영어 번역으로는 라캉, 「프로이트의 〈충동〉과 정신분석가의 욕망」, 『리딩 세미나 I-II』, 417쪽 참조.
31) 콜레트 솔레, 「히스테리와 강박증」 참조.
32) 라캉이 말한 타자의 성(남녀 모두에게 동일시될 수 없는 근본적으로 다른 성, 다시 말해서 존재하지 않는 대문자의 여성 Woman)을 대표하는 그녀는 여기에서 지워져 있으며, 따라서 타자의 성과의 대면은 일어나지 않는다. 남성의 임포텐츠를 논하는 『세미나 VI』에서, 라캉은 〈욕망의 만족이 자신을 만족시킬 타인에 의존해야 함을 함축하는 한, 남성은 종종 자신의 욕망이 만족되는 것을 두려워한다고 말한 바 있다〉(1958년 12월 17일).
33) 아리스토텔레스는 다음과 같이 말한 바 있다. 〈쾌락은 사고에 대한 장애물이다. 왜냐하면 그것에 몰입해 있는 순간은 아무것도 생각할 수 없기 때문이다〉(『니코마코스 윤리학』, 1152b 16-18쪽). 결국 아리스토텔레스는 강박증자를 만난 적이 없었던 것이다.

체로 남는다.

물론 대부분의 강박증자는 사고를 이렇게 극단적인 지점까지 끌고 가진 않는다. 하지만 타자를 부정하거나 폐지시켜 버리는 것은 그들에게서 흔히 볼 수 있는 현상이다(물론 앞으로 강박증 사례에서 확인하겠지만, 이는 여자와의 관계에 대한 생각에서보다는 여자에 대한 구체적인 행동 속에서 훨씬 쉽게 발견된다). 강박증자는 섹스 도중에도 자신이 다른 여자와 함께 있다는 환상을 가지며, 그럼으로써 자신 앞에 있는 타자의 중요성을 부정한다.[34] 결국 강박증에 있어서 욕망은 불가능한 것이다. 만약 강박증자가 욕망의 실현에 다다르게 되면(가령 누군가와 섹스를 한다든가 할 때), 타자는 그를 분열된 주체의 자리 속에 가두어 사라져버리게 할 것이다. 바로 이런 이유에서 타자의 존재 앞에서 강박증자는 자신이 라캉이 말한 〈아파니시스 aphanisis〉에 빠질 것이라고, 다시 말해 주체로서 사라져버릴 것이라고 생각하며 두려움에 떨게 된다.[35] 이러한 타자의 존재를 회피하기 위한 강박증자의 전형적

---

34) 실제로 *Shape*의 최근 호(vol.14, 제6호, 1995년 2월)엔 많은 남자들과의 인터뷰가 실려 있는데, 그들 대부분은 한 여자와 섹스 중에 다른 여자를 생각한다는 사실을 인정했다.

35) 『세미나 XI』, XVI-XVII장 참조. 라캉은 〈아파니시스〉라는 용어를 에른스트 존스에게서 빌려왔는데, 물론 존스와 똑같은 의미로 사용하고 있진 않다. 라캉은 아파니시스와 강박증, 아파니시스 기능의 부재와 히스테리가 서로 관련이 있음을 암시했다. 히스테리에서의 본환상은 욕망을 지배하는 사유의 주체를, 즉 의식적인 주체를 설정하지 않기 때문에, 다시 말해서 히스테리 환자는 사유하는 존재가 되기보다는 욕망의 대상이 되기를 원하기 때문에, 여기에서는 아파니시스의 문제가 나타나지 않고, 증상도 주로 사유가 아닌 신체 속에서 나타난다. 강박증자가 주체의 사라짐에 관심을 둔다면, 히스테리 환자는 그러한 사라짐이 아닌 자신을 대상으로 설정하는 것에 관심을 갖는다. 언어로서의 타자는 히스테리에 의해 다른 방식으로 동일시된다. 여기에서 〈기표의 주체〉(다시 말해 언어의 주체, 말한다는 사실이 함축하는 주체)는 사라짐에 의해 위협받지 않는다.

우리는 강박증자가 불가능한 욕망을 추구하면서 히스테리 환자처럼 (다른 어떤 것보다) 계속해서 욕망하기를 원한다는 점에 주의해야 한다. 자신을 재생산하는 것은 바로 욕망 자체의 본질인 것이다.

인 전략은 이루어질 수 없는 사랑에 빠지든지, 아니면 현실의 누구에게도 해당되지 않는 조건을 갖춘 상상 속의 연인을 사랑의 기준으로 삼는 것이다.

이에 반해 히스테리의 환상 속에서 욕망하는 자는 바로 타자(A), 일반적으로 이성애 커플인 경우엔 남편이나 남자 친구이다. 따라서 언뜻 보기에 히스테리 환자 자신은 아무런 욕망도 없으며 단지 남자의 욕망의 대상으로서만 존재하는 것처럼 생각될 수도 있다. 그래서 일부 페미니스트들은 정신분석이 이 사회와 마찬가지로 여자에게 욕망하는 주체로서의 자리를 부여하지 않고 여자를 대상화해 버린다고 주장하기도 한다. 하지만 라캉은 사태를 기술한 것이지 당위성을 제시한 것이 아니다. 그가 주장하는 바는 임상 경험을 통해 우리가 히스테리 환자는 대상으로서의 위치를 선택한다는 것을 알 수 있다는 것이다. 이 맥락에서 그 선택이 여자의 사회적인 위치 때문인지는 부차적인 문제이다. 라캉의 목적은 그런 선택에 대해 비난하는 것도, 동의하는 것도 아니다. 그는 단지 분석가가 분석 속에서 매번 확인하는 것을 말할 뿐이다. 그는 당연히 강박증자가 히스테리보다 낫다고 주장하지 않는다(만약 그가 이런 식의 주장을 하려고 했다면, 그는 오히려 히스테리 환자를 더 높이 평가할 것이다). 내가 다른 책에서 논했듯이, 여자가 대상의 위치를 차지한다는 라캉의 견해는 상징적 질서(기표)와 그 물질적 매체의 본성과 관련된 것으로 결코 단번에 단정할 성질의 것이 아니다.[36]

여기에서 강조되어야 할 점은 대상으로서의 히스테리 환자의 위치가 단지 일면에 불과하다는 것이다. 왜냐하면 히스테리 환자는 또한 자신을 남성 파트너와 동일시하며, 마치 자신이 그인 것처럼 욕망하기 때문이다. 다시 말해서, 그녀는 마치 그의 위치에 있는 것처럼, 마치 자신이 남자인 것처럼 욕망한다. 라캉이 〈인간의 욕망은 타자

---

36) 『라캉의 주체』, 8장 참조.

의 욕망)이라고 말했을 때, 그가 의도했던 것 중의 하나는 우리가 타자의 욕망을 자신의 욕망으로 선택한다는 것이다. 우리는 마치 우리가 다른 사람의 위치에 있는 것처럼 욕망한다는 것이다. 히스테리 환자는 이렇게 자신이 타자인 것처럼, 남성 파트너인 것처럼 욕망한다.

이를 확인하기 위해서, 프로이트가 『꿈의 해석』에서 제시했고 라캉이 「치료의 지침」에서 하나의 전형으로 제시한 바 있는 정육점 여인의 사례를 살펴보자.[37] (《정육점 여인》이라는 이름으로만 제시된) 한 환자가 프로이트에게 자기 남편은 자신을 매우 사랑하며 모든 점에서 부부 관계에 만족하고 있지만 속으론 전혀 그의 타입이 아닌 자기 친구에게 관심이 있다고 토로했다(남편은 아내처럼 통통한 여자를 좋아하지만 그 친구는 매우 깡마른 체형의 여자였다). 프로이트에게 말해준 꿈(이는 모든 꿈이 원망 충족이라는 프로이트의 이론을 반박하기 위해서 그녀가 제시한 〈반-소망 counter-wish〉의 꿈이다)에서 그녀는 자신을 남편이 욕망하는 그 깡마른 여자와 동일시한다. 다시 말해, 그녀는 이전에는 전혀 의심하지 않았던 자기 남편의 욕망을 탐색하기 시작하고, 남편이 욕망한다고 추정되는 대상과 자신을 동일시하려 했다. 이는 그녀에게 존재감을, 다시 말해 타자가 결여한 대상이 된다는 느낌을, 타자를 충만하고 충족된 것으로 만들기 위해 필요한 대상이 된다는 느낌을 주었던 것이다.

그러나 여기에는 보다 본질적인 무언가가 남아 있다. 한 걸음 더 나아가서 그녀는 남편과의 동일시를 통해서 자신이 직접 자신의 여자 친구를 욕망하고 있는 것이다. 〈인간의 욕망은 타자의 욕망이므로〉 그녀의 욕망은 그의 욕망과 동일시된다. 그녀는 그가 욕망하는

---

[37] 거기에 실린 라캉의 언급에 대해선 여러 분석가들에 의해 여러 차례 검토된 바 있다. 특히 이와 관련해 자크-알랭 밀레는 프로이트 원인 학교의 DEA 세미나의 많은 시간을 할애했다. 영어권 독자는 콜레트 솔레의 「히스토리와 히스테리」, *Newsletter of the Freudian Field* 6(1992)와 「히스테리와 강박증」을 참조할 수 있다.

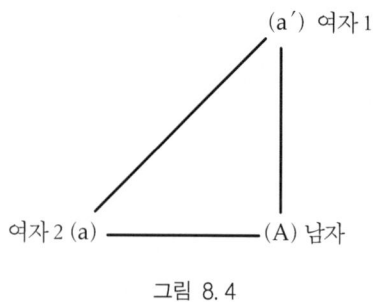

그림 8.4

것처럼 욕망하며 그가 욕망하는 바로 그것을 욕망한다. 그의 욕망은 그녀 자신의 욕망으로 가는 길을 가르쳐준다. 히스테리의 논의에서 종종 언급되는 〈또 다른 여자〉는 타자가 욕망하는 여자이다. 히스테리 환자가 창조해 내는 복잡한 〈사랑의 삼각 관계〉(그림 8.4 참조)는 한 남자를 중심으로 이루어진다. 욕망하는 주체로서의 히스테리 환자의 위치는 타자의 욕망에 의존한다. 다시 말해 그녀의 욕망은 한 남자를 통해 우회적으로 주어진다.[38] 여기에서 그녀는 남자처럼 욕망한다.

라캉은 히스테리의 특징을 L'hystérique fait l'homme라는 말로 표현했는데(『세미나 XX』, 79쪽), 이는 두 가지 의미로 이해될 수 있다. 히스테리 환자는 남자를 만드는 동시에 남자 역할을 한다는 것이다.

---

38) 우리는 그녀가 욕망하는 자신의 위치를 유지하기 위해 욕망의 기표(팔루스)에 의존한다고 말할 수 있다. 라캉의 말에 따르자면 〈도라가 욕망하는 것은 K씨를 매개로 해서이다. 그녀가 사랑하는 것이 그가 아니라 K부인임에도 불구하고 말이다〉(『세미나 VIII』, 425쪽). 라캉은 『세미나 XX』에서 〈성결정 공식〉의 아래 표에다 빗금 친 여성(프랑스어본에는 La로 표기되어 있다)으로부터 Φ, 팔루스로 가는 화살표를 그린 바 있다. 이는 여성의 욕망은 남성의 지표나 상징인 팔루스를 거쳐야 한다는 것을 의미한다. 하지만 빗금 친 여성으로부터 S(A)로 가는 또 다른 화살표는 욕망이 아닌 주이상스, 즉 또 다른 주이상스Other jouissance에 관한 것이다.

또한 동성애 커플에서도 히스테리의 삼각 구도가 형성된다. 예를 들어, 레즈비언 히스테리 환자는 (타자의 자리에 위치한) 자신의 여자 파트너에게서 다른 여자를 향한 욕망을 탐지하며, 그녀처럼 욕망하게 될 수 있다.

우선 그녀는 남자로부터 결여/욕망을 끌어냄으로써, 그를 존재하도록 만든다. 그리고 이와 동시에 그녀는 그의 자리를 차지하고 그의 역할을 대신한다.[39] 정육점 여인의 사례에서 우리는 그녀가 한편으로는 남편의 욕망의 대상인 여자 친구와, 그리고 다른 한편으로는 여자 친구에 대한 욕망의 수준에서 자신의 남편과 동일시함을 알 수 있다. 여기에서 우리는 〈내가 여자인가 남자인가?〉라는 히스테리 환자의 질문의 타당성을 발견하게 된다. 남편이 욕망하는 알 수 없는 대상의 위치와, 그리고 동시에 겉으론 만족해하면서도 다른 것을 욕망하는 남편의 위치와 동일시하면서 히스테리 환자는 자신의 성을 어디에

---

[39] 대부분의 경우 히스테리 환자가 남자 역할을 맡게 된다면, 이는 남자가 자기 역할을 다하지 않기 때문이다. 예를 들어 아버지가 엄마와 딸 사이를 떼어놓지 않으면, 딸들은 자기만의 고유한 영역을 갖지 못하기 때문에 종종 스스로 한계를 설정하게 된다. 내가 지도한 한 사례에서, 환자는 엄마가 자꾸 간섭을 하는데도 아버지가 방관하고 있자 엄마에게 대들며 감정을 〈터뜨렸다 explode〉. 그러나 그녀가 처음부터 그렇게 하려고 했던 것은 아니다. 오히려 그녀는 아버지가 자신을 엄마로부터 보호해 주길 원했다. 하지만 그는 엄마와 딸 사이에 개입하길 거부했다. 결국 이 히스테리 환자는 아버지가 제대로 자기 역할을 하지 않자 스스로 그 역할을 수행한 것이다.

이 사례에서 또한 우리는 그녀가 엄마에게 대들던 때를 묘사하기 위해 선택한 〈터뜨렸다〉라는 단어에서 엄마-딸 관계의 에로틱한 징조를 발견한다(엄마가 딸을 간섭하며 즐거워한다는 점을 생각해 보자). 우리는 딸에 대한 엄마의 태도에서 도착증적인 성격을 발견한다. 즉 엄마는 딸로 하여금 엄마 자신이 넘어설 수 없는 법이나 한계를 설정하도록 유도한 것이다. 엄마는 마치 자신을 제약하기 위해서 딸을 필요로 하는 듯이 보인다(도착증에서 법의 발화가 갖는 중요성에 관해선 9장 참조). 유감스럽게도 몇몇 정신분석가들의 보고에 따르면, 엄마들은 한계를 추구한다는 점에서 아이와 같다고 한다. 하지만 히스테리 환자가 〈아이와 비슷한〉 모습을 보인다면, 이는 전혀 〈발전적인 해결책〉이 아니다. 오히려 문제는 유년기 동안 법이 명확한 방식으로 발화되지 않았다는 사실이다. 우리는 종종 분리에 대한 요구와 관련해 히스테리와 도착증 사이에서 유사한 면모를 확인할 수 있다(이에 관해선 특히 9장 말미를 참조).

또 어떤 사례들에서는 히스테리 환자가 자기 연인을 남자다운 〈남자로 만든다 fait l'homme〉. 요컨대 그를 〈진짜 남자〉, 상징적인 아버지로 만든다. 그녀는 그가 〈올바르게 처신하고〉 정도를 가도록 강요한다. 물론 그가 그렇게 한다면 이는 자발적인 것이 아니라 그녀의 종용 때문이다.

위치시켜야 할지 묻게 된다.

물론 이러한 사실이 강박증자는 자신의 성에 관해 아무런 의문도 품지 않는다는 것을 뜻하진 않는다. 프로이트는 『정신분석 강의』(SE XVI, 307쪽)에서 모든 신경증자는 동성애 성향이 있다고 말한 바 있으며, 『에고와 이드』(SE XIX, 3장)에선 아이는 (물론 양쪽 부모 모두가 살아 있는 경우) 어떤 점에서 항상 엄마와 아버지 모두와 동일시한다고 말한 바 있다. 요컨대 〈내가 남자냐 여자냐?〉라는 질문은 모든 신경증자에게 공통적인 질문이라는 것이다. 하지만 〈내가 살았느냐 죽었느냐?〉라는 질문이 강박증자를 더 깊이 사로잡고 있다면, 성의 정체성에 관한 질문은 히스테리 환자에게 더 뼈저리고 가슴에 와닿는 질문이 된다.

잠시 정육점 여인의 사례로 되돌아가보자. 우리는 프로이트의 논의를 통해, 그녀가 자신의 불만족에 대한 욕망을 유지하려고 한다는 사실을 발견하게 된다. 그녀가 프로이트에게 말했듯이, 그녀는 캐비어를 좋아하지만 그럼에도 남편에게 그것을 사오지 말라고 요구하며 그를 〈당혹스럽게〉 한 바 있다. 다시 말해 그녀는 무언가를 원할 수 있다는 사실에서, 그리고 무언가가 결여되어 있다는 사실에서 쾌락을 느낀다. (히스테리의 경우 거식증이 중요한 역할을 한다면, 자기-결여에서 오는 쾌락 또한 매우 중요하며 결코 무시되어선 안 된다는 것을 명심해야 할 것이다.)[40] 그녀는 자신이 무언가를 소망한다는 것을 알고 있다(이는 무의식적인 소망이 아님을 의미한다). 하지만 이는 충족되지 않는 소망에 대한 소망이다. 라캉은 이를 불만족한 욕망에 대한 (전의식적인) 욕망이라고 불렀다.

이와 동시에, 정육점 여인은 남편의 욕망에 대해 자기 위치를 유

---

40) 한 환자는 〈나는 제약받는 것이 좋아요〉라고 말한 바 있다. 라캉에 따르면, 거식증 환자에 있어 중요한 점은 그녀가 전혀 먹지 않는다는 게 아니라 무(無)를 먹는다는 것이다. 〈무〉 자체는 히스테리 환자에 있어 욕망의 대상이자 욕망의 원인이다. 거식증 환자는 무를 먹는 것에서 즐거움을 느낀다.

지하기 위해, 한편으론 남편의 욕망을 자극하면서도 다른 한편으론 그가 완전히 만족하지 않도록 유도함으로써 그의 욕망을 살아 있는 것으로 만든다. 왜냐하면 만족은 욕망을 사라지게 만들기 때문이다. 라캉이 말한 것처럼 〈욕망은 대상의 위치에서 (히스테리 환자가) 계속해서 뒤로 물러나 (타자를) 불만족한 상태에 빠뜨림으로써만 유지된다〉(『에크리』, 824/321쪽).[41] 예를 들어, 캐비어에 대한 그녀의 전략을 생각해 보자. 그녀는 어느 날 남편에게 캐비어가 든 샌드위치가 먹고 싶다고 말한다. 그러자 그에게 그녀를 위해 캐비어를 사고 싶은 욕망이 생긴다. 하지만 그때 그녀는 자기 때문에 그렇게 많은 돈을 쓰는 걸 원치 않는다고 말한다. 요컨대 그녀는 먼저 그에게 (사주고 싶은) 욕망을 일으키고 그 욕망이 만족되지 않도록 요구하는 것이다. 실로 그녀는 그에게 사주고 싶은 욕망을 부추기고는 그에게 그 욕망을 계속 상기시키면서 매일같이 그를 괴롭히게 된다.

정육점 여인은, 예전엔 자신에게 만족했다고 여겨지던 남편에게서 자기 친구인 다른 여자에 대한 욕망을 탐지한다. 물론 친구가 없었다면 그녀는 그 자리에 다른 여자를 위치시켰을 것이다. 히스테리 환자는 남편이 최대한 만족하는 것처럼 보일 때에도 그의 욕망을 충족되지 않은 상태로 유도해 낸다. 정육점 여인의 사례엔 이미 제3의 여자가 주어져 있지만, 그렇지 않은 경우라면 히스테리 환자는 타자를 욕망의 삼각 구도 속에 빠뜨리기 위해 계속해서 또 다른 여자를 찾으려 할 것이다(물론 일반적으로 이는 의식적인 수준에서 이루어지는 것이 아니다).[42]

---

41) 내가 여기에서 제시한 번역은 정확하게 말해서 하나의 해석이다. 프랑스어 원문은 다음과 같다. le désir ne s'y maintient que de l'insatisfaction qu'on y apporte en s'y dérobant comme objet. 영어본엔 잘못 번역되어 있다.
42) 이는 종종 그녀의 질투를 불러일으킨다(이는 그녀의 욕망이 여전히 살아 있다는 증거이다). 그런데 그녀는 누구를 질투하는 걸까? 남편인가? 또 다른 여자인가? 아니면 둘 다인가? 욕망의 삼각 구도는 종종 보다 복잡하게 사방으로 얽혀 있다. 도라의 복합적인 관계에 대한 라캉의 언급에 관해선 『세미나 III』,

타자의 주이상스에 대한 신경증자의 태도

히스테리 환자는 타자의 욕망의 회로를 자신이 직접 조절하면서 타자의 욕망과 그 원인을 지배하게 된다. 동시에 그녀는 타자에게 만족을 주는 인물이 되지 않으려고 한다. 그녀는 타자의 주이상스의 대상이 되는 것을 피하기 위해 그의 욕망을 불만족한 상태로 유지시킨다. 프로이트와 마찬가지로 라캉에게 있어서도 히스테리 환자는 파트너가 자신에게서 성적인 만족을 얻는 것을 거부한다. 그녀는 타자에게 쾌락을 주는 대상이 되기를, 말하자면 타자의 주이상스의 원인이 되길 거부한다는 것이다. 그녀는 그의 욕망의 원인이 되길 원하지만 그의 주이상스의 원인이 되는 것은 거부한다.[43] 이는 그녀가 한 남자와의 성생활을 거부한다는 것이 아니다(물론 이런 경우도 종종 있는 건 사실이다). 이는 그녀가 한 남자와의 성관계 중에도 그는 지금 다른 여자와 있다고, 그녀 자신은 다른 사람이거나 다른 곳에 있다고, 혹은 그는 다른 남자일 거라고 생각한다는 것을 의미한다. 그의 주이상스의 원인은 그녀가 아니다. 왜냐하면 적어도 그녀 생각에 지금 그의 곁에 누워 있는 여자는 그녀가 아니기 때문이다.

가능하다면 강박증 남자와 히스테리 여자가 침대 위에 함께 누워 있는 장면을 상상해 보자. 강박증자는 타자를 표상하는 여자와 마주하게 되면, 끊임없이 생각 속에 몰입하거나 관계 도중에 전화를 받는다든가 혹은 다른 여자를 생각함으로써, 자신이 주이상스에 의해 사라지는 것을 거부한다(그는 타자를 자신이 그 타자 안에서 발견하고 또한 발견하길 원하는 대상 a로 축소시킨다).[44] 반면에 히스테리 환자는 타자

107쪽 참조.

43) 성욕에 대한 히스테리 환자의 불쾌감을 염두에 두면서, 심지어 라캉은 정육점 여인이 남편에게 자기 여자 친구를 주고 싶어하며, 그렇게 함으로써 그가 자신이 아닌 다른 여자에게서 성적 욕구를 해소할 수 있길 바란다고 말한다. 〈히스테리 환자는 자신을 매혹시키는 불가사의한 여인(예를 들어, 여자 친구가 언어를 거절한 일은 그녀로선 이해하기 힘든 일이다)을 남편에게 제공한다. 그녀는 그것을 즐기지 못하고 남편에게 떠넘긴다〉(『에크리』, 452쪽).

의 욕망을 불만족의 상태로 유지시키길 원하기에, 그가 지금 자신이 아닌 다른 여자와 함께 있다고 상상하며 타자의 성적 만족의 원인이 되기를 거부한다. 이는 라캉이 자주 강조했던 〈성관계란 없다〉는 명제에 대한 좋은 본보기가 될 것이다. 강박증자는 자기 앞에 누워 있는 여자를 거부하고 자신의 대상 a와 관계한다. 히스테리 환자는 성관계 도중에 자신이 다른 곳에 있다고 상상함으로써 타자의 욕망을 계속해서 유지시키려 한다. 따라서 여기에서는 일반적인 의미에서의 〈성관계〉가 없다고 말할 수 있다.[45]

이때 욕망과 주이상스의 구분은 매우 중요하다. 우리는 히스테리 환자가 타자의 욕망을 유지시키기 위해 종종 삼각 구도를 필요로 하며 그 구도에 의해 성적 만족을 거부한다는 사실을 확인한 바 있다. 그런데 이는 그녀에게 성적인 만족이 아예 없다는 뜻이 아니다. 그녀는 다른 곳에서, 예컨대 여자(라캉에 따르면 여자는 남자와 여자 모두에게 타자의 성이다), 수음, 식도락, 마약, 술 등과 같은 것에서 성적인 만족을 얻을 수도 있다. 히스테리 환자에게 나타나는 이러한 성적 만족과 욕망의 불일치는 우연적인 것이 아니라 구조적인 것이다. 따라서 분석가는 환자를 양자가 일치할 수 있는 지점으로 이끄는 것을 분석의 목적으로 설정해선 안 된다.[46]

라캉은 종종 미국 정신분석가들이 환자를 〈정상적인 이성애의 성기 만족〉[47]으로 이끌려 했으며 환자에게서 사랑의 대상과 성적 대상

---

44) 우리는 여기에서 강박증이 또한 상대의 욕망을 불가능한 것으로 만든다는 점을 확인하게 된다. 주체 자신의 욕망만 불가능한 것이 아니다.
45) 〈성관계는 없다〉는 라캉의 주장에 대해선 『라캉의 주체』, 8장 참조. 히스테리의 좌우명은 다음과 같은 것이 될 것이다. 〈다른 곳에 있을지어다.〉
46) 자크-알랭 밀레는 사랑과 욕망이 동일한 대상으로 향할 수 있다면, 이는 남성보다는 여성에게 해당되는 것임을 시사한 바 있다(「Donc」, 1994년 5월 11일). 욕망과 주이상스는 남성들에게서보다 여성들에게서 하나의 대상으로 집중되는 경향이 있다는 것이다.
47) 『에크리』, 604-607/243-245쪽 참조.

을 하나로 일치시키려 했다고 비난했다. 그는 환자의 신경증을 사랑과 성적인 만족의 불일치에서 온다고 생각한 미국의 정신분석가들을 비판했다. 라캉에 따르면 사랑, 욕망, 주이상스는 삼각 구조속으로 다른 수준에 위치하며, 따라서 (분석가가 분석 지침을 자신이 유익하다고 생각하는 것이 아니라 분석주체에게 보다 큰 에로스를 안겨주는 것에서 찾는 한: 『세미나 VIII』, 18쪽) 문제는 환자가 그것들을 하나의 동일한 대상 속에서 발견할 수 없다는 것이 아니라, 그가 〈완전한 사랑〉과 같은 이상(理想)을 위해 욕망과 성적 만족의 추구를 포기한다는 사실에 있다.

신경증자도 종종 주변 사람들이 〈정상적〉이라고 생각하는 것에 관심을 갖는다. 예를 들어 강박증자는 자기 부인과 무관한 환상들은 머리 속에서 지워버리려 애쓰는데, 이렇게 되면 그는 결국 왜 자신의 리비도가 축소되고 죽어버렸는지를 의문시하게 될 것이다. 또한 히스테리적인 여자는 동성애의 만족은 정상적인 사랑이 아니라고 믿으며 그것을 지워버리려 할 수도 있는데, 이 경우 결국 그녀는 자기 삶이 왜 그렇게 공허한지에 대해 의문을 던지게 될 것이다. 따라서 분석가는 분석주체에게 정상/비정상이라는, 이미 설정된 개념을 심어주어선 안 된다. 그가 해야 할 일은, 분석주체의 욕망이 변증법적인 운동을 따르도록 이끌어 그가 타자의 욕망으로부터 분리되도록 유도하는 일이다.

주이상스에 대한 히스테리 환자의 태도(히스테리 환자는 타자의 주이상스의 원인이 되길 거부한다는 점)를 다시 생각해 볼 때, 우리는 이에 대해선 강박증자도 마찬가지라는 사실을 깨닫게 된다. 강박증자의 성욕은 본질적으로 수음에 의존하며, 따라서 타자는 여기에서 무화되어 있다. 결국 강박증자 또한 히스테리의 전략과 마찬가지로 〈타자에겐 어떠한 주이상스도 주어선 안 된다〉는 식의 전략을 펼친다. 라캉에 따르면, 도착증자가 (적어도 환상 속에서는) 자신을 타자의 주이상스를 위한 대상으로 헌신한다면, 신경증자의 좌우명은 〈타자는 나에게서 어떠한 주이상스도 얻어선 안 된다〉[48]는 것이다. 그렇다면 어떤 점에서 신경증은 주이상스에 대한, 특히 타자의 주이상스에 대한 하나의 일관된 전략으로 이해될 수 있다.[49] 즉 히스테리 환자와 강박증자는 모두 타자의 주이상스의 원인이 되는 것을 거부한다.

그러나 라캉은 아이러니하게도, 신경증자의 본환상은 〈타자의 주이상스를 보장하는 초월적인 기능을 수행한다〉고 말한 바 있다.[50] 이미 확인한 것처럼, 신경증적인 주체의 위치는 주이상스를 거부하는 것이다. 하지만 그의 본환상은 타자에 대한 응답으로서 나타난 것인데, 이때 그 타자란 곧 〈법의 한도 내에서 이런 연쇄[본환상은 연쇄나 연결고리로 특징지어질 수 있다]를 나에게 넘겨주는〉 상징적 아버지나 초자아를 말한다. 우리는 법에 의거하여 욕망한다. 대상에 대한 금지는 대상을 성적인 것으로 만들며 그것에 관한 환상을 구성한다. 그런데 환상 자체 안에도 일종의 입구가 있다. 이는 그것을 넘어서면 공포로 돌변하는 입구이다. 이 입구는 쾌락을 추구하는 꿈 속에서 쉽게 확인될 수 있다. 우리는 꿈 속에서 열렬히 욕망하던 것이 갑자기 완전히 다른 어떤 것으로, 완전히 공포스런 어떤 것으로 뒤바뀌는 경험을 하곤 한다. 욕망의 순수함이 일종의 외설적인 주이상스를 향하여 방향을 바꾼 것이다.

여기서 작동하고 있는 복잡한 변증법은 논외로 치더라도, 우리는

---

48) 라캉이 말한 원문은 영어로 옮기기가 무척 어렵다. Que l'Autre ne jouisse pas de moi! 〈타자가 나를 즐기지 않기를!〉 혹은 〈나에게서 타자가 주이상스를 얻지 못할지어다!〉 이 문장에 관한 자크-알랭 밀레의 미출간 세미나 「외밀성 Extimité」 1986년 2월 5일 강의 참조.
49) 이 점에 관해선 콜레트 솔레의 「히스테리와 강박증」 참조.
50) 이 인용문은 라캉의 상당히 까다로운 글 중 하나인 「주체의 전복과 욕망의 변증법」에 들어 있던 것이다(『에크리』, 826쪽). 〈거세는 (본)환상을 가지고 유연하지만 동시에 확장 불가능한 연쇄를 만든다. 그렇게 되면 일정한 자연적인 한계들을 벗어나기가 힘들던 대상 카텍시스의 고착은 그 연쇄를 가지고 타자의 주이상스를 보증할 수 있는 초월적 기능을 수행하게 되며, 그 타자의 주이상스는 법 속에서 이 연쇄를 나에게 떠넘긴다.〉

여기에서 양심의 내면화된 목소리인 초자아의 가혹성은 사실상 주이상스를 위한 매체가 된다는 라캉의 논제(예를 들어 「사드와 함께 칸트를」)를 떠올리게 된다. 강박증자의 초자아는 그로 하여금, 생각만으로도 흥분되는 어떤 짓을 하도록 명령한다. 라캉에 따르면, 초자아의 명령은 주체로 하여금 〈즐겨라!〉라는 명령이다. 주체로 하여금 만족을 얻고 주이상스를 즐기길 지시하는 명령인 것이다. 예를 들어 쥐인간의 경우, 사실상 그가 들었다고 주장하는 목소리는 그가 원하는 그것을 실행에 옮기라고 명령하는 목소리이다. 그의 초자아는 그에게 그가 원하는 어떤 짓을, 즉 보복과 관련된 공격적인 어떤 짓을 하도록 명령한다. 초자아는 우리에게 욕망을 만족시키라고 명령한다. 그런데 기이하게도(분명 우리의 직관에 거스를 만큼) 그것은 또한 우리 자신 안에 있는 가학적인 타자를, 다시 말해서 초자아 자신을 만족시키기 위한 명령이다. 우리는 분명 에고의 수준에선 아니더라도 초자아의 명령에 따라 우리 자신을 만족시킬 수 있다. 하지만 우리가 그 명령에 복종하는 한, 우리의 만족은 우리 자신이 아니라 그 타자를 위한 것이다.[51]

어떤 의미에서, 오늘이 아닌 〈후세〉를 위해 사는 강박증자는 모든 주이상스를 타자에게 넘겨주는 자이다. 예를 들어 그가 만약 작가라면, 그는 자신의 글을 평가할 미래의 모든 독자를 위해 자신의 주이상스를 희생한다. 그렇게 해서 그는 자신이 죽더라도 자신이 계속해서 살아있게끔 한다. 그는 자신의 이름을 위해 모든 것(지금의 주이상스)을 희생한 대가로, 죽은 후에도 계속해서 살아 있게 될 것이며, 그의 이름은 영원한 빛을 발휘하게 될 것이다. 결국 어떤 의미에서, 이름(아버지로부터 전수된 이름, 아버지의-이름)은 그에게 법을 부과한

---

51) 자크-알랭 밀레의 「라캉의 〈사드와 함께 칸트를〉에 대한 논의」, 『리딩 세미나 I-II』, 212-237쪽 참조. 그리고 가학적인 초자아의 외설적인 주이상스에 관한 슬라보예 지젝의 많은 논의들을 참조. 이런 의미에서 주체는 부권적인 금지에 의해 억압된 주이상스를 위장된 방법으로 획득한다고 할 수 있다.

타자 그 자체이다. 그가 자신의 주이상스를 희생시켜 가면서 끌어모은 명예, 부, 책 등은 결국 타자의 주이상스를 위한 것이다. 물론 이는 어떻게 신경증자가 자신이 타자의 주이상스의 원인이 되기를 거부하면서도, 다른 한편으로는 자기도 모르게 타자를 위해 자신의 주이상스를 희생하게 되는지를 알 수 있는 하나의 본보기일 뿐이다. 우리가 우리 자신의 만족을 희생해서 이상을 추구하려고 할 때, 이는 결국 타자의 주이상스를 보장하는 것이 된다. 조금 후에 제시될 히스테리 환자의 사례는 이러한 상황을 다른 형태로 보여줄 것이다.

지금까지 제시된 개괄적인 접근엔 좀더 많은 세부 사항들이 추가되어야 한다. 실제로 전이, 강박 현상, 증상, 충동 등과 같은 정신분석의 주요 개념들은 히스테리와 강박증이라는 구분을 통해서 잘 설명될 수 있다. 그러나 임상에 대한 입문에 국한된 이 책에서는 히스테리와 강박증을 전이의 관점에 한정해서 다루었다.

분석 중의 히스테리와 강박증

강박증자는 타자를 중화시키려고 노력한다. 강박증 증세가 심하면 심할수록 환자는 보다 완강히 분석을 거부하는 경향을 보인다. 왜냐하면 분석에 참여하는 것은 일반적으로 상징적 타자로 표상되는 지식의 담지자인 누군가의 도움을 받는 것이기 때문이다. 만약 강박증자가 프로이트의 이론과 실제 분석에 대한 강의를 듣는다면, 그는 〈인간이라면 모름지기 자기 스스로 생각하고 자기 스스로 문제를 해결해야 한다〉고 말할 것이다. 물론 그는 이론의 수준에서는 무의식의 존재를 인정할 수도 있다. 하지만 자신의 무의식에 도달하기 위해서 다른 사람의 도움을 받아야 한다는 사실에는 강한 부정을 보인다. 그는 오직 〈자기 분석 self-analysis〉을 통해서, 다시 말해 자신의 꿈을 기술하거나 일기를 씀으로써만 자신의 무의식에 도달할 수 있다고 믿을 것이다.

일상 생활에서도 강박증자는 다른 사람의 도움을 거절한다. 『톨

타임 Tool Time』의 팀 테일러 Tim Taylor는 항상 도움이 필요함에도, 그것도 전문가의 도움이 필요함에도 불구하고, 〈내 일은 내가 알아서 한다〉고 말한다. 또한 『코치 Coach』의 주인공은 6백 파운드나 되는 기계 덩어리가 천장을 뚫고 다락에서 거실까지 내려앉았는데도 〈내가 난방 장치를 만질 수 있는데 왜 전문가의 도움을 빌려야 하지?〉라고 말한다. 누구보다 완벽한 강박증자는 〈자수성가한 인물〉 앤 랜디언 Ayn Randian이다. 그는 자신이 어떤 경제 체제나 정부에도 의존하지 않은 채 역사 밖에서 자신의 명성과 재산을 손수 일궈냈다고 믿는다. 전형적인 강박증자는 부모의 소망에 반대해서 살아가는 인물이다. 그는 자신이 한 일과 부모가 원하는 것 사이에는 아무런 관계도 없음을 강조한다. 사실 그의 삶 전체가 타자의 이상에 대항해 반항하는 것이었음에도 불구하고, 자기 삶은 자기만의 자생적인 것이라 주장하려 들 것이다. 〈이렇게 한 건 내가 x를 믿기 때문이지 내 부모가 y를 하라고 했기 때문은 아니야.〉

 자신이 타자로부터 독립된 존재라고 굳게 믿는 강박증자가 분석을 거부하리라는 것은 자명하다. 일반적으로, 그가 분석에 참여하는 경우는 그에게 (분석의 관점에서) 어떤 특별한 일이 생길 경우에 한해서이다. 강박증자가 분석가를 찾는다고 하더라도, 이는 대부분 자신에겐 아주 약간의 도움만 있으면 된다고 생각하거나 혹은 주변 사람들이 그에게 강요했기 때문이다. 따라서 이런 경우는 분석을 오래 견디지 못하고 포기하는 게 보통이다. 자발적으로 분석에 참여하는 강박증자들이 있다면, 그들은 아주 우연한 기회에 타자의 욕망과 마주쳐 버린 사람들이다. 타자 속의 결여와 대면한 그들은 (아마도 이후 수년간) 자신의 세계에 대해 위협감을 느끼며 불안에 빠진다. 예를 들자면 〈잔인한 대위〉(SE X, 166-169쪽)가 쥐인간에게 타인들을 괴롭히고자 하는 욕망을 대놓고 말한 경우가 바로 이에 해당된다. 혹은 한쪽 부모가 죽고 얼마 안 있어 홀로 남은 부모가 외도하고 있는 장면을 갑자기 목격하게 될 때도 바로 이런 경우라 할 수 있다. 강박증자는 타자의 욕망과 대면하면서 충격을 받는다. 그는 타자를 더 이상 무화시키거나 중화시킬 수 없으며, 자신이 타자에게 의존하고 있다는 사실을 더 이상 부정할 수 없게 된 것이다.

강박증자가 분석을 요구하는 경우는 일반적으로 이렇게 그가 타자의 결여와 마주쳤을 때이다. 이 대면에 의해 강박증자는 타자에 대해 마음을 열고 그에게 관심을 갖게 된다. 우리는 앞서 히스테리 환자는 타자가 무엇을 원하는지 항상 주목한다는 사실을 확인한 바 있다. 강박증자는 타자의 결여와의 대면을 통해 다소나마 그러한 히스테리 환자와 비슷한 모습을 보이게 된다. 즉 라캉의 용어를 따르자면, 강박증자는 〈히스테리화 hystericized〉되며 타자에 대해 자신을 개방한다.

그런데 문제는, 이렇게 이루어진 〈히스테리화〉는 무척이나 허약하고 그 생명이 짧다는 점이다. 강박증자는 얼마 안 있어 다시 타자를 무시하고 어떠한 도움도 거절하게 되는 것이 보통이다. 만약 분석이 강박증자에게 실제로 어떤 효과를 미치려면, 분석가는 그의 히스테리적인 태도를 지속적으로 유지시켜야 한다. 분석주체에 의해 타자의 역할을 맡게 된 분석가는 강박증자가 다시 폐쇄적이 되거나 〈강박증화〉되지 못하도록,[52] 분석가로서의 자신의 욕망을 계속해서 붙들고 있어야 한다.

따라서 분석가에게 필요한 가장 중요한 〈전략〉은 강박증자로 하여금 규칙적으로 타자의 욕망과 대면하게끔 하는 것이다. 강박증자를 분석해 본 분석가라면 환자가 분석가의 개입에는 아랑곳하지 않고 스스로 연상하고 해석하며 계속 자기 말만 하려는 성향이 있다는 걸 잘 알 것이다. 강박증자는 분석가가 자신의 권리를 침해하고 자신이

---

52) 이는 라캉이 또 다른 맥락에서 사용했던 〈봉합하기 suturing〉라는 개념을 의미할 수 있다(『세미나 XII』, 〈정신분석을 위한 주요 문제들〉). 이 용어는 자크-알랭 밀레의 논문 「봉합」, *Cahiers pour l'Analyse* 1-2(1966)을 계기로 유명해졌다. 이 논문은 「봉합(기표 논리학 요강)」, *Screen* 18, no. 4(1977-1978), 24-34쪽에 번역되어 있다. 타자를 향한 열림은 봉합된 수술 흔적처럼 꿰매어져 있다.

말하고 싶어하는 것을 방해한다고 느끼기 때문에, 실제로 분석가들이 강박증자의 저항을 극복하기 위해선 상당한 노력이 필요하다. 강박증자는 분석가가 마치 죽은 사람처럼 침묵하고 있기를 원한다. 분석가가 하는 말 한마디조차도(심지어는 의자를 옮긴다든가 숨을 쉬는 일조차도) 그에겐 지나친 간섭이며, 분석가의 존재를 깨닫게 하는 것이다.

물론 어떤 분석가들은 환자의 요구에 따라 실제로 침묵하며, 환자의 끊임없는 연상 행위에 개입하길 거부하는 경우도 있다. 하지만 강박증자의 히스테리화를 유지시키는 것은 오로지 그에게 타자의 존재와 타자의 욕망을 일깨워줌으로써만 가능하다. 분석가는 타자가 지워지거나 폐지된 강박증자의 환상에 부응해서는 안 된다. 분석가는 강박증자가 그 환상을 반복하지 못하도록 막아야 한다.

강박증자의 이런 모습을 생각해 본다면, 분석가의 관점에서 우리는 히스테리 환자를 가장 이상적인 분석주체라고 생각할 수도 있다. 그녀는 타자의 욕망으로부터 자신의 존재를 도출한다는 점에서($a \diamond A$) 어쨌거나 타자의 욕망에 대해 민감한 환자이다. 그러나 그녀는 타자로부터 자신의 존재만을 기대하는 게 아니다. 동시에 그녀는 타자가 자신의 결여된 지식을 충족시켜 주길 기대한다. 바로 이 점이 히스테리 환자가 쉽게 분석가에게 도움을 요청하는 이유이다(하지만 일단 분석에 참여하면 이는 또한 그녀가 분석의 진행을 어렵게 만드는 요인이기도 하다). 그녀가 상대방의 욕망/결여를 탐색하며 그것을 부추기듯이, 그녀는 타자의 욕망의 대상인 자신에 대해 물으면서(《의사 선생님, 제겐 무엇이 있는 걸까요? 저는 무엇이 문제인가요?》) 그 해답을 분석가에게서 얻어내려고 애쓴다.

분석가가 히스테리 환자에게 그녀에 관한 지식을 제공하더라도 그녀는 잠정적으로만 만족할 뿐이다. 지식을 얻자마자 그녀는 곧바로 그것을 꼼꼼히 따져보고 그 가치를 평가하며 이의를 제기한다. 그녀는 분석가의 지식 속에서 결여와 공백을 추구한다. 그녀는 분석가가 모르는 어떤 것을 몸소 구현한다. 요컨대 그의 결여된 지식의 살아 있는 증거가 되고자 하는 것이다. 이에 따라 분석가는 자신의 분석에 대해 이의를 제기하는 히스테리 환자와 마주친다. 이 경우 그는 자신이 아무리 노력해도 환자보다 더 많은 것을 알 순 없으며 그녀의 끊임없는 욕구를 만족시킬 만한 새로운 지식이 자신에겐 없다고 느끼게 된다. 이런 식으로 앎의 놀이 속에 말려든 분석가는 조만간 환자에게 공급할 새로운 지식이 바닥나게 되고 그리하여 결국 승리는 환자에게 돌아갈 것이다. 분석가가 개입을 통해 환자에게 증상을 포기시키거나 〈해소〉시킨다 하더라도 환자는 다음 면담에서 새로운 증상을 보고할 것이다.[53] 타자 속의 결여를 증명하고 지적하는 위치 속에서 그녀는 항상 어떠한 이론이나 기술보다도 더 멀리 나간다. 요컨대 그녀는 분석가에게 일종의 살아 있는 수수께끼가 되고자 한다.

히스테리 환자는 분석가에게 자신이 무엇을 욕망하는지 묻도록 유도함으로써 스스로 분석가의 지식과 그의 욕망에 대한 주인이 되고자 한다. 따라서 히스테리 환자를 다룰 때 분석가에게 필요한 전략은 바로 협상 테이블을 뒤집는 방법이다. 히스테리 환자가 〈의사 선생님, 말씀 좀 해보세요. 도대체 제게 문제가 되는 게 뭐지요?〉라고 묻는다면, 분석가는 〈당신은 저한테 어떤 말을 듣기 원합니까?〉라고 되물어야 한다.

이것이 바로 라캉이 공식화한 바 있는, 〈히스테리 환자의 담화에서 분석가 담화로의〉 이행이다. 이에 관해선 이미 나의 다른 책에서 상세히 다루어진 바 있기 때문에 여기에선 되도록 간단히 그 요점만 살펴보기로 하자.[54]

---

53) 그리고 잘못의 책임이 있다면 그것은 항상 분석가의 것이 될 것이다. 강박증자는 자기 자신을 비난하는 경향이 있는 반면, 히스테리 환자는 타자를 비난한다. 히스테리의 경우 주체에게 존재를 부여하는 것은 바로 타자이기 때문에 비난의 화살은 항상 타자를 향하게 된다.
54) 『라캉의 주체』, 9장 참조. 보다 일반적으로 (라캉이 네 가지 담화에 관해 상세히 작업한) 『세미나 XVII』과 『세미나 XX』을 참조. 콜레트 솔레는 히스테리 담

히스테리의 담화　　　　분석가의 담화

$$\frac{\$}{a} \rightarrow \frac{S_1}{S_2} \quad \Rightarrow \quad \frac{a}{S_2} \rightarrow \frac{\$}{S_1}$$

히스테리의 담화는 히스테리 환자가 (빗금 친 주체, $\$$로서) 자발적으로 선택한 담화이다. 히스테리 환자는 주인(S_1)에게, 물론 이 경우는 분석가에게 말하면서(화살표 → 가 바로 이런 발화 과정을 나타낸다) 그로 하여금 지식(S_2)을 생산하도록 만든다.[55] 이에 반해 분석가의 담화에서 히스테리 환자 혹은 히스테리화된 환자($\$$)는 노동자의 위치(오른쪽 윗부분은 생산이나 노동의 위치이다)에 놓인다. 여기에서 담화를 작동시키는 원인(왼쪽 윗부분은 원인의 자리이다)은 분석가의 수수께끼 같은 욕망(a)이다.

따라서 강박증의 분석이 주체를 히스테리화하는 것으로 시작한다면, 히스테리의 분석은 반대로 주체의 담화 형태를 바꾸어 타자로부터 지식을 받거나 기대하길 멈추게끔 하는 것으로 시작한다.[56] 같은 신경증이라 하더라도 분석가에겐 각기 다른 전략이 필요한 것이다. 만약 분석가가 히스테리를 강박증으로 오인한다면 어떻게 될까? 그는 히스테리화라는 명목으로 환자의 요구를 인정하게 될 것이고 그

　　화에서 분석가 담화로의 이행에 관해 「히스테리와 강박증」, 『리딩 세미나 I-II』, 276쪽에서 논의한 바 있다.
55) 이 책에선 S_1과 S_2가 전혀 다루어지지 않았다. 독자는 『세미나 XI』과 『라캉의 주체』, 5, 6, 8, 9장을 참조하기 바란다. 간단히 말해서 S_1은 주인 기표이다. 이 주인 기표가 혼자 고립되어 있으면 주체를 복종시키지만, 다른 기표들과 연결될 때엔 의미가 발생하고 주체화가 일어나게 된다. S_2는 S_1 이외의 모든 기표를 의미한다. 네 가지 담화에서 그것은 통상 지식을 의미한다.
56) 라캉이 윤곽을 제시한 네 가지 담화엔 고유한 의미에서의 강박증적인 담화가 없다. 강박증적인 담화와 가장 가까운 것이 있다면 그것은 내가 보기에 라캉의 용어로는 대학의 담화일 것이다. 『라캉의 주체』, 9장과 『세미나 XVII』과 『세미나 XX』 참조.

렇게 되면 화장실에 가고 싶다든가, 물을 마시고 싶다든가, 시간을 변경하길 원한다든가, 앉지 않고 서 있는다든가, 진료비를 밀린다든가 하는 식으로 환자의 요구는 점점 더 심해질 것이다. 만약 분석가가 이 요구를 거절한다면, 그는 분석주체에게서 비일관적이라는 비난을 면치 못할 것이다. 〈왜 제가 그걸 할 수 없다는 거죠? 당신은 전에 제가 아무거나 다 해도 괜찮다고 말하지 않았나요?〉 〈처음에 저 보고 마음대로 하라고 했던 건 당신이니까 이건 당신 잘못이에요.〉

분석 중에 흔히 발견되는, 분석가를 시험하는 듯한 이런 태도는 분석가의 욕망과 지식을 조사하려는 시도와 관련된다. 히스테리 환자는 자신을 타자의 욕망의 원인으로 위치시키기 위해 그가 무엇을 욕망하는지를 알아내려 한다. 과연 그녀는 그의 욕망의 주인이 되어 그의 욕망을 좌지우지할 수 있을 것인가? 어떻게 해야 분석가가 자신의 욕망을 표현하게 될까? 그녀는 자신의 위치를 확보하기 위해서 분석가가 자신의 욕망을 표현해 주길 기대할 것이다. 만일 그러한 기대가 충족되지 않는다면, 그녀는 알게모르게 분석가가 그것을 말하게끔 부추길 것이다.

반대로 분석가가 강박증을 히스테리로 오인하면 이는 환자를 너무 성급히 카우치에 눕히는 결과를 초래할 수 있다. 미국의 분석가들은 예비 면담과 〈본격적인 분석〉의 차이점을 무시한 채 시작부터 환자들을 카우치에 눕히는 경우가 많다. 그들은, 분석주체로 하여금 분석가를 찾게 만드는 막연한 질환은 분석주체가 자신의 행위, 증상, 쾌락 등이 어디에서 오는지에 관해 의문을 던지는 것과는 본질적으로 다르다는 사실을 잊고 있다. 그러나 앞에서 확인했듯이 분석 과정은 분석가의 인격(개별적인 인격체로서의 분석가)이 사라지는 것으로 시작된다. 분석이 본격적으로 시작되기 위해선 분석가가 텅 빈 스크린으로 자리잡아야 하는 것이다. 분석가가 이러한 분석 과정과 예비 면담의 차이를 분명히 이해한다면, 그 다음으로 생각해야 할 것은 히스테리 환자는 분석가와의 면담을 강박증자보다 훨씬 더 선호한다는 점이다. 히스테리 환자는 어떤 특정 인물로 형상화된 타자의 욕망을 추구하며, 그의 시선과 도움을 절실히 필요로 한다. 따라서 분석가가 드러내는 텅 빈 스크린을 향해 말하는 것을 참지 못한다. 그녀는 자기 욕망의 비밀을 탐구하는 데 있어 반드시 자신이 누구에게 말하고 있는지, 자기 말이 그에게 어떤 효과를 발휘하는지 알고 싶어한다.

이에 반해 강박증자는 이런 것에 전혀 아랑곳하지 않는다. 그는 누군가가 자신에게 타자를 형상화하는 것을 원치 않기에 혼자 방 안에 틀어박혀 있기를 좋아한다. 그렇기 때문에 그는 분석가와 얼굴을 맞대고 이야기하는 것보다 카우치에 누워 자기 혼자 이야기하는 것을 더 선호할 것이다. 따라서 문제는 강박증자를 구슬려 유아론으로부터 빠져나오게 하는 일이며, 이를 위해선 분석가의 존재가 처음부터 강조되어야 한다. 이렇게 강박증자가 타자의 욕망에 대해 눈을 뜨고 나서야 분석가는 그를 정말로 카우치에 누일 수 있다. 그때에만 타자가 빈 공간으로 남아 주체의 어떠한 투사도 지탱시켜 줄 수 있기 때문이다.

모든 히스테리 환자가 자신의 분석가를 대놓고 시험하려 들고 모든 강박증자가 노골적으로 분석가를 무시한다고 말하는 것은 아니다. 이는 환자들의 심리 구조의 차이에 근거한 일반적인 성향들일 뿐이다. 그것이 표출되는 정도도 매우 다양하게 나타난다. 그러나 이는 분석가가 항상 염두에 두어야 할 중요한 성향들이다.

내가 히스테리 환자를 여성으로 지칭하고 강박증자를 남성으로 지칭했지만, 우리는 남성 히스테리 환자도 있고 여성 강박증자도 있다는 점을 명심해야 한다. 그들의 주체 구조를 이론적으로 설명해 내지 못하는 현대의 심리치료는 대신 그들을 20세기의 만능 범주라 할 수 있는 이른바 〈경계선〉(6장에서 언급한 바 있듯이 라캉은 이러한 범주가 단순한 포기에 지나지 않는다며 공공연히 거부했다)의 범주에 위치시킨다. 나의 분석 경험에 따르면 상당수의 남성 동성애자들과 이성애자들이 히스테리 환자로 진단될 수 있다. 그리고 프로이트도 이미 많은 여성들이 강박증으로 진단될 수 있다고 밝힌 바 있다(『정신분석 강의』, 17장). 우리는 이러한 범주들의 교차에서 나타나는 복잡한 양상을 라캉이 제시한 성적 구조의 구분에서도 발견할 수 있다(물론 이는 생물학적인 성의 구분이 아니다). 라캉은 남성 구조와 여성 구조의 구분이 강박증과 히스테리의 구분과 상당 부분 일치하는 점이 있지만 그럼에도 양자가 완전히 일치하진 않는다는 점을 명시한 바 있다(『세미나 XX』).

이제부터 우리는 지금껏 살펴본 이론적인 개념들[57]을 구체적인 사례를 통해 검토하게 될 것이다. 나는 내가 분석한 사례들 중 강박증과 히스테리에 관한 사례를 하나씩 선별했다. 각 사례의 전반부에서는 사례의 실증적인 자료를 제시할 것이고 후반부에서는 그것에 대해 되도록 세부적인 주석을 달게 될 것이다.

강박증 사례

대략 일 년 동안 나는 한 남자를 분석했다. 그와의 분석은 일주일에 두 번 정도로 시작해서 분석이 한창 진행될 때에는 세 번, 그리고 분석이 막바지에 다다랐을 때에는 네 번씩 이루어졌다. 환자는 외국인이었으며 분석은 그가 자기 나라로 돌아감으로써 예상보다 일찍 끝나버렸다(내 생각에 그의 분석은 예비 면담의 단계를 넘어서지 못한 것 같다). 짧은 기간 동안의 분석치곤 상당히 많은 자료가 나왔는데, 그래도 이 제한된 지면에서 임상 과정의 정황을 논리적으로 설명하는 데엔 별지장이 없을 것이다. 이름과 전기적인 사실은 환자의 신분과 프라이버시를 보호하기 위해 약간 변형되었다.

로버트라는 가명의 환자는 첨단 장비를 수리하는 일을 하는 30세의 남성이었다. 평소에도 분석을 받으려는 생각을 갖고 있었지만, 그

---

[57] 『라캉의 주체』, 8장 참조.

가 정말로 분석을 받기로 결심한 것은 그에게 몇 가지 이유로 위기가 닥쳤기 때문이다. 그 이유 중 가장 중요한 것은 그가 친구와 동업하여 만든 회사가 자신의 무능력 때문에 곤경에 처하게 되었다는 것이다. 그는 나를 찾아온 바로 그날 동업자의 자리를 포기하고 그 친구의 조수로 일하기로 결심했다. 그는 자신이 〈대가를 치르게 된 것〉이라고 말했다. 자신이 여태까지 별 노력도 없이 성공해 왔고 순탄한 삶을 보내왔으니 결국 자신은 〈사기꾼〉이었다는 것이다. 아무것도 한 것 없이 불로소득만으로 살아온 그가, 항상 남의 눈을 속여 온 그가 이제는 친구에게 문책당하고 그 자리를 내줄 수밖에 없었다는 것이다.

처음엔 이런 상황에 당혹해했지만, 두 주일이 지나자 그는 자신의 잘못을 책임지는 것에 대해 이젠 〈즐거움〉을 느낀다고 말했다. 〈이젠 제 책임으로부터 도망치지 않을 겁니다. 봉급이 줄어든다고 해도 처음부터 다시 시작할 거고, 그런만큼 진실해질 수 있겠지요. 그건 운이 좋아서 얻은 게 아니라 제 노력의 산물이니까요.〉 로버트는 누가 되었든지 간에 다른 사람의 도움을 원하지 않았고, 이 상황을 자신이 스스로 처리할 수 있길 원했다. 부모가 도우려고 했지만, 그가 거부했다. 그런데 자신의 이런 계획이 뜻대로 되지 않자(결국 친구는 그의 봉급을 깎지 않았다) 로버트는 그것을 실현시킬 수 있는 다른 수단을 강구했다. 사장에게 휴가를 달라기가 겁이 났던지 로버트는 이미 예약까지(비용까지 지불된) 다 된 여행을 출발하기 이틀 전에야 비로소 휴가를 요청했다. 그리고는 자신의 그 무리한 요구로 말미암아 자신이 해고되길 기대했다.

로버트는 자신의 무능력이 오래 전부터 시작된 것이라고 말했다. 〈노력을 해야겠다고 생각하는 순간 이미 때는 늦었죠.〉 무언가를 하려고 하면 실패의 가능성부터 생각했다. 물론 무엇을 해야 할지를 누군가가 가르쳐주는 경우엔 전혀 문제가 없었다. 그렇지 않으면 아무것도 하지 않고 그냥 그대로 있을 뿐이었다. 자신이 이미 알고 있는 것은 〈별 볼일이 없고 지루한〉 것이라고 말했다.

처음에 그는 나보고 자신이 성실하게 일할 수 있도록 도와달라고 부탁했다. 그는 내가 자기 대신 자신의 생활 계획표를 짜주길 바랐다. 생활 계획표란 말하자면 그가 〈설거지, 청소, 책상 정리〉라고 말한 것들이다. 그는 내가 그런 일을 시키면 자신에게 책임감이 생길 거라고 말했다. 당연히 나는 그런 일을 하나도 시키지 않았다. 대신 그에게 마음속에 떠오르는 환상, 공상, 꿈 등을 모두 이야기하도록 부탁했다. 두 달 후에 로버트는 자기가 해야 할 일을 미리 계획하고 그것에 따라 행동하면(자기에게 〈자유〉가 없는 것 같으면) 자기가 마치 〈로버트〉가 된 것 같은 느낌이라는 말을 했다.

그런데 이렇게 스스로 알아서 일을 처리하지 못하는 것도 그에겐 상당히 오래 전부터 있어 왔던 일이다. 학창 시절, 한 소녀에게 사랑을 느꼈지만 그는 그녀에게 말 한마디 건네지 못했다. 그는 여자가 자기에게 다가와 친밀한 관계를 맺어줄 때까지 무작정 기다리기만 했다. 그는 한 번도 〈바로 이 여자다〉라고 확신한 적이 없었다. 어느 날 꿈에서 그는 한 창녀와 같이 있었는데 다른 두 명의 창녀가 그들을 바라보다가 합류하게 되었다. 그 꿈을 자유연상하면서 그는 〈한 명은 충분하지 않은 것처럼〉 여겨졌다고 말했다. 그는 (여자와 일상 생활에서) 〈숱한 가능성들〉이 있었지만 그것들 중에서 무언가를 선택할 수 없었다. 만약 선택한다면 다른 것은 잃게 될 것이라고 느꼈기 때문이다. 〈제가 할 수 있는 다른 것들을 생각하지 않고선 어떤 것에 전념할 수 없었지요.〉 그는 또한 〈행동하기 전에 그 결과들을 모두 고려해야 한다〉고 말했다. 이는 분명히 불가능한 것이었고 이로 인해 그는 무력감에 빠졌다. 자신에게 한계가 있다는 사실이 그에게 〈상당한 불쾌감〉을 주었다. 그는 〈자신이 좋아하는 여자라면 누구든 가질 수 있다〉고 생각하려 했다.[58]

---

58) 강박증에서의 한계에 관한 세부적인 논의에 대해선 『라캉의 주체』, 109-112쪽 참조.

그 당시 그의 애정 생활은 다른 나라에 살고 있었던 여러 여자들과 일시적인 관계를 갖는 것이었다. 때로는 일 주일 동안 그가 그녀들 집을 찾아가거나 그녀들이 그를 방문하기도 했다. 애인이 없었던 적도 자주 있었지만 한꺼번에 두세 명의 여자를 거치는 일도 빈번했다. 처음 몇 차례의 상담 중에는 언급하지 않았지만 나중에 그는 치료를 시작하기 바로 전부터 계속해서 발기에 문제가 있었다는 사실을 털어놓았다. 그는 최근에 사귀기 시작한 산드라라는 여인과의 관계에서 그 문제로 어려움을 겪고 있다고 말했다. 산드라는 그의 누이의 절친한 친구였는데 로버트는 그녀를 인생의 동반자로 삼고 싶을 만큼 훌륭한 여자라고 생각했다. 그런데 그의 말에 따르면, 그는 〈최상의 파트너〉라고 할 만한 여자와의 관계에선 자주 발기불능이 되었지만, 반대로 〈정말 별볼일이 없는〉 여자와는 전혀 문제가 없었다.

그런데 산드라와 일 주일을 함께 보낸 후 로버트는 그녀가 〈더 이상 순결하지 않다〉고 말했다. 그가 그녀를 〈더럽힌 것이다.〉 그녀는 무언가를 잃어버렸다. 그녀는 더 이상 이전의 그녀가 아니었다. 그와 잠자리를 하기 전에는 완전하고 대단해 보였던 그녀가 이제는 무언가가 결여되어 있는 것 같았다. 산드라 역시 그가 대학 때 사귀던 여자 친구처럼 〈너무 쉬운〉 여자가 되어버린 것이다. 그는 유혹의 필요성도, 섹스에 대한 흥미도 모두 잃어버렸다. 그것을 할 때면 항상 먼저 샤워를 하고 상대에게도 똑같은 것을 요구했다.

누구를 사랑해야 할지(누가 〈바로 이 여자〉일까)를 자문하면서 로버트는 종종 〈다른 남자의 여자〉에게 눈을 돌리고 그녀에 대한 환상에 빠지곤 했다. 친구의 여자인 그런 여자는 그에게 절대 범할 수 없는 여자로 이상화되었다. 그녀는 도달 불가능하므로 그는 실제로 그녀를 〈더럽히게〉 될까봐 고민할 필요가 없었다. 하지만 그런 여자도 그의 꿈 속에서는 산드라와 동일한 운명을 따를 수밖에 없었다.

그는 꿈에서 거리를 걷다가 한 남자가 술 취한 여자를 반대편으로 끌고 가는 것을 목격했다. 그리고 그녀의 〈풀어 헤쳐진 셔츠 사이로 젖가슴이 보였다〉. 그때 그는 그것을 잠시 동안 어루만졌다. 이 꿈을 자유연상하면서 그는 자신이 보통 때라면 그런 충동을 자제했을 테지만, 그녀가 다른 남자의 여자인데다 술 취한 상태에서 수동적으로 있었기 때문에 오히려 더욱 흥분되었고 그녀의 가슴을 애무하고 싶었다고 말했다. 그는 적극적인 여자를 매우 싫어했다. 그는 여자를 소유하고 자기 마음대로 다루고 싶어했다. 그가 좋아하는 성적 취향은 여자가 움직이지 못하도록 결박한 상태에서 관계를 갖는 것이었다. 그러나 꼼짝 못하게 만들 만한 힘이 없었던 그는 여자가 자신을 도와주어야 한다고 생각했고 그녀가 이런 놀이를 같이 즐기기를 원했다. 그가 원했던 것은 〈여자를 완전히 지배하는〉 것이었다.

　한 여자를 사랑하고 관심을 갖게 되면 그는 항상 그녀를 지배하고 싶어졌다. 〈헤픈〉 여자에겐 반대로 그럴 필요를 못 느꼈다. 한때 그는 자신이 사귀던 여자가 〈하층민 출신〉이라는 이유로 처음부터 그 관계가 오래 지속되지 않을 거라 확신했다. 하지만 그럼에도 그들은 2년 동안이나 계속해서 만났다. 당시 그는 그녀를 지배하는 데 어려움이 없었고, 발기 능력 또한 별문제가 없었다. 그는 그 만남이 거의 섹스를 위한 것이라고 생각했다. 그런데 헤어지고 나서 그가 그녀를 찾아가 유혹하려 했을 때, 그녀가 그를 거부했다. 그때 그는 자신이 더 이상 그녀를 지배할 수 없음을 느꼈다. 그는 나에게, 당시엔 물론 행위로 옮기지 못했지만 그녀를 강간하고 싶은 욕구를 느꼈다고 말했다.

　또한 그는 〈검은 외투를 걸친 무엇인가를 돌로 내려치는〉 꿈을 꾼 적이 있다고 말했다. 그것은 여자인 것 같았다. 당시 그가 꿈 속의 여자로 염두에 두었던 첫번째 인물은 자신의 친구와 동거했던 여자, 바로 자신이 이상으로 삼았던 여자였다. 그는 자신이 꿈에서 저지른 행위의 폭력성 때문에 놀라워했고 두려워했다. 그렇지만 그것을 이야기하는 그의 얼굴은 기이하게도 거기에서 아주 만족스러운 것을 찾아냈다는 표정이었다.

그는 여자와의 관계에 대해선 전부 이야기했지만 엄마에 대해서는 거의 언급하지 않았다. 대신 그는 줄곧 자기 누이를 자신의 이상형이라고 말했다. 그는 누이와의 관계가 거의 〈근친상간적인〉 것이었다는 말을 했는데, 이는 그가 자주 그녀와 잠자리를 갖는 꿈을 꾸었기 때문이었다. 또한 그는 엄마를 〈공평하지 못한〉 인물로 묘사했다. 그가 무언가를 하고 싶더라도 엄마가 인정하지 않으면 그냥 포기할 수밖에 없었다. 엄마가 〈몸짓과 표정으로 금지를〉 표시하면 그는 더 이상 아무 말도 꺼낼 수 없었다고 했다. 그는 그녀가 자신을 〈자기 마음대로 하고 싶어〉했다고 생각했다. 따라서 그가 그녀에게 대들 수 있는 유일한 방법이 있다면 그것은 그가 처음에 하고 싶다고 말했던 것을 실행에 옮기는 일이었다.

높은 도덕심과 교육 이상을 지닌, 엄격한 가톨릭 신자였던 아버지는, 로버트의 말에 따르면, 그를 심히 못마땅하게 여겼지만 그래도 〈때리거나 화내는 일이〉 전혀 없었다고 한다. 아버지는 모든 것을 마음속에 담아두었고 심지어는 화낸다는 것을 이해하지 못했는데, 이는 그가 그것을 느끼지도 표현하지도 못했기 때문이라고 말했다. 엄마와 마찬가지로 아버지도 침묵으로서 아들을 훈계했던 것이다.

로버트는 자신의 우유부단이 〈어떤 내적인 권위에 대한 저항〉에서 생겼다고 느꼈다. 그는 자존심 때문에 그런 권위에 복종해선 안 된다고 느꼈다. 이 내적인 갈등은 나와의 관계에서도 나타났다. 그는 항상 (적어도 내 생각엔) 전혀 그럴 의도가 없었던 내 목소리에서 비판조의 어투를 지적해 내곤 했는데, 나중에 그는 그것이 나에게서 비난을 받기 위한 것이었다고 고백했다. 그는 종종 분석 시간에 늦기 위해 고의적으로 낮잠을 자곤 했으며, 또한 은행에서 돈을 인출하지 못해 진료비를 미룬 일도 사실은 마찬가지였다고 말했다. 늦게까지 집에서 어물쩡거리다가 분석 시간이 거의 다 되어서야 집에서 떠난 것도 고의적이었다고 말했다. 그는 이런 식의 행동으로 처벌을 기대했다고 말했는데, 또한 거기에서 즐거움을 느꼈다는 말도 덧붙였다.

로버트는 다양한 방법으로 동료와 여자 친구에게서 비난을 듣고 싶어했다. 이를 위한 그의 전략은 먼저 그들을 화나게 한 다음, 곧바로 자신이 틀렸다는 사실을 인정해〈그들의 노여움을 피하고〉〈자신의 죄를 씻어낼 수 있는〉고해자의 태도를 취하는 것이었다. 그는 무수한 전쟁 용어를 사용해 이러한 전략에 관해 말했다. 예를 들어, 그는〈의지에 대항한 의지의 전투〉가〈자신 안에 있는 투사적인 정신을〉부추겼다고 말했다. 이런 식으로 타자의 비판을 부추기는 것은 그에게〈두렵지만 짜릿한〉일이었다.

로버트는 자신이 진료비를 깎아달라고 말한 것 때문에 내가 화났다고 생각했다. 그는 마치 자신의 욕망으로 내 욕망에 반대하여〈부당하게 나의 권위에 도전한〉것처럼 느끼면서 죄의식을 느꼈다. 그래서 나는 그에게 진료비를 깎아준 것은 분석 횟수를 늘렸기 때문이라는 사실을 상기시켜 주었다. 하지만 그럼에도 그는 자신이〈진료비를 원래대로 지불했어야 분석이 제대로 진행되었을 것이라며 한탄했다. 그는〈분석이 실패했다고〉느꼈는데(왜냐하면 어쨌거나 그는 계속해서 무력감을 느끼고 있었기 때문이다), 이는 자신의 잘못이라고 말했다. 그리고 분석 시간이 가변적이었던 이유가 자신이 돈을 덜 지불했기 때문이라고 생각했다. 나는 그에게 원래 분석은 중요한 시점에서 멈춰야 하는 것이며, 분석 시간의 길이는 진료비와는 상관없는 것이라고 말해 주었다.

그러자 그는 나에게 다른 식의 전략을 구사하기 시작했다. 내가 자신의〈여성적인 면〉을 비난한다는 것이었다. 그는 만약 분석이 진행되는 동안 우는 모습을 보인다면 내가 자신을〈내쫓을〉것이라고 생각했다. 그는〈펑펑 울고 싶었지만〉내 앞에선 그래선 안 된다고 생각했다. 어떤 여자들에겐 자신의 나약한 모습과 우는 모습을 보여줄 수 있었지만, 내〈앞에선 자제하고〉〈나이에 맞게 책임감을 가져야〉한다고 생각했던 것이다. 하지만 나는 그런 생각에 대해 아무런 반응도 보여주지 않았다. 나는 그가 마음속으론 여성적인 면을 원하지 않을 거라는 식으로 말하지도 않았다. 그 대신 나는 이렇게 물었다. 〈남자들은 당신의 여성적인 면을 좋아하지 않나요?〉 그는 아버지가 자신이 나약한 것에 대해 못마땅해했다고 말했다. 그에 따르면 전에 사귀던 여자들이 그에겐 남성적인 면도 있는데 그가 겉으로 드러내지 않는다고 말했다고 한다.

어렸을 적 그는 아버지를 유능한 인물로 생각했다. 누군가가 아버지가 일하러 갔다고 말해 주면, 그는 늠름하게 일하는 아버지의 모습을 상상하곤 했다. 하지만 성인이 되자 그는 아버지를 〈무능하고 부적격한〉 사람으로 여기기 시작했다. 그는 아버지가 그에게 권위적인 모습을 보여주었다면 자신이 지금 같진 않았을 것이라고 믿었다. 아버지가 자신을 〈올바르게 이끌어주고〉, 속마음을 분명히 표현해 주었다면, 자신도 이렇게 나약해지진 않았을 것이라고 생각했다. 한번은 대학 시절 애인이 그의 아버지와 논쟁을 하게 되었는데, 거기에서 그는 아버지의 〈유약한〉 모습을 보게 되었다. 그때 그는 한편으론 비참함을 느끼기도 했지만 속으론 기쁜 마음도 없지 않았다.

분석이 시작된 처음 몇 달 동안 로버트는 나를 〈차갑기가 돌 같은 사람〉이라고 묘사했다. 그는 나에게서 꿈 속의 한 인물, 즉 〈바람에 휘날리는 수도복을 입고 꼿꼿이 서 있는 신부〉를 연상했다. 이렇게 해서 그는 나를 남근의 힘을 지닌 인물로, 엄격하고 굽히지 않는 권위를 지닌 인물로, 하지만 동시에 자기 죄를 고백할 수 있고 죄를 사면받을 수 있는 인물로, 한마디로 자신의 이상으로 바라보았다. 하지만 시간이 흐르면서 나에 대한 이미지도 점차 바뀌었다. 그는 분석을 방해하지 않는 범위에서 내가 자신에게 화를 내도록 고의적으로 약을 올렸다. 자기 나라로 돌아갈 시간이 되었을 때, 나는 그에게 돌아가더라도 치료를 계속할 것을 권유했고, 그는 내 권유를 받아들였다.

이 사례는 매우 간단하지만 강박증만의 고유한 특징을 포함해 신경증이 지닌 일반적인 특징을 많이 보여주고 있다. 로버트는 적어도 두 가지 요인에 의해 초래된 위기 때문에 나를 찾아왔다.

첫째, 그는 자신에게 〈권위를〉 나타내는 사람과 맞부딪쳤다. 예를 들어 처음에 자신의 사업 파트너였던 친구가 바로 그런 인물이다. 로버트의 말에 따르면 〈문제는 바로 자신이 그로부터 인정받는 것이었다〉. 로버트는 무기력을 통해서, 타자가 자기 욕망을 표현해 주길 기대했다. 타자가 자신에게 징계를 내리면 자신은 그에 따라 최선을 다할 수 있게 되리라고 생각했다. 그는 무엇인가를 포기해야 한다는, 다시 말해 봉급을 삭감해야 한다는 생각에 〈즐거워했다〉. 로버트는 타자가 자신에게 희생을 원한다고, 자신을 상징적으로 거세하길 원한다고 생각했던 것이다.[59]

두번째로, 그는 〈이상형의 여인〉(그에겐 이상적인 타자의 위치에 있는 여성이자 누이의 가장 친한 친구인 산드라)과 만나게 되었다. 그녀는 그에 대한 욕망을, 그와의 섹스에 대한 욕망을 솔직하게 표현했다. 이는 그에게 일종의 〈만족의 위기를〉 초래하면서 발기불능을 나타나게 했다.

그가 겪은 초기의 내적 갈등은 무엇을 해야 하고 어떤 사람이 되어야 할지와 관련해, 즉 지나치게 발달한 이상과 도덕 원칙들, 가혹한 초자아나 에고 이상과 관련해 초래된 것이다. 그것들은 그가 따라야 할 삶의 지표이지만 실행에 옮기긴 불가능한 것들이었다.[60] 〈하나의 진실〉, 〈하나의 진리〉, 〈이상형의 여인〉을 추구하는 것은 강박증자의 일반적인 특징이다. 그들의 이상(理想)은 실현되기가 불가능하

---

[59] 이전에 아버지가 로버트에게 이러한 희생을 강요했더라면, 그에겐 매우 유익한 일이 되었겠지만, 우리가 보았듯이 그런 일은 일어나지 않았다. 쥐인간 역시, 육체적인 체벌에서 즐거움을 느끼고 자신을 괴롭히길 좋아한다고 여겨지는, 한 권위적인 인물(〈잔인한 대위〉)과의 만남 때문에 분석을 받게 되었다.
  정신병자가 대부분 한-아버지와 대면하게 될 때 정신병적인 발작을 일으키는 것처럼, 신경증자는 대부분 타자의 욕망이나 주이상스와 직접적으로 대면하게 될 때 위기에 빠진다.
[60] 실제로 그의 성은 만인이 다 아는 한 유명 인사의 성이었기에 그에게는 걸맞지 않았다.

고 인간으로선 아무리 노력해도 도달하기가 불가능할 만큼 높게 설정되어 있다. 따라서 그들은 결국 아무것도 성취할 수 없다. 로버트의 이상은 다른 강박증자들에 비해 그렇게 큰 것은 아니었지만, 그럼에도 그의 무기력은 그 이상을 향한 그의 반항적인 태도에서 나온 것이다. 그는 부모의 이상과 도덕적인 가치를 분명히 내면화했지만 (다시 말해 상징적인 타자가 어렵지 않게 설정되었지만) 그것을 결코 자기 것으로 만들진 못했다. 그의 부모가 모든 걸 마음에 담아놓고 살았듯이 그 또한 그들의 이상을 대놓고 비판하지 못했다. 그는 속으론 못마땅히 여겼지만 겉으로는 그것을 따름으로써 어쨌든 그들의 이상을 중심으로 살아갔다.

로버트의 에너지의 상당 부분은 바로 이 이상과 결부되어 있다. 타인에게서 비판의 목소리를 들을 때 두려움과 동시에 짜릿함을 느낀 것은 바로 이 때문이다. 일반적으로 강박증자는 자신의 내적인 갈등에 전념하느라 거의 다른 일엔 신경을 쓰지 못하며, 이 때문에 평소 자신이 죽어 있다고 느낀다. 그런데 일시적인 것이지만 강박증자는 자기 머리 속에 있는 훈계와 비판의 목소리를 외면화하는 데서 삶의 즐거움을 느낀다. 이런 과정은 그에게 외부의 적을 설정해 줌으로써 삶의 의미를 되찾아준다. 로버트에게서 약간이나마 생기가 나타나는 것은 사업 동료이건 분석가이건 외부에서 권위적인 인물을 발견할 때에 한해서이다.

그러나 권위를 대표하는 인물에게서 화를 부추기는 로버트의 전략은 (다음 장에서 살펴보게 될) 도착증의 특징인 타자를 존재하도록 만들려는 시도와 혼동되어선 안 된다. 강박증자에겐 이미 법이 전제된 상태이다. 그는 법의 제약 속에서 짓눌리고 있다. 로버트에게 있어 강박증은 법에 대해 취한 일종의 태도이다(이는 라캉이 초기 작업에서 내린 주체에 대한 정의와도 일치한다[61]). 타자의 화를 부추기는 것은 항상

---

61) 이 책의 3장과 『라캉의 주체』, 1, 4, 5, 7장 참조.

죄의식을 갖기 위한 것이다. 이 죄의식은 아마도 아버지에 대한(당연히 그의 엄마에 대해서도) 증오를 수반한 외디푸스의 갈등으로 거슬러 올라갈 것이다. 하지만 분석은 죄의식의 근원을 파헤치는 데까진 이르지 못했다. 그러나 분명한 점은 죄의식에 대한 다음과 같은 그의 전략이다. 그는 우선 타자의 노여움을 부추기고 그것에 대해 죄의식을 느끼며 그로부터 처벌을 기대한다. 그리고 나서 자기 잘못을 고백하고, 그 죄의식을 일시적이나마 완화시킨다.

동시에 죄의식은 로버트의 삶을 전반적으로 지배한 감정이다. 일반적으로 죄의식은 〈잠자리를 정리한다〉든가 〈방청소를 한다〉든가 하는 것과 같이 그가 하기로 되어 있는 어떤 일을 이행하지 못했을 때 나타났다.[62] 부모가 겉으로 표현하는 성격은 아니었지만 그래도 표정이나 침묵으로 로버트를 규제했던 건 사실이다. 실제로 로버트는 자신이 해야 한다고 생각한 일들에 대해 항문기적 특징을 보였는데, 이는 그가 삶을 방해하는 것에 대해 설명하는 방식에서도 나타난다. 〈반짝거리는 커다란 검은 돌이 좁은 길을 막고 있는 듯했어요. 굴릴 수 있을 만큼 둥그런 돌 말입니다. 그것을 하천으로 굴리고 가서 흐르는 물에다 씻을 수 있을 거라는 생각이 들었어요.〉 대략 일 년 정도 분석이 진전된 후 로버트는 위와 같은 말을 했는데, 이러한 묘사는 또한 분석 초기에 나에 대해 갖고 있던 〈돌 같은〉 이미지와도 일맥상통한다. 아마도 나는 그 시점에서 그의 삶을 방해하는 요소, 배출할 필요성이 느껴지는 어떤 거북한 것[63]으로 연상되었던 것 같다.

---

62) 이는 라캉이 『세미나 VII』에서 제시한 맥락을 따라서 이해될 수 있다. 이 관점에 의하면, 이는 욕망에 관해 양보할 때, 다시 말해서 그가 자신이 〈원했던〉 것을 하지 못하고 내적인 비판과 상징적인 이상에 복종할 때 일어나는 것이다. 욕망에 관해 양보하기는 후기 라캉의 관점에서 볼 때 충동에 관해 양보하기라고 번역될 수 있을 것이다. 이러한 관계에 관해선 이 책의 10장 참조.

63) 라캉은 한때 이것을 〈환상의 똥〉이라고 부른 바 있다. 이 똥은 동시에 주체 자신이다. 똥을 참고 있는 상태에서 문제는 바로 주체 자신이다. 이는 또한 검은 외투를 걸친 꿈 속의 여인, 그가 돌을 던졌던 이상화된 여인과도 관계가 있다.

여성과의 관계에 관해선 그가 〈타인을 파괴하려는 욕구〉에 사로잡혀 있었던 것이 분명했다(『세미나 VIII』, 241쪽). 그는 타자로서의 여성 Woman을 계속해서 부정하고, 중화시키고, 무화시키고자 했다. 그는 몇몇 여성들을 의식적으로 이상화시켰는데, 이는 그들을 꿈속의 술 취한 여자처럼 수동적인 대상으로 축소시켜 더럽히기 위한 것일 뿐이다. (그의 의식 속에서) 여성은 순수하고 신성한 일종의 성모상으로가 아니라면 〈창녀〉나 〈매춘부〉로 나타난다. 이는 강박증에서 발견할 수 있는 전형적인 분열이다.[64] 여성을 이상화하는 태도는 강박증에서 흔히 볼 수 있는 특징이다. 특히 로버트는 다른 남자의 여자를 이상화했다. 여자에 대한 그 자신의 판단은 〈의심으로 가득 차〉 있기 때문에 어떤 여자가 사랑할 만한 여자인지를 알기 위해 그는 다른 남자를 주시한다. 엄마 또한 타자(아버지)의 여자이며 따라서 접근 불가능하다는 점에서 그의 유년기 속에서 이상화되었는데, 이는 자신보다 강하고 유능한 남자들과 함께 있는 여자들도 마찬가지였다. 그는 자신과 절친한, 한 작가와 동거했던 여자에 관해 여러 차례 이

---

[64] 이러한 분열은, 아이가 엄마를 한계 밖에 설정함으로써 외디푸스 콤플렉스를 극복할 때, 남자아이의 거세 콤플렉스에서 직접적으로 도출된다. 아이에게 여자는 두 가지 부류로, 즉 엄마와 나머지 여자들로 구분된다. 엄마는 아버지의 금지나 위협에 의해 근접할 수 없는 것이 되고, 이를 계기로 아이에게 엄마는 하나의 이상으로 자리잡는다. 아이에게 엄마의 사랑은 소급적으로 완전했던 것처럼 여겨지고, 엄마가 아버지와 잠자리를 같이했다고 해서 엄마의 사랑이 자신의 믿음을 저버렸다고는 생각하지 않는다. 아이는 엄마에게서 성모 마리아의 이미지를 본다. 아이는 자신이 순결한 임신에 의해 태어났다고 믿는다. 아니면 이보단 덜하지만, 엄마가 아버지와 자식의 수만큼만 성관계를 가졌다고 생각한다.
남자아이는 이후 다른 여자들을 만났을 때 곧 그녀들이 불완전하다거나 성에 차지 않는다고 비난한다. 그녀들의 사랑은 무제약적인 게 아니라는 것이라고 불평한다. 그녀들은 자기 만족을 우선시한다는 것이다. 반면 엄마와 닮은 여자는 아이에게 있어서 엄마의 모든 특징을 겸비한 모성상으로 고양된다. 프로이트는 여자는 남편을 자기 자식으로 생각하기 전까지는 행복할 수 없다고 말한 바 있다. 이는 아이도 마찬가지이다. 아이는 여자를 엄마로 생각하기 전까지는 만족할 수 없다.

야기했다. 그 남자는 로버트의 의견을 분명하게 거절할 줄 아는 사람으로, 말하자면 그에게 한계를 부여할 수 있는 아버지의 역할을 했던 인물이다.

이러한 삼각 구도는 히스테리의 구도와는 약간 다르다. 히스테리 환자처럼 강박증자의 욕망 또한 타자의 욕망이다. 하지만 여기에서 타자는 주체와 동일한 성(性)이다. 로버트는 〈남자다운 남자〉가 욕망하는 것을 욕망한다. 후자의 욕망은 로버트 자신의 욕망의 지표가 된다. 심지어 우리는 다음과 같이 말할 수 있다. 그는 〈마치 자신이 다른 남자인 것처럼〉 욕망한다. 묘하게도 이는 로버트가 수음을 하면서 품었던 성적 환상 속에서 그대로 확인된다.〈제가, 혹은 저와 닮은 누군가가 어떤 물건을 가지고 여자의 거기에 밀어넣었어요. 막대기나 인조 성기 같은 것 말입니다. 저는 그 동안 물끄러미 들여다보았고요.〉 환상 속에서 나타나는 관음증적인 특징은 로버트의 실제 성행위와 분명한 대조를 이룬다. 이는 그에게 다른 진단을 내려야 한다는 게 아니라 단순히 〈도착적인 특징들〉이 있다는 걸 의미한다. 그것은 신경증의 환상 속에서 항시 발견되는 도착증의 흔적일 뿐이다.

로버트의 환상은 타자의 여자와의 관계 속에서 그가 적어도 두 가지 위치를 차지하고 있다는 걸 보여준다. 로버트는 환상의 집행자(환상 속에서 물건을 삽입하던 인물, 여성인지 남성인지 분명하진 않지만 환상 속의 여자가 그런 권위적인 인물들의 상대라는 점에서 대략 아버지상으로 이해되어야 할 인물)이면서 동시에 그것을 바라보는 구경꾼이다. 집행자로서 그는 (죽은 듯) 순종적이고 수동적으로 보이는 여자에게 물건을, 말하자면 분리 가능한 인조 성기, 결코 사그라들지 않는 남근적 대상을 삽입한다. 그렇게 함으로써 그는 발기불능과 거세로부터 살아남는다. 그는 결코 자신을 상실하지 않는다. 그는 자신을 〈통제할 수 있는 상태〉로 유지한다. (곧 확인하겠지만, 그는 자신을 여자의 위치에 놓고 나서야 비로소 사정[射精]할 수 있게 된다.)

또한 로버트는 환상 속의 여자를 통해 아버지상과, 순종적이면서 동시에 반항적인 동성애적인 긴장 관계를 맺는다. 타자의 여자에 관해 환상을 품으면서 그는, 말하자면 타자의 면전에서 주이상스를 갈취한다. 수음은 부분적으로 아버지와 같은 인물에 대한 반항을 의미한다.

물론 이 환상 속에서 로버트는 다른 위치를 차지하기도 한다. 그는 또한 한 남자가 쳐다보는 가운데 다른 남자에 의해 성기를 삽입당한 여자의 위치에 있다. 이러한 해석은 로버트의 진술에서 확인될 수 있다. 〈환상 속에서, 여자가 오르가슴에 도달했을 때, 저도 같이 느꼈지요.〉 이런 측면에서, 로버트는 여자 구실을 한다. 그는 이 불가항력적인 장면에서 남자의 삽입에 순순히 복종할 수밖에 없는 무력한 여자 역할을 맡는다. 이렇게 해서 오르가슴에 도달하게 되는데, 이는 그녀의 의지, 아니 그의 의지를 넘어선 일이다. 그것은 마치 그가 거역할 수 없는 숙명과도 같은 것이었다. 여기에서 그가 통제력을 포기하고 오르가슴에 도달할 수 있었던 것은 오로지 그가 여자 역할을 맡고 있기 때문이었다.

히스테리적인 특징이 엿보이는 이 환상은 꿈처럼 매우 복잡하게 중층결정되어 있어 그에 대한 분석이 결코 끝날 것 같지 않다. 그렇지만 다른 남자에 대해 여성의 위치를 취하는 로버트의 태도는 강박증에서 흔히 볼 수 있는 특징이다. 예를 들어 주체의 성욕이 아버지와 긴밀한 관계에 있는 쥐인간 사례에서도 이는 분명하게 나타난다. 이런 여성화된 위치는, 리비도로 가득 찬 상상적인 요소와 완전히 분리되지 못한, 아버지-아들의 관계로부터 연유한 것 같다. 다시 말해서 우리는 그것을, 처벌을 집행하는 가혹한 아버지와, 즉 법을 발화할 때 수반되는 〈외설적인 주이상스〉와 관련시켜 이해할 수 있다(9장 참조). 아버지의 비판의 목소리가 그에게 고통을 안겨주면서 동시에 짜릿함을 준다는 점에서, 그와 (초자아의 형태로 내면화되어 있음에도) 아버지의 관계는 성적인 자극으로 물들어 있다.

로버트의 수음 환상에 대해선 보다 많은 것을 이야기할 수 있겠지만[65] 그만 접기로 하고 이제 그가 맺었던 여자들과의 실제 관계에 대해 살펴보기로 하자. 로버트는 일부 여성들을 모성상으로 이상화함으로써 그녀들과의 성적 만족을 불가능한 것으로(근친상간의 기미를 지울 수 없는 관계로) 설정했는데, 이 때문에 오히려 그는 그녀들을 열렬히 욕망할 수 있었다. 실제로 그의 욕망이 성적 만족(프로이트가 성행위 이후에 상대의 가치를 평가절하하는 것이라고 부른 것)에 의해 사라지지 않고 계속해서 작동할 수 있었던 것은 바로 그런 이유 때문이었다. 그가 어느 정도 과장된 이상들과 가치들에 대해 욕망을 유지하면서도 성적 만족을 얻을 수 있었다면 그건 오로지 〈헤픈〉 여자들에 한해서였다. (그런 이상들에 대한 욕망이 충동의 만족을 제지한다는 점에 대해선 10장에서 상세히 다루어질 것이다.)

---

65) 혹자는 이 환상 속에서 로버트의 강박증적인 태도, 즉 주이상스에 대한 죄의식과 반감의 기원을 읽으려 할지도 모르겠다. 아마도 그가 문제의 장면을 보는 것에서 죄의식을 느낀다는 점에서 인조 성기나 막대기와 같은 남근 대상은 로버트 자신의 성기에서 주이상스를 빼앗아버리는 듯한 인상을 준다. 그는 유년기에 그런 장면을 보았던 것일까? 더욱이 대다수의 강박증자와 달리 로버트는 여성의 오르가슴에 매혹당했다고 주장했다. 그가 느낀 과도한 쾌락은 어렸을 때 그런 장면을 보고 상상적인 성체험을 한 것에서 기인한 게 아닐까? 그런 장면을 훔쳐보다가 부모에게 들켜 처벌을 받았던 건 아닐까? 여자에게 오르가슴을 선사하는 모든 행위가 아버지에 대한 반항의 색채를 띠는 것은 바로 이 때문인가? 하지만 로버트의 분석에서는 이 모든 문제를 해결할 수 없었다.

로버트가 선택할 수 있을 네번째 위치는 대상 a, 즉 부분 대상으로서의 남근의 위치이다. 다음 장에서 확인하겠지만, 이 위치는 도착증적인 위치를 연상시킨다. 주체가 타자의 주이상스를 초래하는 대상으로 위치하는 것이 바로 도착증이다. 아니면, 이는 로버트가 남근적인 대상으로서, 남자와 여자, 엄마와 아버지 사이의 연결사 *copula*로 위치함을 의미할 수 있다. 이는 히스테리적인 위치를 암시한다. 왜냐하면 히스테리 환자는 자신을 관계의 연결 장치로, 특히 두 명의 다른 인물들 사이를 연결할 수 있는 장치로 설정하기 때문이다. 히스테리 환자는 엄마와 아버지같이 동떨어진 두 명의 인물들 사이에서 중계자의 역할을 한다는 것이다.

로버트에게 가능한 이 네 가지 위치들은 서로 배타적인 것이 아니다. 프로이트가, 꿈꾸는 자는 그의 꿈 속에서 모든 등장 인물로 나타날 수 있다고 말한 것과 같이, 환상을 품는 자는 환상의 모든 요소들로 표상될 수 있다.

로버트가 자기 엄마에 대해선 (그녀는 〈불공정〉하고 자신을 〈완전히 지배하고〉 싶어했다는 말 이외에) 거의 한마디도 하지 않았기 때문에, 그가 여자에 대해 동시에 가졌던 욕망과 공격성의 기원에 대해선 별로 할말이 없다. 하지만 이와 관련하여 우리는 그가 어렸을 땐 엄마와 가깝게 지냈지만, 그 후 여동생이 태어났을 때 엄마가 자신에게 보인 거리감을 완전히 극복하지 못했다는 사실을 생각할 수도 있다. 그는 엄마가 관심을 가져주었을 땐 그녀의 요구에 고분고분 따랐다. 하지만 그녀의 관심이 사라지자 그녀를 못마땅하게 여기기 시작했다. 실제로 그는 엄마가 자기보다 어린 누이를 좋아했으며, 자기에게 〈훌륭한 오빠〉로서 그 아이를 잘 돌봐주라고 강요했다고 생각했다. 하지만 인생의 주요 전환점에 국한된 로버트의 불충분한 설명만을 가지곤 이들 중 어느 것도 그 진의를 확인하기 어려웠다.

분석 중에 가장 어려웠던 것은 로버트에게 스스로 의문을 제기하도록, 다시 말해 자신의 행동에 대한 동기들을 문제시하도록 하는 일이었는데, 이는 끝내 완전히 성공하진 못했다. 그는 틈만 나면 나에게 자신이 무엇을 해야 할지 가르쳐달라고 요구했다. 심지어 우리의 작업이 완전히 끝날 무렵에도 그는 자신이 처음에 기대했던 〈일을 추진하는 법〉을 터득하지 못했다고 한탄했다. 나는 그러한 요구를 곧이곧대로 듣지 않았으며, 그가 6주 후엔 분석을 끝내야 한다고 말했을 때도 그 말을 액면 그대로 받아들이지 않았다. 이렇게 내가 그의 직접적인 요구들을 거절했던 건 물론 그를 좌절시키기 위해서가 아니라 욕망의 공간을 열어주기 위한 것이었다. 그의 직접적인 요구 앞에서 나는 그가 아직 해명하지 못한 꿈의 어떤 부분에 대해 말해 보라고 요구하면서 논점을 슬쩍 비켜갔으며, 그렇게 요구함으로써 내가 그의 말을 주의 깊게 듣고 있으며 진지하게 받아들이고 있음을 깨닫게 했다. 나는 그의 요구가 〈부적합하거나〉 〈부적절하게〉 보이지 않도록 하면서, 그 대신 여러 방법을 통해 내가 그와의 분석을 욕망하고 있다는 것을 표현해 주었다.

그가 나를 엄한 사람이라고(자신의 〈여성적인 면〉에 대해 내가 비난한 다고) 생각했을 때 나는 그런 것엔 관심이 없음을 보여주어 그가 계속해서 자신의 내적인 비판을 나에게 투사하고 나에 대한 반항심을 갖도록 유도했다. 이런 식으로 나는 그가 분석이라는 통제된 틀 속에서 어떤 감정들을 내게서 다시 체험할 수 있길 바랐는데, 이는 그것들을 〈모두 방출하기〉 위해서가 아니라 관념과 감정을 다시 연결하기 위해서였다. 이 책의 전반부에서 밝힌 바와 같이, 강박증에선 바로 이러한 관념과 감정의 끈이 종종 풀려 있거나 유실되어 있다. 따라서 강박증자인 로버트의 분석은 (분석가의 해석과 질문을 통해) 그가 분석가에게 화를 내도록 유인함으로써 이를 아버지의 엄한 태도와 결부시키는 방향으로 진행되었다. 적어도 부분적으론 아버지에 대한 반항심과 어렸을 적 (예를 들어, 나약함과 〈여성적인 면〉에 대한) 아버지의 훈계 사이의 관계가 억압되어 있었기에 그는 그 부분을 연상하지 못했다. 우리의 분석은 이미지가 아닌 분석가와의 실제 관계 속에서 그가 〈아버지를 파괴하도록〉 하는 것으로 시작했는데, 이는 분석이 조기에 끝나는 바람에 결국 성공하진 못했다.

로버트가 틈만 나면 다시 요구를 했다는 것이 그의 욕망이 전면에 부각되지 않았다는 것을 의미하진 않는다. 이는 오히려 (모든 신경증자가 그렇듯이) 로버트가 타자의 욕망보단 타자의 요구를 편하게 생각했다는 것을 의미한다. 왜냐하면 욕망은 분명하지 않은데다 끝없는 해석에 대해 항상 열려 있기 때문이다. 내가 그의 부탁에 따라 그에게 어떤 임무를 부과했다면, 이는 나의 사랑을 받기 위해선(아니면 나의 미움을 받기 위해선) 그가 무엇을 해야 하는지 가르쳐주는 것과 같다. 만약 그렇게 되면 그는 〈그가 나에게 원하는 것은 무엇이지?〉라는 질문 속에서 더 이상 불안해할 필요가 없을 것이다. 하지만 약속 시간에 늦었거나 진료비를 밀린 것을 두고 나는 그를 비난하거나 처벌하지 않았다. 대신 그에게 그가 저지른 실수에 대해 말해 보길 요구했다. 다시 말해 내가 다른 것을 기대하고, 다른 것을 원하고 있음을 보여준 것이다. 만약 그가 그것이 무엇인지를 자문하기 시작했다면, 이는 자신의 본환상에 의문을 제기하는 시초가 되었을 것이다…….

히스테리 사례

이 사례는 내게서 분석받은 37세의 한 프랑스 여성에 관한 것이다. 분석은 대략 3년 반 동안 처음에는 일 주일에 한 번으로 시작해 나중에는 두 번씩 이루어졌다. 그녀는 전에 프랑스에서 2년 간 분석받은 경험이 있었지만, 당시의 분석가는 그녀에게 꿈이라든가 환상에 관한 연상을 전혀 요구하지 않았다고 했다. 남편이 전근을 가는 바람에 미국으로 이사를 왔고, 그 뒤 여섯 달이 지나고 나서 다시 분석이 시작되었다. 하지만 분석이 종결되기 일 년 전까지는 엄밀한 의미에서의 분석이 이루어지지 않았다. 그리고 대부분의 작업은 면담식으로 이루어졌다. 분석은 그녀가 미국을 떠날 때까지 완전히 끝나지 않았다. 여기에 제시될 사례는 짧은 지면 안에 독자에게 임상적인 작업의 논리적인 틀을 제시하기 위해 선택적으로 압축되었다. 앞 사례에서처럼 이름과 전기적인 사실은 환자의 프라이버시를 보호하기 위해 변경되었다.

잔느라는 가명의 이 환자가 분석가를 처음 찾은 것은 결혼 생활에 중대한 문제가 생겼기 때문이었다. 문제는 그녀가 혼외 정사에 빠져들고 계속해서 이혼 문제로 갈등을 겪을 때 최고조에 달했다. 직장(그녀는 강의, 회의, 이벤트를 계획하는 일을 맡고 있다)에서 한 남자를 알게 된 그녀는 삶에 위기를 느끼기 시작했지만, 두 아이의 엄마로서 이혼은 최선책이 아니라고 생각했다.

아마도 잔느는 분석이 결혼을 지탱하기 위한 수단이라고 생각했던 것 같다. 실제로 그녀는 자신이 〈남편과 사는 것은 그 심리학자(첫 번째 분석가) 덕분〉이라고 말했다. 나와 분석을 시작했을 때도 이는 마찬가지였다. 그녀는 일 주일에 한 번 이상 시간을 내려고 하지 않았다. 이는 아마도 분석을 반대한다는 이유를 들어 남편을 비난함으로써 자기 문제를 외부로 돌리기 위함인 것 같았다. 나는 처음부터 진료 횟수를 늘려야 한다고 주장했지만 그녀는 2년 반이 지나고 나서야 일 주일에 두 번으로 늘리는 데 동의했다.

우선 분석을 통해 상당량의 가족사가 밝혀졌다. 네 자매 중 둘째인 그녀는 프랑스의 어느 시골에서 태어났는데, 거기에서 그녀는 일곱 살이 될 때까지 엄마 아버지와 함께 살았다. 그때는 대략 외가의 상당한 지원에도 불구하고 아버지가 파산을 당하던 시점이었다. 아버지는 아내와 세 딸을 놔두고 아무 주소도 남기지 않고 갑자기 그곳을 떠나버렸다. 결국 가족은 외가로 옮겨 살게 되었고, 일 년이 지난 후에야 엄마가 가까스로 아버지의 행방을 알아내 그와 연락을 취할 수 있었다.

그 후 아버지를 제외한 잔느 가족은 빈곤한 상태로 뚜렷한 거주지 없이 프랑스에 살았다. 아버지는 북아프리카에서 사업을 다시 일으켰지만, 가족에겐 약간의 돈만을, 그것도 아주 불규칙하게 보내주었다. 그는 자신과 (이는 분석 중에 그녀가 깨닫게 된 것인데) 정부(情婦)에게는 아무것도 아끼지 않으면서 가족에게는 매우 인색했다. 일 년에 한 차례 정도, 여름이면 가족을 북아프리카로 불러 함께 지냈지만, 그것도 언제가 될지 가족에게 미리 알려주는 법이 없었다.

북아프리카에 대한 잔느의 기억은 남자들이 집적대거나 귀찮게 했던 게 대부분이었다. 한때는 그들이 살던 건물에서 한 남자가 그녀의 자매들 중 한 명을 납치하려고 한 적도 있었다. 그런 환경에서 아버지는 언제나 그랬듯이 부인과 딸들을 엄하게 다루었다. 그는 다른 남자들이 자기 딸들에게 관심을 보이면 질투심을 느꼈기 때문에, 딸들의 사생활에 심하게 간섭했으며, 술에 취해 엄마에게 욕설을 퍼부어댔다. 그는 입이 거칠고 성질이 난폭한 남자였다. 잔느는 아버지를 인정이라곤 찾아볼 수 없는, 권위적이고 폭력적인 인물로 묘사했다.

아버지는 엄마가 재정적으로 의존하게 만든 다음 그녀를 괴롭혔다. 그는 그녀 면전에서 독설적인 분노를 터뜨렸으며, 그녀 몰래 바람까지 피웠다. 심지어 그의 임종시엔 프랑스에 그의 정부와 딸이 있다는 사실까지 드러났다.

잔느는 그래도 자신이 네 딸 중 아버지의 총애를 가장 많이 받았다고 생각했다. 그녀는 그 중에서 공부를 가장 잘했는데, 이로써 그녀가 집안에서 유일하게 교육을 받은 아버지와 동일시할 수 있었기 때문이다. 그녀는 아버지가 아들에 대한 소망을 숨기지 않았다고 말했다. 그리고 분석이 진행되는 동안, 그녀는 어린 시절을 회상하면서 자신을 지칭할 때 종종 문법적으로 자신을 남성으로 잘못 말하곤 했다. 어떤 의미에서 그녀는 아버지가 갖지 못한 아들 역할을 했다. 이 점과 관련해 잔느의 원래 이름이 남자아이의 이름과 철자가 하나밖에 차이나지 않는다는 사실도 주목할 만하다.

한편 잔느 엄마는 아버지가 자리를 비우면, 그를 욕하면서 딸들이 그에게 증오심을 갖도록 했다. 딸들이 엄마 편을 들고 그녀를 동정했다는 점에서 그녀는 어느 정도 성공을 거두었다(이는 잔느가 엄마와 동일시하게 되는 원인 중 하나이다). 엄마는 아버지가 돈을 제때에 보내지 않는다고 계속 불평했으며, 아이들만 아니면 벌써 이혼했을 것이라고 말했다. 그러면서도 그녀는 남편과의 관계를 지속했다. 그녀는 북아프리카 여행 중에 넷째딸을 임신했으며, 아이들이 모두 커서 분가한 후엔 그와 함께 살았다. 그녀는 그의 못된 성격을 잘 알고 있었지만 또한 고의적으로 그를 자극해 욕설을 부추긴 경우도 없지 않았다.

잔느가 열일곱 살 되던 해, 아버지는 가족을 다른 곳으로 내몰고 아예 프랑스로 돌아가버렸다. 그때 아버지는 잔느에게 그녀의 〈미래〉를 위해 무엇인가를 준비하고 있다는 말을 남겼다. 그녀는 3주 동안이나 아버지로부터 회답을 기다렸는데, 나중에 알고 보니 〈그는 준비는커녕 방탕하게 놀기만 했다〉. 자위를 시작한 것도 바로 그 무렵인 것 같다고 그녀는 기억했다(물론 이는 그녀가 자위에 관해 기억할 수 있는 유일한 시기였다).

 어쨌든 그는 자기 마음대로 자신의 모교인 어느 실업 학교에 그녀를 입학시켰다. 그는 그녀가 예술에 관심이 많았고 사무적인 일엔 별다른 흥미를 못 느꼈다는 사실을 잘 알고 있었지만 그녀가 예술가로 성공할 수 있을 거라고는 생각하지 않았다. 실업 학교가 위치한 도시로 거처를 옮긴 잔느는 당연히 공부는 뒷전이었고 입학〈첫 해를 남자친구와 허비했다〉. 아버지가 생활비를 제때 주지 않아 그녀는 생활이 무척 어려웠고 집세를 못 내서 집주인과도 문제가 많았다. 열여덟 살 때 그녀는 아버지의 무정한 태도에 대한 시위의 표시로 그와 함께 타고 가던 차에서 뛰어내리기도 했다.

 어린 딸들이 누군가와 데이트를 하는 날이면 아버지는 끔찍한 장면을 연출하곤 했다. 잔느는 북아프리카의 한 호텔에서 벌어졌던 장면을 기억해 냈다. 언니가 거기에서 남자 친구를 만났는데 아버지는 사람들 앞에서 그녀를 창녀라고 불렀다. 그는 고래고래 소리를 지르며 저속한 욕설을 내뱉으며 공개적으로 딸들을 망신시켰다.

 10대에 잔느는 자기를 좋아하던 남자아이들에 대해선 대부분 무관심했다고 말했다. 그들은 너무 쉬운 상대들이었기 때문에 사랑할 만한 가치가 없다고 느꼈다. 그녀는 우쭐한 기분으로〈그들 사이를 헤치고 지나가는 것을 즐겼다〉. 잠시 동안이나마 그녀에게 커다란 열정을 불러일으켰던 남자아이가 있었지만, 그 아이가 편지를 보내 사랑을 고백하자 그 열정도 식어버렸다. 그녀는 편지를 읽은 순간부터 그에 대한 관심을 잃었다고 말했다. 이외에도 그녀는 베르트랑이란 가명의 또 다른 남자아이에게 처음 보자마자 마음이 끌린 적이 있었다. 그는 또래의 남자아이들 중에서 처음으로 그녀에게 무관심하고 냉담하게 대했던 아이였는데, 바로 이 점이 그녀를 흥분시켰다.

 잔느는 베르트랑의 마음을 사로잡으려 하다가 결국 자기가 그에게 빠지게 되었고 그렇게 해서 결혼까지 하게 되었다. 잔느의 말대로라면, 자신은 결국 그를 이기지 못했다. 그는 그녀를 자신에게 예속시

컸다. 사태가 그렇게 되자, 그녀가 품었던 최초의 열정은 곧 앙심으로 변해 버렸다. 그녀는 그가 자신의 몸에 손대는 것을 더 이상 참을 수 없었다. 그녀는 아버지를 의심했던 것과 똑같이 그를 의심하기 시작했으며 그가 바람을 피우고 혼자서 돈을 탕진한다고 믿었다. 그녀는 그에게서 벗어나길 꿈꾸었으나 결코 그렇게 하지 못했다. 이는 그녀에겐 〈불가능한〉 일이었다.

그때 그녀에게 육체적인 증상들이 나타나기 시작했다. 어떤 것은 청소년기에 이미 그 조짐이 있었지만, 상당 부분은 자기 남편을 아버지와 동일시함으로써 나타난 것 같다. 그녀는 등, 어깨, 턱, 혀, 가슴, 목구멍, 위 등과 같은 부위에서 고통을 느꼈으며 위장 전문의, 지압 요법사, 식물치료사, 침술사에게로 전전했으나 별다른 효과를 보지 못했다.

나와 함께 분석을 시작했을 때부터 그녀의 주요 갈등은 아버지와 남편을 중심으로 전개되는 것처럼 보였다. 그럼에도 불구하고 그녀는 분석 초반부의 상당 시간을 언니와의 경쟁 관계에 대해 회상하는 것으로 보냈다. 그녀는 종종 언니를 〈아이〉라고 놀리며 무시했다고 말했다. 그녀는 자매들과의 경쟁적인 동일시에 대해 대강 일 년 정도 이야기하다가 다른 곳으로 관심을 돌렸다. 아버지/남편에 대한 생각이 그녀를 사로잡았다. 전이의 측면에서, 내가 같은 연배임에도 그녀는 나를 자신과 같은 타인(인물)의 자리에 위치시키지 않았다. 실제로 그녀의 상상적인 관계는 여자들에 한정되어 있었다. 처음부터 나는 모든 것을 알고 있는 상징적인 타자의 위치에 놓였던 것 같다. 분석 도중에 아버지나 어머니에 대해 표출되었던 분노나 비난들 중 어떤 것도 나에 대한 전이적인 태도 속에 반영되지 않았다. 오직 꿈 속의 어떤 잠정적인 요소만이 나를 향한 분노를 암시하곤 했다. 좋은 아버지(나)와 나쁜 아버지(베르트랑)의 변증법은 분석을 진전시키는 데 별로 도움이 되지 못했다.

그러던 중 한 가지 중요한 전환점이 나타났다. 2년 반 동안 분석을 꾸준히 진행시킨 결과 잔느는 분석 횟수를 일 주일에 두 번으로 늘리는 것에 동의했다. 물론 그녀의 그러한 결정은 중층결정된 것이었다. 우선 그녀가 나를 만나는 것에 반대했던 남편이 출장 때문에 집을 점점 더 자주 비우게 되었다(그는 정신분석을 믿지 않았고, 거기에 돈을 쓰는 것은 낭비라고 생각했다). 그리고 살림이 예전보다 더 윤택해져서 잔느가 남편 몰래 부수적인 지출을 숨길 수 있었던 것도 그 이유 중 하나일 것이다. 그리고 아마도 보다 중요한 이유는 그녀의 증상이 훨씬 심해졌다는 것이다. 남편이 8개월 후 집안의 지출 내역을 검토하면서 이 사실을 알고는 난리를 피워, 잔느가 다시 횟수를 한 번으로 줄이게 되었다는 점에서 우리는 역으로 그녀가 분석 횟수를 늘릴 수 있었던 처음 두 가지 이유를 확인할 수 있다. 아마도 그녀는 오직 육체적인 고통이 격심해질 때에만 남편을 무시할 수 있었던 것 같다.

새로운 증상의 출현으로 고통은 더욱 격심해졌다. 남편이 집을 비웠을 때, 그녀는 종종 온몸에서 추위를 느꼈는데, 뜨거운 목욕도 이것을 해결해 주지 못했다. 그런데 그녀가 바로 이 증상에 대해 자유연상을 하며 그것을 언어화하는 과정에서 우리는 수년 간 도출된 무의식적인 자료들을 한데 모아 이른바 〈원장면 primal scene〉을 구성할 수 있었다.

그녀가 느낀 추위는 일곱 내지 여덟 살에 보았던 것으로 추정되는 어떤 장면을 기억하기 전에 나타난 것이었다. 따라서 그녀는 그 증상을 통해, 기억할 수 없는 어떤 것을 재경험하는 것처럼 보였다.[66] 북아프리카에서 (언니와 함께 쓰던) 그녀의 방은 부모의 침실과 붙어 있었고 두 방 사이에는 문이 하나 있었는데, 그것은 항상 잠겨 있었다. 분석을 받는 동안 그녀는 바로 그 방을 무대로 많은 꿈들을 꾸었다.

---

[66] 프로이트의 논문 「회상, 반복, 돌파」 참조(SE XII, 147-156쪽). 잔느가 아버지가 떠났던 시점을 정확히 모르고 있다는 점에서 문제의 장면은 보다 더 이르게 네 살이나 다섯 살쯤에 일어난 것일 수 있다. 히스테리 사례에서는 환자가 종종 사건을 기억하지 못한다. 반면 강박증 사례는 일반적으로 사건은 기억하지만 그 당시 감정의 충격을 기억하지 못한다. 강박증에서는 억압에 의해 표상과 감정의 고리가 끊겨 있다면, 히스테리의 경우엔 사건의 표상 자체가 억압되어 있다.

그리고 잔느는 자신이 그 방에서 부모가 다투는 것을 종종 엿들었다는 것을 기억해 냈다.

잔느는 부모의 말다툼에 관해선 쉽게 기억했다. 그녀는 종종 옆방에서 무슨 일이 벌어지는지를 알기 위해 〈그 방에서 나는 소리를 들으려고 숨을 죽였다〉고 말했다. 〈그것이 끝날 때까지〉 잠을 이룰 수가 없었으며, 〈그것을 듣기 위해 아주 조용히 있어야 했다.〉 그녀는 수시로 그것이 무엇인지를 말할 것처럼 하다가도 매번 그 주위를 맴돌 뿐이었다. 마치 그것에 대해선 말하기가 불가능한 것처럼 보였다. 어느 날 그녀가 자신은 그들이 싸우는 동안 그것이 끝날 때까지 귀를 기울였다고 말했을 때, 나는 부모가 부부 싸움을 성관계를 갖는 것으로 끝내진 않았는가를 암시하는 몇 마디 말을 던졌다.

당연히 이는 나의 구성 construction이었다(이는 「분석의 구성」〔Se XXIII, 257-269쪽〕이란 논문에서 프로이트가 사용했던 의미에서의 〈구성〉이다). 나는 부모의 격렬한 관계에 대한 잔느의 말에 근거해 위와 같은 시나리오를 구성했다. 그녀가 이미 그것을 알고 있으면서 단지 말하길 꺼려했던 것이라고는 생각할 수 없었다. 오히려 내 개입에 의해 그녀가 자신이 결코 이해하지 못했던 유년기의 어떤 장면을 재구성하게 되었다는 것이 더 가능성 있는 이야기다.[67] 어쨌든 개입 이후 그녀는 즉시 그 당시 부모로부터 막내동생을 임신했다는 말을 들었다고 기억했다. 막내동생은 북아프리카로 첫 여름 휴가를 다녀온 지 9개월 만에 태어났다. 그 다음 회합에서 그녀는 나에게 다음과 같은 말을 했다. 북아프리카에서의 어느 날 밤, 그녀는 복도를 걷고 있었는데, 발 밑에서 세라믹 타일이 차갑게 느껴졌다. 부모의 침실 문이 조금 열려 그 안을 들여다볼 수 있었던 그녀는 그때 충격적인 장면을 목격했다. 엄마 위에 올라탄 아버지의 페니스가 커다랗게 발기되어 있었던 것이다. 그녀의 말에 따르면 그것은 〈충격스러웠고, 공포

---

67) 이 개입에 대해선 조금 후에, 사례를 설명하는 부분에서 자세히 살펴볼 것이다.

스러웠고, 혐오스러웠다.〉

그녀가 나에게 그 장면을 이야기한 후 그 당시 느꼈던 추위는 사라져버렸다. 그리고 가슴이 답답하고 고통스런 느낌도 그녀가 그 장면과 관련된 다른 이야기를 꺼내자 곧 사라져버렸다(〈아버지가 엄마의 몸에다 무릎을 갖다대고 있는 것처럼 보였어요〉).

부모가 다투는 소리와 정사 중의 신음 소리를 들으면서 잔느는 (그것을 더 잘 듣기 위해) 숨을 멈추려고 했을 뿐만 아니라 몸을 바짝 긴장하며 경직시켰다. 이는 마치 자신을 (언어적인 동시에 물리적인) 예견된 충격으로부터 보호하고 〈상처받지〉 않기 위한 것처럼 보였다. 어떤 점에서 그녀는 자신을 엄마의 위치에 놓으면서 아버지로부터 매맞고 그에게 겁탈당하는 여자로 상상했다. 등허리, 어깨, 목 등에서 느끼는 대부분의 고통은 훔쳐 듣던 당시의 경직과 관련이 있었던 것 같다. 하지만 분석은 그것들을 완전히 완화시킬 수 있을 만큼의 자료들을 밝히기엔 충분치 못했다.

잔느는 분석의 첫 해를 아버지의 잔혹한 태도에 대해 이야기하면서 보냈는데 엄마의 역할에 관해선 별로 이야기하는 바가 없었다. 당시 그녀는 엄마를 희생자로만 묘사했을 뿐이다. 엄마는 남자를 잘못 만났지만, 그래도 〈아이들을 위해선〉 최선을 다한 여자였다. 하지만 분석이 종결되던 마지막 해 잔느는 엄마의 미심쩍은 동기들에 관심을 보이기 시작했다.

이제 엄마는 집안일에 딸들을 부려먹는 방종한 여자에다 소극적인 여자로 묘사되기 시작했다. 오직 자기 친구들에게만 관심이 있으며, 일부러 딸들이 아버지를 무시하도록 부추겼다는 것이다. 엄마의 이런 태도 때문에 잔느는 아버지에 대한 애정을 숨기고 어떤 점에선 그를 미워했지만, 다른 한편으론 오히려 아버지가 엄마의 희생자이며 그녀의 사랑을 받지 못했다고 믿었다. 잔느는 엄마가 남자들과 춤추는 것을 좋아했다고 기억했다. 심지어 자신의 엄마는 〈아버지를 제외한 모든 남자를〉 사랑했다고 말했다. 잔느는 자기가 엄마와는 달랐다고 주장했다. 자신은 〈아버지 외에는 어떤 남자도 사랑하지 않았다〉는 것이다. 잔느는 엄마가 아버지에 대한 자신의 사랑을 방해했다는 이 유로, 그녀를 미워하기 시작했다.

잔느는 어떤 수준에서는 아버지에게 충실한 채로 남아 있었던 것이다. 그녀는 아버지가 애정을 〈표현하는 법을 몰랐음에도〉 자신은 그를 정말로 사랑했다고 확신했다. 일상에서 그녀는 아버지가 말한 모든 것을 그대로 따랐다. 한때 아버지는 잔느에게 그녀가 앞으로 아무것도 하지 못할 거라고 말한 적이 있었다. 그러자 그녀는 그의 예언이 들어맞게끔 사태를 그런 식으로 몰고 갔다. 예를 들어, 30대 중반에 그녀는 그림과 도공예를 시작했으며 종종 그녀의 재능에 대해 좋은 평가를 받았다. 하지만 작은 전시회를 개최한 후에 시력 la vue[68] 에 문제가 생겼고, 그녀는 그 일에서 아버지의 예언을 연상했다. 잘 볼 수 없다면 더 이상 그림을 그릴 수 없을 것이며, 그러면 아무것도 할 수 없게 되리라는 것이다. 아버지는 그녀의 삶이 실패작이 될 거라고 말했고, 그녀는 자기도 모르는 사이에 이를 현실화시켰다. 왜냐하면 인생에서 성공을 거둔다는 것은 곧 행동으로건 마음속으로건 아버지를 배신하는 일이 되기 때문이다.

따라서 분석이 진행되는 동안, 잔느의 생각은 완전히 뒤바뀌었다고 할 수 있다. 처음에 그녀는 아버지를 모든 문제의 원인이라고 여겼고, 이에 반해 엄마와의 관계에는 전혀 문제가 없었다고 생각했다. 그런데 이후 그녀는 자신의 진정한 사랑은 바로 아버지라고 생각하기 시작했고, 대신 엄마를 나쁜 여자로 몰고 갔다. 잔느는 엄마가 죽기를 원했으며, 실제로 꿈 속에선 그녀를 죽이려고까지 했다. 엄마는 북아프리카의 집에 딸을 혼자 내버려두고 친구를 만나러 나갔으며

---

68) 프랑스어로 la vue는 〈시선〉과 〈그 시선에 의해 보여진 것〉을 동시에 의미한다. 따라서 그녀의 시각 문제는 아마도 그녀가 북아프리카의 차가운 복도에서 보았던 것과 관련이 있을 것이다. 실제로 그녀가 본 것이 그녀의 예술 작품에 다소간 반영되어 있음을 확인할 수 있다.

〈그 동안 집 안에서 쥐죽은 듯이 있으라고〉 명령했다. 그녀는 뒷바라지라곤 전혀 하지 않으면서 딸들의 성적을 비난하기만 했다. 잔느의 말에 따르면 그녀는 〈해주는 것 없이 심술궂게 대했다〉.

잔느는 엄마가 자기 자매들을 북아프리카의 한 공원에 데리고 갔던 때를 회상했다. 엄마가 자기 친구와 정신없이 수다를 떠는 동안, 자기들은 아무런 보호도 받지 못한 채 공원을 헤매 다녀야 했다고 말했다. 또 어떤 날은 한 공원 관리원이 잔느와 언니를 창고로 데려가서 자신의 성기를 보여주기도 했다. 잔느는 엄마가 자신을 전혀 돌봐주지 않았다고 무척이나 불평했다(그녀는 엄마가 딸들을 위해 해주었던 유일한 일은 〈자신의 지옥 같은 남편〉을 떠나지 않은 것이라고 말했다). 이에 반해 아버지는 〈비정상적으로〉 과잉보호를 했다는 게 문제였지만, 어쨌든 자기 딸들을 보호해 주었던 게 사실이다.

아버지의 그러한 모습을 회상하면서 잔느는 한 가지 꿈에 관해 이야기했다. 그 꿈에서 잔느는 아버지를 따라 가파른 산길을 오르고 있었는데 이는 〈바다에 가는 것보다는〉(프랑스어에서 바다를 의미하는 mer는 엄마라는 mère와 발음이 똑같다) 위험스럽지 않았기 때문이다. 잔느의 다른 꿈엔 〈그녀의 두 아이들이 바다 mer/mère에 빠졌는데〉 큰 파도가 밀려와서 그들을 해변으로 데려다주었다. 그녀에 따르면 파도, 모든 것을 휩쓸어버리는 파도는 바로 그녀의 아버지였다. 아버지는 잔느의 엄마인 바다로부터 아이들을 안전한 해변가로 이끌어주었다. 아이들을 구조한 건 바로 아버지였던 것이다. 잔느는 아버지의 도움으로 아이들을 무사히 돌려받을 수 있었으며, 이런 의미에서 그녀의 아이들은 〈아버지의 것〉이었다. 그녀 자신의 아버지는 환상 속에서 그녀의 아이들의 아버지이기도 했던 것이다.

또 다른 꿈에서, 잔느는 〈갈색 눈을 한 세 명의 아이를 낳았는데, 아마도 그 중 세번째가 남자아이였던 것 같다〉고 말했다. 그녀는 처음에 갈색이 무엇을 뜻하는지 몰랐지만 꿈을 연상하면서 그것과 관련된 한 가지 사실을 기억해 냈다. 최근에 그녀는 아버지가 불륜을 통해 낳은 여자아이를 보았는데, 그 아이는 잔느의 아버지처럼 갈색 눈이었다고 했다. 그녀는 꿈 속의 아이들은 남편의 아이들이 아니라고 말했다. 왜냐하면 그녀의 남편은 파란 눈이기 때문이었다…….

따라서 잔느는 모든 것에도 불구하고 아버지에게 계속해서 충성했고,[69] 남편과의 관계를 지속한 것도 아버지에 대한 충성을 암시했다. 또한 자신이 아버지의 잘못을 남편에게 전가시키는 경향이 있음을 잘 알고 있었지만 그것을 그만두지 못했다. 한번은 남편이 사업차 집을 비웠는데, 그의 카드 대금 청구서를 뜯어보고, 그가 엄청난 돈을 썼다는 사실을 발견하고는 화가 났던 적이 있었다. 그런데 나중에 이는 회사에 의해 변제될 사업 비용이었다는 사실이 밝혀졌다. 그럼에도 여전히 그녀는 남편을 아버지와 동일시하며 조심성 없고 제멋대로인데다 낭비벽이 심한 사람이라고 생각했다.

결혼 생활에서 잔느는 자신을 엄마와, 즉 바람둥이 남편에 의해 버림받은 여자와 동일시했다(물론 그녀는 버림받지 않았으며 남편의 외도도 분명한 것이 아니었다). 간단히 말해서, 잔느는 남편을 아버지와 동일시했다. 그리고 자신을 한편으론 엄마(아버지의 아내)의 위치에 놓으면서 다른 한편으론 아버지의 아들로 여겼다.

나와의 분석은 그녀의 남편이 사업상 거주지를 옮기는 바람에 그만 끝나버렸다. 그녀는 가족과 함께 다시 프랑스로 돌아갔다. 나는 그녀가 이사 간 도시에서 활동하는 분석가의 이름과 전화번호를 주면서 그녀에게 분석을 계속하기를 권했다.

잔느의 분석은 사실 미완성으로 끝났지만 그래도 히스테리의 몇몇 중요한 특징을 잘 보여주고 있다.

우선, 잔느가 자신과 자기 인생에 대해 말하는 방식은 모두 다른

---

69) 분명 프로이트적인 관점에서, 이는 그녀가 외디푸스 콤플렉스를 해소하지 못했다는 것을 의미한다. 만일 잔느의 아버지에게 아들이 있었다면 그는 틀림없이 정신병자가 되었을 것이다. 하지만 다행히도 그에겐 아들이 없었다.

사람들, 즉 그녀에게 중요한 인물들과 관련되어 있다. 그녀의 담화는, 거의 절대적으로 자신을 중심으로 구축된 로버트의 담화와는 분명히 대조적이다. 자신만의 세계 속에 갇혀 자신을 하나의 섬으로 생각하는 강박증자와 달리, 잔느의 세상은 다른 사람들로 가득 차 있다. 그녀는 자신을 다른 인물들과의 관계 속에서 규정한다.

잔느의 기본적인 태도는 타자를 완전한 것으로 보충하는 것이다. 엄마가 (다른 남자들과 춤추길 원할 때처럼) 아버지를 무시하면, 잔느는 아버지에게 충실한 아내가 되어준다. 아버지가 갖지 못한 아들도 그녀의 역할이다. 또한 아버지가 엄마를 버리고 떠나 엄마가 아버지에 대해 끊임없이 불평만 했을 때 잔느는 스스로 그녀의 남편이 되어준다. 이 경우 잔느는 〈엄마에게 아버지가 주지 못한 것을〉 주려고 노력한다. 집안의 허드렛일을 도맡아하며 엄마가 좀더 많은 돈을 쓸 수 있도록 먹는 것까지 줄이면서 엄마의 삶이 좀더 편안해지고 행복해지기를 바란다. 잔느는 자신에게 중요한 의미를 지닌 타자가 무엇을 원하고, 무엇이 부족한지를 알아내어 바로 그것이 되려고 한 것이다.

그녀의 성적 정체성은, 이미 다양한 수준에서 전개된 바 있는 로버트의 그것보다도 훨씬 더 복잡하다. 그녀는 엄마와 동일시하지만 또한 아버지와도 동일시한다. 결혼에 관해서라면 그녀는 엄마처럼 남자에게 버림받고 부당한 대우를 받는 여자이다. 또한 정신신체적인 psychosomatic 증상에서는 아버지에게 겁탈당하는 여자의 위치에 있다. 어떤 의미에서, 그녀는 아버지가 갖지 못한 충실한 아내나 아들이 된다(그녀는 자신을 말괄량이라고 불렀는데, 프랑스어에서 말괄량이를 뜻하는 garçon manqué를 문자 그대로 해석하면 〈되다 만 남자아이〉, 〈남자아이가 될 뻔한 아이〉이다). 그녀는 자신이 아버지처럼 지적이며 의지가 강하고 고집이 세다고 말했다. 그리고 어떤 꿈이나 말실수에선 자신을 남성의 위치에 놓기도 한다. 한 꿈에 관해 이야기하면서 그녀는 〈많은 남자들이 자신과 사랑에 빠졌다〉고 말한 적이 있는데, 이때 남자들을 여성형 형용사 amoureuses로 수식했다. 이 말실수는 그녀가 남자들을 여자들로 바꾸고는[70] 자신을 아버지, 〈모든 여자들을 사로잡는〉 유혹자인 아버지와 같은 남자의 위치에 놓고 있음을 보여준다.

따라서 잔느의 성적 정체성은 부분적으론 엄마를, 또 부분적으론 아버지를 따른다. 관습적으로 말해서, 그녀는 부분적으로 여성이면서 부분적으론 남성이다.[71] 그녀의 성욕은 거의 대부분 해명되지 않은 채로 남아 있지만, 그럼에도 우리는 거기서 직접적, 육체적, 성적 만족에 대한 거부, 혐오, 반감 등의 특징을 확인할 수 있다. 그녀는 자신이 남편의 유혹을 거의 받아들이지 않았을 뿐 아니라, 자위도 거의 하지 않았고, 다른 연애 경험도 없었다고 말한 바 있다. 심지어는 남편과의 격렬했던 연애 시절도, 그녀의 말에 따르면, 자신의 육체적인 욕구를 채우기 위한 것이라기보단 (매우 심각했던) 유혹 게임과 힘겨루기에서 파생된 욕망의 열정에 불과한 것일 뿐이었다. 실제로 그녀에게 섹스는 베르트랑과의 전쟁을 위한 무기에 지나지 않았다. 잔느는 남자와의 성행위에 대해 음식과 소화와 관련된 은유를 연상한다. 〈메스껍다〉든가, 〈넘어온다〉든가, 〈구역질이 난다〉든가 하는 것들이 그것이다. 한번은 그녀가 남편이 그녀의 성적인 구애를 거절하는 꿈을 꾼 적이 있는데, 그 꿈을 연상하면서, 그녀를 흥분시킨 것은 성욕 그 자체라기보다는 그녀의 구애가 거절당했다는 사실, 그러니까 그녀가 계속해서 욕망할 수 있다는 사실임이 밝혀졌다. 따라서 그 꿈은 불만족된 욕망에 대한 그녀의 욕망을 충족시킨다고 할 수 있다.[72]

---

70) 복수 형태인 amoureuses는 단수 형태인 amoureuse와 발음이 똑같다. 따라서 말실수를 단수 형태로 읽을 경우 이는 그녀가 그들 자리에 있다는 것을 보여준다. 이런 의미에서 그녀는 사랑하는 당사자가 될 수도 있다. 다른 한편으로 이는 잔느가 여자들이 자신을 욕망해 주길 바라고 있음을 암시할 수도 있다. 하지만 그런 욕망은 잔느의 꿈 연상에서는 전혀 드러나지 않았다.
71) 〈남성〉과 〈여성〉은 당연히 인습적인 의미가 담긴 근사치의 용어이다. 보다 세부적인 논의는 『라캉의 주체』 8장 참조.
72) 꿈에서 베르트랑이 그녀의 유혹을 거절한 것은 또한 그녀가 자기 억제를 외부로 투사한 것이기도 하다. 그가 그녀를 거부한다면 그녀는 더 이상 자신을 억제할 필요가 없을 것이기 때문이다.

그녀는 또한 남편의 친구 한 명과 같이 자는 꿈을 꾸기도 했다. 그 전에 그녀는 그 남자가 부인 몰래 바람을 피운다는 이야기를 들은 적이 있었다. 그 사실을 듣고 그녀는 그 남자에 대해 혐오감을 가졌는데, 모순되게도 그와 성관계를 갖는 꿈을 꾸었던 것이다(꿈에선 성행위 자체는 나타나지 않았다). 꿈에서 그녀는 그 남자가 부인 몰래 사귀는 정부 위치에 있었던 것으로 보인다. 그리고 그 남자는 부인을 속인다는 점에서 자기 남편과 비슷하다는 느낌을 받았던 것 같다. 그녀는 왜 남자들이 부인 몰래 바람을 피우는지에 대해 알고 싶어했다. 이는 라캉이 정육점 여인에게서 발견했던 의문, 즉 〈어떻게 다른 여자가 사랑받을 수 있을까?〉와 일치한다(『에크리』, 626쪽). 그녀는 자신을 다른 여자의 위치에 놓고는 그 여자에 대한 남자의 욕망을 상상했다. 물론 그 꿈을 연상하는 과정에서는 정육점 여인처럼 자신을 아버지나 남자들과 동일시하는 데까지 나아가진 않았다.[73] 하지만 그녀는 남편 친구를 통해 다른 여자(꿈의 현시적 내용 속에서 그녀 자신이 맡은 역할)와 관계를 갖는다는 게 어떤 것인지를 상상했다. 이는 내가 앞에서 히스테리의 복잡한 〈욕망의 회로〉라고 불렀던 것이다.

잔느는 다른 여자들에 대한 관심을 추적함으로써 남편의 욕망을 면밀히 연구했다. 14년 간의 결혼 생활 동안 남편이 한 번도 자신을 배신하지 않았다는 걸 알지만 그럼에도 그녀는 그가 출장 중에 바람을 피운다는 의심을 지울 수 없었으며 그의 일거수 일투족을 항상 감시했다. 심지어 그녀는 그의 휴대품, 서류, 기록 등을 훔쳐보았고 틈만 나면 그가 있는 호텔로 전화를 걸었다. 그녀는 의식의 수준에선 남편이 자신을 속이고 바람을 피울까봐 두려워했지만, 그럼에도 다른

---

73) 물론 이러한 동일시가 전혀 없는 것은 아니다. 잔느는 〈베르트랑이 아프면 Bertrand a mal〉 자신은 참을 수가 없을 것이라는 말을 하기도 했다. 이는 그녀가 자신을 그와 동일시했다는 것을 암시한다. 그가 아프면 자신도 아프게 될 것이기 때문이다. 프랑스어로 아프다는 뜻의 mal은 mâle(남성의)과 발음이 같다는 점도 주목할 만하다.

여자에 대한 그의 욕망을 상상하면서 즐거움을 느꼈던 것 같다.

이러한 바람은 물론 중층결정된 것이다. 그가 바람을 피운다면, 그녀는 엄마가 아버지에 의해 버림받은 것처럼 자신도 남자에 의해 버림받았다고 확신할 수 있을 것이다. 이는 정확히 그녀의 욕망이 바라는 바다. 어떤 꿈에 관해 말하면서, 잔느는 다음과 같이 말했다. 〈베르트랑에겐 정부가 있어요. 저는 그가 전화로 그녀에게 사랑한다고 말하는 걸 들었어요. 저는 다짐했지요. 이제 이혼할 만큼 충분한 증거가 있다. 하지만 전 그렇게 할 수 없었어요. 그는 제가 떠나지 못하도록 할 거니까요.〉 꿈을 해석해 보면 적어도 어떤 부분에선, 다른 여자에 대한 남편의 욕망은 그녀를 화나게 할 만한 일이지만 동시에 그녀가 그것을 필요로 하고 있다는 인상을 받게 된다.

남편을 의심함으로써 그녀가 연출한 질투 장면은 어떤 점에선 남편의 욕망을 살아 있도록 만든다. 그들 사이의 열정적인 투쟁은 결코 완전히 사그라들지 않았다. 그녀는 그의 요구(섹스에 대한 요구를 포함해 청소, 정리, 공납금 납부와 같은 집안일에 대한 요구)를 좌절시킴으로써 그의 욕망이 살아있게끔 한다(물론 반드시 의도적이라고 볼 순 없다). 남편의 욕망의 원인이 되길 바라는 그녀는 그럼에도 그의 욕망을 만족시키길 거부한다. 즉 그녀는 성적인 만족의 대상이 되는 것을 거부한다. 히스테리의 경우 만족되지 못한 욕망은 환자 자신과 상대 모두에게 해당된다. 자신의 존재를 타자의 욕망에서 찾는 한 히스테리 환자는 상대를 만족되지 않은 상태로 유지시킨다. 잔느는 만약 자신이 남편의 성적인 요구를 만족시킨다면, 자신의 결여 혹은 욕망이 적어도 일시적으로나마 사라지게 될 것이라고 느끼는 것 같았다.

그럼에도 3년 간의 분석 끝에 잔느는 〈자신의 짓거리에 대해 진저리가 난다〉고 말했다. 이는 베르트랑과의 섹스를 거절한다든가 그에게 항시 공격적으로 대하는 것을 염두에 두고 한 말이었다. 자신이 원하는 바를 거부함으로써 그녀는 적어도 부분적으로 엄마와의 〈유대감〉를 갖고 있었다. 왜냐하면 엄마는 잔느에게 다른 모든 부부들은 행복하고 화목할 것이라는 이야기를 누차 했기 때문이다. 결혼은 했지만 남편과의 관계를 거부함으로써 잔느는 불만족, 만족의 결여, 불행의 수준에서 엄마와 동일시했던 것 같다.

엄마와의 동일시는 잔느의 고질적인 정신신체적 증상 중의 하나에서도 확인될 수 있다. 어느 크리스마스날 엄마가 이름이 밝혀지지 않은 누군가로부터 꽃을 받았던 적이 있는데 그때 아버지는 질투심에 사로잡혀 집안을 발칵 뒤집어놓았다. 잔느가 디스크에서 통증을 느끼기 시작한 건 바로 그때부터였다. 아버지는 그 꽃을, 엄마를 치료하고 있는 한 물리치료사가 보낸 것이라고 믿었으며, 그들이 틀림없이 정분이 난 것이라 생각했던 것이다(하지만 사실 그 꽃을 보낸 사람은 숙모였다). 그때 이후로 잔느는 (엄마가 그녀에게 말한 것과 똑같은) 디스크의 통증 때문에 자주 물리치료사를 찾게 되었다. 허리가 아픈 대신 그녀는 엄마가 욕망(물론 이 욕망은 결코 충족되지 못했지만)하는 남자를 만날 수 있게 되었던 것이다. 물리치료사는 어떤 의미에선 (아버지의 의견에 따르면) 다른 남자에 대한, 아마도 더 나은 남자에 대한 엄마의 불만족된 갈망을 표상했다(물리치료사는 또한 당혹스러우면서도 자극적인, 아버지의 불타는 질투심과 연결되었다).

〈자신의 짓거리에 진저리가 난다〉는 말은 그녀가 불만족된 욕망에도 만족을 느끼지 못함을 의미한다. 다시 말해 욕망이 다는 아니라는 것이다. 〈여자는 욕망만으론 살 수 없지요.〉 이 말로 그녀는 모든 수준의 만족에 대해 관심이 있음을 암시했다. 그렇다면 그녀는 어떤 수준의 욕망에 관심이 있는 것일까? 히스테리 환자는 종종 남자와 욕망의 게임을 벌이는 대신 여자와의 관계에서 성적인 충동을 만족시키는 경우가 있지만, 잔느는 어떠한 동성애적인 성향도 보이지 않았다. 하지만 로버트 레드포드의 영화 「은밀한 유혹」을 보고 나서 잔느는 다음과 같은 꿈을 꾸었다. 〈베르트랑은 4억 5천만 달러에 눈이 멀어 그 일을 하길 원했어요. 부정한 방법으로 돈을 번다는 것이 좀 꺼림칙했지만 결국 전 승낙했어요.〉 잔느는 영화 속에서 남자가 돈을 위해 로버트 레드포드에게 부인과의 하룻밤을 허락한다는 말을 덧붙였다. 잔느는 〈불성실한 방법으로〉 돈을 버는 것에 대해 못마땅했다고 말했는데, 사실 이를 위해서 그녀가 선택한 단어에는 다른 뜻이 함축되어 있다. 〈불성실한〉[74]을 뜻하는 malhonnête라는 프랑스어는 mâle-honnête처럼 들리는데, 이는 〈성실한 남자〉를 뜻한다. 요컨대 로버트 레드포드처럼 좋은 남자는 양심의 가책(다시 말해 금지)을 느낄 필요가 없을 만큼 성실하다는 것이다. 하지만 그녀는 〈그런 거금을 바라는 남편의 요구를 거절할 수 없다〉고 생각했다는 말도 덧붙였다.

우리는 이를 곧바로 그녀의 마음속 깊이 숨겨진, 창녀가 되고자 하는 욕망으로 해석하기보다, 거기서 히스테리의 일반적인 특징을 보아야 한다. 성적 만족이 비난을 모면할 수 있기 위해선 성욕에 대한 금지가 종종 어떤 강제적인 힘에 의해 극복되어야 한다. 성적 주이상스는 그것이 강제성을 띨 경우에만, 그것이 금지하는 힘을 극복할 수 있을 경우에만 가능한 것이다. 우리는 매춘 환상을 히스테리의 분석에서 자주 발견하게 되는데, 이는 매춘이 일반적으로 극단적인 궁핍과 같은 어쩔 수 없는 상황 속에서 이루어진다고 여겨지기 때문이다. 사람들은 창녀에게서 예를 들어, 자기 아이들을 먹여살리기 위해 거리로 나온 여자나 동생이나 부모를 돌보기 위해 몸을 팔아야 했던 어린 소녀들을 연상한다.[75] 또한 우리는 히스테리에서 자주 나타나는

---

74) 이 말은 그녀가 선택한 것이다. 그녀는 〈불법적〉이라든가, 〈부정적〉이라든가, 〈적법적이지 않은〉이라는 단어들 대신에 〈불성실한〉이란 단어를 선택했다.
75) 섹스는 금전 거래를 통해 용인 가능한 것으로 바뀐다. 왜냐하면 라캉의 표현을 따르자면, 금전 거래는 섹스를 〈보편적인 기표〉와 등가적인 것으로 만들기 때문이다. 사람들은 돈을 위해 섹스를 한다는 것을 납득할 수 있다. 심지어 돈을 받는다는 점에서 모든 직업은 매춘 행위와 다를 바 없다고 얘기하는 사람들도 있다. 이런 맥락에서 섹스는 도덕적으로 비난받을 만한 행위가 아니라 살아가는 데 필수적인 행위로 간주된다. 만일 잔느와 같은 여자에게 〈정상적인〉 섹스가 금지, 죄의식, 고통, 배신 등과 같은 감정을 수반한다면, 돈은 아마도 그런 감정들을 중화시킬 수 있을 것이다. 돈은 모든 것을 등가적인 것으로 환원시킨다.

강간 환상에서도 동일한 모티브를 발견하는데, 여기에 함축된 기본적인 관념은 어쩔 수 없이 성행위에 희생당하는 여자이다.

이는 히스테리의 경우 금지가 맡은 역할이 실로 중요하다는 것을 의미한다. 잔느의 경우, 우리는 금지가 어느 정도 엄마와의 유대감과 관련이 있음을 볼 수 있다. (단순히 엄마의 성적 활동과 연관된 전환 증상에서 주이상스를 얻는 것 외에) 그녀가 실제로 섹스를 즐기는 것은 엄마를 배신하는 일이 될 것이다. 엄마에 관한 것이건 아버지에 관한 것이건 배신의 문제는 항상 가치, 원칙, 이상의 문제, 다시 말해 초자아나 에고 이상의 문제이다. 잔느는 로버트처럼 불가능한 이상을 설정하진 않았지만, 그럼에도 그녀의 마음속에선 모순적인 이상들이 자주 확인되었다. 그녀는 아버지의 〈아들〉로서의 이상과 엄마의 딸로서의 이상을 동시에 품었다.

프로이트는 성욕에 대한 혐오감을 히스테리의 구조적인 요소로 간주하면서, 동시에 에고 이상이란 남성에게서 보다 발달한 것으로 생각했다. 하지만 우리는 혐오감을 (서구 문명의 전형적인) 여성의 에고 이상의 한 가지 산물로, 죄의식을 남성의 전형적인 에고 이상의 한 가지 산물로 간주하는 것이 옳을 것이다. 혐오감과 죄의식은 사회화 과정 속에서 충동의 만족에 대해 취하는 특정한 태도이다. 요컨대 양자는 충동의 만족과 관련해 상징적인 수준에서 선택된 태도이다. 이들은 충동 자체의 특징과 반드시 일치하진 않는다.[76] 프로이트는 여성이 미숙한 에고 이상을 가지고 있다고 생각했는데, 이는 그가 에고 이상 개념을 지나치게 좁게 설정했기 때문이다. 그는 오직 일반적으로 용인되고 있는 사회적, 경제적, 정치적, 지적, 예술적 이상만을,

---

76) 우리가 이미 확인했듯이 라캉은 충동이 이미 상당 수준에서 부모라는 타자를 포함하고 있다고 말한 바 있다. 따라서 나는 여기에서 충동과 (이상으로서의) 타자 사이에 절대적인 대립이 있다고 주장하는 것이 아니다. 충동 안에서 주체는 타자의 요구와 관련해서 구성된다. 그러나 양자가 모순적이라는 점에서 타자는 만족에 대한 반작용들을 예고한다. 우리는 10장에서 이 점에 대해 더 논의하게 될 것이다.

다시 말해 지금까지 주로 서구의 남성들에게 주입되어 온 이상만을 염두에 두고 있었다. 하지만 명령이나 간청의 형태로 분절된 것이면 무엇이든 이상이 될 수 있다. 보편적인 것이든(예를 들어 〈딸은 항상 아버지의 말을 잘 들어야 한다〉) 그렇지 않은 것이든(예를 들어 〈아버지가 이런 식으로 취급한다면 우리도 가만 있을 수 없다〉) 이는 문제가 되지 않는다. 단 하나의 문맥 속에서만 가능한 특수한 명령도 보편적인 가치 판단만큼이나 중요하다. 한마디로 말해서 〈금지를 가능케 하는 것이라면 무엇이든지 이상이 될 수 있다.〉[77]

여기에서 한 가지 주목해야 할 사항은 히스테리와 강박증 사이의 구조적인 차이(분리를 극복하기 위해 히스테리가 타자를 보완한다면 강박증은 주체를 보완한다)는 사회적이고 성적인 이상들에 입각해서 설정된다는 점이다. 히스테리와 강박증은 서구 사회의 맥락 속에서 주체의 태도/위치를 구분하는 〈구조들〉이지만, 이는 결코 보편적이거나 필연적인 것이 아니다. 그것들은 특수한 사회 형태에 근거한 우연적인 구조들이다.

이제 치료에 관한 이야기로 돌아가서, 잔느 사례에서 내가 했던 특수한 개입에 대해, 다시 말해 내가 앞서 〈구성〉이라고 불렀던 것에 대해 몇 마디 언급하고자 한다. 앞에서도 말했듯이, 잔느가 내 개입 이후에 말할 수 있었던 것이 그녀가 처음부터 의식하고 있으면서 말하길 꺼려하고 있었던 것인지는 확인할 수 없다. 그러나 이보단 내 개입을 통해 그녀가 이전엔 결코 이해할 수 없었던 어떤 과거의 장면을 재구성하게 되었다는 것이 내 생각이다. 만약 이것이 사실이라면, 이 개입은 (4장에서 논의된 바 있는) 실재를 명중한 해석의 한 예

---

[77] 또 다른 꿈은 잔느가 아예 섹스에 관심이 없는 건 아니었다는 것을 보여준다. 그 꿈에는 아버지와의 성관계를 암시할 만한 요소가 있다. 〈긴 몸뚱이를 가진 고래와 마이크〉가 그것이다. 이는 또한 그녀에게 뮤직 비디오에서 본, 붉은 입술을 가진 한 소녀가 마이크를 입에 대고 있는 모습을 연상시켰다. 이는 아마도 구강 충동의 표현으로 이해될 수 있다. 그 구강 충동은 또한 음식과 관련되어 거식증의 몇 가지 징조로도 나타났다.

라고 할 수 있다. 실재란 아직 상징화되지 않은 것, 말로 옮겨지지 않은 어떤 것이다. 이는 분석주체가 말할 수 없는 것이지만 그렇다고 분석가까지 말할 수 없는 건 아니다. 치료는 잔느가 어렸을 때 보고 들었던 어떤 것에 이름을 붙임으로써 그것을 중화시키는 것으로 시작했다. 말하자면 상징화를 통해 그것에 투자된 막중한 양의 감정을 배출시키는 작업이었다. 설명되지 않은 채로 남아 있는 한, 그것은 그녀를 고착시켰다. 하지만 일단 언어로 표현되자 그 고착은 물러나기 시작했다.

해석이 실재를 명중시키는 한, 그것은 진실을 밝혀내는 것이라기보다는 진실을 창조해 내는 것이다. 왜냐하면 진실은 오직 언어 속에서만 존재하며(그것은 문장의 한 가지 속성이다) 말할 수 없는 것은 아직 진실이 아니기 때문이다. 진실은 해석에 의해 〈발견되거나〉〈드러나는〉 것이 아니라 창조되는 것이다. 물론 해석은 자의적인 것이 아니다. 2년 반 동안 잔느가 말한 것을 주의 깊게 듣고 내린 나의 해석은 여타의 심리치료사들이 10여 분의 면담이나 몇 회의 분석만으로 시도하는 〈무모한 해석〉과는 분명한 차별성을 갖는다. 잔느는 거의 모든 것을 말했지만 〈그것〉만은 말하지 못했다. 그녀는 수차례의 분석 동안 그 주위를 맴돌면서 분명 그것을 듣기를 기다리고 있었다.

이런 구성이 주체에게 미치는 효과는 그 이후의 분석에서 물리적으로 입증될 수 있다. 물론 이러한 구성의 효과는 심리치료사의 해석이 갖는 효과와는 다른 것이다. 내가 지도한 한 심리치료사에게서 2년 동안 치료를 받아 온 한 환자는 주로 약을 타기 위해서만 몇 달마다 한 번씩 그를 찾았다. 한번은 환자가 자신이 어렸을 때 성적인 학대를 받은 적이 있다는 사실을 기억해 냈다. 그러자 심리치료사는 기회를 봐서 〈당신은 그것을 즐기고 있었던 것이지요〉라는 말을 해주었다. 그러자 환자는 그 해석에 매우 당황해하며 치료를 완전히 그만두었다.

정신분석 이론에 근거해서 볼 때 그 심리치료사의 말은 일반적으로 맞는 이야기일 수 있다. 왜냐하면 대부분의 사람들이 그런 성경험을 어떤 방식으로든지 즐기고 있는 게 사실이기 때문이다. 하지만 이는 그 환자의 경우엔 그의 개인적인 체험을 완전히 무시하는 일이었고, 따라서 그에겐 아무런 효과도 미치지 못했다. 해석이 진실을 창조하기 위해선, 그것을 위한 토대가 미리 준비되어 있어야 한다. 주변 자료가 먼저 해명되어야 하고 분석가와의 관계 또한 공고해야 한다. 그렇지 않다면 그것은 (기껏해야) 충격 효과를 일으키는 것에 지나지 않을 것이다. 충격적인 말은 아이들의 편견을 깨우치는 교육 방법으론 적당할지 몰라도 치료에는 별 효과가 없다.[78]

내가 잔느에게 내린 해석은 신탁적인 것이 아니다. 그것은 모호하지도 다의적이지도 않다. 4장에서 언급했듯이, 나의 해석은 분석이 상당히 진척된 경우에만, 다시 말해 분석가가 분석주체를 잘 알고 있고 분석주체 또한 분석가의 해석에 대해 개방되어 있는 경우에만 가능하다. 이는 라캉이 말한 〈아포판틱 apophantic〉한 해석의 한 예가 될 수 있을 것이다(Scilicet 4(1973), 30쪽). 〈아포판틱〉이란 〈단정적 categorical〉, 〈선언적 declarative〉, 〈확정적 assertive〉이란 뜻이다. 라캉에 따르면 해석은 신탁의 형태로 제시되건, 하나의 구성의 형태로 제시되건 의문이나 가능성의 형태로 제시되어선 안 된다. 분석가는 해석을 선언적인 형태로 던져야 한다.

---

78) 실재나 원인을 겨냥하는 해석에 대해선 『라캉의 주체』 3장 참조. 문제의 장면이 잔느를 고착시키는 한, 그것은 S_1, 즉 주인 기표로 기능한다. 만약 그것이 내 개입을 통해서 변증법화되었다면, 잔느는 S_1(상징화되지 않은 실재적인 장면)과 S_2(실재적인 장면을 해석하고 언어화하는 것) 사이의 섬광으로서 존재하게 된다. 잔느는 그것들 사이에서 번쩍이며 그들을 연결짓는다. 이런 측면에서 이 개입은 주체화의 한 본보기이다. 그것은 (이질적인 비인격적인 힘)이 있던 곳에 주체가 자리잡은 것이다. 이는 결국 프로이트의 명령법 Wo Es war, soll Ich werden에 대한 라캉의 해석이다. 『라캉의 주체』 6장에서 나는 S_1과 S_2 사이의 섬광으로서 나타나는 주체성이 상실을 함축한다고 말한 바 있다. 이 경우 상실은 증상이 제공했던 주이상스의 상실이다. 이러한 주이상스가 상실되는 한 증상은 더 이상 나타나지 않을 것이다.

잔느의 치료는 그녀가 프랑스로 돌아감으로써 미완성으로 끝났다. 자신의 문제로 아버지와 엄마를 비난했던 기간 동안 잔느는 결코 그들로부터 벗어날 수 없었다. 어떤 수준에서 그녀는 여전히 엄마 편을 들어 아버지에게 대항했지만 동시에 (잔느의 인생은 실패작이 될 것이라는) 아버지의 예언을 따름으로써 그에게 충실한 모습을 보이기도 했다. 그러나 치료는 전이를 통해서 이러한 부모의 형상을, 즉 잔느에게 내적인 억압을 초래한 부모의 금지와 이상의 힘을 〈파괴〉시킬 수 있을 만큼 진전되지 못했다. 잔느는 나에게 〈지나치게 의존하길〉 꺼려했으며, 나 또한 그녀가 자신의 저항과 남편의 저항을 극복할 수 있도록 도와주지 못했다. 마지막 해에는 분석이 보다 활발히 진행되었지만, 분석 횟수를 늘린 것에 대해 베르트랑이 문제를 일으키는 바람에 우리의 분석도 그만 멈추고 말았다.[79] 잔느는 이 문제와 관련해선 남편에게 반항할 수 없다고 생각했다.

처음에는 그녀의 태도가 부모에 의해 강요된 것처럼 보였지만, 이제 잔느는 자신이 부모에 대해 선택한 입장을 어렴풋이 깨닫기 시작했다. 하지만 그녀는 그러한 선택이 자신이 원했던 것이라고는 생각하지 않았다. 따라서 그녀는 완전한 주체화(타자의 책임이라고 여겼던 것을 자신의 책임으로 깨닫는 과정)를 완성하지는 못했다. 어떤 점에서 잔느는 아버지의 이상으로부터 벗어날 수 있었다. 예를 들어 분석의 마지막 시기에 잔느는 아버지 때문에 오랫동안 억눌려 왔던 예술에 대한 열정을 다시 불태울 수 있었다. 하지만 여전히 그녀는 아버지가 예술가로서의 자신의 성공을 방해하고 있다고 믿었으며, 그의 이상에 맞춰 자신을 억제했다. 아버지의 이상이 있는 한 그녀는 주체가 될 수 없었다. 잔느는 아버지의 이상을 완전히 파괴하지도 못했고 그렇

---

79) 그는 마치 그녀가 자기 몰래 혼외 정사를 갖거나 하는 것처럼 반대했다. 하지만 그녀와의 관계에서 별로 만족을 얻지 못한다면 우리는 왜 그가 그렇게 분석에 반대했는지를 물어볼 수 있다. 그가 그 만족스럽지 못한 관계를 포기하길 싫어했다면, 그는 그것에서 무엇을 얻었던 것일까?

다고 그것을 자신의 것으로 만들지도 못했다. 한편으론 아버지의 이상을 거부하면서도 다른 한편으론 그런 거부 때문에 자신을 비난하면서 갈팡질팡했다.

　분석을 받기 전 잔느에게는 아버지에 대한 사랑이 억압되어 있었다. 이러한 억압은 그를 향해 표출되었던 극단적인 증오 속에서 엿볼 수 있다. 분석 이론에 따르면 그녀의 증오는 아버지에 대해 느꼈던 사랑과 그의 중요성에 그대로 비례한다. 증오는 억압된 것이 위장되어 돌아온 것이다. 완전히 전도된 형태로, 증오가 사랑의 자리를 대신한 것이다. 이와 유사하게, 분석 이전 잔느에겐 엄마에 대한 억압된 분노가 엄마에 대한 과장된 이상화를 통해 돌아왔다. 분석을 통해 이러한 억압이 전면에 부각되었지만, 엄마와 동일시하면서 아버지의 성적인 학대와 구타를 기대하는 잔느의 억압된 원망(잔느의 신체적 증상은 대부분 이러한 원망에서 기인한 것이다)은 그 일부만, 그것도 오직 몇 가지 꿈(예를 들어 거대한 고래에 관한 꿈)에서만 모습을 나타냈다. 잔느의 본환상은 아버지와 같은 남자에게서 성적인 학대를 당하는 환상이었다. 분석을 통해 이러한 환상이 확인되었지만 우리의 작업은 잔느가 그것을 횡단하거나 재구축할 만큼 진척되진 못했다.

병인학적인 고찰

　앞의 두 사례 연구는 이 장에서 논의된 신경증의 많은 특성을 구체적으로 예증해 주었다. 나는 이를 통해 독자들이 〈현대의〉 강박증과 히스테리가 각각의 사례에서 어떤 양태로 나타나는지를 보다 분명히 이해했으리라고 믿는다. 사실 히스테리나 도착증의 특징이 전혀 없는 강박증만의 〈고유한〉 사례는 없으며, 이는 히스테리도 마찬가지다. 각각의 사례에서 우리는 이미 신경증에 관해 살펴본 것들을 확인할 수 있지만, 또한 특정 질환에 국한하지 않는다면, 이 사례를 통해 많은 점들을 배울 수 있을 것이다. 예를 들어, 로버트 사례는 일반적으로 다른 남자의 여자가 차지하는 중요성을 보여주며, 잔느의 이야기는 혐오감이란 게 무엇에서 기인하는지에 대해 실마리를 제시해 준다. 우리는 아마도 두 사례에서 죄의식과 혐오감의 기원에 대해 무엇인가를 배울 수 있을 것이다. 라캉의 말처럼 〈가장 특수한 사례들은 가장 보편적인 가치를 갖는 사례들이기〉 때문이다(『세미나 VI』, 1959년 2월 11일).

우리는 히스테리와 강박증의 전형적인 특징을 다음과 같이 요약할 수 있다.

	히스테리	강박증
의문	남자냐 여자냐	죽음이냐 삶이냐
욕망 형태	불만족	불가능
성욕에 대한 태도	혐오감	죄의식
주요 관련 성감대	구강	항문
존재에 대한 전략	타자의 욕망의 원인 되기	사유 속에 있기
분리를 극복하기 위한 전략	타자를 보완하기	주체를 보완하기
본환상	$(a \Diamond \text{\textsterling})$	$(S \Diamond a)$

우리가 여기에서 주의해야 할 것은, 이 전형적인 특징들은 병인학적(病因學的)인 특징이 아니라는 점이다. 나는 여기에서 (앞의 사례 연구를 제외하고는) 왜 사람들이 히스테리나 강박증자가 되는지에 대해선 다루지 않았다. 나의 논의는 히스테리나 강박증자가 무엇인지에 관한 문제로 제한되었다. 나는 그것들이 무엇이고 양자가 서로 어떻게 다른지를 라캉의 가장 광범위한 구분에 의거해 보여주려고 했다.

프로이트는 초기 연구들에서 정신 질환의 원인을 밝혀내려고 노력했다. 플리스에게 보내는 편지에서, 프로이트는 강박증이 지나친 쾌락을 가져다준 어렸을 적의 성경험에 의해 초래되었다고 가정했다. 프로이트는 왜 강박증에 걸리는지를 설명하려고 했다. 그가 강박증과 히스테리에 대해 내렸던 초기 정의들은 최초의 원인에 관한 것이다. 〈왜 누구는 너무 많은 쾌락을 느끼고, 또 누구는 너무 적은 쾌락을 느끼는 것일까?〉 이를 설명하기 위해 프로이트는 〈전자는 유혹에 대해 지나친 욕망을 품고 있는 반면 후자는 그런 욕망이 별로 없거나 그것에 메스꺼워한다〉고 말한 바 있는데, 이는 한번 더 질문을 반복하도록 만든다. 〈왜 너무 지나친 욕망인가?[80)] 왜 한쪽은 과도한 욕망이고, 또 다른 쪽은 부족한 욕망인가?〉

프로이트의 설명에서 가장 중요한 것은 어떤 환자의 성욕은 죄의식에 의해 지배되는 반면 어떤 환자의 성욕은 혐오감에 의해 지배된다는 사실이다. 이는 죄의식과 혐오감이 결코 동시에 나타나지 않는다는 뜻이 아니라 전반적인 상황으로 미루어볼 때 그 중 어느 하나가 우세하다는 것을 의미한다.

라캉은 프로이트가 설정한 최초 원인에는 관심을 갖지 않았다. 오히려 그의 관심은 논리적인 메커니즘에 있었다. 신경증의 주요 메커니즘이 억압이라면 억압은 다양한 사례 속에서 다양한 결과를 초래할 수 있다. 만약 억압이 주체가 어떤 시점에서(반드시 연대기적으로 정의할 수 있는 것은 아니다) 의식과 무의식으로(다시 말해 에고와 주체로) 분할되는 과정을 의미한다면, 강박증과 히스테리는 다소 다른 방식으로 분할을 수행할 것이다(상이한 방식으로 〈소외된다〉). 억압된 것은 기표이기 때문에, 상이한 방식의 분할이란 양자가 언어와 지식에 대해 각기 다른 관계를 맺는다는 것이다.

하지만 이러한 고찰은 왜 억압이나 분할이 각각에 있어 다른 형태

---

80) 혹자는 부모와의 지나치게 친밀한 관계에 근거하여, 다시 말해 부모에 대한 지나친 욕망에 근거하여 이것을 설명할 수도 있다. 그런 욕망이 유혹의 사건과 결부되면 과도한 쾌락이 발생할 것이다. 하지만 어떻게 부모와의 관계가 그렇게 지나치게 친밀해질 수 있었을까?

로 나타나는지에 대해선 설명해 주지 않는다. 왜 어떤 이는 히스테리가 되고 또 어떤 이는 강박증이 되는지, 왜 누구는 타자를 부정하는데 또 누구는 그렇지 않은지에 대해 해명하지 않는다. 〈해부학적 구조는 운명〉이라는 프로이트의 유명한 진술은 이 모든 원인을 페니스의 소유 여부에 돌리고 있는 듯이 보인다. 당신이 그것을 가지고 있다면, 그것이 될 수 없고(다시 말해 타자가 욕망하는 남근적 대상이 될 수 없고), 가지고 있지 않다면 타자에 대해 그것을 형상화할 수 있다. 라캉은 초기 작업에서 프로이트의 이 진술을 그대로 따랐다(예를 들어 1951년 발표된 「전이에 대한 개입」). 하지만 그는 곧 후기 작업에서 그런 도식화에 대해 의문을 제기하기 시작한다. 서구 문화에서 남근이 남성의 기표라면 여성의 기표는 존재하지 않는다는 라캉의 후기 논의는 생물학이 최종적인 잣대가 될 수 없는, 해부학과 언어의 변증법으로 나아간다. 하지만 이러한 논의는 언어의 본성에 대한 복잡한 문제들을 수반하기 때문에 여기에선 다루지 않을 것이다.[81]

이와 더불어 나는 히스테리와 강박증 같은 두 상이한 구조들의 사회적인 원인에 관한 문제를 다루지 않았다. 물론 나는 이 구조들이 당위적인 것이라고 말하지 않았다. 내 생각에 라캉은 이 구조들이 보편적이라고 주장하지 않았다. 오히려 그는 그것의 토대가 서구 사회의 전형적인 조직에 있다고 보았던 것 같다. 남녀의 역할을 바꾸려는 무수한 노력에도 불구하고, 남근이 욕망의 기표로 남아 있는 한, 이 두 구조는 사라지지 않을 것이다. 그러나 이 책의 논의는 강박증과 히스테리에서 작동하는 상이한 이상(理想)과 (성에 대한 잔느의 억제에 관해 내가 말했던 것과 같이) 그것들이 특정한 가족의 맥락 속에 이식되는 상이한 방식들에 관한 문제로 한정되어 있기 때문에, 우리의 논의가 라캉이 제기했던 광범위한 사회적 문제들까지는 다룰 수 없었다는 것을 인정해야 할 것이다.

---

81) 『라캉의 주체』, 8장 참조.

공포증

> 공포증의 원천과 원인은 〈두려움〉이라는 말만을 되풀이했던 사람들이 믿었던 것처럼 생기적이거나 심지어는 나른 사소적인 위험이 아니다. 주체가 만나길 두려워하는 것은 어떤 종류의 욕망, 꼬마 한스와 엄마의 관계에서처럼 타자에 대한 주체의 탐色 속에서 특권적으로 발전된 것과 관련된 욕망, 즉 모든 의미화의 창조, 의미화의 전체 체계를 즉각적으로 무(無)로 빠뜨려버리는 욕망이다.
> —— 라캉, 『세미나 VIII』, 305쪽

 도착증에 관해 살펴보기 전에, 공포증에 관해 몇 가지 주목해야 할 점이 있다. 라캉은 종종 공포증을 별개의 진단 범주로 생각했다. 하지만 그에 따르면 공포증은 부권적 은유의 결함에 대한 응답이란 점에서 〈신경증의 가장 근본적인 radical 형태〉이다(『세미나 VIII』, 425쪽). 공포증은 히스테리와 강박증의 사이에 있거나 이와 별개인 제3의 구조가 아니라 다른 신경증보다 앞서는 보다 근본적인 범주라는 것이다.[82] 히스테리와 강박증이 이미 완성된 부권적 은유(따라서 1차 억압과 2차 억압)를 전제한다면, 공포증은 아버지의 금지나 이름이 제대로 작동하지 않아 다른 것을 가지고 엄마의 욕망을 중화시켜야 하는 경우이다.
 공포증의 경우엔 아이가 엄마로부터 분리되기가 매우 힘든데 이는 부권적인 기능이 상대적으로 허약하기 때문이다. 라캉은 예를 들어, 프로이트의 유명한 사례 〈꼬마 한스〉(SE X, 1-149쪽)에서 한스 아빠가 한스와 엄마를 분리하지 못함으로써 아이에게 불안이 증폭되었다는 사실을 보여준 바 있다. 한스의 불안은 분명 한스가 엄마에게서 발견한 욕망에 관한 것이다. 그런데 한스에게 공포증이 나타나자 불안이 급격히 감소했다. 한스가 〈말[馬]〉이란 기표를 아버지의 대체물(아버지의-이름이나 금지를 대신해 부권적인 은유를 설정하는 것. 이에 관해선 『세

---

82) 라캉은 또한 공포증이 가장 단순한 형태의 신경증이라고 말한 바 있다(『세미나 VI』, 1959년 6월 10일). 프로이트는 공포증에 대해 다음과 같이 말했다. 〈분명 공포증은 다른 신경증의 한 부분으로서 나타나는 증후군일 뿐이며, 따라서 그것을 독립적인 병리적 과정으로 생각할 필요가 없다〉(SE X, 115쪽).

미나 IV』 참조)[83]로 삼았기에 불안이 일시적으로 멈추었던 것이다.

공포증은 주체가, 완전히 결여되진 않았지만 그럼에도 불안정한 타자의 중요한 한 요소를 보완하기 위해 선택한 하나의 전략으로 간주될 수 있다. 물론 공포증은 정신병과 신경증의 〈경계선〉이 아닌데, 왜냐하면 이는 튼튼한 버팀목을 통해 부권적인 은유를 제대로 설정했기 때문이다. 따라서 공포증에선 〈정상적인 억압〉이 제대로 작동하며 2차 억압과 억압된 것의 회귀가 제대로 이루어진다. 하지만 공포증은 히스테리와 강박증의 경우처럼 그 자체의 전형적인 특징들을 가지고 있지 않다.

오히려 히스테리 환자가 처음엔 자신을 엄마의 결여를 틀어막을 수 있는 대상으로 위치시킨다는 점에서, 공포증은 히스테리와 밀접한 관련이 있는 듯이 보인다. 삼각 구도(아버지의-이름의 개입)를 통해서, 히스테리 환자는 엄마와의 상상적인 관계를 넘어서 자신을 타자(일반적인 경우, 아버지)가 욕망하는 〈상징적인 대상〉으로 설정할 수 있게 된다.[84] 공포증 환자도 처음엔 엄마의 상상적인 대상의 위치에서 시작해 아버지의-이름을 보완하는 쪽으로 나아간다. 앞으로 확인하겠지만, 아버지의-이름을 보완한다는 점에서 공포증은 또한 도착증과 유사함을 보인다(물론 공포증은 그 버팀목이 계속해서 기능을 발휘할 수 있을 만큼 성공적인 반면 도착증의 버팀 장치는 그렇지 못하다[85]).

---

83) 라캉에 따르면, 공포증적인 대상은 Φ, 〈모든 기표들의 가치, 필요하다면 아버지의 가치를 가진 남근이다〉(『세미나 VI』, 425쪽). 딴데서 그는 〈공포증적인 대상을 타자의 결여를 틀어막을 수 있는 다용도의 기표〉로 규정한 바 있다(『에크리』, 610/248쪽).
84) 다시 말해 도착증자와 달리 히스테리 환자는 엄마의 욕망의 원인이 되기 위해, 엄마에게 만족을 주는 대상으로서의 역할을 포기할 수 있다. 그녀가 타자를 보완하길 바란다면, 이는 주이상스의 수준이 아니라 욕망의 수준에서다(그림 8.3이 욕망과 관련된 것이라면, 앞으로 제시될 그림 9.1은 주이상스와 관련된 것이다).
85) 나는 꼬마 한스와 부권적 은유의 관계에 대해서 9장에서 간단히 설명할 것이다. 공포증은 이 책의 후편에서 보다 상세히 다루어질 것이다. 한스에게는 말 공포증이 지속되는 한에서만 부권적 은유의 보충이 이루어졌다. 내가 보기에 (혹은 라캉의 『세미나 IV』에서) 공포증이 사라진 후 한스는 통상적인 신경증자가 되진 않았다. 소외는 일어났지만 분리는 일어나지 않았기 때문이다.

9

도착증

> 욕망은 방어이다. 한계를 넘어 주이상스로 치닫는 것에 대한 방어.
> —— 라캉, 『에크리』, 825/322쪽

정신분석학적으로 엄밀하게 도착증자라고 할 만한 환자들을 발견하기는 그리 쉽지 않다. 그럼에도 많은 현대 미국 분석가들은 도착증이 매우 흔한 질병이라고 믿는 것 같다. 그러나 내가 이 책에서 제시하고 있는 라캉의 임상 기준으로 본다면, 일반적으로 도착자로 분류되는 상당수의 사람들은 사실 신경증자나 정신병자로 판명된다.[1] 현대의 심리치료도 마찬가지로 도착증을 이해하는 데에는 큰 힘이 되지 못하고 있다. 프로이트가 비판한 것처럼, 심리치료는 〈서로 다른 행동들에 이름을 부여하고 그것에 관해선 아무것도 말하지 않으며〉, 새로운 이름들의 집합을 가지고 사람들을 자극하는 특정 대상들만

---

1) 예를 들어 로버트 J. 스톨러 Robert J. Stoller의 『성과 젠더 Sex and Gender』 (New York : Science House, 1968)를 참조. 스톨러가 논한 유형의 많은 환자들은 사실 도착증자라기보다는 정신병자라고 하는 편이 옳다. 이런 유형들에 관해선 무스타파 사푸앙 Moustapha Safouan, 「성전환의 정신분석에 대하여 Contribution to the Psychoanalysis of Transsexualism」, 스튜어트 슈나이더맨 편, 『라캉의 이론은 어떻게 임상에 적용되는가』, 195-212쪽. 또한 라캉의 『세미나 XVIII』, 1971년 1월 20일 강의를 참조.

기술할 뿐이다(SE XVI, 260쪽). 소아성애도착이라든가, 접촉도착이라든가, 복장도착은 모두 임상적인 구조라기보다는 그런 식으로 붙여진 새로운 이름들에 불과하다.[2]

이에 반해 라캉은 상상계, 상징계, 실재계의 구분과, 욕망과 주이상스의 구분을 통해서 도착증의 본성을 보다 분명하게 제시한다. 신경증이 주이상스에 대한 〈최종적인〉 희생(거세)을 거부하고 법과의 관계 속에서 욕망을 지탱하기 위한 (위장된 방법으로 조금이나마 주이상스를 되찾으려는) 일련의 전략이라면, 도착은 법을 지탱하여 주이상스(라캉이 〈주이상스에 대한 의지〉라고 부르는 것)에 대해 한계를 부과하려는 일련의 시도들이라고 할 수 있다. 법이 완전히 부재하는 경우를 정신병이라고 한다면, 신경증은 법이 이미 설치된 (그리고 환상을 통해서만 그 법이 극복되는) 경우이고, 도착증은 법이 아직 설정되지 않아 주체가 그 법이 존재하도록 노력하는 경우라고 할 수 있다. 요컨대, 도착증은 타자가 존재하도록 만드는 것이다. 도착증에 대한 라캉의 작업은 대부분 프로이트의 작업에 근거하고 있다. 따라서 도착에 대한 우리의 논의는 프로이트의 이론에서 시작할 것이다.

인간 성욕의 본질

도착이란 생식 외의 다른 목적을 위한 모든 성적 행동이라는 프로

---

2) 이 〈세밀한〉 진단은 〈병적애정증 paraphilias〉이라는 일반 범주로 *DSM-III-R* (Washington : American Psychiatric Association, 1987) 속에 들어 있다. 이 매뉴얼을 쓴 심리치료사들은 도착이란 용어엔 정치적인 뉘앙스가 담겨 있기 때문에 가장 과학적인 용어인 〈병적애정증 paraphilias〉을 선택했다고 한다. 하지만 그들은 병적애정증에 대한 세부적인 논의에선 지극히 정치적이고 도덕적인 언어를 구사한다. 예를 들어 〈병적애정증 환자의 상상은 상대적으로 해가 없을 것이다〉(279쪽). 〈정상적인 *normal* 성적 활동은 성적 상대를 애무함으로써 야기되는 성적 흥분을 포함한다〉(283쪽, 인용자 강조).

이트의 초기 주장을 따른다면, 우리는 인간의 성적 행동의 대부분이 도착적이라는 사실을 인정해야 할 것이다. 도착은 인간 성욕의 중심에 있다고 할 수 있다. 인간은 〈각양각색의 도착적인〉 삶을 영위하고 그것을 통해서 종(種)의 생식이 아닌 다른 형태의 쾌락을 추구한다.

또한 〈정상적인〉 성적 행동이란 어떤 하나의 속성이 아니라 〈완전한 인격체〉를 대상으로 한다는 생각에서 출발한다면, 우리는 다시 한번 인간의 성적 행동이 본질적으로 도착적이란 사실을 받아들여야 할 것이다. 앞장에서 보았듯이, 강박증은 상대방의 타자성을 중화시키고 그를 대상 a로 축소시켜 버린다. 히스테리 환자는 상대방을 욕망하기보다는 상대방을 통해서 욕망하며 스스로 상대방이 결여한 대상이 되고자 한다. 성적 파트너는 그 자체로서의 목적(칸트적인 의미에서, 쾌락을 얻거나 사랑받는다는 느낌과 같은 주체의 〈이기적인〉 목적을 위해서가 아니라 그것 자체가 이미 목적이 되기에 그것을 추구하는 것)으로 간주되지 않는다. 오히려 그가 욕망의 대상이 되는 것은 그가 무엇인가를 갖고 있기 때문이다(물론 욕망의 원인은 단지 결여에 불과하지만 말이다). 라캉에 따르면, 대상 a에는 본질적으로 물신적인 특성이 있다.[3] 우리가 앞장에서 보았듯이, 사랑의 대상은 욕망의 대상이나 주이상스의 대상과 반드시 일치하진 않는다.

만약 위와 같은 도착 개념에서 시작한다면, 우리는 필연적으로 모든 인간 성욕이 도착적이라고 규정하게 될 것이다. 그러나 라캉의 정신분석학에서 규정되는 도착증은, 일반적으로 도착증자라고 간주되는 극소수의 사람들에게서 나타나는 부정 negation의 양식, 즉 〈부인 Verleugnung〉에 국한된다. 도착증에는 억압과 분명히 구별되는 부정의 양식이 있다(이것이 바로 이 9장의 핵심이라 할 수 있을 것이다). (어떤

---

3) 또한 『에크리』, 610/248쪽 참조. 거기에서 라캉은 〈기표의 틈 속에서 엿보이는 대상이라고 할, 모든 도착증의 근본적인 물신〉에 대해 논한다. 기표에 의해 분리된(차이가 없는 곳으로부터 〈잘려나와〉 동시에 전면과 배경을 형성하는) 대상에 관해선 이 장의 후반부에서 논의될 것이다.

특정한 성적 습관이 아닌) 바로 이러한 메커니즘이 분석가가 도착증을 진단할 수 있는 중요한 근거이다. 따라서 정신분석적인 의미에서 〈도착증〉은 〈규범〉에서 이탈한 성적 행동에 몰두하는 사람들을 비난하기 위해 쓰이는 경멸적인 용어가 아니다. 그것은 신경증이나 정신병과는 전혀 다른 특질들을 갖는 하나의 특수한 임상 구조를 지칭한다. 물론 분석가가, 모든 인간의 욕망이 본질적으로 도착적이거나 물신적이라는 주장에는 동의할 수 있다. 하지만 그는 신경증 구조와 도착증 구조를 이론적으로, 그리고 임상적으로 분명히 구분할 수 있어야 한다. 정신분석에서 도착증은 어떤 치욕적인 낙인이 아니라, 구조적인 심적 범주들 중의 하나이다.

부인

프로이트는 많은 텍스트에서 Verleugnung의 과정에 대해서 기술한 바 있다. 이는 영어로 부인 disavowal이라 번역되었는데, 사실 원어에 가장 가까운 말은 불인정 denial이다(실제로 프랑스어에선 déni로 번역되어 있다).[4] 프로이트는 자신이 일부 어린 남자아이들에게서 발견한 기이한 태도를 설명하기 위해 〈부인〉이라는 용어를 사용했다. 그 아이들은 여자의 성기를 보았을 때, 자신은 페니스가 있는 한 여자를 알고 있다고 주장하면서 여자는 페니스가 없다는 사실을 부인한다. 예를 들어, 꼬마 한스는 엄마가 생후 7일 된 누이동생을 목욕시키고 있는 모습을 보았을 때 〈애 고추는 아직 작지만, 자라나면

---

4) Verleugnung에 관한 라플랑슈와 퐁탈리스의 세밀한 논의 참조, 『정신분석의 언어 The Language of Psychoanalysis』(New York : Norton, 1973). 이 책은 프로이트의 중요하고 복잡한 개념들에 대해 백과사전적인 분석을 보여준 중요한 책이다. Verleugnung을 프랑스어로 번역하는 데 있어 démenti라는 용어가 사용되기도 한다는 점을 주목하기 바란다. démenti라는 용어는 〈속여 전하다〉, 〈거짓말하다〉를 의미하는 démentir에서 온 말이다.

좀더 커질 거야〉라고 말한다.[5]

프로이트는, 이 경우 아이가 부인한 것은 여성 성기에 대한 지각이라고 지적함으로써 부인의 구조를 공식화했다. 그는 페니스가 없는 여자와 마주쳤을 때 두 가지 태도를 취한, 한 나이 많은 남성 환자의 사례를 보고한 바 있다. 한편으로 그는 프로이트가 말하는 〈엄마의 남근〉이라는 것이 실제로 존재한다고 믿음으로써 그러한 지각을 부인한다. 그런데 다른 한편으로 그는 그것과 관련된 증상을 만들어내는데, 이는 그 지각이 어떤 다른 수준에 등록되어 있다는 것을 의미한다. 따라서 이 경우는 (우리가 정신병의 폐제에 대해서 말할 수 있는 것처럼) 어떤 특정 지각의 기억이 단순히 〈암흑 속으로 빠져버린 scotomized〉[6] 것이 아니다. 증상이 있다는 것은 그 지각이 거기에 분명히 존재함에도 그것이 주체에 의해 부인되었다는 것을 의미한다. 「방어 과정에서의 자아의 분열」에서 프로이트는 부인과 관련된 증상으로 두 가지 예를 제시했다. 하나는 〈아버지가 자신을 처벌할 것이라는 공포〉이고, 다른 하나는 〈자신의 작은 발가락 두 개가 상처받을까봐 불안해하는 조바심〉이다(SE XXIII, 277-278쪽).

이런 식으로 부인을 기술한다면, 그것은 억압과 별로 다를 바 없어 보인다. 의식이 기억을 밀어내고 그 기억이 증상의 형태로 되돌아 온다면 이는 억압의 구조와 다르지 않다. 처음에 프로이트는 억압되는 것은 감정이고 부인되는 것은 그것과 관련된 관념이라고 주장함으로써 억압과 부인을 구별하려 했다(SE XXI, 153쪽). 하지만 이 첫번째 시도는 프로이트 자신이 자주 반복했던, 오직 관념만이 억압된다는 주장과 모순된다. 분명 신경증의 경우에도 도착증과 마찬가지로, 관념(스트래치가 〈관념적 대표물〉이라고 번역한 Vorstellungsrepräsentanz)[7]

---

5) SE X, 11쪽과 SE XXIII, 276쪽 참조.
6) SE XXI, 153쪽.
7) 이 용어에 관한 논의에 대해선 『라캉의 주체』 참조. 이 용어는 이와 관련된 프로이트의 용어 Triebrepräsentanz와 함께 이해되어야 한다. 이는 사고의 수

이 감정으로부터 분리되어 억압될 수 있다. 예를 들어 에고나 초자아가 인정할 수 없는 성적 충동을 표상하는 관념은 억압되지만, 그것과 부착된 감정은 자유롭게 이동할 수 있다. 따라서 「방어 과정에서의 자아의 분열」의 맥락을 따르자면, 분명 부인과 억압은 하나의 동일한 과정으로 혼동될 여지가 있다.

1938년 논문에서 프로이트는 억압과 부인을 구별하려는 두번째 시도를 보여준다. 프로이트는 억압이 환자의 어떤 특정한 성적 충동(〈내적 세계로부터의 본능적인 요구〉)을 정신 속에서 사라지게 하는 반면, 부인은 〈실제 외적 현실의 일부〉를 사라지게 한다고 말한다(SE XXIII, 204쪽). 다시 말해 억압은 환자의 어떤 특정 충동과 관련된 관념[8]이 정신에서 밀려나는 경우이고, 부인은 〈실제 외적 현실〉에 대한 지각이 정신에서 밀려나는 경우라고 할 수 있다.

그러나 이런 식의 구분은 모호함을 더 가중시킬 뿐이다. 왜냐하면 프로이트가 말하는 〈실제 현실 세계의 일부〉라 함은 곧 〈페니스의 결여〉를 말하기 때문이다.[9] 엄밀히 말해서, 무엇이 결여되어 있다는 사실 그 자체는 우리 눈으로 확인할 수 없는 것이다. 우리는 눈앞에 있는 것은 볼 수 있지만 눈앞에 없는 것은 볼 수 없기 때문이다. 모든 결여와 마찬가지로 페니스의 결여는 지각의 문제가 아니다. 지각의 수준에서는 아무것도 결여하지 않는다. 이 수준에서 세상은 아직 충만한 것이다.[10] 우리가 결여를 확인할 수 있는 것은 오직 우리가 어

준에서 충동을 대표하는 것(예를 들어 〈나는 처제와 자고 싶다는 생각〉)을 의미한다.
[8] 혹은 〈충동의 대표자 Triebrepräsentanz〉, 다시 말해 사고의 수준에서 충동을 대표하는 것. 스트래치는 Triebrepräsentanz를 〈본능의 대표자〉라고 번역했다.
[9] 프로이트는 종종 부인되는 것은 거세 그 자체라고, 다시 말해 엄마의 페니스는 잘려져 있으며 자신의 성기 또한 잘릴지 모른다는 생각 자체라고 암시한다. 이 경우는 하나의 생각이 의식 속에 남아 있는 반면(〈모든 인간은 페니스를 가지고 있다〉), 그와 정반대의 생각은 의식에서 밀려나 있는 경우처럼 보인다. 그런데 이는 억압에 대한 프로이트 자신의 정의에 해당된다.
[10] 라캉은 〈정의상, 실재는 충만한 것이다〉라고 말한 바 있다(『세미나 IV』, 218쪽).

떤 특별한 것을 기대하고, 그리하여 그것의 부재를 정신적으로 깨닫기 시작할 때뿐이다. 완전히 어두운 방 안이 아니라면, 항상 우리의 망막의 간상체를 자극하는 광자들이 있으며, 따라서 우리는 항상 무엇인가를 볼 수 있다. 〈무(無)〉는 지각이 아닌 오직 사고의 수준에서만 존재할 뿐이다.

따라서 여기에서 문제는 지각 그 자체가 아니라(프로이트가 말한 바와 같이, 물신주의자가 어떤 특정한 것을 보지 못하게 방해하는, 다시 말해서 어떤 특정한 광자들은 받아들일 수 없도록 만드는 암점이나 검은 오점이 망막 위에 있다는 것이 아니라) 그 특정 지각과 관련된 관념이다.

억압은 내적 세계와 관련된 것이고 부인은 외적 세계와 관련된 것이라는 1938년의 구별은 〈신경증적 불안〉과 〈현실에 대한 불안〉이라는 1924년의 구별을 상기시킨다. 신경증적 불안은 내적인 위기로부터, 다시 말해 환자의 에고나 초자아에 의해서 부적합하다고 판정된 내적인 충동들로부터 온다. 반면에 프로이트가 〈공포〉라고 불렀던, 현실에 대한 불안은 실제 현실의 위기로부터 온다(SE XXII, 81-89쪽). 그러나 부인이 분명히, 지각 그 자체가 아니라 지각과 관련된 사고[11]와, 다시 말해서 주체 내부의 어떤 심적인 현실과 관련된다면, 외부-대(對)-내부라는 구별 또한 극복되어야 한다.[12] 억압과 부인은 모두 지각이 아닌 관념과 관련된다.

부인이란 외부 현실에 대한 지각을 정신에서 밀어내는 것이라는

다시 말해 실재계에서는 아무것도 결여되지 않는다는 것이다. 또『세미나 VI』, 1959년 4월 29일 강의를 참조. 거기에서 라캉은 〈실재는 항상 충만한 것으로 정의된다〉고 말한다.『세미나 X』에서 라캉은 그가 이로써 의미하는 바는 실재엔 구멍이나 틈새가 없다는 게 아니라 실재엔 아무것도 결여된 게 없음을 시사한다.

11) 히스테리 환자에게서 확인할 수 있듯이, 지각 자체는 외부의 실재 세계에 대해 〈진정한 관점〉을 제시하는 〈순수하거나〉 과학적으로 객관적인 과정이 아니다. 각각의 문화는 언어에 의한 구분에 따라 다르게 〈지각한다〉.

12) 라캉이『세미나 IX』에서 클라인 병 Klein bottle과 크로스-캡 cross-cap과 같은 표면을 이용해, 어떻게 안과 밖을 구분지으려는 모든 시도들에 이의를 제기하는지 생각해 보자. 또한『라캉의 주체』8장 끝부분 참조.

프로이트의 관점은 따라서 〈현실의 외적인 위험〉에 근거한 현실적인 불안이라는 정의와 함께, 객관적인 현실에 대한 순진한 믿음에 근거한 것이다. 논의를 보다 구체화하기 위해, 어떤 특정한 위기는 외적인 것일 수 있다는 전제를 한번 받아들여 보자. 가령 야영장 근처를 어슬렁거리는, 눈으로 볼 수 있고 귀로 들을 수 있는 붉은 곰을 생각해 보자. 이는 〈위험한 현실〉이라고 판단될 수 있다. 하지만 무슨 근거로 그렇게 말할 수 있는 것일까? 야영의 초보자라면 당연히 곰이 악의를 갖고 인간을 해칠 것이라고 믿겠지만, 노련한 산악인은 자신의 경험을 통해, 곰이 캠프장에서 백 야드나 떨어진 나무에 달린 열매에만 관심이 있다고 생각할 것이다. 물론 그렇다고 하더라도 노련한 산악인의 말이 현실적이라고 단정지을 수도 없다. 우리는 경험적으로 그 노련한 베테랑의 말이 옳다고 믿을 수 있겠지만, 그 또한 오판의 가능성이 분명히 있기 때문이다. 그렇다면 이 경우는 초보자의 신경증적인 불안이 보다 현실적이라고 말해야 할까?

뉴욕의 예를 들어보자. 뉴욕의 뒷골목에선 백 명의 여자 중 한 명이 강간을 당한다고 가정해 보자. 이 경우 우리는 여자의 공포가 신경증적인 것이 아니라 현실적인 것이라고 생각할 것이다. 그렇다면 〈실제 위험〉이란 과연 무엇인가? 그것을 판단할 수 있는 사람은 누구인가? 이는 분석가인가? 현실이라고 말하는 것은 항상 의심해 볼 만한 것이다. 〈현실/비현실〉의 구분과 〈현실적인 불안/신경증적 불안〉이라는 구분은 매우 모호하며, 외적/내적이라는 구분은 이러한 상황을 더욱더 악화시킬 뿐이다.

따라서 정신분석의 출발점은 객관주의적인 현실이 아니라 사회적/언어적으로 구성된 현실과 심리적인 현실이어야 한다. 이 점을 염두에 둔다면, 프로이트의 구분을 다음과 같이 재구분해 볼 수 있다. 억압이 환자 자신의 어떤 특정 충동과 결합된 관념이 의식에서 밀려나는 경우라면, 부인은 여자의 성기에 대한 지각과 관련된 관념이나 환자가 상상하는 (아이를 엄마와 떼어놓고 자위를 금지시키는) 아버지의 거세 위협과 관련된 관념, 혹은 자신의 성기에 대한 환자의 나르시스적인 고착과 관련된 관념이 의식에서 밀려나는 경우이다.

최초의 상징 작용

여기에서 주목해야 할 가장 중요한 점은 만약 의식에서 밀려난 것이 관념이라면, 적어도 최초의 상징 작용이 이미 일어났다는 사실이다. 도착증은 아이를 엄마로부터 분리하고자 하는 아버지의 의지와 관련된 무엇이 이미 상징화된 경우에만 가능한 것이다. 정신병자와 대조적으로, 도착증자는 상징적인 분리자로서의 아버지를 승인하고 긍정하는 것에서 출발한다 Bejahung. 프로이트가 진찰한 도착증 환자의 임상적인 관찰에 근거해서 도착증을 이론화한다면, 도착증은 거세와 관련된 증상이 나타나기 때문에 아버지가 적어도 어느 정도까지는 상징화된 경우라는 사실을 확인할 수 있다.[13] 그러나 이러한 상징화는 신경증에서 볼 수 있을 만큼 완전하지는 않다.

나의 목적은 프로이트의 불분명한 부인 개념을 비판하는 것이 아니다. (내가 아는 한도에서는 라캉이 부인을 결코 그렇게 공식화하진 않았지만) 나는 무엇보다 라캉의 이론 속에서 〈부인〉이 무엇을 의미하는지 지적하고 프로이트의 일부 논의들을, 주이상스의 희생인 거세라든가 타자 등과 같은 라캉의 용어로 풀어보고자 한다. 프로이트의 실패에도 불구하고, 부인이란 것은 억압과 분명히 구별되어야 하는 메커니즘이다.

폐제나 원억압처럼 부인도 아버지와 관련된 기제이다. 부인의 경우도 아버지의 욕망, 아버지의-이름, 아버지의 법이 문제이다. 정신분석에 있어서 중요한 세 가지 범주를 구성하는 신경증, 정신병, 도착증은 모두 아버지의 기능과 관련된 것이다. 물론 이러한 점은 라캉에게서는

---

13) 다시 말해 얼마간의 억압이 일어났던 것이다. 만약 무엇인가가 의식 밖으로 밀려나려면, 그것이 먼저 의식 속에 있어야 한다. 다시 말해서 하나의 사고로 자리잡고 있어야 하고 상징화되어 있어야 한다.

분명하지만 프로이트에게선 그렇지 않다. 따라서 라캉의 작업은 바로 이렇게 프로이트에게서 분명하지 않은 것들을 분절하고 체계화하는 것이었다.[14]

7장에서 확인한 바와 같이, 프로이트가 (정신병 중의 하나인) 동성애적인 섹스에 대한 방어에서 편집증이 기인한다고 주장했던 반면(SE XVI, 308쪽), 라캉은 동성애가 정신병을 구성하는 구조적인 요인이라고 보기 힘들다고 말했다. 차라리 동성애는 아버지의-이름을 폐제시킴으로써 나타난 결과들 중의 하나일 뿐이라는 것이다. 동성애에 대한 방어는 정신병의 원인이 아니라 폐제의 부산물일 뿐이다. 이와 마찬가지로, 물신은 이른바 엄마의 남근과 관련된 것이라는 프로이트의 주장은 도착증의 구조적인 특징에 대한 설명이 될 수 없다. 엄마의 남근과 관련된 물신주의적인 특징은 아버지나 아버지의 욕망, 혹은 아버지의 법과 같은 관점에서만 이해될 수 있는, 도착증의 부수적인 결과일 뿐이다. 앞으로 확인하겠지만, 엄마에게 남근이 존재할 것이라는 도착증자의 믿음은, 신경증의 경우와는 달리, 엄마의 욕망을 추동하는 결여가 아버지에 의해 명명되지 않았고 폐지되지 않았다는

---

14) 언어, 법, 상징계의 중요성을 대수롭지 않게 생각하는 이론가들과 실천가들은 라캉이 엄마의 중요성을 배제한 채 프로이트를 부적절한 방식으로 체계화했다고 생각하는 경향이 있다. 하지만 프로이트를 주의 깊게 읽어본 독자라면 그의 작업에선 줄곧 아버지가 상당한 중요성을 차지하고 있음을 깨닫게 될 것이다. 라캉은 단순히 외디푸스 이전 시기의 존재를 부정하는 것이 아니다. 라캉이 말하고자 하는 바는, 외디푸스 이전의 시기는 언어와 법의 출현과 함께 다시 쓰여지고 덧쓰여진다는 것이다. 〈전성기기(前性器期) 단계는 외디푸스 콤플렉스의 소급적 효과 속에서 구성된다〉(『에크리』, 554/197쪽). 외디푸스 콤플렉스는 시기적으로 이전 것들에 대해 소급적인 영향력을 발휘하는데, 이는 그것이 상징적인 작용임을 의미한다. 왜냐하면 의미화 과정에서 기표 연쇄에 새로운 기표가 추가되면 이전에 말해진 것의 의미가 바뀌기 때문이다(가령 〈아버지의-이름〉의 연쇄에 아버지의 금지를 의미하는 기표[No]가 첨가되는 경우를 생각해 보자). 정신분석은 말 이외의 다른 방법을 가지고 있지 않기 때문에, 분석가들이 접근할 수 있는 것은 소급적으로 구성된 의미들이지 그것보다 우선한 외디푸스 이전의 관계가 아니다.

사실을 의미한다.[15] 따라서 라캉은 프로이트의 관찰이 부당하다고 말하는 것이 아니라 그것을 보다 큰 이론적인 틀 속에서 사유하고자 하는 것이다.

라캉의 관점에서 볼 때, 부인에 내재한 현상적인 모순은 다음과 같이 기술될 수 있다. 〈아버지는 내가 엄마를 포기하도록 요구하지 않았지. 그리고 (그녀가 실제 인물이건 환상 속의 존재건) 그녀에게서 얻은 주이상스도 마찬가지야. 그는 나에게 '가혹한 요구'를 하지 않았어. 나는 그 사실을 잘 알고 있지. 하지만 나는 그를 대신할 만한 인물로 그러한 요구를 무대화할 거야. 그가 아니라면 다른 누군가가 법을 공표해야만 하기 때문이지.〉 물론 이 말은, 앞으로 확인하겠지만, 사디스트나 물신주의자보다는 마조히스트에게 더 적당한 말이 될 것이다. 하지만 우린 이 말을 통해 부인이란 것이 아버지의 기능과 관련된 어떤 신념이나 무대화를 함축하고 있다는 사실을 충분히 확인할 수 있다.

희생에 대한 거부

희생이나 요구라는 개념은 도착에 대한 프로이트의 저작 속에서도 충분히 발견된다. 이는 〈에고의 분열〉에 대한 프로이트의 논의 속에서 분명히 나타난다. 프로이트에 따르면, 신경증에선 에고가 분열되지 않지만 도착증에선 에고가 분열된다. 신경증자는 자신이 처제를 원하지 않는다고 생각하면서 처제와의 섹스에 대한 소망을 의식에서 억압해 무의식으로 몰아낸다.[16] 이와 반대로 도착증자의 경우는 에고

---

15) 이는 프로이트의 용어 중 라캉의 범주를 통해 해명될 필요가 있는 부분이다. 물신주의자는 엄마가 페니스를 가지고 있다고 믿는다. 그런데 그것은 남근이 아닌 실제 생물학적인 기관이다. 남근은 하나의 상징, 다시 말해 상징계의 일부이다. 라캉은 종종 아이가 믿는 기관은 〈상상적인 남근〉이라고 말한 바 있는데, 이는 아이가, 엄마가 가지고 있을 거라고 상상하는 페니스를 의미한다.
16) 프로이트는 어떤 사고는 이드 속에, 또 어떤 사고는 에고 속에 존속한다고 말한 바 있는데(SE XXIII, 204쪽), 이 말은 그의 메타심리학에서 보다 심화된 문제로 개진된다.

자체가 분열되어 모순적인 생각(예를 들어, 여자는 페니스를 갖고 있다는 생각과 그렇지 않다는 생각)이 그 동일한 심급 속에 나란히 남아 있다.[17] 프로이트는 이러한 현상을, 에고를 분할시킴으로써 부분적으로나마 현실로부터 거리를 두는 과정이라고 생각했다. 이는 그가 부분적으로 정신병에서 발견했던 과정이기도 하다. 그러나 프로이트가 에고의 분열을 논증하기 위해 제시한 사례는 억압의 사례와 그리 다르지 않다. 우리는 그 사례에서도, 두 가지 증상으로 되돌아온, 억압된 것을 발견할 수 있다(아버지가 자신의 자위 행위를 처벌할 것이라며 두려워하는 것과 두 개의 작은 발가락에 상처가 나지 않을까 하는 불안감). 프로이트 자신이 말한 것처럼(SE XVI, 358-359쪽), 억압과 억압된 것의 회귀는 에고만의 문제가 아니라 에고와 이드 두 심급의 문제

---

17) 프로이트는 에고의 이러한 분열을 지식이란 관점에서 이해해 보길 권한다. 프로이트에 따르면, 여성 성기에 대한 지각은 아이의 의식 속에서 밀려나게 되는데, 왜냐하면 이는 아버지가 아이의 페니스를 자를 것이라는 위협이 실현 가능한 것임을 함축하기 때문이다(실제로 아이는 아버지가 이미 엄마에게 그것을 실행에 옮겼다고 믿는다). 이렇게 많은 에너지가 투자된 기관을 상실할 가능성이 있다는 것을 새롭게 깨달으면 아이는 상당한 불안을 느끼게 된다. 이러한 불안에 대한 도착증자의 대처 방안은 신경증자의 그것과는 다르다. 도착증자의 증상은 일종의 분열을 통해 불안을 제어한다. 도착증자에겐 모순된 두 개의 〈지식〉이 공존한다. 도착증자는 〈엄마에겐 페니스가 없다〉는 사실을 알면서 〈모든 인간은 페니스를 가지고 있다〉고 믿는다. 물론 도착증자에게도 단순히 주변에서 자신에게 말하는 것(〈여자는 고추가 없는 거야〉)들을 반복하는 것과 같은 추상적이고 기계적인 지식이 있을 수 있다. 하지만 주체는 참을 수 없는 그 지식을 부인하며, 이 모든 증거들을 넘어서 하나의 신념을 고집한다(〈아직 작지만, 시간이 지나면 곧 커질 거야〉). 도착증자는 여자에겐 페니스가 없다는 사실을 익히 알고 있지만 그럼에도 그들이 가지고 있다는 느낌을 버리지 못한다(〈나는 잘 알고 있지. 하지만 말이야……〉)
신경증은 성욕과 관련된 양립 불가능한 관념에 대항한 방어로 구성된다. 그것은 〈내 꿈 속에 나타난 사람은 내 엄마가 아니다〉와 같은 고전적인 형식의 부인으로 나타난다. 하나의 생각은 오직 〈아니다〉라는 말을 덧붙임으로써만 의식에 떠오른다. 이에 반해 도착증은 프로이트에 따르면 일종의 분열과 관련된다. 도착증자는 〈예〉라고 말하면서 동시에 〈아니오〉라고 말한다는 것이다.

이다. 우리는 프로이트가 제시한 사례에서 신경증의 조건 그 자체를, 다시 말해서 억압에 의해 〈나〉가 의식과 무의식으로 분열되는 과정을 발견한다.

억압은 곧 충동의 만족이 포기(이는 『표준판』에선 〈본능의 포기〉라고 번역되어 있다)되었음을 의미한다. 만약 에고의 분열이 억압과 별로 다르지 않아 보인다면, 이는 어느 수준에서 만족이 포기된 것일까? 이를 확인하기 위해선 프로이트가 제시한 사례를 좀더 꼼꼼히 읽어 보아야 한다. 아이는 나이 많은 여자의 유혹을 통해 여성의 성기를 알게 된다. 그리고 그 여자와의 관계가 깨어지고 나서 아이는 자신의 성기를 만지는 것에서 쾌락을 얻게 된다. 그러나 어느 날 간호원이 그가 성기를 만지는 것을 보고 그에게 그만두지 않으면 아버지가 그것을 〈잘라낼〉 것이라고 말한다. 프로이트는 〈거세 공포의 일반적인 (신경증적인) 결과는 즉각적이건 아니면 어느 정도의 갈등을 겪고 난 다음이건, 아이가 위협에 굴복하고 금지에 완전히 혹은 적어도 부분적으로 복종하게 된다는 것이다(더 이상 자신의 성기를 만지지 않는다는 것이다). 다시 말해서 그는 완전히 혹은 부분적으로 충동의 만족을 포기하게 된다〉(SE XIII, 277쪽). 그러나 그 아이는 아무런 위협도 받지 않은 것처럼 계속해서 자위를 했다. 아이는 아버지의-이름에 의한 주이상스의 포기를 거부한 것이다. 간호원이 아버지가 알면 혼날 거라고 위협하며 아버지를 내세워 그 짓을 포기하라고 요구하지만 아이는 그런 요구를 거절해 버린다.

프로이트에 따르면, 주이상스를 상실해야 하는 시점에서 도착증자와 강박증자는 서로 다른 반응을 보인다. 강박증자는 자의 반 타의 반으로 어쩔 수 없이 상실을 인정하게 된다. 이는 그가 상실에 대해 인정과 동의와 같은 상징적인 등가물로 보상받을 수 있다고 믿기 때문이다. 그는 사회적이고 상징적인 수준에서 무엇인가를 얻기 위해서 자기 페니스(나르시스적으로 충동이 투자된 페니스, 다시 말해서 라캉이 상상적인 남근 φ이라고 불렀던 것)에 대한 나르시스적인(상상적인) 고착과 그것에서 얻었던 자기성애적인 쾌락을 포기한다. 요컨대 사회적으로 인정된 가치와 욕망을 나타내는 남근 기표 Φ를 얻기 위해서 φ를 포기한 것이다. 꼬마 한스와 관련해, 라캉은 어떤 의미에서 남자아이는 아버지로부터 더 큰 것을 받기 위해 자신의 작은 고추를 포기해야 한다고 말한 바 있다(『세미나 IV』). 물론 종종 포기에 대한 보상물은 더 큰 것이 아니며 더 좋은 것이 아니라고 판명되는 경우도 있다. 가끔 아이는 아버지가 준 것이 부적합하며 오히려 자기 것이 더 좋았다고 생각할 수도 있다. 그러나 그럼에도 강박증자는 최종적으로 자기성애적인 쾌락을 포기한다.[18]

이에 반해 도착증자는 그 쾌락을 포기하지 않는다. 그는 그의 쾌락을 타자에게 양도하지 않는다. 프로이트는 도착증자가 그의 쾌락을, 다시 말해서 엄마나 (환상 속에서의) 그녀의 대체물과 관련된 자위적인 쾌락을 포기하길 거부한다고 거듭 주장한 바 있다.[19] 그렇다면 왜 누구는 포기하고 누구는 포기하지 않는 것일까? 프로이트는 이러한 거부를 설명하기 위해 종종 체질적인 요인에 호소했다. 도착증자를 신경증자처럼 굴복시키고 길들이기가 어려운 것은 도착증자의 충동이 체질적으로 신경증자보다 더 강하기 때문이라는 것이다.[20]

---

18) 어쨌든 강박증자의 자기성애적인 행동은 변형된다. 만약 그가 수음을 계속한다면, 이는 부권적인 금지에 도전하기 위한 것이며, 따라서 그 금지는 이미 수음 활동의 일부라고 할 수 있다. 타자는 (물론 반드시 의식적으론 아닐지라도) 그것에 수반된 환상에 포함된다. 예를 들어, 나의 여성 환자 중 한 명은 어떤 능력 있는 남자가 지켜보고 있는 듯한 환상 속에서 수음을 했다고 한다.
　이러한 쾌락을 타자에게 내주는 것은 프로이트가 개념화했듯이 승화의 관점에서 이해될 수 있다.

19) 프로이트에 따르면, 젊은이의 수음은 일반적으로 엄마에 대한 환상을 수반한다고 한다. 이는 그것이 이미 이타성애적임을, 다시 말해 다른 사람을 향하는 것임을 말해 준다. 심지어 나는 극히 미숙한 나이를 지나면 자기성애란 없다고 말하고 싶다. 심지어는 부모가 먼저 유아의 육체의 어떤 부분을 자극하고 거기에 관심을 주는 한, 유아의 수음 행위도 이미 부모와 관련된 것이다. 다른 사람들과의 연관은 그것이 없인 어떠한 에로티시즘도 없다고 말할 수 있을 정도로 근본적인 것이다. 모든 성애는 이타성애인 것이다.

그러나 도착증자의 거부에 대해서는 이와 다른 다양한 설명들이 가능할 것이다. 다음을 생각해 보자.

임상적인 작업과 일상적인 관찰을 통해, 우리는 대부분의 엄마가 종종 남편에게 불만을 갖고 아이들과의 관계 속에서 만족을 찾는다는 사실을 확인하게 된다. 또한 임상적으로도, 엄마들이 여자아이보다는 남자아이에게서 더 많은 충족감을 얻는다는 게 입증되고 있다. 그리고 우리는 이런 현상이 아이의 성(그리고 성의 사회적 의미)에서 기인한다는 것을 쉽게 가정할 수 있다.[21] 아들의 성에 대한 엄마의 관심은 항상 남성의 성기에 주이상스를 위치시키도록 만든다. 엄마가 아들의 성기에 특별히 중요한 가치를 부여하는 경우 아이는 자신의 성기에 강한 고착을 보이게 된다. 나르시시즘의 측면에서 엄마와 아이의 모든 성적 관계는 아이의 성기를 중심으로 이루어진다. 직접적인 위협이 없었더라도 아이의 성기는 모든 갈등의 중심지가 된다(물론 그러한 직접적인 위협은 우리가 생각하는 것보다 훨씬 더 많이 일어나고 있다).[22]

엄마가 딸을 아들처럼 자신의 보상물로 간주하지 않는 한, 엄마와 딸이라는 관계는 엄마와 아들의 관계만큼 성적인 게 되지 못한다.[23] 또한 주이상스도 여자아이에게는 남자아이의 경우처럼 상징적으로 자리잡지 않는다. 그리고 엄마와의 분리를 요구하는 아버지와의 갈등

---

20) 예를 들어 SE XVI, 21-22강.
21) 예를 들어 꼬마 한스의 엄마가 했던 행동을 생각해 보자. 그녀는 딸인 한나에겐 매를 들었던 반면, 아들은 쉽게 침대로 맞아들였다.
22) 따라서 프로이트가 도착증자는 자기 성기에 대해 강한 나르시스적인 애착과 〈과도한〉 충동을 가지고 있다고 말했을 때, 우리는 그가 의미했던 바를 이해할 수 있다. 왜냐하면 충동은 원래부터 생물학적으로 구성되어 있는 게 아니라 타자의 요구의 기능으로서 나타나기 때문이다(예를 들어, 항문 충동은 아이가 자신의 배변 기능을 통제할 수 있기를 바라는 부모의 요구에 의해 나타난다). 도착증자의 충동의 강도는 타자의 위치에 있는 엄마가 도착증자의 페니스에 대해 보이는 관심과 요구에 달려 있다.
23) 물론 정신병의 경우는 예외이다.

도 아들과의 관계에서처럼 큰 두각을 나타내지 못하며, 서로의 관심이 특정 기관에 집중되지도 않는다.[24] 따라서 아버지는 종종 딸과 엄마를 쉽게 분리시킬 수 있다(물론 그가 딸에 대해 별다른 경쟁심을 느끼지 못해 둘을 분리시킬 생각이 전혀 없을 수도 있다). 그럼에도 그 결과는 권위적이지 않은 아버지로 인해 도착적인 특징의 히스테리 환자가 되거나, 아니면 아버지가 완전히 개입하길 거부함으로써 정신병이 되기도 한다.

이는 부분적으로, 왜 도착증에 관해서 말할 때에는 항상 남성 대명사를 사용해야 하는지에 대한 이유가 된다. 정신분석적인 관점에서 볼 때, 도착증은 거의 절대적으로 남성에 국한된 진단이다. 라캉은 심지어 〈여성 마조히즘은 남성의 환상〉[25]이라고 말하고, 여성 동성애를 도착이 아닌 〈이성애〉라고 규정한 바 있다. 여성은 여성에게도 타자이기에 그녀가 여성을 사랑하는 것은 자신과 완전히 다른 성을 사랑하는 것이다. 진정한 동성애는 남성에 대한 사랑이다. 라캉은 동성애를 일부러 hommosexualité라고 표기했는데, 이는 homme(남성)의 사랑을 뜻하기 위함이다(『세미나 XX』, 78-79쪽).[26] 〈남성들은 도착

---

24) 도착증 가운데에서도 이론적으로 중요한 위치를 차지하는 물신주의는 일종의 성 기관의 대체물에 엄청난 양의 리비도를 위치시키는 것에서 비롯된다(우리는 이 점을 사례 연구에서 확인하게 될 것이다). 이는 여자아이들보다는 남자아이들에게서 훨씬 더 많이 일어난다.

25) 이와 대조적으로 라캉은 돈 주앙을 여성의 꿈, 아무것도 결여하지 않는(qui ne manque rien : 『세미나 X』, 1963년 3월 20일) 남성에 대한 여성의 꿈으로 정의한다. 그는 또한 돈 주앙을 하나의 여성적인 신화로 간주하기도 한다(『세미나 XX』, 15쪽). 라캉이 여성의 마조히즘과 같은 것은 절대로 없다고 말하진 않았다는 점에 주목하자. 오히려 그는 남성이 여성 안에서 그것을 확인하려는 경향이 있다고 말한다. 그런데 실제로는 남성이 믿는 것만큼 그런 경우가 흔하진 않다는 것이다.

　라캉에 따르면 남성은 여성을 마조히스트로 위치시키는 환상을 통해서, 자신의 불안을 즐길 수 있게 된다. 욕망은 단지 불안을 은폐시킬 뿐이다. 〈남성의 영역에선, 항상 일종의 사기가 발견된다〉(『세미나 X』, 1963년 3월 20일).

26) 〈정의상, 이성애자(異性愛者)란 자신의 성이 무엇이건 간에 여성을 사랑하는

과 관련하여 보다 허약한 성〉(『에크리』, 823/320쪽)이라는 라캉의 말은 분명 우리를 혼란스럽게 만들 여지가 있지만, 그럼에도 내가 제시할 수 있는 것보다 더 많은 설명을 함축하고 있다.[27]

왜 어떤 아이는 쾌락을 포기하는 반면 다른 아이는 그렇지 못한가에 대한 문제로 다시 돌아가보자. 엄마와 아들 간에 강한 유대 관계가 자리잡은 경우라면, 아버지는 보다 위협적이 되거나, 포기에 대한 보상과 인정을 아이에게 보다 확실하게 약속해야 한다. 그러나 엄마와 아이의 친밀한 관계는 아버지가 부권적 기능을 제대로 수행하지 못하거나 둘 사이에 전혀 끼여들지 못하게 되는 경우를 야기할 수도 있다(아마도 아이에게만 관심이 있는 아내로부터 떨어져 혼자가 되기를 즐기는 아버지도 있을 것이다). 어떤 아버지는 정신병자의 아버지가 갖는

사람이라고 부르도록 하자.〉「L'Etourdit」, Scilicet 4(1973), 23쪽.
27) 자크-알랭 밀레, 「도착증에 관하여」, 『리딩 세미나 I-II』, 319쪽에서 밀레는 여자들의 도착증에 관해 다음과 같이 말한 바 있다.
　〈여러분은 여자들의 도착증을, 그것이 보이지 않는 곳에서 찾아야 한다. 여자의 나르시시즘은 확장된 의미에서 도착으로 간주될 수 있다. 여자들이 거울 앞에서 그렇게 많은 시간을 낭비하는 것은 여성 Woman이 절대적인 타자이기 때문이다. 그녀들은 거기에서 자기 자신을 확인하거나, 아마도 자기 자신을 타자로서 확인하게 된다. 그것이 하나의 신화라고 하더라도 이는 매우 중요하다. 여러분은 자기 자신의 이미지의 정수, 그 나르시시즘 속에서, 혹은 프로이트가 제안했듯이, 만족의 대상으로서 사용된 아이에게서 여자의 도착증을 발견할 수 있을 것이다.〉
　〈후자의 경우엔 엄마와 상상적인 대상인 남근이 위치한다. 엄마는 여기에서 남자아이의 도착에 대해 책임이 있지만 동시에 아이를 주이상스의 도구로 사용한다. 앞의 공식에 따르면, 여러분은 그것을 도착증이라고 부를 수 있을 것이다. 그렇다면 엄마와 아이는 도착증적인 커플인가? 1950년대의 라캉은 여러분이 여자들의 도착증의 숨겨진 표현을 발견할 수 있다면, 그건 엄마 자신의 육체와 아이의 연결 속에서임을 시사한 바 있다.〉
　〈여성 동성애가 남성의 기관을 제거하는 한, 그것을 도착증 고유의 영역에 위치시키긴 어렵다.〉
　〈물론 라캉이 엄마-아이의 도착증적인 성격의 관계를 엄격히 말해 도착증적인 구조와 등가적으로 위치시켰는지는 나에게 분명치 않다.〉

경쟁적인 잔혹성은 갖고 있지 않지만, 상징적인 분리자의 위치에 자리잡지 못한다(다시 말해서 그는 아이에게, 〈이것은 네 것이지만 저것은 내 것이야〉라고 말하지 않는다. 그는 아이에게 상징적인 공간을 부여하지 못한다). 설사 그가 그렇게 하려고 하더라도, 나중에 아버지 몰래 엄마가 거부하는 경우도 있다. 그리하여 아이는 엄마와의 관계가 은밀하게, 방해받지 않고 계속해서 유지될 것이라고 믿게 된다.

나는 프로이트가 생각했던 〈태초의 아버지〉(그는 엄마와 아이를 분리시키고자 하는 의지를 강하게 표출하는 아버지이다. 따라서 도착증자는 그만큼 강하게 거절하는 아들일 것이다)에서, 아버지의 역할을 제대로 해내지 못하는 허약한 형상의 현대적인 아버지로 논점을 옮겨야 한다고 생각한다. 엄마와 아들의 유대가 매우 강하고 상대적으로 아버지의 힘이 약한 경우는 부권적 기능이 완전히 부재하진 않는다고 하더라도 보충될 필요가 있다. 내가 8장 마지막 부분에서 언급했듯이, 꼬마 한스와 같은 네 살 전후의 유년기 공포증을 볼 것 같으면, 공포증의 중심 대상은 엄마와 아이를 분리시키는 일종의 아버지의-이름으로 기능한다. 한스가 말을 무서워한 것은 아버지가 엄마와 자신의 각별한 관계에 대해 한계선을 긋지 못했기 때문이다. 도착증도 공포증과 마찬가지로, 부권적 기능이 부분적으로 실패했기 때문에 나타난 것이다. 그 기능의 실패로 말미암아, 분리를 위해서는 부권적 기능을 대체할 수 있을 만한 것이 필요한 경우이다. 따라서 우리는, 도착증자가 주이상스의 희생을 거부하며 엄마와의 관계에서 주이상스를 얻으려 애쓴다는 점보다 그에겐 부권적 기능이 부족하다는 사실을 강조할 필요가 있다.

부인은 주이상스를 희생하길 요구하는 아버지의 금지에 대한 방어의 메커니즘으로 읽힐 수 있다. 하지만 이와 달리 부인은 (아버지의 법을 통해 표현되는) 부권적 기능을 지탱하기 위한 시도로 해석될 수 있다. 부인은 타자로 하여금 법을 공표하도록 만들거나, 자기 자신을 법의 자리에 위치시키는 것이다. 그렇게 함으로써 도착증자는 분리를 완성하고 이를 통해 불안을 경감시킨다. 라캉의 관점에서 볼 때, 타자와의 분리는 어떤 의미에서 불안을 일으킬 수 있지만(분리의 순간에 대상이 상실되고 떨어져나가 버리기 때문이다), 그럼에도 더 심층적인 수준에서는 불안을 경감시킨다고 말할 수 있다. 한스는 의식의 수준에서, 엄마가 가버릴 것이라고 〈두려워한다〉. 하지만 무의식적으로 그는 그녀가 가버리길 원하며, 자신이 그녀와 무관한 욕망을 가질 수 있기를 원한다. 분리에 대한 아이의 불안은 엄마를 만족시키려는 소망을, 다시 말해서 엄마와 함께 쾌락을 얻으려는 소망을 반영한다. 하지만 이와 동시에 아이에게는 그런 놀이와 그런 주이상스를 그만두려는 소망이 있다. 왜냐하면 그 주이상스는 그를 송두리째 삼켜버릴 것이며 따라서 그가 욕망의 주체로 존재하는 것을 방해할 것이기 때문이다.[28] 결국 아이의 〈분리에 대한 불안〉은 분리에 대한 소망을 나타낸다.

우리는 도착증자에게서 발견되는 주이상스의 측면을 너무 과대평가하는 경향이 있다. 우리는 도착증자에게서 주이상스의 상실을 거부하고 쾌락을 자유롭게 즐기는 인물을 연상한다. 하지만 이는 사태의 일면에 불과하다. 앞장에서 보았듯이, 정신병자는 그의 신체로 주이상스가 침입해 들어오기 때문에 고통받는다. 신경증은 주이상스에 대한, 무엇보다도 주이상스를 회피하기 위한 전략이다. 반면 도착증은 주이상스에 한계를 부과하기 위한 시도이다.

---

28) 다음의 대화 속에서(SE X, 17쪽) 엄마가 아이에게 어떻게 자신 외의 다른 여자에 대한 욕망을 갖지 못하도록 방해하는지를 살펴보자. 엄마는 아이가 그런 욕망을 드러내자 아이로 하여금 죄의식에 사로잡히도록 만든다.
    한스: 나 지금 아래층에 가서 마리들하고 잘래.
    엄마: 너 정말 엄마하고 안 자고 아래층에 가서 잘 거니?
    한스: 응, 내일 아침 일찍 올라와서 아침도 먹고 소변도 볼게.
    엄마: 정말 엄마 아빠하고 안 잘 거면, 윗도리하고 바지를 갖고 가거라. 그럼 안녕!

존재하기와 소유하기, 소외와 분리

> 도착의 문제는 모두 어떻게 아이가 엄마와의 관계(생물학적인 의존이 아니라 그녀의 사랑에 대한 의존을 통해, 다시 말해 아이가 그녀의 욕망에 대해 욕망함으로써 분석 속에 구성되는 관계) 속에서 그녀가 욕망한다고 추정되는 상상적인 대상과 동일시하게 되는지와 관련된다.
> —— 라캉, 『에크리』, 554/197-198쪽

> 프로이트는 인간이 더 이상 엄마에게 성적으로 봉사하지 않는 것은 바로 아버지의-이름 때문이라고 밝힌 바 있다. —— 라캉, 『에크리』, 852쪽 ; 『리딩 세미나 I-II』, 418쪽

우리는 도착증을 기술하기 위한 방법 중 하나로서 도착증자는 정신병자와 달리 소외(다시 말해서 원억압, 의식과 무의식의 분리, 언어 속에 주체를 존재하게 만드는 과정인 아버지의-이름에 대한 긍정)는 통과하지만 분리는 성공하지 못한 경우라고 말할 수 있다.[29)] 그렇다면 도착증자의 소외는 어떤 특징을 가지고 있는가? 라캉이 말한 바처럼, 우리가 이 세상에 존재하게 되면, 우리는 타자의 욕망의 대상이 되거나 타자의 욕망을 획득하길 기대하고, 타자의 욕망에 대해 우리 자신을 부분 대상으로서 제공한다(『에크리』, 582/225쪽). 엄마가 자신의 대상을 남근을 통해 상징화하는 한, (아버지의 욕망이 엄격히 공표되지 않는) 도착증자는 〈엄마가 욕망한다고 추정되는 상상적인 대상과 자신을 동일시한다〉(『에크리』, 554/198쪽). 엄마의 상상적인 대상은 남근이다. 이러한 남근은 엄마가 욕망하는 사회적 지위라든가, 가치화된 대상들, 또는 사회적으로 용인된 〈진짜 남자〉라는 이미지를 닮은 남편이(혹은 남자 친구)라든가 〈남근의 소유자〉 등과 같은 대체 가능한 상징과는 무관하다. 오히려 그것은 아직 상징화되지 않았고, 따라서 대체

---

29) 이 책에서 라캉이 〈소외〉와 〈분리〉라고 불렀던 두 작용에 대한 논의는 기본적인 수준의 것이다. 보다 심도 있는 논의에 대해선 『라캉의 주체』 5, 6장 참조. 주체가 언어 속에서 소외를 통해 존재하는 동안은 단순히 하나의 자리 받침 place-holder, 결여 manque-à-être(존재 결여)로만 나타날 뿐이다. 그에게 존재와 관련해 그 이상의 어떤 것을 제공하는 것은 바로 분리의 수준에서이다.

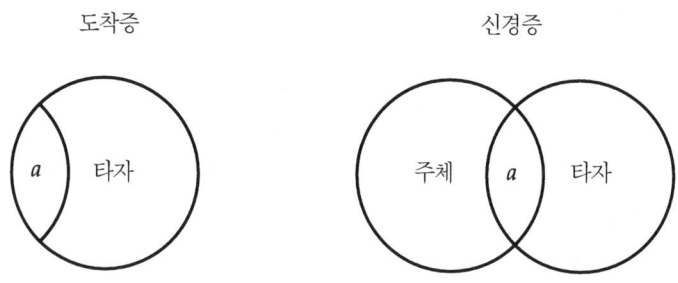

그림 9.1

불가능한 대상이다. 아이는 바로 그러한 엄마의 상상적인 남근이 되려 한다. 아이는 엄마의 작은 귀중품이, 다시 말해서 프로이트가 말한 바 있는, 그녀를 보충할 만한 작은 고추가 되려고 한다. 그리고 이 경우 아버지는 그들을 방해하려고 하지 않으며(혼자 있기를 좋아하거나) 혹은 방해하려 하더라도 제대로 힘을 쓰지 못한다.

8장에 소개된 그림을 사용한다면 우리는 그림 9.1처럼 도착증의 상황을 그릴 수 있다. 신경증과 비교하자면, 도착증적 〈주체의 태도/위치〉는 타자의 외부나 타자를 넘어선 무엇을 설정하지 않는다. 그 대신 도착증적인 주체는 스스로 타자의 대상의 자리에 위치하고자 한다. 그림에서 볼 것 같으면, 도착증자는 타자 내의 첫번째 분할에 성공한다. 즉 그에게 타자는 전체가 아니다. 타자는 무엇인가를 결여하고 있다. 그런데 〈나는 무엇인가?〉라는 질문 앞에서, 그는 자신이 바로 엄마에게 결여된 〈그것〉이라고 대답한다. 따라서 도착증자에게는 존재에 대한 지속적인 질문이 없다. 그는 자신의 존재가 어디에서 오는지에 대해 더 이상 질문하지 않는다.

아이를 엄마로부터 분리하는 것은 이러한 맥락에서 그가 엄마의 남근이 되는 것을 금지하는 일이 된다. 아이로 하여금 상상적인 남근이 되는 것을 그만두고 (아버지의 승인과 인정을 통해서, 사회적인 상징적 통로를 통해서) 상징적인 남근을 얻을 수 있도록 하는 것이다. 만약 그가 계속해서 엄마를 위한 남근으로 존재한다면, 그는 결코 상징적 거세를 통해 상징적인 위치를 획득하지 못할 것이다. 그는 엄마가 자랑스러워할 누군가가 되기보다는 엄마가 감싸주고 애무하고 성적인 쾌감을 같이할 누군가로 남아 있기를 원할 것이다. 그는 이 세상에서 〈자기 자신에 대한 이름을 갖기 위해〉 엄마를 저버릴 수 없다. 그가 찾는 것은 상징적인 지위가 아니다.[30] 그는 자신이 엄마의 전부로서 기능하는 수준에 집착할 것이다.

주체가 나타나는 것은 바로 원억압을 통해서이다. 하지만 아이는 물음을 제기한다. 〈나는 무엇인가? 나는 내 부모에게 무엇인가?〉 이때 도착증자는 자신을, 타자 속에 결여된 어떤 것으로 구성한다. 그는 스스로를 엄마가 욕망하는 대상이자 그 원인인 대상 a로 정초한다. 그는 그녀에게 결여된 어떤 것(그녀의 페니스/남근), 즉 그녀가 욕망하는 어떤 것이 된다. 그는 그녀의 결여를 온몸으로 틀어막는다. 타자의 욕망/결여는 우리가 5장에서 확인했듯이, 그것이 아무런 이름도 갖지 않는 한, 불안을 초래하게 된다. 도착증자가 이러한 불안을 해소하는 방식은 타자에게 주이상스를 제공함으로써 욕망을 정지시킬 수 있는 대상이 되는 것이다. 다시 말해서 타자에게 완전한 만족을 주어 그녀의 욕망을 (일시적이나마) 근절시키려 하는 것이다.[31]

그렇다면 이제 우리는 도착증자의 분석이 왜 그렇게 어려운지를 이해할 수 있다. 분석이 제대로 되지 않는 이유는, 도착증자가 분석

---

30) 아버지는 여기에서 〈남근 기표〉를 제공하길 실패한다. 예를 들어 그는 한스의 상상적인 남근을 뽑아내고 그것을 상징적인 것으로 대체하지 못한다(아이의 한 꿈에서 그의 페니스를 상징하는 목욕통의 마개는 배관공에 의해 대체되어야 했다).
31) 여기에서 주체의 위치/태도는 증상처럼, 문제에 대한 하나의 해결책이다. 여기에서 내가 도착증자의 해결책으로서 그림 9.1에서 제공한 도식은 그림 8.3의 히스테리의 해결책과 일정 정도 유사함을 보인다(도착증자의 경우엔 주체의 측면이 완전히 비어 있음에도 불구하고). 그럼에도 둘 사이엔 중대한 차이가 있다. 히스테리 환자가 타자의 (상징계적) 욕망을 촉발하는 대상이 되고자 하는 반면, 도착증자는 타자의 (실제적) 주이상스를 촉발하는 대상, 다시 말해서 타자가 만족을 얻는 대상이 된다. 8장에서 보았듯이, 히스테리 환자는 타자가 만족을 얻을 만한 실재적이고 물리적인 대상이 되길 거부한다.

가의 욕망을 만족시킬 수 있을 만한(따라서 욕망을 근절시킬 수 있을 만한) 대상 a가 되려고 하기 때문이다. 분석을 위해서는 분석가가 분석주체의 욕망의 원인이 되어야 하는데, 도착증자에게선 이러한 전이가 잘 일어나지 않는다. 왜냐하면 분석주체가 분석가의 욕망에 대한 원인이 되려고 노력하기 때문이다. 도착증자는 분석가를 자신의 원인으로 인정하기보다, 그 자신을 분석가의 불안과 욕망의 원인에 위치시키려 한다. 따라서 분석을 통해 그들을 그들의 무의식적인 형성물들과 대면시키고, 그들로 하여금 증상들에 관심을 갖게 하고, 그럼으로써 그들의 욕망을 활동적으로 만드는 것은 그리 쉬운 일이 아니다. 라캉이 말한 바와 같이, 전이가 가능해지기 위해서는, 먼저 대상 a가 주체에 의해 타자 안에, 다시 말해서 분석가 안에 자리잡아야 하기 때문이다(『세미나 X』, 1963년 7월 3일).[32]

그러나 이와 더불어 도착증자의 위치를 보다 엄밀히 규정하기 위해서는 반드시 주목해야 할 사실이 하나 있다. 그것은 바로 도착증자가 타자의 욕망과 관계하기보다는 타자의 요구와 관계한다는 것이다. 엄마가 〈갖는〉 욕망/결여가 아직 명명된 것이 아닌 이상, 아이는 오직 엄마의 요구만을 알 수 있을 뿐이다. 엄밀한 의미에서, 우리는 아이가 엄마의 결여나 욕망과 대면한다고 말할 수 없다. 왜냐하면 상징적인 체계가 없이는 결여란 불가능하기 때문이다. 라캉이 결여를 보여주기 위해 자주 드는 예는 도서관의 선반에 진열되어 있지 않는 책의 예이다. 지각의 관점에서 볼 때, 우리는 책이 결여되어 있다고 말할 수 없다. 왜냐하면 우리는 거기에 있는 것만을, 다시 말해서 진열되어 있는 것만을 볼 수 있기 때문이다. 우리가 책이 제자리에 없

---

[32] 분석가는 분석주체가 만족의 결여를 느끼거나 질문을 던지는 곳에 위치한다. 존재의 이유에 대한 것이든, 성적 만족을 주는 것에 대한 혼동에 관한 것이든, 질문이나 결여가 없을 경우 분석가는 자신의 역할을 수행할 수 없다. 자크-알랭 밀레가 말했듯이, 〈알 것 같은 주체가 가능하기 위해선 성적 주이상스의 자리가 어느 정도 비어 있고 결여되어 있어야 한다〉(「도착증에 관하여」, 『리딩 세미나 I-II』, 310쪽).

다거나 결여되어 있다고 말할 수 있는 것은 그 책에 대해 이름을 붙이는 드웨이식 10진법 체계나 국회 도서관의 도서분류법과 같은 상징적인 격자(예를 들어 〈BF 173, F23, 1899, v.2〉)가 있기 때문이다. 공간을 좌표화하는 기표 체계가 아니라면 아무것도 결여되어 있다고 말할 수 없다. 우리는 언어가 없이는, 즉 어떤 상징적 질서가 없이는 무엇이 결여되어 있다고 말할 수 없다.

이것이 함축하는 바는, (아이에 관한 한) 엄마가 결여되어 있다고 〈언표화되기〉 전까지는, 결코 엄마가 결여되어 있다고 말할 수 없다는 사실이다. 그녀가 자신이 무엇인가를 원한다고, 아이 외에 다른 것을 원한다고 말할 때까지, 혹은 누군가(특히 아버지)가 그녀의 욕망이나 결여에 대해서 무엇인가(예를 들어서 그녀가 모피 코트를 원한다든가, 승진을 원한다든가, 아니면 남편이 다른 남편처럼 되기를 원한다든가)를 말할 때까지 그녀는 결여되어 있지 않다. 아이는 엄마의 욕망이 언어로 공표화되기 전까지 엄마에게 무엇인가가 결여되어 있다고 생각하지 못한다. 그것이 이름붙여지고 나서야, 비로소 엄마의 요구(예를 들어, 아이의 신체적인 기능들에 대해 그녀가 불가피하게 던지는 실제적이고 물리적인 요구)는 욕망의 공간에 자리를 내주게 된다. 그리고 엄마의 욕망이 분절되고 활동하는 그 공간 속에서, 아이는 그녀의 욕망에 따라 자신의 욕망을 구축하게 된다.

요컨대 〈그것〉이 이름붙여지기 전에는 어떠한 결여도 없다. 아이는 엄마의 요구 속에 침몰한 상태에 있기 때문에 자신의 위치(주이상스에 대한 태도를 구성하는 욕망, 주이상스에 대한 방어)를 선택할 수 없다. 아이는 〈결여의 결여〉라고 부를 수 있는 것과 마주하고 있다. 여기엔 오직 엄마의 요구만이 존재할 뿐이다. 그녀에게 결여된 것은 아무것도 없다.[33] 그러나 한번 이름붙여지고 나면, 〈실재적 결여〉(아직

---

33) 라캉은 결여의 결여에 대해 약간 다른 관점에서 문제를 제기한다. 일반적으로 우리는 엄마가 자리에 없을 때 아이가 불안에 빠진다고 생각한다. 하지만 반대로 라캉은, 불안은 결여가 결여되었기 때문에, 다시 말해 엄마가 항상 아이와

말해지지 않았음에도 불구하고, 그녀가 자신의 아들을 통해서 보상받으려고 했던 엄마의 삶 속에서의 결여, 예를 들어 남편에 대한 불만, 자기 직업에 대한 불만, 삶 전반에 대한 불만)는 중성화된다. 라캉이 지적했듯이 말은 사물의 죽음이다. 사물(《실재적 결여》)에 이름이 부여되면, 이제 그것은 말로서 존재하며 다른 말과 관계맺는다. 말은 그것이 지칭하는 사물보다 훨씬 덜 위험스러운 것이다. 왜냐하면 말은 사물을 무화시키고, 그것이 지닌 폭력적인 힘을 배출시키기 때문이다.

엄마의 결여가 한번 명명되고 나면, 아이는 자신이 엄마가 욕망하는 대상이라고 생각할 수 없다. 왜냐하면 욕망이 한번 말 속에서 분절되고 나면, 그것은 제자리에 고정되어 있는 것이 아니라 환유적으로 한 자리에서 다른 자리로 이동하며 표류하기 때문이다. 욕망은 언어의 산물이며, 대상에 의해 결코 만족될 수 없다. 타자의 욕망에 이름이 붙게 되면, 아이는 그녀의 대상이 될 수 없다는 사실을 깨닫고, 〈그녀가 원하는 것은 무엇이지?〉라는 물음과 함께 그녀의 불가사의한 욕망을 탐구하는 과정으로 빠져든다. 타자의 욕망이 끊임없이 지시하는, 말할 수 없는 어떤 것은 바로 서구 사회에서 남근이라는 이름으로 표기되는 것이다. 그런데 이제는 더 이상 실제 대상이, 실제

함께 있기 때문에 생긴다고 설명한다. 〈불안을 초래하는 것은 무엇인가? 사람들이 말하는 것과는 반대로, 그것은 엄마의 현존-부재의 교체나 리듬이 아니다. 이 점을 증명하는 것은 아이가 현존-부재의 놀이를 반복하면서 즐거워한다는 사실이다. 현존의 안전은 부재의 가능성 속에서 발견된다. 아이에게 가장 불안을 초래하는 것은, 자신을 존재케 한 관계(자신을 욕망하도록 만든 결여에 근거한 관계)가 가장 교란되었을 때, 다시 말해 결여의 가능성이 없을 때, 엄마가 항상 자기 등뒤에 서 있을 때이다〉(『세미나 X』, 1962년 12월 5일). 도착증자의 사례에서 이것이 암시하는 바는 엄마와 아이가 지나치게 밀접한 관계를 맺고 있으면 엄마가 결여된 것으로 인식되지 않으며 따라서 (자신이 〈가지고 있는〉) 아이 이외의 어떤 것도 원하지 않는 것처럼 보일 뿐 아니라, 아이 자신은 자신의 삶 속에서 결여를 느끼지 못하고 따라서 엄격한 의미에서 욕망을 가질 수 없게 된다는 것이다. 아이는 욕망의 주체로 탄생하지 못하는 것이다. 라캉의 가르침을 따르자면, 욕망은 불안에 대한 방패막이일 뿐 아니라 하나의 치료책이 된다.

기관이 요구되지 않는다. 이제 아이는 그녀의 욕망이 욕망할 만한 것, 이른바 남근적인 그 무엇을 소유하기 위해 몸부림친다.

엄마(타자)의 결여가 명명되고 상징화되면 아이는 완전한 주체로 존재할 수 있게 된다. 하지만 도착증의 경우엔 이러한 상징화가 일어나지 않는다. 결여에 대한 기표가 없기 때문에, 관념의 수준에서 결여가 불가능하며, 그 결여의 실재적인 무게도 제거하지 못한다. 엄마나 아버지는 상징화에 필요한 어떠한 분절도 제공하지 않는다. 프로이트의 저작 속에서 확인할 수 있는 것처럼, 타자의 결여에 대한 문제는 아들과 다른 모양을 한 엄마의 성기를 중심으로 전개된다. 우리는 좀 더 뒤에서, 명명 행위(이름붙이기)에 대한 논의를 구체적인 사례를 통해 다시 살펴보게 될 것이다.

7장에서 나는 부권적 은유가 두 가지 계기로 구성된다고 밝힌 바 있다. 타자의 욕망/결여에 이름붙이기는 그 중 두번째 (논리적) 계기이다. 부권적 은유의 첫번째 계기가 아버지의-이름 *le Nom-du-Père*이 금지 Non의 형식을 띠며, 주이상스로 가득 찬 아이와 엄마의 관계를 금지하는 것(주이상스의 금지)이라면, 두번째 계기는 타자의 결여를 상징화하는 과정, 다시 말해서 이름(여기에서 아버지에 의해 부여된 이름으로서의 아버지의-이름, 혹은 엄마의 욕망에 대한 이름으로서의 아버지 자신)을 부여하는 행위를 통해서 결여를 결여로서 자리매김하는 과정이다.

대체의 두 가지 계기는 다음과 같이 도식화될 수 있다.

아버지의-금지 Non	아버지의-이름 Nom
주이상스로서의 엄마	욕망으로서의 엄마

물론 오직 두번째 계기만이 진정으로 은유적이라 할 수 있다. 왜냐하면 언어가 이름붙이기로서 완전히 작동하는 것은 두번째 계기에

서이기 때문이다. 이 두 계기들은 그림 9.1에서 제공한 두 개의 그림과 정확히 일치한다. 첫번째 그림은 타자를 분열시키는 것이고, 따라서 아이가 타자에게 만족을 주는 대상으로서 존재하게 되는 과정이다. 반면에 두번째 그림은 아이가 (주이상스의 근원인 타자와 분리되면서) 욕망하는 주체로서 탄생하는 과정이다. 첫번째 그림이 라캉이 소외alienation라고 말한 것과 일치한다면, 두번째 그림은 분리separation와 일치한다. 그리고 첫번째가 프로이트가 말한 원억압과 관계된다면, 두번째는 2차 억압과 결부된다.

앞서 밝힌 바와 같이, 나의 주요 논지는 도착증자의 경우엔 소외는 수행하지만 분리는 수행하지 못한다는 것이다. 그리고 정신병자는 두 과정을 모두 수행하지 못한 반면에, 신경증자는 두 가지를 모두 수행한 자이다. 이는 다음과 같이 도식화될 수 있다.

$$\text{정신병} \quad \frac{\text{소외}}{\text{아버지의-금지}} \quad \text{도착증} \quad \frac{\text{분리}}{\text{아버지의-이름}} \quad \text{신경증}$$
$$\frac{\text{주이상스로서의 엄마}}{} \qquad \frac{\text{욕망으로서의 엄마}}{}$$

$$\frac{\text{원억압}}{\text{주이상스의 금지}} \qquad \frac{\text{2차 억압}}{\text{결여를 명명하기}}$$

$$\varphi \qquad\qquad \Phi$$
$$\text{요구} \qquad\qquad \text{욕망}$$

정신병이 아버지의 금지가 부재하거나 실패했기 때문에 발병한 것이라면, 도착증은 상징화가 부재하거나 실패했기 때문에 일어난 것이라고 할 수 있다.[34]

---

34) 우리는 도착증에서 회고(回顧)와 전망(展望)의 시도를 모두 발견할 수 있다. 전자는 타자에게 만족을 주려는 시도라 할 수 있고, 후자는 앞으로 확인하겠지만, 아버지의 명명 행위를 보충하고 보완하려는 시도라고 할 수 있다. 신경증에 있어서도 우리는 이 두 가지 시도를 발견할 수 있다. 전자는 타자가 욕망하는

주이상스에서 분리로

프로이트가 도착증에 관해 논의할 때면 거의 항상, 도착증자는 법을 거부하며, 따라서 만족의 포기를 끈질기게 거부한다는 점이 강조된다. 따라서 어떤 의미에서 프로이트는 도착증을 전적으로, 도착증자가 추구하는 쾌락의 관점에서만 생각한다.[35] 하지만 라캉은 도착증을 프로이트의 보다 고전적인 이론에 의해 검토한다. 즉 도착증은 우리의 다른 모든 행동과 마찬가지로 그것이 초래하는 만족(이 만족이 직접적으로 주어지는 것은 아니라 하더라도)의 관점에서 고려되어야 하지만, 동시에 그 만족이 법이나 분리와 맺는 함수 관계를 통해서도 검토되어야 한다는 것이다. 신경증의 증상이 주는 대리만족은 불안을 제어하는, 증상의 기능과 분리될 수 없다. 이는 도착증자의 경우도 마찬가지다. 도착증자의 행동은 오로지 쾌락만을 위한 것이 아니다.[36] 상당수의 신경증자들은 자신보다 도착증자가 더 많은 쾌락을 얻는다고 불평하는 경향이 있다. 이는 또한 많은 정신분석가들이 빠질 수

것이 되려는 것인 반면(강박증의 경우는 타자의 욕망의 기표를 철저히 구현하려고 하는 것이고 히스테리의 경우는 타자의 욕망의 원인을 구현하려 하는 것이다), 후자는 타자의 욕망에 대한 고착을 떨쳐버리려는 것이라고 할 수 있는데, 분석은 바로 후자를 향한 과정이다.

35) 물신주의의 이점에 대한 프로이트의 언급을 생각해 보자. 〈우리는 이제 물신이 가져다주는 이점이 무엇이고, 그것을 유지하는 것이 무엇인지를 확인할 수 있다. 물신은 거세 위협에 대한 승리이자 그것으로부터의 보호를 의미한다. 그것은 또한 성적인 대상으로서 용인할 수 있을 만한 특징을 여성에게 부여함으로써 물신주의자가 동성애자가 되는 것을 막아준다. 이후의 삶에서, 물신주의자는 성기의 대체물에서 또 다른 이점을 발견한다. 그것이 쉽게 손에 넣을 수 있는 것인만큼 그는 쉽게 성적 만족을 얻을 수 있다는 것이다. 이런 이유에서라도 그는, 다른 사람이 알지 못하는 그 물신을 포기하지 않는다. 다른 남자들은 힘들게 노력해서 얻어야 하는 것을 그는 별 어려움 없이 손쉽게 얻을 수 있기 때문이다〉(SE XXI, 154쪽).

36) 불안의 제어는 분명 만족의 관점에서 이해될 수 있다. 왜냐하면 이는 쾌락 원칙에 의해 요구되는 것과 같이 긴장의 정도를 낮추는 일이기 때문이다. 이와 유사하게 분리를 실행하는 도착증 또한 앞으로 확인하겠지만 만족의 관점에서 이해될 수 있다.

있는 함정이다. 도착증을 주이상스의 관점에서 생각하게 되면, 도착증자에게서 겉으로 나타나는 (라캉이 말하는) 〈주이상스에 대한 의지〉가 과연 무엇인지, 그리고 그것이 어떤 목적을 위해 작동하는지, 그것의 진정한 의도가 과연 무엇인지를 이해하지 못하게 된다.

프로이트가 가정했던 아버지(이 경우 아버지는 단호히 아이를 엄마로부터 떼어놓으려 하는 인물이고, 도착증자는 이에 대해 완강히 저항하는 인물이다)는 현시대의 일상적인 아버지와는 전혀 다른 인물이다. 현대의 아버지는 문제를 권위적으로 해결하려고 하지 않는다. 그리고 아버지가 아이들에게 권위를 강요해야 한다고 믿지 않으며 아내가 아이들을 잘 훈육시켜야 한다고도 생각하지 않는다. 그는 아이들이 두려워하는 아빠가 되기보다 사랑받는 아빠가 되길 원한다. 이 점을 주목할 때 우리는 도착증을 좀더 다른 관점에서 이해할 수 있을 것이다.[37]

도착증과 법

도착증에 관한 라캉의 역설적인 주장들 중 하나는, 도착증은 종종 빗금이 없는, 절대적인 주이상스를 추구하는 행동으로 보이지만, 사실 겉으로 잘 드러나지 않는 진정한 목적은 법(법을 선포하는 타자)을 설정하는 것이라는 점이다. 예를 들어, 마조히스트의 목적은 상대방이나 목격자를 법을 공표하며 판결을 내리는 자로 위치시키는 것이다(종종 그들에게 불안을 초래하면서 말이다). 언뜻 보기에, 도착증자는 일종의 〈최초의 만족〉을 얻을 수 있을 것 같다. 그리고 그는 언어의 주체(언어의 주체는 아주 소량의 주이상스만을 얻을 수 있을 뿐이다. 즉 라캉이 언급한 것처럼 〈말하는 자는 모두 주이상스를 금지당한 자이다〉[『에크리』, 821/319쪽])로서의 자신에게 부과된 분리를 초월하면서, 신경증자가 환상이나 꿈을 통해서만 상상할 수 있는 전체성이나 완전함을

---

37) 만약 엄마의 욕망(아이에 대한 엄마의 욕망, 엄마에 대한 아이의 욕망)을 주어진 것으로 간주한다면, 삼각 구도와 분리를 유도해야 하는 것은 아버지의 의무가 될 것이다.

발견하는 것처럼 보인다. 하지만 도착증자의 성욕을 지배하는 것은 주이상스가 아닌 불안이다. 도착증자의 의식적인 환상은 절대적인 주이상스와 관련된 것이지만(사드 후작의 시나리오를 생각해 보자. 거기에서 남성의 성 기관은 성행위를 항상 다시 시작할 수 있는 무제한적인 능력을 공표한다), 우리는 의식적인 환상과 실제 행동을 혼동해선 안 될 것이다. 오히려 도착증자의 행동은 주이상스에 한계를 부과하기 위한 것이다.[38]

욕망은 항상 방어이다. 다시 말해서 〈한계를 넘어 주이상스로 치닫는 것을 막기 위한 방편〉이다(『에크리』, 825/322쪽). 도착증자의 욕망 또한 예외가 아니다. 예를 들어, 마조히스트의 환상은 자신에겐 아무것도 내주지 않으면서 타자를 위해서라면 모든 것을 양보할 수 있다는 것이다. 그는 〈타자가 나에게서 주이상스를 얻을 수 있다면 나를 마음대로 사용해도 좋다〉고 말한다. 하지만 이러한 환상을 넘어서면 그의 목적이 그것이 아님을 알 수 있다. 겉으로 보이는 이 이타적 정신의 이면에는 사실 이기적인 요소가 숨어 있다. 방어로서의 욕망은 도착증자의 본환상 속에서 법에 대한 그의 위치를 드러낸다.

신경증자는 법과 관련하여 욕망한다. 아버지가 아이에게 너는 엄마를 가질 수 없다고 말하면, 아이는 그런 금지의 법에 따라 그녀를 무의식적으로 욕망하게 된다. 이와 반대로, 도착증자는 법의 기능에 따라서 욕망하지 않는다. 다시 말해 그는 금지된 것을 욕망하지 않는다. 대신에 그는 법이 존재하도록 노력한다. 라캉은 도착증을 père-version으로 표기했는데, 이는 도착증자는 아버지가 부권적 기능을 충실히 수행하기를 기대하고 아버지의 도움을 호소한다는 점을 강조하기 위한 것이다.

---

38) 특히 분석의 초기엔 분석주체의 구체적인 행동에서 종종 그의 의식적인 환상들보다 본환상이 더 쉽게 관찰되기도 한다.

도착증의 몇 가지 구조들

논의를 보다 구체화하기 위해선 개개의 도착증으로 관심을 돌려야 한다. 이 책은 임상에 대한 입문서에 불과하므로 모든 임상 구조를 여기에서 일일이 논할 순 없다. 나는 라캉이 주로 논의했던(『에크리』에 실린 「사드와 함께 칸트를」, 『세미나 X』) 도착증인 물신주의, 사디즘, 그리고 마조히즘만을 중점적으로 다룰 것이다.

물신주의 : 사례 분석

만약 아버지-아들이 말을 할 수 있다면, 그것은 어떻게 말할 것이다. <나는 남근을 가지고 있지 않아!>
— 자크-알랭 밀레, 「Donc」, 1994년 6월 29일

지금까지의 도착증에 관한 논의를 보다 구체화하기 위해 나는 프로이트의 고전적인 사례말고 최근의 사례를 하나 들고자 한다. 「공포증적 대상의 물신화」라는 제목으로 발표된 르네 토스탱의 사례 연구는 분량이 15쪽 정도로 매우 짧은 논문이지만 물신주의의 심리 구조에 대해 많은 것을 시사하고 있다.[39]

이 사례는 어렸을 때 엄마와 매우 내밀한 관계에 있었던 장이라는 한 남자에 관한 것이다. 당시 그의 아버지는 (물론 남들처럼 집에서 아내와 아들과 함께 살았지만) 의도적으로 그 둘 사이에서 배제되어 버렸다. 그의 엄마는 남편에게 별다른 흥미를 못 느꼈기 때문에 대신 아들 장을 자기 삶의 보충물로 여겼다. 장은 그녀에게 결여된 어떤 것이 되었고 그리하여 그녀를 충만한 존재로 만들어줄 수 있었다. 한번은 장이 아파서 엄마의 간호를 받아야 했는데, 병이 다 나았는데도

---

[39] 원래는 *Scilicet* 1(1968)에 실려 있었던 것으로 스튜어트 슈나이더맨에 의해 「공포증적 대상의 물신화 Fetishization of a Phobic Object」라는 제목으로 번역되어 『라캉의 이론은 어떻게 임상에 적용되는가』, 247-260쪽에 실려 있다. 여기에서 인용한 쪽수는 영어본에 준한다.

그녀는 계속 그가 아픈 것처럼 대했다(예를 들어 방 안 온도를 높여 장이 열이 있는 것처럼 느끼게 만들었다). 사실이 어떻든 간에 장은 엄마의 헌신적인 관심을 받았다. 이 경우 매우 놀라운 점은 장이 엄마가 자신을 간호한다는 명목으로 자기 신체를 살아 있는 페니스처럼 다루었다고 말했다는 것이다. 존재의 수준에서 그는 실제로 엄마의 결여를 보충하기 위한 대상으로 간주되었다.[40]

장의 아버지는 엄마와 장 사이에 아무런 분리도 일으키지 못했다. 그는 엄마가 욕망하는 대상으로 자리잡지 못했다. 무엇보다 그는 그들 사이에 어떠한 3자 관계도 정착시킬 수 없었다. 엄마는 장이 아닌 다른 아무것도 욕망하지 않았다. 따라서 장은 엄마가 무엇을 욕망하는지에 대해 전혀 의심할 여지가 없었다. 그는 그것이 무엇인지를 잘 알고 있었던 것이다. 장의 엄마는 장이 자신의 살아 있는 보충물이기를 원했다. 그가 그녀의 욕망 속에서 차지하는 위치는 전혀 상징적인 것이 아니었다. 예를 들어, 그녀에게는 자식이라곤 장 하나밖에 없었기 때문에, 그녀의 사랑을 다른 형제들에게 나누어줄 필요가 없었다. 심지어 아버지가 엄마에게 무엇인가를 요구했을 때조차도 그녀의 관심사는 오직 장뿐이었다. 따라서 이 경우에는 장을 위한 상징적인 장소가 불가능했다. 엄마의 유일한 대상이 된다는 것은 상징적인 위치를 차지하는 것과는 정반대의 일이다. 따라서 우리는 정신병을 초래할 수 있는 중요한 조건들을 장의 사례에서 확인할 수 있다.

그러던 중 여섯 살 때, 장은 맹장염을 앓았고 그리하여 병원으로 실려가게 되었다. 그런데 그가 수술을 마치고 병상에서 눈을 떴을 때 제일 먼저 본 것은 아버지가 장의 수술한 맹장을 들고 바로 옆에 서 있는 모습이었다. 그때부터 장은 엄마의 관심을 참을 수 없었으며, 자신의 존재가 그녀의 페니스가 되어버리는 것을 용인할 수 없었다.

---

40) 여하튼 이 사례에서 그녀 자신이 완전한 엄마가 되기 위해선 허약한 아이가 필요하다고 말할 수 있다. 그렇게 해서 그녀는 아이가 자신을 필요로 하도록 만든다.

병상 앞에 서 있던 아버지의 모습과 수술한 맹장에 대한 그의 승인이 장에게 거세를 수행한 것이다. 이는 장과 엄마 사이에 일어난 최초의 분리이다. 장의 아버지는 장의 부채(수술한 기관, 거세된 것)를 강제로 징수하면서, (7장에서 부권적 은유에 대해 논의하면서 간단히 언급된 것처럼) 엄마를 〈금지〉하고 〈폐지〉해 버린 것이다. 이렇게 해서 부권적 은유가 자리잡고, 장은 정신병을 모면하게 되었다.[41]

엄마는 장의 페니스를 ton petit bout(네 작은 돌기)라고 불렀는데, 여기에서 〈작다〉는 말은 지나치게 왜소하다는 것을 의미한다. 종종 그것을 간단히 ton bout(네 돌기)라고 부르기도 했다. 그러나 그녀는 계속해서 장에게 실재적인 만족을 기대했으며, 심지어는 옷 입는 것까지도 장의 도움을 받았다. 장은 항상 자기 페니스에서 엄마의 흔적을 발견했다. 예를 들어 (장이 20년 지난 후에 고백한 바에 따르면) 장은 여섯 살 때 엄마가 옷 입는 것을 도와주는 동안, 자신의 성기에서 일종의 오르가슴이라 할 수 있을, 뜻밖의 고통스런 쾌락을 경험했다.[42] 장은 아이로서의 상징적인 성과물들, 예를 들어 말을 빨리 배운다든가 노래를 잘한다든가 하는 이유로는 엄마한테서 한 번도 칭찬을 받은 적이 없었다. 장은 오직 엄마의 확장으로만, 다시 말해서 엄마에게 나르시스적인 신체적 쾌락을 제공한다는 의미에서만 그 가치를 인정받았을 뿐이다.

그런데 어느 날, 장은 아버지가 엄마의 성기를 단추 bouton라고

---

41) 토스탱이 말한 대로, 장은 엄마의 남근이 되는 것에 대한 문제로부터, 남근을 갖는 것에 대한 문제로 이행한다. 소유는 상징적인 문제이다. 소유는 법에 의해 보장되는 어떤 것이다. 장에게 있어 문제는 아버지가 아들로부터 상상적인 남근을 빼앗으려 하면서도 다른 한편으로 상징적인 페니스를, 다시 말해 남근을 주려고 하지 않았다는 점이다. 남근이 되는 것이 상상적이거나 실재적인 것으로 이해될 수 있다면, 남근을 갖는 것은 상징적인 기능이라고 할 수 있다. 소유와 존재에 관해선 라캉의 「전이에 대한 발언」, 『에크리』 참조.
42) 여섯 살이란 어린 나이에 어떻게 오르가슴을 체험할 수 있는지는 분명치 않다. 하지만 많은 환자들이 초기의 성경험을 이런 식으로 기술한다.

부르는 것을 엿듣게 되었다. 이는 엄마의 육체적인 차이에 처음으로 이름을 붙이고, 따라서 그녀의 〈결여〉에 처음으로 은유적인 이름을 부여한 순간이라 할 수 있다. 하지만 짐작컨대 이러한 이름붙이기는 완전하게 자리를 굳히진 못했던 것 같다(아마도 장이 아버지가 무엇을 말하는지를 확신할 수 없었거나, 혹은 아버지의 말이 엄마가 있는 앞에서 반복되지 않았기 때문일 것이다). 왜냐하면 장은 그 후에도 물신을 통해 아버지의 이름붙이기를 보완하려고 노력했기 때문이다. 장은 단추가 하나 있는 경우에는 두려움을 느꼈고, 반대로 여러 개의 똑같은 단추들이 일렬로 늘어서 있는 경우를 보면 흥분을 감추지 못했다. 이는 단순한 단추 물신이 아니다. 왜냐하면 장은 오직 동일한 단추가 일렬로 나란히 있는 경우에만 흥분했기 때문이다. 그는 그렇게 똑같은 단추가 일렬로 달린 옷을 입은 여자만 보면 자신도 모르게 쫓아가게 되었다. 분석이 진행되는 동안, 장은 더 많은 단추들이 있을수록, 아버지의 위치가 더 확고해진다고 설명했다. 장은 단추가 많을수록, 엄마의 결여/욕망을 더 편안하게 받아들일 수 있었던 것이다.

더 많은 단추들이 있을수록, 아버지가 부여한 이름이 더 큰 힘을 발휘했다. 또한 그것을 보면서 장은 다른 어느 때보다도 더 엄마로부터 안전하게 거리를 둔 것처럼 느꼈다. 따라서 도착증(물신주의)은 아버지의 상징적인 행위(엄마의 결여를 언어화하는 것)의 힘을 증폭시킴으로써 부권적 기능을 보완하며 지지한다.[43] 아버지가 부여한 이름은

---

43) 단추 하나에 대한 공포증을 통해서, 그는 엄마가 옷 입는 것을 다시는 거들지 않아도 되게끔 된다(그럼으로써 그녀에 대한 성적인 감정들과 고통스런 주이상스로부터 벗어난다). 공포증은 그녀의 죽음에 대한 소망을 표현한다. 왜냐하면 그것은 엄마가 그에게 〈우리 작은 놈이 없으면 어떻게 하지?〉라고 말하는 순간에 일어났기 때문이다. 그의 공포증 증상은 〈당신이 나를 더 이상 원하지 않을 때 무슨 일이 벌어지는지 두고 봅시다〉 내지는 〈내가 없다면 당신에겐 무시무시한 일이 닥치겠지요〉라고 말한다. 라캉의 말처럼, 분리는 다음과 같은 문제를 수반한다. 〈그녀는 나를 상실할 수 있을까?〉〈그녀는 나를 포기할 수 있을까?〉〈그렇게 하는 것은 그녀를 죽이는 일이 될까?〉

장이 엄마로부터 분리될 수 있는 출발점이며 첫 단계이지만 그럼에도 그 이름붙이기는 충분한 것이 되지 못했다. 따라서 장은 그것을 스스로 보완해야 했다.[44]

7장에서 나는 아버지의-이름의 기능을 다음과 같은 대체의 공식으로 설명한 바 있다.

$$\frac{\text{아버지의-이름}}{\text{엄마의 욕망}}$$

그러나 장의 사례에서는 엄마의 욕망이 실제 해부학적인 페니스에 대한 것이기 때문에, 우리는 다음과 같이 대체의 공식을 다시 쓸 수 있다.

$$\frac{\langle \text{단추 Bouton} \rangle}{\text{실제 페니스}}$$

나는 〈단추〉라는 말을 인용부호로 둘렀는데, 이는 여기에서 작동하는 것이 실제 단추가 아니라 〈단추〉라는 단어임을 강조하기 위한 것이다. 실제 페니스는 단추라는 한 단어에 의해 대체된다. 그녀의 결여는 이름을 갖게 되었고, 따라서 장은 자신의 성기를 절약할 수 있게 되었다. 이제 장은 자신의 성기를 엄마에게 내줄 필요가 없다. 혹은 그녀와의 관계 속에서 결여의 결여 때문에 불안해할 필요도 없다. 엄마의 결여는 명명되었고, 따라서 한계를 갖게 되었다(〈그것은 기껏해야 하나의 단추일 뿐이지〉).

그런데 문제가 있다. 그것은 그가 똑같은 단추가 일렬로 늘어선 옷을 입고 있는 여자를 보았을 때에만 이러한 이름붙이기가 완성된

---

44) 이는 아버지의-이름에 대한 보충 *suppléance*이다.

다는 점이다. 따라서 (아버지가 엄마의 성기에 이름을 붙임으로써 시작되었던) 불안을 경감시키는 분리는 항상 다시 반복되어야 한다. 도착증자에게 아버지의-이름은 결코 완전히 완성될 수 없다.

그런 상황 속에서 장이 쾌락을 느끼는 것은 일시적인 분리 때문이다. 이상한 소리처럼 들릴지도 모르겠지만, 우리는 분리란 프로이트가 〈거세〉라고 불렀던 과정의 일부이며, 거세와 주이상스는 밀접한 관계를 맺고 있다는 사실을 명심해야 할 것이다. 분명히 주이상스로부터 분리됨으로써 주어지는 주이상스가 있다.[45] 어떤 의미에서 장은 자신의 거세를 완성하려고 계속해서 몸부림치고 있다.

부인(否認)의 관점에서 보자면, 장의 물신은 아버지나 아버지의-이름에 대해 이중적인 태도를 보이고 있다. 〈나는 아버지가 엄마의 결여에 이름붙이는 작업을 충실히 이행하지 못했다는 사실을 잘 알고 있다. 하지만 나는 이러한 이름붙이기가 성공하는 순간을 무대화할 것이다.〉 다시 말해서, 장은 지금 타자를 존재하도록 만들고 있다. 이 타자는 엄마라는 실재적 타자가 아니라 법을 공표하는 상징적인 타자이다. 도착증자는 자신의 아버지는 그런 타자가 되기엔 부족한 존재라는 사실을 잘 알고 있다. 하지만 그는 도착적인 행위를 통해서 타자를 완성하려 한다. 엄마의 보충물로서 존재해 온 도착증자는 이제 법의 타자를 보충하려고 한다.

따라서 내가 여기에서 사용하는 〈부인〉이라는 용어는 아버지를 향한 이중적인 태도를 의미한다. 도착증자는 한편으로 아버지가 이름과 법을 부여하지 못했다는 것을 알고 있지만, 다른 한편으로는 스스로 그런 이름붙이기와 법의 선포를 무대화한다.

---

45) 우리는 이를 마조히즘과 사디즘에 대한 논의에서 다시 살펴보게 될 것이다.

⟨엄마의 남근⟩

결여는 오직 상징계를 통해서만 포착될 수 있다. ── 라캉, 『세미나 X』, 1963년 1월 30일

남근은 단지 그것이 주체 속에서 자리하는 결여의 자리에 불과하다.[46]
── 라캉, 『에크리』, 877쪽

　물신주의에 관한 프로이트의 이론을 장의 사례에는 어떻게 적용할 수 있을까? 프로이트에 따르면, 물신은 도착증자가 믿고 있는 엄마의 남근을 은밀하게 표상한다. 그는 엄마에게 남근이 없다는 사실을 인정하길 거부한다. 왜냐하면 남근이 없다는 것은 그녀가 거세되었다는 걸 의미할 것이며, 따라서 그 역시 엄마와 동일한 운명을 겪게 될 것을 예고하기 때문이다. 장의 엄마가 자신이 옷 입는 것을 장이 도와주는 것을 즐겼다는 점으로 미루어 보아, 우리는 장이 한두 번 정도는 엄마의 성기를 본 적이 있다고 가정할 수 있다. 그리고 흥미롭게도 단추 물신은 장의 아버지가 엄마의 성기를 지칭하기 위해 사용한 단어와 관련되어 있다. 더구나 그 단어는 엄마가 장의 성기를 지칭하기 위해 사용했던 단어와 비슷하다. 아마도 장은 엄마의 단추 bouton가 그의 ⟨돌기 bout⟩와 동등한 것이라고 믿었을 것이다. 그런데 이렇게 프로이트의 이론에 따라 장의 사례를 해석한다면, 장은 단추 하나에도 흥분을 느껴야 한다. 왜냐하면 단추는 갯수를 막론하고 엄마의 거세되지 않은 성기와 그 자신의 성기를 동시에 의미하기(그리고 그의 주이상스가 지속될 것을 의미한다) 때문이다. 하지만 장의 사례를 볼 것 같으면, 일련의 동일한 단추들은 그를 흥분시키지만, 하나만 있는 경우엔 오히려 그를 공포스럽게 한다. 그렇다면 우리는 이 임상적인 요소들을 어떻게 설명할 수 있을까?

　무엇보다도 장에겐 아무런 거세 위협도 없었다는 점에 주목해야

---

46) 이 인용문이 실린 「과학과 진리」, *Newsletter of the Freudian Field* 3(1989), 25쪽 참조.

한다. 장은 자위를 결코 금지당하지 않았다. 실제로 토스탱은 장이 어린 시절부터 계속해서 자위를 해왔다는 사실을 지적했다. 따라서 이 경우에는 프로이트의 물신 형성 이론이 주장하는 논점이 발견되지 않는다. 여기에서는 자기 성기에 대한 환자의 나르시스적인 애착과 아버지의 거세 위협 사이의 갈등이 일어나지 않는다. 우리는 장의 엄마가 거세를 위협한 적이 없었을 것이라고 짐작할 수 있다. 왜냐하면 그녀는 아들의 성기를 자신을 위해 〈성적인 용도〉로 사용하면서 만족했기 때문이다.

이는 엄마의 남근이라는 프로이트의 개념이 아무런 중요성도 없다는 뜻이 아니다. 왜냐하면 나에게 분석을 받은 환자들 중 상당수가 적어도 어떤 수준에서는 엄마의 남근을 믿기 때문이다. 내가 여기에서 말하고자 하는 바는 이 문제가 엄마의 결여나 욕망에 이름을 붙이는 과정이라는 라캉의 보다 큰 맥락 속에서 이해되어야 한다는 것이다. 엄마에게 남근이 있다고 믿는 것은 공포증과 도착증자에게 공통적으로 나타나는 현상이다. 그들이 그러한 믿음을 갖는 것은 대부분 아버지가 엄마의 욕망에 제대로 이름을 붙이지 못했기 때문이다. 엄마의 남근이 존재함을 믿지 않으면서도 다른 한편으로는 그것을 믿는 물신주의자들이 많은 것이 사실이지만, 그럼에도 이는 일부에 지나지 않는다. 우리가 모든 물신주의자들에게서 어떤 공통점을 발견할 수 있다면, 그것은 바로 그들이 모두 엄마의 결여에 관한 문제에 집착하고 있다는 점일 것이다. 우리는 라캉을 따라서 이 문제를 이름 붙이기라는 관점에서 보다 총체적으로 이해할 수 있을 것이다.

도착증의 분석 치료에 관하여

장의 사례에 대한 이 간단한 개관은 도착증에 관한 라캉의 이론 중 많은 부분을 잘 정리해 주고 있다. 장의 사례는 또한 치료에 관한 중대한 문제를 제기하기도 한다. 여러 해 동안 매우 활발하게 분석이 진척되었음에도 장의 주체적 구조는 전혀 바뀌지 않았다. 그는 끝내

도착증자로 남았다. 일반적으로 증명되듯이, 어떤 적정 연령을 넘기면 주체의 구조는 전혀 변경이 불가능하다. 장의 사례에서 우리는 맹장수술을 둘러싼 일련의 사건들과, 특히 아버지의 반응이 장을 정신병자가 아닌 도착증자로 만들었다는 사실을 확인한 바 있다. 그러나 장은 스물여섯 살이 돼서야 분석을 받기 시작했기 때문에 신경증자로 호전될 수 있다고 기대하기가 어려웠다. 다시 한번 강조하건대, 부권적 기능은 어떤 적정 연령까지는 꼭 완성되어야 한다…… 그렇지 않다면 상황은 더 악화될 것이다 ou pire.

물론 장이 분석에서 아무것도 얻을 수 없었다는 것은 아니다. 분명히 분석이 진행되는 동안 그의 불안과 고통은 상당 부분 감소했다. 토스탱은 자신이 장의 분석가로서 어느 정도까지 장의 욕망에 대한 원인이 될 수 있었는지, 얼마만큼 장으로 하여금 다른 태도를 선택하도록 유도했는지에 대해선 말하지 않았다. 상황으로 미루어 보아, 우리는 장의 본환상이 적어도 부분적으로는 수정되었다는 것을 짐작할 수 있을 뿐이다.

나는 내가 지도한 몇몇 사례에서, 자신의 감정이나 행동에 대해서 아무런 의문도 제기하지 않았던 도착증자들(이들은 분석가를 분석의 유일한 동기로 간주하며 그의 입에게 자신이 바라는 대답이 나오길 기대한다)이 점차 그것에 의문을 던지는 위치로 자리를 옮긴 경우를 확인했다. 주이상스의 원인에 대한 확실성은 그리 줄어들지 않았지만, 적어도 분석의 동기에 대한 확실성은 크게 줄어든 것이 분명했다. 왜냐하면 그들이 대상 a를 부분적으로나마 분석가에게 양도했기 때문이다.

마조히즘

도착증적 주체는 타자의 주이상스를 위해 자기 자신을 기꺼이 바친다.

— 라캉, 『세미나 X』, 1962년 10월 5일

앞으로 제시될 자료에는 라캉이 『에크리』에서 제시한 마조히즘과 사디즘에 대한 4항 도식은 포함되어 있지 않다.[47] 이는 부가적으로 너무 많은 설명을 필요로 하기 때문이다. 따라서 사디즘과 마조히즘에 대한 나의 논의는 제한적일 수밖에 없다. 그럼에도 내가 욕망, 주이상스, 법에 대해 이미 말한 것과 함께 그 임상 구조들의 어떤 본질적인 특징들은 여기에서 충분히 제시될 수 있으리라 믿는다.

마조히스트는 파트너(여기에서는 타자를 대표하는 인물이다)의 주이상스를 위해 아무런 대가 없이 자신의 몸을 바치는 듯이 보인다. 그는 타자에게 주이상스를 제공하기 위한 도구가 되면서 자신을 희생하는 것 같다. 자신에게는 아무런 즐거움도 남겨놓지 않은 채 말이다. 하지만 라캉에 따르면 이는 단지 속임수에 불과하다. 우리가 여러 번 확인한 바와 같이, 환상은 본질적으로 주체의 원천을 은폐하는 미끼이다. 환상은 주체를 작동시키는 기원을 가린다. 마조히스트는 겉으로는 〈타자에게 주이상스를 주는 것을 목표로 한다〉[48]고 주장하지만, 사실 그는 타자를 불안 속에 몰아넣고 싶어한다(『세미나 X』, 1963년 3월 13일). 그렇다면 그는 왜 이런 이중적인 행동을 하는가?

물신주의자와 마찬가지로, 마조히스트는 분리를 필요로 한다. 그리고 그의 해결책은 상대방에게 타자의 역할을 맡겨 법(그에게 주이상스를 포기할 것을 공표하는 법)을 공표하도록 유도하는 것이다. 다시 말해 그 법이 자신에게 주이상스를 포기하도록 요구하는 것처럼 보이도록 만드는 것이다. 그러나 현실적으로 상대방이 항상 법을 선포할 의지를 가지고 있는 것은 아니다. 따라서 그는 어느 정도는 마조히스트에 의해 법을 선포하도록 강요당하고, 주이상스에 한계를 부과하도록 협박당한다. 그는 명령의 형태로 자신의 의지를 단호하게 표현하기 전까지는(〈이제 그만둬!〉), 종종 참기 힘들 만큼 엄청난 불안감에 시달려야 한다.

---

47) 이 도식들은 「사드와 함께 칸트를」(『에크리』, 774, 778쪽)에 실려 있으며, 『세미나 X』에서 좀더 개진된 설명을 읽을 수 있다.
48) 이러한 목표는 당연히 마조히스트의 의식적 혹은 전의식적 환상 속에 나타난다.

〈마조히스트는 타자의 욕망이 법을 만들 수 있도록 하기 위해 계속해서 무엇인가를 꾸민다〉(『세미나 X』, 1963년 1월 16일). 결국 타자는 종종 법의 공표를 동의하기 전까지는 심한 불안감에 휩싸이게 된다. 마조히스트가 타자의 쾌락을 위해 자신을 희생한다고 하더라도, 도가 지나치면 타자는 그의 행동을 인정하기가 곤란할 것이다. 주이상스는 참을 수 없는 것이 되고, 상대방은 결국 그것에 한계선을 부과할 것이다. 마조히스트는 (스스로를 타자의 주이상스의 도구로 만들어) 타자를 불안에 빠뜨리면서까지, 타자로 하여금 자기 자신에게 명령을 내리도록 유도한다(자신에게 명령을 내리도록 요구하는 것이 바로 마조히스트의 충동에 관한 공식이다).

따라서 이 쾌락의 무대를 주도하는 것은 바로 마조히스트의 욕망이다. 그는 타자인 상대방으로 하여금 법을 부과하도록 강요한다. 아버지의 욕망이 결여하는 곳에서, 마조히스트는 아버지의 대체물이 법을 제정하고 자신을 처벌해 주길 기대한다. 그는 자신이 모든 것을 조작함에도, 타자가 자신에게 법을 강요했다고 주장한다. 그의 욕망은 타자의 욕망의 자리를 법으로 간주하고 그것을 부추겨 무대화한다.

이는 우리가 마조히즘에서 확인할 수 있는 부인의 특수한 구조라 할 수 있다. 마조히즘적 주체는 거세의 일부분인 분리가 아직 일어나지 않았기 때문에 그 자신이 그것을 완수하려고 한다. 그러나 그는 그것에 결코 성공하지 못하고, 따라서 언제나 그 분리의 무대를 다시 상연해야 한다.

일반적으로 우리는 마조히스트가 고통을 추구한다고 생각하지만, 이것은 본질적인 것이 아니다. 고통은 단지 타자가 자신에게 한계와 고행을 부과하는 것에 동의했다는 징후에 불과하다. 처벌은 잠정적으로 마조히스트에게 일종의 위안을 준다. 처벌은 자신에게 희생을 가혹하게 요구하는 누군가가 있다는 것에 대한 일종의 증거이다. 한때 잠시나마 자신을 성적인 노예로 혹사시켰던 한 분석주체는 당시의 경험에 대해 〈그것은 무거운 짐을 내려놓는 것과 같이 홀가분하게 느껴졌다〉고 털어놓은 바 있다. 마조히스트의 문제는 그를 자리매김할 수 있을 만한 상징적인 공간이 결코 완성되지 않는다는 점이다. 타자는 법을 공표하고 강요하지만(〈너는 아주 질 나쁜 아이군. 너는 따끔한 맛을 봐야 해.〉 내지는 〈네가 그것을 해선 안 되었다는 걸 너도 잘 알고 있겠지?〉) 그것으로 진정한 분리를 제공할 수 있는 것은 아니다. 마조히스트는 상징적, 사회적, 문화적 맥락의 가치를 부여받지 못하고, 엄마가 욕망한다고 여겨지는 상상적인 대상으로 남게 된다.

다른 모든 것에 실패한 마조히스트는 금지를 요구하는 강압적인 아버지나 엄마를, 다시 말해서 자신에게 고통을 주고 모욕하면서 주이상스를 느끼는 잔혹한 부모를 받아들이게 된다. 마조히스트는 아이를 위해 유익한 법을 부과하는 상징적인 아버지를 알지 못한다. 그는 경험적으로, 한계란 단지 아버지의 욕망에 의해 표현되는 것임을 알 뿐이다. 그에겐 그만의 상징적인 공간을 베풀어주는 아버지가 없다. 그는 〈이것은 내 것, 저것은 네 것〉이라고 공표하면서, 아들의 주이상스에 한계를 부과하는 동시에 자신의 주이상스에도 한계를 부과하는 상징적인 계약의 아버지를 알지 못한다. 마조히스트에겐 오직 자신의 주이상스를 위해 아들의 주이상스에 한계를 부과하는 아버지만이, 원칙에 호소하지 않고 〈내가 원하기 때문에 너는 그것을 해야 한다〉라는 식으로 무조건적으로 요구하고 비판하는 잔혹한 아버지만 있을 뿐이다.

주이상스와 도덕 법칙

> 주이상스는…… 그것을 말로 표현하는 과정 속에서 와상스럽게 안정된다.
> ── 라캉, 『에크리』, 771쪽

칸트와 같은 윤리학자들은 도덕 법칙이란 〈이성적〉이고 객관적이라고 주장해 왔다. 도덕 법칙은 처음부터 진실하기 때문에 그 법칙을 따른다면 〈이성적〉으로 살아갈 수 있다는 것이다. 하지만 프로이트는 일정량의 리비도가 투자되기 이전에는 그 법칙들이 우리의 심리적인 현실에서 아무런 의미도 없다고 말한다. 다시 말해서, 도덕 법칙이 다른 관념과 마찬가지로 우리의 심적 경제에서 어떤 기능을 갖기 위해서는 먼저 리비도에 의해 투자되어야 한다는 것이다. 프로이트가 도덕 법칙을 위치시킨 심리적 심급은 에고를 비판함으로써 쾌락을 느끼는 초자아이다. 초자아는 단순히 에고에게 법을 환기시키는 것이 아니라, 법을 공표함으로써 즐거워하고, 법을 따르지 않는 에고를 비난함으로써 쾌락을 얻는다. 따라서 부모의 비판을 우리 안에 내재화한 초자아엔 처벌을 주장하는 부모의 가혹한 목소리가 배어 있다. 초자아는 에고를 괴롭히고 비난하고 협박하면서 쾌락을 얻기에 어떤 경우에는 정말로 잔혹한 것이 될 수도 있다. 하지만 여기에서 중요한 것은 그 도덕 법칙의 진술이, 그것을 진술하는 행위에 부착된 주이상스나 리비도와 결코 분리될 수 없다는 것이다. 부모로부터 우리에게 전수된 도덕적인 교훈(〈네 이웃을 네 자신과 같이 대하라〉)은 그것을 진술하는 목소리와 절대적으로 분리 불가능한 것이다.

우리의 심리적인 삶에서 매우 중요한 위치를 차지하고 있는 도덕 법칙은, 보편적으로 적용될 수 있는 추상적인 명제나 원칙이 결코 아니다. 그것은 법을 발화하고 선포하는 행위이다. 도덕 법칙은 그것이 양심의 목소리라는 〈내적인 음성〉의 이름으로 나타나건 초자아의 목소리로 나타나건, 부모의 목소리에서, 더 엄밀하게는 아버지의 음성에서 기인한다.[49] 그러한 아버지의 목소리는 아이에게 타자가 욕망을 표현하는 것으로 체험된다. 〈아이에게 법을 부과하는〉 아버지는 자신의 의지를 공표하는 자인 것이다.[50]

---

49) 구약 성서에서 이는, 명령하는 신의 목소리이다. 유대교에서 신의 목소리를 재현하는/상기시키는 것은 〈회개의 날 Yom Kippur〉에 울리는 피리 소리이다. 라캉은 이를 『세미나 X』에서 상세히 논한다(1963년 5월 22일).
50) 예를 들어 칸트는 욕망을 도덕 법칙으로부터 제거하려고 했다. 그는 (모든 경우에 적용 가능한) 보편성을 추구한다는 이유로 인간의 감정, 애착, 욕망에 대해선 어떠한 여지도 남겨놓지 않았다. 하지만 도덕성은 그것의 매체로부터 결

따라서 도덕 법칙은 타자의 주이상스와 욕망의 표현에 결부되어 있다. 마조히스트는 법 대신에 그것의 주이상스를 추구한다. 그는 상징적인 법을 얻지 못했기 때문에 그 대신 그 법과 연관된 것처럼 보이는 어떤 것을 추구하는 것이다. 상징적인 법이 부재하는 마조히스트는 그 법 대신에 타자의 욕망이나 의지를 받아들인다. 예를 들어 라캉이 언급한 것처럼(사드는 사디스트로 잘 알려져 있지만, 이 맥락에서는 분명히 마조히스트적인 경향을 보이고 있다), 사드 백작은 자기 장모가 자신을 처벌하도록 부추겼다. 그는 그녀가 처벌에 대한 의지를 표현해 주길 바랐다. 사드에게 법으로 작용하는 것은 물론 그녀의 욕망이나 의지였던 것이다. 물론 여기에서 그것은 유일한 법이 아니라 여러 가능한 법들 중 하나이다.

법을 발화하는 행위가 발화자에게 주이상스를 가져다준다고 한다면, 신경증자는 그런 사실에 당황하는 경향이 있다. 신경증자는 죄인을 재판하는 재판관의 목소리에서 그릇된 판정이나 권력의 남용을 느낀다. 재판관의 판정은 악의로 물들어 있으며 객관적으로, 감정에 치우치지 않게 수행해야 할 역할을 저버리고 있다고 느끼는 것이다. 따라서 신경증자는 모든 이에게 동등한 규칙을 수행하는, 보다 정당하고 공명정대한 상징적 아버지의 이상(理想)에 매달리게 된다. 그런데 〈이러한 상징적 아버지는 그가 법을 의미하는 한, 명백히 죽은 아버지이다〉(『에크리』, 556/199쪽). 다시 말해서 아무런 주이상스도 경험하지 못하는 아버지, 법의 발화 행위에서 어떠한 〈도착적인〉 쾌락도 끌어내지 못하는 아버지이다.

어떤 점에서 도착증자는 도덕 법칙을 선포하는 행위가 항상 어느 정도의 주이상스를 수반한다는 사실을 깨닫고 있다. 이에 반해 신경증자는 그러한 사실을 비도덕적인 것으로 여기기 때문에 이를 인정

코 분리되지 않는다. 도덕 원칙은 그것과 함께 욕망이나 분노(열정이나 주이상스)를 표현하는 아버지의 음성과 결코 분리될 수 없다.

하지 않으려 한다. 신경증자는 상징적인 법이 주이상스나 잔혹함에 대한 호소와 전혀 거리가 먼 것이라고 생각한다. 역으로 도착증자가 그런 것들에 호소하는 이유는 그가 상징적인 법을 얻지 못했기 때문이다. 사악한 간수로 무장한 잔악한 법률 체계는 그것에 복종하는 도착증자로 하여금 법의 숨겨진 얼굴에는 악의와 잔인성이 숨어 있다고 확신하도록 만든다.

따라서 감옥은 상징적인 거세를 대체할 만한 어떤 것을 찾는 마조히스트에게 유용한 처벌의 형식으로 기능한다. 라캉이 말한 것처럼, 〈거세의 이미지 자체에 의지하는 것은 마조히스트에게 불안을 극복하고 그것을 해결하는 방법이 될 수 있다〉(『세미나 X』, 1963년 3월 26일). 분리를 원하는 주체는 거세를 대체할 만한 것이라면 무엇이든지 실행에 옮기게 될 것이다.[51]

사디즘

〈사디즘은 마조히즘의 반대가 아니다……하나의 형식에서 다른 형식으로 이동하는 것은 대칭이나 전도가 아니라 (4항 공식에서) 한 바퀴 돌린 것이다.〉[52]

— 라캉, 『세미나 X』, 1963년 3월 13일

사디스트가 등장하는 거의 모든 영화에서, 그의 모습은 다른 사람에게 불안을 일으킬 수 있는 것이라면 무엇이든지 행하는 사람으로 형상화된다. 물론 그의 목표는 단순히 타인들을 해치기만 하는 것이 아니다. 이는 단지 타인을 고통스런 죽음이나 고문을 통해 불안에 떨게 만드는 것에서 오는 부산물일 뿐이다. 사디스트에게 희생자들의 불안이 중요한 의미를 갖는다는 사실은 사디스트 자신뿐만 아니라

---

51) 라캉은 남성의 성행위와 거세 사이에 놓여 있는 많은 연관을 밝혀낸다. 특히 『세미나 X』의 후반부, 그 중에서도 1963년 6월 19일 강의를 참조.
52) 라캉은 여기에서 『에크리』, 774, 778쪽에서 발견되는 사디즘과 마조히즘에 대한 4항 도식을 가리키고 있다.

일반인에게도 이미 잘 알려져 있다. 실제로 자신의 환상 속에서 사디스트는 타인의 불안을, 쾌락을 위한 절대적인 조건으로 간주한다. 하지만 앞서 확인한 바와 같이, 환상은 보다 중요한 무엇인가를 은폐하는 스크린에 불과할 뿐이다.

이는 앞서 언급했던 마조히스트(겉으로는 타인에게 주이상스를 주는 듯이 보이지만 실제로는 그를 불안에 빠뜨리려 한다)의 공식을 뒤집어, 사디스트는 겉보기엔 타자의 불안에 집착하지만 사실은 타자에게 쾌락을 주기 원한다는 식으로 설명될 수 없다. 사디즘과 마조히즘은 단순히 상반되는 한 쌍이 아니다. 라캉에 따르면, 사디스트의 환상에 의해 은폐되는 것은 그가 분리된 대상 a를 추구한다는 사실 그 자체이다(『세미나 X』, 1963년 3월 13일).

그렇다면 이는 무엇을 의미하는가? B급 영화에 등장하는 악당이 주인공을 포로로 잡았을 때를 생각해 보자. 악당은 주인공에게 만약 도망친다면 그의 연인이 위험에 빠질 것이라 협박함으로써 그가 도망치지 못하게 만든다. 이렇게 해서 주인공은 자기 욕망의 대상 a를 형상화하는 여자가 상실될 수 있다는 사실을 깨닫게 된다. 그런데 여기에서 주목할 점은 대부분의 주인공은 자신이 사랑하는 여자가 위협을 받은 후에야 비로소 그녀가 자신에게 중요하다는 사실을 깨닫게 된다는 것이다. 대상은 그것이 상실될 수 있다고 위협받는 바로 그 순간에야 비로소 대상 a가 된다. 예를 들어, 엄마의 가슴은 오직 이유기가 시작될 때에만 대상 a가 된다. 대상이 욕망의 원인으로 자리잡는 것은 누군가가 주체를 그 대상으로부터 분리하려고 위협할 때부터인 것이다.

대상 a는 그것을 금지하는 법에 의해서 존재하기 시작한다. 프로이트에 따르면 불안은 위험을 가리키는 신호로서 나타난다.[53] 라캉은 그런 위험이 〈대상 a를 구성하는 순간에 이루어지는 포기의 특징과

---

53) 예를 들어 SE XXII, 82쪽과 SE XX, 126쪽 참조.

관련이 있다〉고 말한 바 있다(『세미나 X』, 1963년 7월 3일). 불안이 예고하는 것은 대상의 만족을 상실하게 될 것이라는 사실이다. 부모는 요구를 통해 법을 부과하고, 그 법은 대상을 이전의 맥락과 배경으로부터 분리시켜 새로운 배경 속에 위치시킨다. 젖가슴은 그것이 금지된 순간에 분리된 대상으로 구성된다.[54] 라캉에 따르면 〈불안은 은폐의 수단인 환상과는 다르다〉. 불안은 항상 있는 그대로를 반영한다. 불안은 대상이 상실될 것이라는 사실을 암시한다. 불안은 결코 거짓말을 하지 않는다. 따라서 사디스트의 목적은 희생자의 불안 그 자체가 아니라 불안이 암시하는 그 무엇, 즉 법에 의해 금지될 대상이다.

남자아이의 페니스는 나르시스적인 관심이 투자되는 대상이라 할 수 있다. 그러나 그것이 상실된(거세된) 대상인 대상 a로 분리되는(거세되는) 것은 오직 아버지의 법이 발화되었을 때이다. 전형적인 외디푸스 시나리오 속에서 그 대상을 분리해 내는 것은 아버지의 금지이다. 주체에게 엄마와의 쾌락(이것이 환상적인 것이든 현실적인 것이든 간에)을 포기하지 않으면 페니스를 잘라버리겠다고 말하는 아버지의 위협 없이는 페니스가 대상 a로 승화되지 못한다.[55] 사디스트는 만약 타자가 존재한다면, 그는 자신의 대상을 빼앗고 자신의 주이상스를 탈취할 것이라고 믿는다. 따라서 법이 제대로 작동하지 않는 사디스트는 타자가 존재할 수 있도록 자신이 타자의 역할을 수행하는 시나리오를 짜낸다. 그는 희생자에게서 법이 금지할 대상을 분리해 내고

---

54) 내가 전에 언급한 바와 같이, 라캉은 모든 도착증에 있어 대상이 물신적인 기능을 수행함을 시사한 바 있다. 〈기표의 틈새 속에서 엿보인/지각된 대상으로서의 모든 도착증의 근본적인 물신〉(『에크리』, 610/248쪽). 물신적인 대상은 금지를 말하는 부모의 언표 행위에 의해 분리된다. 부모의 말은 대상을 분리하고 그것을 주변 맥락으로부터 잘라내어 하나의 대상으로 구성한다. 이유기(離乳期)의 경우, 아이가 젖가슴을 만지지 못하게 금지시키는 것은 대부분 엄마 자신이다.
55) 여기에서 우리는 대상과 기표의 만남을 확인할 수 있다(『세미나 X』, 1963년 3월 13일).

자 한다. 상대방이 법을 부과하도록 조장하는 마조히스트와 달리, 사디스트의 의지는 자신이 법을 수행하고자 하는 것이다. 혹은 어떤 의미에서 사디스트는 두 역할을 동시에 수행한다고 할 수 있다. 그는 법의 입법자인 동시에 법에 종속된 자이며, 법을 발화하면서 동시에 그 법에 의해 금지당하는 자이다. 대상의 상실을 암시하는 희생자의 불안은 사디스트에게 법이 공표되었다는 증거가 된다. 결국 어떤 수준에서 사디스트는 자신을 희생자와 동일시한다고 말할 수 있다. 따라서 우리는 공표된 법이 타인에게 적용되는 것인지 주체 자신에게 적용되는 것인지를 조심스럽게 판단해야 할 것이다.[56]

마조히스트의 경우에서 보았듯이, 사디스트가 법을 발화하는 행위를 무대화하는 것만으로는 분리를 지속시키거나 상징적인 공간을 제공하기에 충분치 않다. 그는 엄마의 욕망의 대상으로 여전히 남아 있으며, 자신을 상징적인 좌표 속에 위치시키지 못한다. 사디스트는 거세를 완성할 수 없다. 여기에서도 역시 부인은 아버지의 거세 기능과

---

56) 사디스트는 마치 모든 상실을 희생자에게 떠넘기려 하고 자기 자신은 아무것도 결여하지 않은 하나의 완전한 대상이라고 주장하는 듯이 보인다. 사디스트는 자신도 모른 채 타자에게 실존의 고통을 떠넘기고 자신을 영원한 대상으로 변형시킨다. 주체의 분열은 고문을 당하는 상대인 타자에게로 전가된다. 사디스트는 대상의 상실을 타자에게 요구하면서, 자신을 완전한 것으로 생각할 수 있게 된다. 하지만 사디스트가 그 희생자와 동일시되는 한, 그는 계속해서 분리를 따르는 것이다.

우리는 페렌치의 사례 연구인 「꼬마 수탉」에서 이를 잘 확인할 수 있다(도미니크 밀레, 「유아 도착증 사례」, 『리딩 세미나 I-II』 참조). 알패드 Arpad라는 한 남자아이는 닭을 죽이면서 즐거워하다가 땅바닥에 드러누워 죽은 것처럼 행동했다. 희생양과 자신을 동일시한 것이다. 아이는 고문을 가하는 집행자(혹은 가정부에게 명령을 내리는 입법자)가 되는 동시에 희생자가 된다.

대중 소설이나 영화에서 대부분의 경찰 관료들, 군부의 장교들, 정치가들은 사디스트로 묘사된다. 그들은 죄인들이 곧 자신의 생명이나 자유를 상실하게 될 것을 미리 예고하면서 즐거움을 느낀다. 그러면서 동시에 그들 자신도 죄인들의 운명과 그리 다르지 않다고 생각한다. 그들은 스스로를 〈법 위에 있는 것〉으로 믿으면서, 동시에 자신도 그 법의 희생자들 중 하나라고 믿는 것이다.

관계가 있다. 〈나는 그가 나에게서 그것을 요구하지 않았다는 사실을 잘 알고 있다. 하지만……〉 마조히스트나 물신주의자의 경우처럼 사디스트에게 주이상스를 가져다주는 것은 계속해서 거세를 무대화하는 행위이다. 중요한 것은 흔히들 말하는 것처럼 그들 신체의 모든 지점에서 얻을 수 있는 〈다형적인 도착적 주이상스〉가 아니다. 사디즘은 신체가 아직 기표에 의해 덧쓰여지지 않는 전상징적인 단계로 되돌아가는 것이 아니다. 사디스트는 거세를 수행하는 것에서 쾌락을 얻는다.

도착증과 주이상스

주이상스에 관한 태도만을 본다면, 도착증은 신경증과 정반대의 위치에 있는 것처럼 보인다. 신경증자가 〈타자는 나에게서 어떠한 쾌락도 얻어선 안 된다〉고 말한다면, 도착증자는 〈타자가 나를 즐기도록〉 내지는 〈타자의 주이상스를 위한 도구로 나를 써주세요〉라고 말할 것이다(『에크리』, 823/320쪽). 하지만 앞서 확인한 바와 같이, 이는 사태의 본질이 아니다. 사실 그들의 주장은 단지 은폐를 위한 베일에 불과하다. 도착증자는 〈나는 내 거세를 완성하기 위해서 그 짓을 한다. 나는 타자가 존재하도록 만들기 위해서, 법을 선언하기 위해서 그 짓을 하는 거야〉라고 솔직하게 털어놓지 않는다. 대신에 그는 환상을 통해 자신을 이해한다. 예를 들어 마조히즘의 경우는 자신을 타자에게 쾌락을 주기 위해 제공하는 대상으로, 사디즘의 경우는 타자를 불안에 떨게 하기 위한 도구로 간주한다.

또한 겉으로 보기에는 도착증자가 완전한 만족 상태를 추구하는 것처럼 보이지만, 사실상 그런 모습은 단지 방어에 의한 베일에 불과하다. 오히려 이는 자신의 주이상스를 제한하는 법을 선포하기 위한 시도이다(『세미나 X』, 1963년 2월 27일). 주이상스를 추구하는 도착증자의 의지는 처음부터 자신이 도출해 낸 법(그가 타자로 하여금 공표하도록 한 법)에 의해 억제되도록 짜여 있다(물론 사디즘은 사디스트가 타자의 역할과 희생자의 역할을 동시에 수행하는 경우라 할 수 있다).[57]

아마도, 역설적으로 그는 주이상스를 금지하는 거세 자체를 무대화하는 것에서 쾌락을 얻는다고 할 수 있다. 그는 자신을 원천적인 만족으로부터 분리시키는 거세 자체를 무대화함으로써 만족을 이끌어낸다.

거세와 타자

> 분석적인 경험이 증명하는 바는, 거세가 정상인과 비정상인 모두에게
> 욕망을 통제하는 그 무엇이란 사실이다.
> —— 라캉, 『에크리』, 826/323쪽

> 거세가 의미하는 바는, 우리가 욕망의 법이라는 뒤집힌 잣대에 도달하기 위해서는
> 주이상스를 거부당해야 한다는 사실이다.
> —— 라캉, 『에크리』, 827/324쪽

우리는 도착증이 신경증이나 정신병과 중요한 지점에서 다르다는 사실을 확인했다. 정신병자가 자신의 육체 속으로 주이상스가 침입해 들어온다고 느끼면서 고통스러워하고, 신경증자가 (불만족한 욕망이나 불가능한 욕망을 유지함으로써) 주이상스를 회피하고자 한다면, 도착증자는 주이상스에 한계를 부과하는 시도 자체에서 쾌락을 얻는다. 정신병이 타자가 존재하지 않는 경우(근본적인 누빔점인 아버지의-이름이 자리잡지 않은 경우)라면, 신경증은 타자가 오직 부담스러운 것으로서

---

57) 입법자(立法者)로서의 타자가 여기에서 발화 행위 enunciation의 주체와 결부될 수 있다면 희생자는 발화된 enunciated 주체와 결부될 수 있다. 용어들 사이의 이러한 연관은 「사드와 함께 칸트를」에서의 라캉의 논의를 이해하는 데 도움이 될 것이다.

만 존재하는 경우(그는 타자가 자신을 외면해 주기만 기대한다)이다. 신경증자의 타자는 그가 거부하고자 하지만 거부할 수 없는 것으로 나타난다. 이에 반해 도착증은 타자를 존재하도록 만들어야 하는 경우이다. 도착증자는 타자의 욕망이나 의지를 자신의 욕망으로 지탱해 타자가 존재함을 무대화해야 한다.[58]

	정신병	신경증	도착증
상징적 타자는	결여되어 있다. 따라서 상징적인 수준에서 존재하지 않는다.	존재하지만, 환자로 하여금 거역하지 못하도록 옭아맨다.	환자 자신이 존재하도록 만들어야 한다.

도착증자와 정신병자는 모두 상징적인 타자를 존재하게 하는 부권적 기능을 보충하려고 노력한다. 이를 위해 도착증자는 법의 발화 행위를 무대화하고, 정신병자는 착란적인 은유를 고안해 낸다. 또한 공포의 대상이 아버지의-이름을 대신하는 공포증자도 부권적 기능을 보충하는 것과 관련된다고 할 수 있다. 그럼에도 정신병자의 보충이 소외를 목표로 한다면, 도착증자와 공포증자는 분리를 목표로 한다.

상상적 타인 혹은 실재적 타자인 엄마로 돌아가보자. 정신병의 경우 그녀는 결코 아버지의-이름에 의해 금지되지 않으며, 따라서 정신병자는 결코 그녀로부터 벗어나 분리된 주체가 될 수 없다. 신경증은 엄마가 아버지의-이름에 의해 금지된 채로 존재하며, 따라서 신경증자는 분리된 주체로서 존재한다. 도착증은 엄마를 완전히 금지시키기 위해서 상징적인 타자를 존재하도록 만들어야 하는 경우이며, 도착증자는 이러한 타자의 인위적인 설정을 통해, 엄마와의 상상적인

---

58) 신경증자가 타자의 욕망에서 벗어나지 못해 매우 힘들어하는 반면, 도착증자는 타자의 욕망 자체가 (법으로서) 존재하지 않기 때문에 그것의 존재를 믿기 위해 무척이나 노력한다.

관계에서 벗어날 수 있게 된다.

	정신병	신경증	도착증
엄마	금지되지 않았다	금지되었다	금지되어야 한다

정신병은 아이가 엄마와의 관계 속에서 얻는 주이상스를 금지당하지 않았다는 것을 의미한다. 이는 아버지의 금지(《Non》)가 각인되지 못했기 때문이다. 이는 한편으로 아버지가 부재했거나 아버지가 상징적인 아버지로 기능하는 데에 실패했기 때문일 수도 있지만, 다른 한편으로는 아이가 그 금지를 받아들이길 거부했기 때문일 수도 있다. 도착증은 엄마의 욕망과 관계된 무엇을, 다시 말해서 엄마의 결여[59]를 명명하고 상징화할 수 없다는 점(엄마가 원하는 것은 아버지가 아니라는 것)과 관계가 있다. 그러한 실패의 결과로서 도착증자는 결여의 결여와 직면하게 된다.

그리고 신경증은 타자의 이상 때문에 자신을 충분히 즐길 수 없다는 점, 다시 말해서 상징적인 타자로부터 완전히 분리될 수 없다는 점과 관련된다. 도착증자와 달리, 신경증자는 종종 자신이 무엇을 원하는지, 자신의 쾌락이 어디에서 온 것인지에 관해서 확신하지 못한다. 자신이 무엇을 원하고 있는지를 이미 알고 있더라도, 그는 누군가가 자신을 억압한다는 느낌 때문에 그것을 추구하지 못한다. 신경증자는 종종 자신이 제약받지 않고 행동하는 도착적인 환상을 갖기

---

[59] 엄마의 결여가 실재적인 대상으로서의 아이로, 엄마에게 주이상스를 주면서 그녀를 보완/충족complete시키는 리비도화된 대상으로서의 아이로 채워질 수 있는 것은 정확히 그 결여가 아직 명명되지 않았기 때문이다. 일단 그녀의 결여에 이름이 붙여지면, 그녀는 그런 방식으론 보완/충족될 수 없다. 신경증, 도착증, 정신병은 충족의 문제로만 간주될 수 없다. 전체와 비전체 사이의 변증법은 라캉의 사상에 매우 중요한 문제이며 우리에게 지금까지와는 다른 임상/구조적 범주에 대한 중요한 관점을 제시할 것이다.

도 하지만 그렇다고 그것이 구조적인 관점에서 그들을 도착증자로 만드는 것은 아니다.

나는 이미 『라캉의 주체』에서, 주체성을 구성하는 세 가지 계기(소외, 분리, 환상의 횡단)를 기술한 바 있는데, 그것은 이 세 가지 임상 구조를 이해하는 데에 매우 유용할 것이라 생각된다. 이 계기들은 다음과 같은 세 개의 대체들 혹은 대체적인 은유들로 요약될 수 있을 것이다.[60]

소외	분리	환상의 횡단
타자	대상 a	$\$$
$\$$	$\$$	대상 a

소외에서는 유아가 언어의 주체로서 존재하기 시작하며, 따라서 타자가 주체를 지배한다(아이는 언어 속으로 유인된다. 즉 쾌락과 언어 사이에서, 쾌락 원칙과 현실 원칙 사이에서 〈강요된 선택〉을 하도록 부추김 당한다). 이는 정신병에서는 일어나지 않는다. 분리에서 타자의 욕망으로서의 대상 a가 등장하기 시작하며 주체에 대해 우위를 가지고 주체를 복종시킨다. 이는 도착증에서는 일어나지 않는다. 왜냐하면 도착증자는 타자의 욕망이 자신의 욕망에 대한 원인으로서 기능하는 것을 허용하지 않고 오히려 자기 자신이 타자의 대상 a의 위치를 차지하고 있기 때문이다. 도착증자는 엄마의 욕망을 충족시키는 실재적인 대상으로 자리잡고 있다. 환상을 넘어서면서 주체는 그의 존재의 원인(타자의 욕망: 대상 a)을 주체화하며 욕망의 변증법적인 운동을 성취한다. 물론 이것은 신경증에서 일어나지 않는다.

이런 의미에서 이 세 가지 계기는 다음과 같은 점진적인 과정으로 기술될 수 있을 것이다.

---

60) 특히 『라캉의 주체』 5, 6장 참조.

정신병 ⇒ 소외 ⇒ 도착증
도착증 ⇒ 분리 ⇒ 신경증
신경증 ⇒ 환상의 횡단 ⇒ 신경증을 넘어서

간단히 말해서, 도착증과 정신병의 차이는 소외이고, 신경증과 도착증의 차이는 분리이다. 소외가 일어나지 않으면 정신병이 되고, 분리가 없이 소외만 있다면 도착증이 된다. 그리고 분리와 소외가 일어나더라도 환상을 넘어서지 못한다면 신경증이 된다. 환상을 넘어섬으로써 주체는 아직 한 번도 밟아본 적이 없는 거세의 저편으로, 다시 말해서 신경증 저편으로 인도된다.[61]

도식적으로 우리는 정신병, 도착증, 신경증을 그림 9.2와 같이 요약할 수 있을 것이다. 이 그림은 정신병자가 엄마의 욕망을 충족시키기 위해 자신의 존재 전체와 육체를 바치고 있음을 보여준다(엄마가 그를 완전히 삼켜버린 것이다). 그리고 도착증의 경우는 엄마를 충족시키기 위해 환자의 실제 페니스가 이용되고 있다는 것을 알 수 있다. 그리고 신경증의 경우는 환자가 상징적인 것으로 엄마를 충족시키고자 하지만, 그럼에도 엄마가 항상 다른 것을 원하기 때문에, 그것이 완전히 성공하지 못한 경우라 할 수 있다.

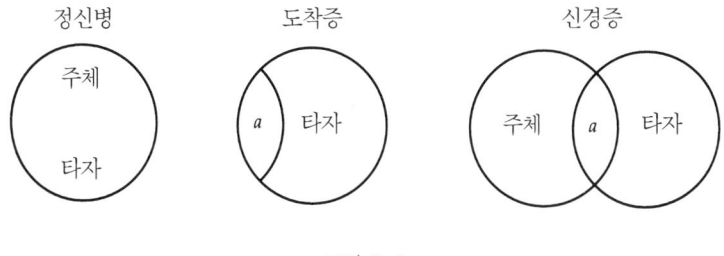

그림 9.2

---

61) 라캉이 이러한 신경증의 저편에 대해 제시한 두 가지 예는 플라톤의 『향연』에 등장하는 알키비아데스 Alcibiades와, 장 폴랑 Jean Paulhan의 소설 『충성스런 병사 Le guerrier appliqué』(Paris : Gallimard, 1930)에 등장하는 병사이다.

메타 연구

> 프로이트의 연구 전체는 다음과 같이 요약될 수 있다.
> 〈아버지가 된다는 것은 무엇을 의미하는가?〉
> —— 라캉, 『세미나 IV』, 204쪽

타자, 법, 상징적 질서, 구조, 언어, 이름붙이기에 관한 이 모든 논의는 대다수의 독자들에게는 낯설게 들릴지도 모르겠다. 또한 임상적인 병리학이 타자의 문제와 어떤 연관성이 있는지에 대해 의문이 들 수도 있다. 그러나 프로이트의 저작에 익숙한 대부분의 독자들은 프로이트가 종종 외도를 한 건 사실이지만, 그래도 사례의 객관적인 관찰을 통한 임상적인 연구를 벗어나지는 않았다고 생각한다. 그들은 프로이트의 개념들이 그렇게 모호하지 않다고 생각하며, 심지어 왜 프로이트가 그렇게 임상적인 사실들과 동떨어진 생각을 가졌는지에 대해서도 이해할 수 있다고 믿는다.

하지만 프로이트가 과학적으로 설명할 수 없는 것을 해명하기 위해 신화에 의지했다는 것은 분명한 사실이다. 예를 들어, 프로이트는 원시 부족 사회에서 모든 여자들을 차지하던 태초의 아버지를 그의 아들들이 서로 힘을 합해서 죽이고 각자에게 공평한 법을 부과했다는 신화(『토템과 터부』와 『문명과 그 불만』을 보자)를 제시한 바 있다. 우리는 다른 식으로는 설명할 수 없는 것을 설명하기 위해 신화를 고안한다. 프로이트 이후로 그의 신화를 조야한 상상으로 치부하는 경향이 없었던 건 아니지만, 대부분의 분석가들은 그것이 프로이트 사상의 어떤 필연적인 결과임을 입증해 보이려고 노력해 왔다. 그들 또한 아버지, 법, 〈자기성애적〉 만족의 포기 등이 모두 개별 사례와 임상적 범주에 관한 프로이트의 연구 방식에 있어 절대적으로 중요한 것임을 깨닫고 있었다. 하지만 라캉에 와서야 비로소 소쉬르로부터 시작된 언어학적인 작업의 도움을 얻어 프로이트의 신화를 보다 과학적인 관점에서 해석해 낼 수 있었다.

물론 라캉의 정신분석이 우주관이나 신화적 사고의 단계를 완전히 넘어섰다고 말하는 것은 아니다. 사실 어떤 측면에서 라캉은 고의적으로 자신의 신화를 제시하기도 했다.[62] 그러나 기표와 〈현실〉의 관계와 언어 내의 운동(은유와 환유)에 관한 그의 연구는 프로이트가 말한 아버지의 중대한 역할을 이해하는 데 필요한 언어학적인 토대를 제공해 준다. 프로이트가 말한 바 있는 아버지에게 부여된 부권적 기능은 언어학에 토대를 두고 있다. 그의 기능은 상징적인 기능이다. 그의 핵심적인 역할은 사랑을 주는 것(정치적으로 올바른 여론이 모든 것을 배제하면서까지 주장하려고 하는 것)이 아니라 엄마의 욕망과 그녀의 성적 차이를 이름붙이고 구현하는 것, 다시 말해서 그것을 은유화하는 것이다.[63] 따라서 상징적인 기능을 맡는 사람은 반드시 생물학적인 아버지일 필요가 없으며 심지어는 남자일 필요도 없다. 중요한 것은 바로 상징적인 기능 그 자체이다.

설명 원칙으로서의 부권적 은유

지금까지 부권적 은유는 두 가지 논리적인 계기로 설명되었다. 그런데 그것은 또한 주체에게, 자신이 어디에서 왔고, 왜 여기에 있는지를 설명하는 원칙이라고 할 수 있다. 다시 말해서, 부권적 은유는

---

62) 예를 들어 「무의식의 위치」, 『리딩 세미나 XI』, 273-276쪽에서 라캉이 리비도를 일종의 신화적인 〈박막 lamella〉으로 제시한 것을 생각해 보자.
63) 분석가가 언어와 부권적인 기능의 중요성에 대해 조금이라도 인정한다면, 도착증에 대해 셀던 바하 Sheldon Bach와 같은 대상관계 이론가들이 취한 견해가 얼마나 그릇된 것인지를 쉽게 알 수 있을 것이다. 그녀는 사도-마조히스트 sado-masochist에 관해 다음과 같은 견해를 보인 바 있다. 〈이 환자들은 어느 정도 자신을 돌봐준 엄마와 자신을 좌절시킨 엄마, 쾌락을 준 엄마와 고통을 준 엄마를 통합시키는 데 실패했다고 말할 수 있다〉, 『도착의 언어와 사랑의 언어 The Language of Perversion and the Language of Love』(Northvale, N.J. : Aronson, 1994), 17쪽.

자신을 이 세상에 데려온 부모의 욕망(종종 조부모들의 욕망)을 해석하는 것이다. 이를 명확히 하기 위해서 프로이트의 꼬마 한스 사례를 살펴보도록 하자(SE X, 1-149쪽).

꼬마 한스는 아버지가 아이를 낳는 데에 어떤 역할을 하는지 이해하지 못했다. 한스의 부모는 아이가 어떻게 태어나는지에 대해 무의미한 해석만 늘어놓을 뿐이었다. 그러나 한스는 부모의 그런 말을 믿지 않았다. 한스는 침실에서 엄마의 신음 소리를 들은 다음부터 엄마의 배가 커가는 것을 보았고, 누이동생 한나가 태어나고 나서 엄마의 배가 사그라드는 것을 보았다. 이렇게 해서 한스는 아이가 이 세상에 태어나는 데에 엄마가 중요한 역할을 한다는 걸 나름대로 확인했다.

그런데 한스의 엄마는 남편이나 한나보다 한스를 더 각별히 생각했다. 아버지가 종종 불쾌감을 표시했음에도 엄마는 아랑곳하지 않고 한스를 침대 속으로 맞아들였다. 하지만 그때 한스는 아버지의 불쾌감을 알아차렸으며, 〈엄마가 원하는 것은 무엇이지?〉라는 질문을 던지게 되었다(이는 한스가 정신병자가 아니었다는 걸 의미한다). 하지만 한스는 자신의 질문에 대해 〈엄마가 원하는 건 바로 나야〉(여기에서 〈나〉는 하나의 유일한 대상이다. 엄격히 말해서, 이는 욕망이 아닌 요구의 대상이다)라는 대답 외에 어떠한 대답도 찾을 수 없었다. 한스는 아버지에게 자신이 태어날 때 그가 어떤 역할을 했는지 계속해서 질문했다. 그리고 자신은 엄마의 아들인지 아버지의 아들인지를 끈질기게 물었다(SE X, 92, 100쪽). 한스의 아버지는 얼버무리며 수태 능력을 엄마에게 떠넘겨버렸다(SE X, 91쪽). 아버지는 아이를 만드는 데 자신이 무슨 역할을 하는지, 그리고 엄마의 욕망에서 아버지가 어떤 위치를 차지하는지 한스가 전혀 알아채지 못하도록 했던 것이다. 따라서 한스는 자신이 엄마의 욕망만으로 이 세상에 나타났다고 믿게 되었다. 한스는 자신의 존재 이유에 대해 줄곧 궁금히 여겼지만 제시되는 대답은 항상 똑같기만 했다. 결국 한스는 자신이 엄마를 만족시키기 위해 이 세상에 태어난 것이라고 생각하게 되었다.

한스는 이상하게도 두 마리의 말이 끄는 마차는 전혀 무서워하지 않았지만, 한 마리가 끄는 마차는 매우 무서워했다(SE X, 91쪽). 한스는 자신의 아버지를 위한 자리를 발견하지 못했다. 한스는 자신 외에 엄마가 욕망하는 인물이나 대상을 발견하지 못했다. 결국 그녀가 원하는 것에는 아무런 이름이 없었다. 오직 한스만이 그녀의 요구를 만족시킬 수 있는 대상이었던 것이다. 물론 한스와 엄마 사이에는 첫번째 분리선이 이미 설정되었는데, 왜냐하면 한스는 아버지가 그들의 친밀한 관계를 못마땅하게 여기고 있다는 것을 알고 있었기 때문이다. 하지만 그럼에도 그녀의 욕망은 어떠한 이름도 부여받지 못했고 따라서 그것은 진정한 욕망이 되지 못했다. 한스는 엄마를 만족시키기 위해 자신의 모든 것을 바쳐야 한다고 느꼈는데, 바로 이것이 한스가 불안해했던 원인이다. 한번 분리선이 설정되면, 주체는 자신이 엄마의 주이상스를 위한 유일한 원천이 되는 것을 단지 즐기고 있을 수만은 없다. 이러한 역할은 즐길 만한 것(엄마를 만족시키는 데에서 오는 쾌락)인 동시에 위협적인 것이다(왜냐하면 한스는 엄마가 없으면 자신도 불가능하다고 느꼈기 때문이다). 〈한스〉는 그녀의 욕망의 유일한 이름인 것이다.[64]

한스의 공포증은 다음 그림에서처럼 엄마와 자신 사이에 있어야 할 아버지의 자리에 무엇인가(말)를 배치하기 위한 시도이다. 말은 한스가 엄마 침대로 기어들어갔을 때 아버지가 보여주었던 분노와 자존심(물론 아버지가 처음부터 아이를 되도록 강압적으로 키우지 않겠다는 엄마의 결정에 동의했기 때문에 이런 감정을 노골적으로 드러내진 않았지만[SE X, 6쪽])을 아버지 대신에 보여줄 수 있는 존재이다. 공포증의 대상은, 상당 기간 동안 엄마가 사랑하는 유일한 대상이 된다는 데서 비롯된 불안감을 경감시키거나 동결시킨다.

---

64) 고정적 지시자 rigid designator로서의 이름은 엄격히 말해 욕망이 아닌 요구만을 만족시킬 수 있다.

하지만 이는 영구적인 해결책이 아니다. 한스가 새로운 해결책을 발견했을 때 공포증은 사라졌다. 하지만 그가 발견한 해결책은 엄마의 욕망/결여[65]를 이름붙일 수 있는 은유가 아니다. 이러한 임시적인 해결책은 오히려 환유적인 것에 가깝다. 왜냐하면 한스는 자신의 아기를 만들어 자기 대신 그 아기를 엄마에게 주고자 하기 때문이다. 한스는 엄마와 멀어지기 위해 아버지의 전철을 밟는다. 아버지가 한스를 엄마에게 주어 자신들의 관계를 분리시킨 것처럼, 한스도 엄마에게 아기를 주어 엄마와 멀어지고자 한다.

엄마 ── 한스 ── 아버지 ⇒ 엄마 ── 아기 ── 한스

이러한 맥락에서 한스는 엄마와 결혼하고 아버지는 할머니와 결혼한다는 식으로 새로운 족보(상징적 계보)를 만들어낸다. 언뜻 보기엔 외디푸스적인 것처럼 보이지만 이는 결코 외디푸스적인 소망을 표현한 것이 아니다. 엄마와 분리되기를 소망하는 한스는 오히려 이 족보를 통해 엄마에게 다른 아기를 주려고 한 것이다. 이는 한스가 자신만의 공간을 만들기 위해 고안해 낸 방법이다. 장과 마찬가지로 한스도 (아버지나 프로이트의 임시적인 분석이 끝났을 때에도) 여전히 엄마의 그늘에서 벗어나지 못했다. 신경증적인 것이라고는 보기 어려운 그의

---

65) 여기에서 한스의 부모가 그에게 여성의 성기에 대해 가르쳐주길 거부했다는 점에 주목해 보자. 한스는 엄마가 페니스를 가지고 있다고 확신한다. 부모가 더 적극적으로 한스와 섹스에 대해 이야기를 나누었다면, 한스는 엄마가 페니스를 가지고 있지 않으며 한 남자를 통해서 그것을 갖길 원한다고 느낄 수도(설령 그의 생각에 엄마가 한스 자신의 성기를 원한다고 결론을 내릴 수 있을지언정) 있었을 것이다.

바람은 엄마에게 자기 대신 다른 아들을 주는 것이다.

　엄마의 욕망에 이름(심지어는 어느 정도 잘못된 이름조차도 분리를 초래할 수 있다)을 붙일 수 없었던 한스는 상징적 위상을 얻을 수 없으며, 따라서 그녀의 욕망을 만족시키기 위한 무한한 환유 운동 속으로 들어갈 수 없다. 엄밀히 말해서, 한스는 결코 엄마의 욕망과 마주칠 수 없었다. 왜냐하면 그것은 아직 이름붙여지지 않았기 때문이다. 그는 오직 그녀의 요구만을, 유일한 대상인 그에 대한 그녀의 요구만을 알 뿐이다. 그는 그녀의 관심사 속에서 자신이 아닌 다른 것을 발견할 수 없다. 그가 할 수 있는 유일한 것이라곤, 자기 대신 엄마를 만족시킬 다른 대상을 그녀에게 준다고 상상하는 일이다.

　한스가 계속해서 공포증으로 남아 있었다면, 아마도 부권적 은유는 성공적으로 보완될 수 있었을 것이다. 다시 말해서 분노한 말은 어느 정도 아버지의 자리를 대신할 수 있었을 것이다. 하지만 말은 또한 엄마의 속성도 가지고 있었기 때문에 한스는 결코 성공할 수 없었다. 아버지가 어떤 식의 설명 원칙도 제공하지 못했기 때문에(그리고 프로이트가 분석을 통해 엄마의 요구에 이름을 부여하고 그것을 욕망의 환유적인 운동으로 변형시킬 수 없었기 때문에), 한스는 결국 도착적인 위치에 눌러앉게 되었다. 라캉이 『세미나 IV』의 말미에서 내린 결론은, 한스는 프로이트가 말한 것처럼 (정상적인) 신경증이 아니라 도착증에 빠졌다는 것이다.

　신경증자에게는 항상 어떤 식으로든 설명 원칙이 존재한다. 신경증자는 항상 아무리 모호하고 혼잡하더라도, 왜 부모가 자신을 원하는지, 혹은 왜 처음엔 원하지 않았음에도 점점 자신을 사랑하게 되는지를 설명해 주는 작은 이야기들을 갖고 있다. 이 작은 이야기는 우주론적인 부모의 욕망 속에서의 우리의 위치에 관해 말해 준다. 그러한 부모의 욕망 속에서 차지하는 우리의 위치는, 그것이 아무리 작을지라도, 우리의 삶을 지탱시키는 근본적인 발판이 된다.

하지만 그들은 나에게서 무엇을 원하는 것일까? 아이에게 이는 중대한 문제가 아닐 수 없다.[66] 만약 자신을 단지 부모의 확장으로 생각하거나 부모의 성적인 쾌락을 위한 도구로만 생각한다면, 심각한 사태가 발생할 것이다. 부모가 아이에게 원하는 것은 아이가 단번에 알지 못하는 그 어떤 것이어야 한다. 〈네가 행복해지기만을 원할 뿐이야. 우리는 네가 잘되기만을 바랄 뿐이야. 네가 자랑스럽기를 바랄 뿐이야.〉 이런 욕망은 신경증자에게 미지의 것으로 남아 있어 그에게 불안을 초래할 수 있지만, 이는 최악의 사태를 빗겨가기 위해 치러야 할 대가들 중 하나이다.

정신병자는 그런 설명 원칙이 아예 없기 때문에 착란적 은유를 고안해 낸다. (7장에서 간단히 언급된 바 있는) 한 환자는 한때 자신의 직장 상사였던 데이빗이 신약 성서에 나오는 사도 바울의 편지를 좋아한다는 사실에서, 그가 토크쇼 사회자인 데이빗 레터만과 일종의 〈우주론적인 연관 관계〉를 갖고 있다고 생각했다. 분석이 진행되는 동안, 그녀는 새로운 연관 관계를 생각해 냈는데, 그것은 첫번째 데이빗이 아버지와 이웃집 여인의 불륜에 의해 태어난 이복형제라는 것이었다. 이런 식으로 그는 그녀의 삶 전반에 영향을 주기 시작했고, 데이빗 레터만과 같은 저명 인사와의 연관 관계 때문에 점점 더 강력한 영향력을 발휘하게 되었다. 그녀의 환각 속에서 그는 신의 지지에 힘입어 대통령에 출마하게 되었으며, 그녀는 자신을 타락한 천사로 생각해 만약 자신이 그를 도와 그가 당선된다면 다시 하늘나라로 승천할 수 있을 것이라고 믿었다.

그녀가 상상해 낸 〈연관 관계〉는 〈희극적인〉 준거에 의해 구성된 것이다. 그 환자는 자신의 실제 가족 속에선 상징적 공간을 발견하지 못했기 때문에, 이런 식으로 자기 자신에게 특별한 역할을 부여하는

---

66) 이에 대한 대답이 바로 본환상이다.

세상을 재창조해 냈던 것이다. 이러한 그녀의 작업은 계속되었다. 물론 언제부터 그녀에게 우주론적인 도식이 나타났는지는 분명치 않다. 하지만 분명한 것은 그녀가 자신을 위한 설명 원칙을 아주 차근차근히, 그러면서도 철저하게 만들어냈다는 사실이다. 이는 물론 슈레버와 같이 기이한 사례이며, 따라서 만인의 동의를 얻기는 힘들겠지만 (물론 이런 일은 종종 일어나기도 한다) 그 나름대로의 논리를 따라가 보면, 그것은 그녀에게 매우 커다란 안정감을 가져다준다는 것을 알 수 있다.

한스가 자신의 딜레마를 해결하기 위해 자발적으로 자신의 가계 (家系)를 만들어냈던 것처럼, 정신병자들도 착란을 통해 자신이 중요한 위치를 차지하는 자신만의 세계를 만들어낸다. 정신병자의 우주관은 그가 어디에서 나타났고 왜 나타났는지를, 그리고 무슨 목적으로 나타났는지를 설명해 주는 착란적인 은유이다. 따라서 이는 아버지의 은유처럼 말과 의미를 하나로 묶으려 한다.

내가 알고 있는 한 남자아이의 사례를 살펴보자. 그 아이의 엄마는 아이의 아버지를 완전히 배제해 버리고 아이에게 완전한 복종을 요구했다(그리고 기회만 있으면, 그녀는 아이에게 자신과의 특별한 관계 때문에 나중에 그가 아내를 얻는 데에 어려움이 있을 것이라고 말했다). 그리고 그녀는, 남자와 여자 모두 〈포탄〉(아이가 페니스를 가리켜 사용한 단어)을 가지고 있다고 믿는 아이에게 진실을 가르쳐주기 위해, 매일 밤 아이를 자신의 침대에 누이고 자신의 성기를 보여주었다. 사실 그 애의 엄마는 그를 갖기 위해, 만난 지 얼마 안 된 한 남자와 아무런 상의도 하지 않고 임신을 했다. 따라서 아버지가 없는 사실을 아이에게 설명하기 위해 그녀는 아버지가 그를 사랑하지 않기 때문에 버렸다는 식으로 말했다(그런데 사실은 그녀 때문에 그가 자살했다고 한다).

분석가는 이런 사례에서 많은 선택을 할 수 있다. 우선 그는 아이가 무엇인가를 분절함으로써, 견디기 힘든 엄마의 요구와 존재(실재로서의 엄마)를 용인 가능한 현실(이름붙여진 엄마의 욕망)로 변형시키길 기대할 수 있다. 물론 이 경우 분석가는 아이를 정신병이나 도착증으로 내몰 위험이 있다. 아니면, 분석가는 나름대로의 설명을 고안해낼 수 있다. 〈너의 아버지는 너와 같은 어린아이를 아주 좋아하지. 그리고 너의 엄마에게 자신의 아이를 갖고 싶다고 말하기까지 했어. 너의 아버지가 죽었기 때문에 너의 엄마는 매우 상심하고 슬퍼했지. 네 엄마가 자신이 잃은 남편의 유산인 너에게 이토록 집착하는 건 바로 이 때문이야.〉[67]

이는 단순한 허구가 아니다. 이는 계산된 거짓말이다. 하지만 그것이 거짓말이라 하더라도, 만약 분석가가 아이와의 밀접한 유대 관계를 이룬 후에 그런 거짓말을 했다면, 그리고 그 거짓말이 아이가 아버지에 관해 들은 것과 그렇게 심하게 위배되지 않는다면, 분석가는 그 거짓말을 통해 엄마의 세계에 아버지를 위한 중요한 자리를 마련할 수 있으며, 따라서 엄마의 욕망에 이름을 붙일 수 있다. 다시 말해서 만약 분석가가 그런 허구를 만드는 데 성공한다면, 그는 엄마의 요구를 욕망으로 변형시킬 수 있다. 이제 자신의 만족을 위해 아이에게 모든 것을 요구하던 엄마의 요구는 항상 아버지나 그와 관련된 다른 어떤 것을 추구하는 욕망이 되며, 아이는 엄마의 욕망이 과연 무엇을 원하는지를 알아내려고 할 것이다.

물론 이러한 허구는 엄마가 아이에게 들려주는 것들과 충분히 모순될 수도 있다. 하지만 아이는 엄마가 말하는 것을 허구의 맥락에서 다시 이해하려고 노력할 것이다. 〈엄마는 아버지를 그리워하기 때문

---

67) 마찬가지로 분석가는 필요하다면 그림을 보여서라도 성적인 차이를 설명하는 것이 좋다. 이와 같은 경우에 분석가는 아이에게 엄마는 페니스를 가지고 있지 않기 때문에 어떤 남자로부터 그것을 받으려 한다고 말해 주어야 한다. 중요한 것은 남자에겐 엄마가 원하는 무엇인가가 있다는 점을 지적하는 일이다. 그녀는 자기 밖에 있는 무엇인가를 욕망한다는 것이다. 왜냐하면 그녀는 무엇인가를, 이름붙여질 수 있는 무엇인가를 결여했기 때문이다. 결여의 결여보다 더 불안을 초래하는 것은 없다.

에 절대로 나를 놓아주지 않을 거야.〉〈엄마는 자신이 외롭기 때문에 아버지가 우리를 버린 걸 늘 불평하지.〉 모순은 분석가가 제공한 허구적인 발판을 침해하지 않는다. 오히려 그것은 다른 모든 것이 해석될 수 있는 출발점으로 기능한다. 따라서 엄마의 행동과 태도가 전혀 바뀌지 않는다고 하더라도, 분석가는 아이로 하여금 그것들을 다르게 읽을 수 있도록 해준다. 허구는 엄마에 대한 아이의 경험을 근본적으로 변형시킨다.

물론 사는 동안 아이는 점차 분석가의 허구를 부정하게 될 수도 있다. 그 대신에 엄마의 동기들이 악의가 있다거나 이기적인 것이라고 믿을 수 있다. 하지만 그렇다 하더라도 이는 여전히 허구의 관점에서 허구를 배척하는 것일 뿐이다. 왜냐하면 자신이 딛고 서 있던 허구에 의심의 눈길을 던질 수 있기 위해선 또 다른 발판에 발을 딛고 있어야 하기 때문이다. 허구 이전에 아이가 설 자리는 없으며, 따라서 허구가 없으면, 의심과 회의도 불가능하다. 오직 허구를 통해서만, 다시 말해서 항상 자신의 발 밑에 발판을 놓고서만, 아이는 모든 것을 의심해 볼 수 있다. 물론 극한의 절망 속에서 아이는 자신의 완전한 비존재를 꿈꿀 수도 있다. 하지만 그러한 꿈을 꾸기 위해선 일말의 여지가 남아 있어야 한다. 그리고 이러한 여지가 바로 라캉이 말하는 주체이다.

III 욕망을 넘어서는 정신분석 기술

10

욕망에서 주이상스로

<blockquote>
오직 사랑만이 주이상스를 욕망으로 내려앉게 할 수 있다.
— 라캉, 『세미나 X』, 1963년 3월 13일
</blockquote>

앞의 세 장은 내가 이 책의 서두에서 강조했던 임상적인 측면을 넘어서는 이론적인 작업들을 상당히 포함하고 있다. 이제 나는 지금까지 소개된 욕망, 주이상스, 언어 등에 대한 작업을 통합시키면서, 실제 분석에 대한 라캉의 중요한 방법들을 다시 기술하고자 한다.

욕망을 넘어서 : 본환상과의 재대면

앞에서 나는, 분석은 분석주체의 욕망이 원활히 작동할 수 있도록 〈욕망의 공간을 그에게 열어주는 것〉이 매우 중요하다는 점을 지적했다. 혹자는 이 말에서, 라캉에 있어서 분석의 최종 목적은 분석주체의 욕망을 변증법적인 운동으로 만들어 그것을 타자의 욕망으로부터 자유롭게 하는 것이라는 인상을 받을지도 모르겠다. 물론 초창기의 정신분석에서는 이처럼 주체의 욕망을 변증법화하는 것이 환자에게 유익한 것이라고 판단되었다. 이때의 분석은 고착을 줄이고 불안을 감소시키는 것을 목적으로 했다. 실제로 오랫동안(1950년대를 거쳐 1960년대 초기까지) 라캉은 욕망의 운동을, 분석의 성공적인 결말로 가는 열쇠로 생각했다.[1]

초기의 라캉은, 분석이 상징계를 거쳐서 성공적인 결말에 다다를 수 있다고 믿었다. 당시 그에게는 욕망이란 곧 언어의 현상이고, 엄밀히 말해서 언어가 없이는 욕망이란 것도 없다는 것이 주된 생각이었다. 라캉은 욕망을 상징적인 언어의 기능에 속하는 것으로 생각했으며, 그리하여 언어의 구조에서 비롯된 욕망의 자리바꿈의 방식에 관해서 상세히 논의했다. 에드가 알란 포의 「도둑맞은 편지」에 관한, 익히 잘 알려진 논문에서, 그는 포의 이야기에 등장하는 인물들의 욕망이 어떻게 상징적인 구조 안에서의 그들의 위치에 따라서 결정되는지에 대해 상세히 기술한 바 있다. 그는 환자의 운명이, 종종 자신도 모르는 사이에 그들의 기억 속에 각인되어 버린, 〈도둑맞은 편지들〉(그들 부모의 대화의 조각들, 다시 말해서 타자의 담화)에 의해 결정된다는 사실을 강조했다. 이런 관점에서 볼 때 분석이란 환자가 그 편지를 분석가에게 가져옴으로써 시작되고, 분석가는 환자가 그 편지를 읽을 수 있도록 해주어, 그의 욕망의 배후에 어떤 결정인자가 숨겨져 있는지를 밝히는 것이 된다.[2]

---

[1] 이 점과 관련해 자크-알랭 밀레가 라캉의 작업의 시기를 세밀하게 구분한 1993-1994 세미나 「Donc」 참조. 내 논의의 상당 부분이 이 세미나에 근거한 것이다. 이 세미나의 일부가 「라캉의 텍스트에 대한 논평」이라는 제목으로 『리딩 세미나 I-II』, 422-427쪽에 실려 있다.

[2] 이런 맥락에서 프로이트가 플리스에게 보낸 한 편지를 보자. 〈나는 정기적으로 나타나는 가벼운 우울증 속에서 발전한 히스테리의 연대기를 추적해 볼 수 있었는데, 그것이 처음 나타난 것은 생후 11개월 때였다. 그런데 나는 거기에서 당시 두 명의 어른 사이에서 오고 갔던 대화를 다시 들을 수 있었던 것이다! 마치 축음기에서 흘러나오는 것 같은 느낌이었다.〉『플리스에게 보내는 프로이트의 편지』(Cambridge, Mass.: Harvard University Press, 1988), 226쪽 (1897년 1월 24일자 편지). 따라서 프로이트는 우리가 언어를 이해할 수 있기

라캉의 가르침을 따른다면 우리는 어떻게 해서 장의 단추 물신이 ton bout(엄마가 그의 페니스를 지칭하기 위해 사용한 말), bouton(프랑스어로 단추를 의미하기도 하지만, 또한 아버지가 엄마의 성기를 지칭하기 위해 사용한 말) 등과 같은 문자적인 연쇄에 근거해서 형성되는지를 이해할 수 있을 것이다. 라캉은 분석가들은 분석주체들이 의도하는 바가 아니라 그들이 말하는 문자에 주의를 기울여야 한다고 가르쳤다. 분석주체들은 그들 안에 깃든 기표(타자의 담화)를 가지고서만 말을 할 수 있기 때문이다. 그리고 그는 문자의 무의미한 연쇄(프로이트가 〈말이음〉이라고 부른 것)의 중요성을 강조한 프로이트로 돌아가고자 하였다. 프로이트에 따르면, 쥐인간 사례에서의 〈쥐 콤플렉스〉는 Ratten(쥐), Raten(할부금), Spielratten(도박꾼)이라는 단어들로부터 발전된 것이다. 물론 이때 그 세 단어들은 의미에 의해 연결된 것이 아니라 단어 그 자체가 가지고 있는 문자 그대로의 소리에 의해 연결된 것이다. 라캉은 우리가 부모의 담화나 기표에 얼마만큼 종속되어 있는지, 그리고 우리의 삶이 그것에 의해 어느 정도까지 좌우되는지를 밝히려 했다. 그리고 정신분석은 우리가 우리의 삶을 언어에 몰수당하고 있다는 사실을, 따라서 어떤 의미에서 우리는 단지 살아 있는 시체(우리의 몸은 우리 안에 기생하는 언어에 의해 덧쓰여져 있다)에 불과하다는 사실을 받아들이도록 만드는 것이다.[3]) 우리는 그 치명적인 운명을 스스로 주체화하여 우리 자신의 것으로 만들어야 한다. 우리는 우리의 세계를 시작하도록 만든 그 최초의 주사위 놀이를, 다시

이전부터 언어가 우리의 기억 속에 각인되어 있다는 점을 깨닫고 있었다. 이것이 바로 라캉이 아이들 앞에선 〈말을 조심해야 한다〉고 말한 이유이다. 말은 남는다. 그것은 기록된다(『세미나 II』, 232/198쪽). 이에 대해선 『라캉의 주체』, 2장 참조.

3) 밀레에 따르면 욕망은 죽어 있는 신체, 다시 말해 기표에 의해 덧쓰여지고 그것에 의해 죽음을 당한 신체와 관련된다(「Donc」). 라캉의 말에 따르면, 〈신체는 기표의 활동으로 말미암아 타자의 침대가 된다〉(*Scilicet* 1〔1968〕, 58쪽). 다시 말해서, 기표는 신체를 타자의 소유지, 영역, 매개물로 바꾸어버린다.

말해서 우리를 존재하도록 만든 부모의 욕망을 책임져야 한다. 우리는 그들이 우리 자신의 원인으로 기능하는 바로 그곳에 존재해야 하는 것이다.

한때 라캉은 분석 과정이란 뒤엉켜버린 욕망의 매듭을 푸는 것이라고 생각했다. 그는 분석의 목적이 〈주체의 욕망의 형태들을 발현시키는 것〉(『세미나 VIII』, 234쪽)이며, 분석의 성공적인 종결은 〈결정된 욕망〉 혹은 〈한정된 욕망〉을 완성하는 것이라고 말한 바 있다. 여기에서 〈결정된 욕망〉이라 함은 더 이상 타자에 의해 좌지우지되거나 장애물에 의해 가로막히지 않는 욕망을 말한다. 그것은 한때는 억압에 의해 무의식으로 남아 있었지만, 이제 더 이상 그런 억압에 종속되지 않는 욕망이며, 분석가의 요청에 대해서 거부할 수 있는 욕망이며, 따라서 타자가 무엇을 원하는지에 대해서 더 이상 상관하지 않는 욕망이다(물론 이는 오랜 분석을 거친 후에야 완성되는 것이다).[4]

이런 맥락에서 라캉은 분석주체가 자신의 욕망을 포기하지 않는 법을 배워야 한다고 말했다. 주체는 자신의 욕망이 타자의 욕망에 의해 지배당하도록 놔둬선 안 된다(왜냐하면 우리가 양보하게 되면 죄의식을 갖게 되기 때문이다:『세미나 VII』, 368/319쪽). 이것이 바로 라캉의 작업에 있어 욕망이 유토피아적인 위치를 차지하게 되는 단계이다. 이러한 욕망은 우리를 우리가 원하는 곳으로, 다시 말해서 신경증 저편으로 인도할 것이다.

---

4) 여기에서 도출될 수 있는 결과는, 분석을 언제 끝낼지를 결정하는 것은 정신분석에서 중요한 문제가 아니라는 점이다. 분석주체가 결정된 욕망을 획득하게 되면, 분석가나 그간의 분석에 대해 미련을 두지 않고 자연스럽게 분석을 스스로 끝마치게 된다.

욕망의 주체에서 주이상스의 주체로

> 욕망은 타자로부터 오지만, 주이상스는 사물의 편에 있다.[5]
> —— 라캉, 『에크리』, 853쪽

> 머리가 없는 것과 열정의 전염(다시 말해서, 종아리는 의미화된 영원성 속에서 한 개인의 열망이 다른 사람의 열망으로 넘어가는 것) 사이에는 분명한 연관성이 있다. 다시 말해서 갈망이란 머리를 갖고 있지 않다고 말할 수 있다.
> —— 라캉, 『세미나 VIII』, 254쪽

라캉의 후기 작업 속에서 초기 작업과 달라진 것은 분석의 목표가 아니라 그 목표가 표현되는 방식이다. 분석의 목표는 여전히 타자로부터의 분리이다. 그것은 주체가 주위의 타인들이나 내면화된 타자의 가치 판단에 의해 영향받거나 금지당하지 않고 자신의 길을 계속해서 추구할 수 있게 하는 것이다.

하지만 라캉은 무의식적 욕망이, 자신이 한때 믿었던 것처럼 그렇게 혁명적이거나 전복적인 것은 아니라는 사실을 깨닫게 된다. 욕망은 법과 상부상조의 관계에 있다. 욕망은 위반만을 추구할 뿐이다. 그런데 위반이라 함은 곧 욕망이 전적으로 법(타자)에 의존하고 있다는 사실을 의미한다. 욕망은 법의 금지에 의해서만 가능한 것이다. 따라서 욕망은 자신을 타자로부터 완전히 해방시킬 수 없다. 욕망의 존재 자체를 가능케 하는 것은 바로 그 타자이기 때문이다. 내가 앞에서 사용했던 그림을 참조한다면, 우리는 욕망이 오른쪽의 타자 안에 각인되어 있는 반면에 주체는 다른 어떤 것으로 남아 있다고 말할 수 있다(그림 10.1).

그렇다면 그 다른 어떤 것이란 무엇인가? 만약 주체가 라캉의 초기 작업에서처럼 욕망을 일으키는 순수한 결여로서 개념화되지 않는다면, 주체란 과연 무엇인가? 타자 밖에 존재하며 타자에 대해 독립

---

[5] 「프로이트의 〈충동〉과 정신분석가의 욕망」, 『리딩 세미나 I-II』, 419쪽 참조.

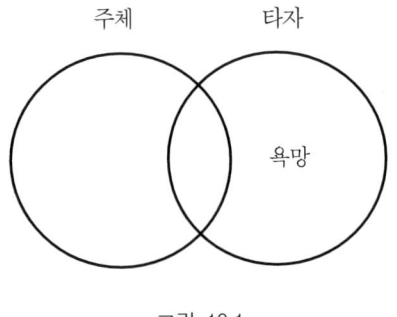

그림 10.1

적인 위치를 차지한다고 말하는 것은 과연 무엇인가? 프로이트의 용어를 빌리자면, 그것은 바로 이드, 다시 말해서 충동이 자리잡은 곳이다. 왜냐하면 프로이트가 말한 충동은 적어도 처음에는 아직 통제되지 않고 아직 교화되지 않은 비사회적인 것이기 때문이다.[6] 그 충동은 어떤 것에도 구애받지 않고 오직 자신의 길만을 추구한다. 내가 라캉의 초기 작업과 후기 작업을 공식화하는 데에 있어 많은 도움을 받은 자크-알랭 밀레의 말을 빌리자면, 다음과 같다.

충동은 금지에 아랑곳하지 않는다. 충동은 금지라는 말을 모르며 따라서 금지를 위반한다는 것 또한 생각할 수 없다. 충동은 제 마음대로 추구하며 항상 만족을 얻는다. 이에 반해 욕망은 〈그들이 원하는 한 나는 그것을 하지 않을 거야〉, 혹은 〈다른 사람들은 내가 그렇게

---

6) 기이하게도 충동은 분석주체가 분석을 처음 시작할 때 낯설게 여기는 것 중의 하나이다. 〈그것은 내가 원하는 것이 아닙니다. 하지만 어쨌든 내가 그걸 즐기고 있는 건 분명해요.〉

프로이트의 관점에서 볼 때, 욕망의 주체는 어떤 의미에선 이드가 추구하는 만족에 대해 방어하는 (부분적으론 의식적이고 부분적으론 무의식적인) 에고의 위치에 있다고 할 수 있다. 에고는 만족에 대한 이드의 추구를 위협적이고 못마땅한 것으로 생각한다. 왜냐하면 이드는 대상, 상대, 방법을 선택하는 데 있어 사회적인 규범과 이상을 전혀 존중하지 않기 때문이다.

할 거라고 생각하지. 하지만 바로 그렇기 때문에 난 그렇게 하지 않을 거야〉라는 식으로 자신을 짓누른다.

처음에 라캉은 욕망에 삶의 기능을 부여하려고 노력했다. 하지만 그는 충동을 욕망과 구별하고, 욕망을 금지에 대한 부정에 근거한 것이라고 판단하면서, 욕망에 대해 부정적인 평가를 하기 시작했다. 이때부터 본질적인 것은 욕망이 아니라, 주이상스를 생산하는, 상실된 대상과 결부된 충동이 된다.

욕망의 본질은 바로 그것이 다다르게 되는 막다른 골목 impasse에 있다. 라캉에 따르면 욕망의 본질은 그 불가능성 속에서 발견된다. 욕망은 막다른 골목에 봉착할 수밖에 없다. 이는 라캉이 「1967년 제안」[7]에서 말한 것과 일치한다. 그는 거기에서 〈우리가 다다른 막다른 골목은 무의식의 주체가 처한 난관〉이라고 말했는데, 이를 풀이하자면, 우리의 난관은 욕망의 주체가 처한 난관이라는 말이 될 것이다. 그러나 충동의 본질은 불가능성과는 무관하다. 충동에는 막다른 골목이란 것이 없다(「라캉의 텍스트에 대한 논평」, 425-426쪽).

한마디로, 라캉은 주체의 위치를 무의식적인 욕망에서 충동으로 이동시키고 있다고 할 수 있다. 인간 주체에게 가장 중요한 것은 더 이상 욕망의 끊임없는 환유 운동이 아니라 만족 그 자체이다. 라캉의 주체는 만족을 추구하는, 머리 없는 주체이다(이는 전통 철학이 말하는 주체가 아니다. 라캉은 이런 맥락에서 〈머리 없는 acephalous〉이라는 용어를 사용했다). 분석 이전, 주체를 지배하는 욕망은, 타자의 욕망, 가치, 이상을 함축하는, 타자의 담화를 통해서 언어적인 구조로 형성된 욕망이다. 그는 에고와 초자아에 의해 가능한 만큼 통제된 주체이다. 만약 초기의 라캉이라면 이러한 주체를 주이상스의 과도한 경험에 대해 방어하도록 위치시킬 것이다. 다시 말해서, 주체가 만족에

---

[7] *Scilicet* 1(1968), 14-30쪽.

대한 충동의 요구를 침묵시키고 절제시키는 방어적인 위치에 자리하도록 만들 것이다. 그러나 이제 라캉은 이와 반대로 주체를 욕망이 아닌 충동에 위치시키며, (정신병자나 도착증자가 아닌)[8] 신경증자에 대한 임상적인 분석의 목표 또한 분석주체의 욕망을 지탱하는 본환상을 변형시키는 것으로 상정한다.[9] 왜냐하면 욕망은 그가 만족을 추구하는 것을 방해하기 때문이다. 따라서 분석주체는 타자의 요구나 욕망과의 관계가 아니라, 만족을 가져다줄 부분 대상인 대상 a와의 관계 속에서 다시 자리잡아야 한다.

이는 충동 자체가 분석 과정을 통해서 변화한다는 사실을 함축한다. 처음에 충동은 4장과 5장에서 확인한 바와 같이 타자들에게 발화된 우리의 요구로서, 그리고 그들이 우리에게 부과한 요구의 기능으로서 형성되었다. 초기 작업을 통해 라캉이 충동 공식에, 타자에 대한 우리의 요구demand와 타자가 우리에게 부과하는 요구를 모두 의미하는 ⟨D⟩를 포함시켰던 것은 바로 이런 이유에서이다($\$◇D$). 나에게 ⟨먹기⟩를 강요하는 타자의 요구에 대한 응답으로, 나는 타자가 나에게 그런 요구를 하도록 요구한다.[10] 요구는 요구를 낳고, 그 요

---

8) 7장에서, 나는 정신병의 경우엔 충동의 통제가 잘 이루어지지 않는다고 말한 바 있다. 일반적으로 정신병자는 내부에서 금지하는 힘(다시 말해 에고와 초자아, 혹은 자아 이상과 같이 상징적으로 구조화된 작인)이 제대로 형성되지 않아 충동의 즉각적인 표출을 제어할 수 없다. 그런데 신경증에 있어선 그 반대라 할 수 있다. 주체는 강력한 억제로 말미암아 충동의 만족을 얻을 수 없다. 신경증자는 오직 불만족이나 스스로를 고문함으로써 만족을 얻는다. 요컨대 그에겐 증상의 주이상스만이 있을 뿐이다. 실제로, 신경증자와 관련된 문제 중의 하나는 도착증자와 달리, 그가 자신에게 주이상스를 주는 것이 무엇인지를 알기를 원치 않는다는 점인데, 이는 그것이 그의 자기-이미지와 일치하지 않기 때문이다. 요컨대 욕망은 어디에서 진정한 만족이 나오는지를 알고 싶어하지 않으며, 그것을 체계적인 방식으로 오인(誤認)한다.

9) 자크-알랭 밀레는 익히 잘 알려진 ⟨증상을 제거한다 lever le symptôme⟩는 표현처럼 ⟨환상을 제거한다 lever le fantasme⟩는 표현을 사용한다. 그의 「라캉의 텍스트에 대한 논평」, 『리딩 세미나 I-II』, 426쪽 참조.

10) 라캉은 (요구의 순서를 바꿔서) 다음과 같이 말한 바 있다. ⟨먹여주길 바라는

구는 또 다른 요구를 낳는다.

그러나 『세미나 XI』(1964)에서, 라캉은 충동에 대해 이와 다르게 정의하기 시작한다. 충동은 대상 주위를 맴돌면서, 어떤 의미에서는 그것을 고립시킨다. 충동은 나에 대한 타자의 요구나 타자에 대한 나의 요구가 아닌 대상 a와 관계를 맺는다. 이렇게 개념화된 충동은 물론 여전히 문법적인 구조(충동은 능동태에서 수동태로, 먹고 싶은 욕구에서 먹히고 싶은 욕구로, 때리고 싶은 욕구에서 맞고 싶은 욕구로 끊임없이 변덕을 부린다)[11]를 갖고 있으며, 따라서 상징계로부터, 다시 말해서 타자의 언어로부터 완전히 분리되진 않는다. 하지만 그것은 이제 더 이상 어떠한 타자에게도 호소하지 않는 충동이다. 이는 충동 자체를 이론화하는 데에 있어서, 라캉의 입장이 변화되었음을 의미한다. 하지만 나는 이러한 차이를, 오히려 분석 과정을 통해 이루어지는 충동의 변형 과정으로 이해하는 것이 더 타당하지 않을까 생각한다. 말하자면 충동은 처음에 타자의 요구에 종속되었지만, 분석이 진행되면서 타자의 욕망에 종속되고, 최종적으로는 자유롭게 대상 a를 추구할 수 있게 될 것이다.[12]

이러한 충동의 단계적인 변형은 내가 9장에서 제시한 라캉의 세 가지 논리적인 계기(소외, 분리, 환상의 횡단)와 정확히 일치한다.

$$\frac{\text{타자}}{\$} \qquad \frac{\text{대상 } a}{\$} \qquad \frac{\$}{\text{대상 } a}$$

우리의 요구에 대한 응답으로 타자는 우리가 스스로 알아서 챙겨 먹기를 요구한다〉(『세미나 VIII』, 238쪽).
11) 라캉에 따르면, 〈삼키는 것과 관련된 모든 환상은, 자신이 삼켜지는 환상이 반전되어 나타난 것이라고 할 수 있다〉(『세미나 XII』, 1965년 1월 20일).
12) 밀레는 대상 a를 이런 맥락에서 만족 그 자체라고 규정한다. 만족으로서의 대상은 충동에 의해 분리되고 식별된다. 그의 말처럼, 〈충동의 대상은 바로 만족 그 자체이다. 이것이 바로 내가 오늘 대상 a에 대한 라캉의 정의로서 제시하고 싶은 것이다. 대상 a는 대상으로서의 만족이다. 우리가 본능과 충동 사이를 구별하는 것과 같이, 우리는 선택된 대상과 리비도 대상을 구별해야 한다. 여기에서 후자는 바로 대상으로서의 만족이다(『도착증에 관하여』, 『리딩 세미나 I-II』, 313쪽).

만약 $를 충동의 주체를 지시하기 위해 사용한다면, 우리는 주체가 첫 단계에서는 타자(요구하는 타자로서의 D)에 의해, 그리고 두번째 단계에서는 타자의 욕망을 의미하는 대상 a에 의해 지배된다는 사실을 알게 된다. 오직 마지막 순간에서야 충동의 주체는 자기 자신으로서, 타자와는 무관하게 대상 a와의 관계 속에서 출현하게 된다. 따라서 세 가지 은유 혹은 세 가지 대체 과정은 다음과 같이 도식화될 수 있을 것이다.

$$\frac{\text{요구}}{\text{충동의 주체}} \qquad \frac{\text{욕망}}{\text{충동의 주체}} \qquad \frac{\text{충동의 주체}}{\text{대상 } a}$$

이를 다르게 풀이하자면, 우리는 이 세 개의 계기를 주체의 세 가지 위치로 상정할 수 있다. (1) 요구와의 관련 속에서 구성된 주체, 즉 요구의 주체, (2) 욕망의 주체, (3) 충동의 주체. 첫번째 단계에서 (8장에서 논의된 임상 사례인 로버트와 같이) 신경증자는 타자의 요구에 얽매인 채로 분석에 참여한다. 그는 분석가에게 자신이 무엇을 해야 할지를 말해 달라고 요구한다. 이때 분석가는 그것에 대해 대답하기를 거부함으로써 분석주체에게 욕망의 공간을 열어주려 한다. 그 공간 속에서 분석주체는 타자의 욕망에 대한 종속 관계 속에서 욕망의 주체로서 탄생하게 된다. 이것이 바로 두번째 단계이다. 그리고 그 다음으로 분석가는 대상 a의 역할을 맡음으로써, 분석가의 욕망에 대해 분석주체가 나름대로 내리는 해석에 근거한 본환상을 뒤흔들어, 그것을 변형시키려 한다. 다시 말해서, 그 환상이 분석주체가 만족을 추구하는 것을 금지하지 못하도록 만드는 것이다. 이것이 바로 세번째 단계라 할 수 있다. 따라서 주체란 분석 과정의 각 단계에 위치한 상이한 양태들이라고 말할 수 있다. 요구의 주체로서, 주체는 상상적인 영역에 묶여 있다. 하지만 욕망의 주체로서, 주체는 본질적으로 상징적인 타자에 대한 일종의 태도라 할 수 있다. 그리고 충동의 주체로서 그는 〈실재계에 자리잡은 주체〉[13]이다. 이런 의미에서 주체는 상상계, 상징계, 실재계라는 세 개의 얼굴을 가지고 있으며, 각각의 얼굴은 분석 과정을 통해 순차적으로 모습을 드러낸다. 분석의 목표는 분석주체를, 이 상이한 세 개의 계기들을 통해서 충동의 주체로, 다시 말해서 실재계의 주체로 태어날 수 있게 인도하는 것이다.

에로스의 고양

> 자신의 가장 근본적인 환상을 넘어선 주체는 어떻게 충동을 견뎌낼 수 있을까?
> 이는 분석의 저편이고 지금까지는 건드려지지 않은 부분이다.
> —— 라캉, 『세미나 XI』, 246/273쪽

라캉이 분석의 목표를 〈충동과의 대면을 견뎌내는〉 것으로 상정한다면, 분석에 성공한 주체란 무엇인가? 성공적인 분석이란 주체를 끊임없이 쾌락을 추구하는 기계가 되도록 하는 것이 아니다. 분석은 주체의 욕망이 그의 만족을 방해하지 못하도록 만드는 것이다. 내가 분석한 어떤 분석주체는 자신은 〈쾌락을 즐길 수〉 없다고 불평한 적이 있다. 그가 만족하는 순간 그와 동시에 생겨나는 불만족이나 불쾌감 때문에 그 만족감을 제대로 누릴 수 없다는 것이다. 그렇다면 분석이 목표로 하는 것 중의 하나는 분석주체가 최종적으로 자신의 쾌락을 즐길 수 있도록 만드는 것이라 할 수 있을 것이다.

라캉에 따르면 분석은 충동에 대한 상징적인 제약들을 모두 파기하고, 초자아와 에고를 완전히 제거하는 것이 아니다. 오히려 분석이 다다르는 지점은 분석주체가 충동과 만족을 새로운 방식으로 받아들이게 되는 곳이다.[14] 자크-알랭 밀레가 말한 것처럼, 이는 타자의 명령

---

13) 『에크리』, 835쪽. 영어로는 「무의식의 위치」, 『리딩 세미나 XI』, 265쪽.
14) 라캉은 본환상을 넘어서 충동의 자유로운 실현까지 나아간 인물들의 몇 가지

이나 요구에 의해 이루어지는 만족을 의미하는 것이 아니다(그렇다면 이는 쾌락을 즐기고 충동을 만족시키라는 초자아의 명령으로 되돌아가는 것에 지나지 않는다). 새로운 방식의 만족은 실현 가능한 것으로 용인된 만족이다. 분석을 통해, 우리는 충동이 마음껏 활동하며 제 길을 추구할 수 있도록 허용하게 된다.[15] 이렇게 허용된 만족은 프로이트와 전통적인 도덕의 관점에선 도착적이라고 불릴 수 있을 것이다. 왜냐하면 충동이 추구하는 것은 이성애(異性愛)적인 성기에 의한 생식적인 성욕이 아니라, 주이상스를 제공하는 부분 대상이기 때문이다.

이러한 의미에서 우리는 그림 10.1에 나타난 빈 공간을 아래의 그림 10.2와 같이 채울 수 있다.

한때는 무의식적 욕망에서 혁명적인 특징을 발견했던 라캉은 이제 다른 곳으로 눈을 돌린다. 그는 자신이 혁명적이라고 간주했던 무의식적인 욕망이 사실 어떤 특정한 법에 대항하는 반동에 불과한 것이며, 그렇기 때문에 욕망은 그것이 반대하는 어떤 것에 완전히 의존할 뿐이라는 사실을 깨닫게 된다. (라캉에 관해서 이런 용어를 사용하는 것이 거슬릴 수도 있겠지만) 이제 라캉이 추구하는 새로운 틀은 욕망과 충동이 〈조화롭게〉 자리잡는 구조이다. 이제 욕망은 어떻게 자신의 입에 재갈을 물리고 쾌락이 흘러넘치도록 만들 수 있는지를 배우게 된다.[16]

라캉의 이론이 이런 식으로 발전했다는 것은 그가 추구하는 노선

실례를 다룬 바 있다. 그러한 예 중 하나가 장 폴랑의 중편 소설 『충성스런 병사』의 주인공이다.
15) 자크-알랭 밀레, 「도착증에 관하여」, 『리딩 세미나 I-II』, 314쪽.
16) 분리의 관점에서 볼 때, 충동의 목표는 타자의 욕망과의 분리라고 말할 수 있다.

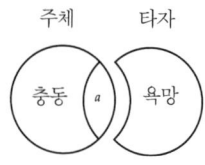

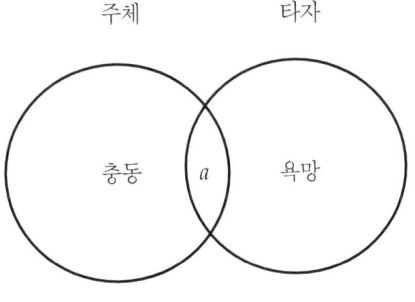

그림 10.2

에 근본적인 변화가 있었다는 것을 뜻하진 않는다. 왜냐하면 『세미나 VIII』(1960-1961)에서 이미 그는 분석을, 분석주체의 에로스를 고양시키는 과정으로 기술한 바 있기 때문이다.[17] 우리가 말할 수 있는 것은 에로스를 욕망의 관점에서 바라보았던 라캉이 이제는 주이상스라는 관점에서 바라보기 시작했다는 사실이다.

욕망과 주이상스, 혹은 기표(왜냐하면 욕망은 기표를 통해서만 분절되기 때문이다)와 주이상스라는 구분은 8장에서 논의된 바 있는 표상과 감정이라는 프로이트의 중요한 구분과 유사한 것이다. 표상의 주체는 여기에서 무의식에, 다시 말해서 무의식적인 욕망의 발전과 분절에 상응하는 반면, 정동의 주체 혹은 〈감정적 emotive〉 주체는 주이상스의 주체나 〈쾌락을 즐기는 주체〉에 상응한다.[18] 왜냐하면 분석을 통해 밝혀지겠지만, 정동이 있는 곳엔 항상 주이상스가 있게 마련이기 때문이다.

---

17) 분석은 분석주체의 〈행복이나 안녕을〉 위한 것이 아니다(『세미나 VIII』, 18쪽).
18) 욕망이 쾌락 원칙과 결부된다면 충동은 쾌락 원칙의 저편과 관련된다. 밀레의 말을 빌리자면, 충동은 〈쾌락 원칙의 위반으로 실행되는 활동이기에 항상 충동의 만족으로 끝나는데, 이에 반해 주체는 그것에 의해 고통받으며, 불만을 가지고 괴로워하면서 그것을 제거하고 싶어한다〉(「Donc」, 1994년 5월 18일). 반면에 〈욕망은 쾌락 원칙의 울타리 안에 갇혀 있다. 다시 말해서 욕망은 쾌락 원칙에 종속되어 있다〉(「라캉의 텍스트에 대한 논평」, 423쪽).

욕망을 넘어서는 기술

> 주체의 분립을 통해…… 동일시의 수준을 넘어서는 것은,
> 마지막 x로 남아 있는 분석가의 욕망이
> 동일시와 정반대의 방향으로 나갈 때에 한해서이다.……
> 따라서 주체의 경험은 충동이 자신을 제시할 수 있는 수준으로 환원된다.
> —— 라캉, 『세미나 XI』, 246/274쪽

1950년대 초반부터 진행된 세미나에서 라캉이 제시한 분석의 모범적인 틀은 분석주체로 하여금 타자와의 상징적인 관계를 방해하는 상상적인 장애물을 파기시킬 수 있도록 하는 방법이다. 그러나 1960년대 초반에서 후반까지 이어지는 일련의 세미나에서 라캉은 분석주체가 파기해야 할 것은 바로 (그의 욕망이 전개되는) 상징계 자체라는 논의를 전개한다. 이 후기의 관점에서 볼 때, 분석은 무의식적인 욕망을 해체하는 과정이 되는데, 왜냐하면 욕망은 분석주체가 대상 a와 관계 맺는 것을 방해하고 주체의 만족을 가로막기 때문이다(그림 10.3). 욕망은 만족에 대한 방어이고, 욕망하는 주체는 충동하는 주체에 대한 방어이다. 욕망은 충동의 주이상스를 간섭하고 방해한다.

욕망이라는 관점에서 분석을 바라보면, 분석 과정은 곧 분석주체가 자신의 욕망을 완성하기 위해 분석가의 욕망을 모방하는 과정으로 전락할 위험이 있다. 이는 사실 환자의 〈허약한 에고〉를 분석가의 〈건강한 에고〉와 동일시하는 것을 분석의 목적으로 하는 에고심리학과 매우 유사한 과정이다. 따라서 라캉은 분석의 목표를, 타자의 욕망이라는 족쇄로부터 분석주체를 분리하는 것으로 상정한다. 욕망은 언어(기표), (언어에 근거한) 동일시, 해석 등과 연장선상에 위치하는 반면, 주이상스는 동일시와 무관하게 언어 밖에 존재하기 때문에, 이제 분석은 해석을 넘어서는 기술을 필요로 하게 된다.

무의식을 해석하고 판독하는 과정은 종결될 수 없는 과정이 될 것이다. 해석은 후기 라캉에 있어서도 매우 중요하지만, 그럼에도 지나

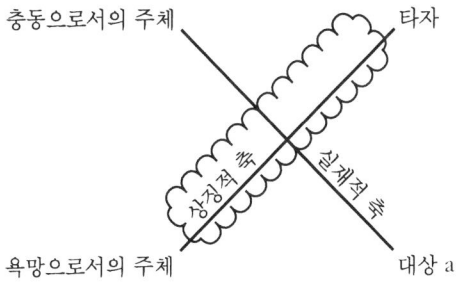

그림 10.3 변형된 L도식

치게 강조되어선 안 된다. 해석은 라캉이 지향하는, 주체를 변형시키는 작업에 부적합한 방법이다. 라캉에 따르면 분석은 끝없는 과정이 되어선 안 된다. 분석은 끊임없는 해석이라기보다는, 주체의 위치를 이동시키는 구체적인 운동과 함께 그 운동을 완성하는 종결점을 포함해야 한다. 여기에서 종결점이란 바로 라캉이 본환상을 횡단하는 것이라고 불렀던 지점이다.

이러한 위치의 이동은 〈통과pass〉라는 이름으로 알려진 제도적인 절차를 통해 입증된다. 〈통과〉란 라캉이 1960년대 후반에 파리 프로이트 학교Ecole Freudienne de Paris를 위해서 고안해 낸 절차이며, 그가 죽기 직전에 설립한 프로이트 원인 학교에 의해서 여전히 실행되고 있는 절차이다. 라캉은 당시까지 어떠한 맥락에서도 연구되거나 이론화되지 않았던, 자신이 〈분석의 저편〉이라고 부르는 것에 관한 정보를 얻기 위해서 그러한 절차(분석주체가 자신의 분석에 관해 다른 두 명의 분석주체들과 심도 있게 검토하면, 그 둘은 다시 자신들이 들었던 것을 숙련된 분석가들에게 전달한다)를 도입하기로 결정했다. 분석주체가 통과를 통해서 자신의 분석 경험을 증언한다면, 그것은 분석의 결과들을 이해하는 데에 있어 커다란 도움이 된다는 것이다. 다시 말해 정신분석은 통과를 통해서, 어떻게 주체가 자신의 가장 근본적인 환상을 넘어서 충동과 대면할 수 있는지, 어떻게 그가 〈자신의 환상을 변형시키거나 파기한 후에 자신의 충동을 견뎌낼 수 있는지〉(『세미나 XI』, 246/273쪽), 혹은 왜 분석이 분석주체를 이른바 통과라고 불리는 것으로 이끌 수 없었는지를 이해할 수 있게 된다는 것이다. 이런 의미에서 통과는 라캉이 고안해 낸 방법적인 기술들이 원래의 의도대로 사용될 수 있는지 없는지를 검토할 수 있는 일종의 검증 절차라고 할 수 있다. 다시 말해서, 통과는 라캉이 개발한 기술들을 사용함으로써 정말로 분석주체들을 〈거세의 암초〉[19] 저 너머로 이끌 수 있는지를 검증하는 방법이라 할 수 있다.[20]

나는 이 책에서 라캉의 분석 기술들 중 많은 부분을 검토했다. 그리고 이에 덧붙여 보다 심화된 기술을 한 가지 더 소개하고자 한다. 정신분석에서 쓰이는 대부분의 기술들은 라캉이 초기에 개발한 것들이다. 이에는 크게 두 가지로, 구두법 punctuation과 절분법 scansion과 같은 비언어적인 개입과 〈신탁의 말 oracular speech〉이라고 불리는 언어적인 개입이 있다. 여기에서 후자는 분명 해석의 한 형태를 말하는 것이겠지만, 그럼에도 이는 의미의 효과를 넘어선 무엇인가를 목표로 삼는 것이다. 절분법에 의한 가변적인 분석 시간과 마찬가지

---

19) 거세는 결국, 만족의 상실(예를 들어 외디푸스 갈등의 말미에 남자아이에게 있어 최초의 리비도 대상으로서의 엄마나 그 대리인을 상실하는 것)을 강요하는 것이다. 신경증자는 이러한 상실을 영원히 애석해하며 아까워하기에 다른 만족의 가능성을 보지 못한다. 그는 그러한 상실에 집착하면서 다른 곳에서 만족을 찾기를 거절한다.

20) 정신분석이 분석주체를 일반적으로 생각하는 것보다 더 멀리 데리고 갈 수 있다는 라캉의 주장은 다양한 수준에서 이해될 수 있을 것이다. 나는 종종 분석가들이 어떤 환자들은 분석이 적합하지 않기 때문에 그들과의 분석은 결국 사회 사업이나 직업/결혼 상담과 같은 형식으로 끝나게 된다고 말하는 것을 들은 바 있다. 그런데 분석가로서의 우리의 욕망을 제대로 갖게 되기 전까지, 어떻게 누군가가 분석을 제대로 감당해 낼 수 있는지 아닌지를 미리 알 수 있는 것일까? 라캉의 논의를 따른다면, 어떤 이들이 분석에 적합하지 않거나 분석을 제대로 해내지 못한다는 것은 터무니없는 생각이다.

로, 이 방법은 분석주체를 분석가의 수수께끼 같은 욕망(타자의 욕망)과 대면시키고, 그에게 타자의 진정한 욕망은 그가 짐작했던 것이 아니라는 사실을 보여준다. 타자의 욕망이 분석주체의 본환상 속에서 대상 a의 역할을 수행하는 한, 그가 다음 단계로 나갈 수 있는 것은 타자의 욕망에 의문을 던짐으로써이다. 그렇게 함으로써만 주체는 두번째 은유에서 세번째 은유로, 다시 말해서 타자의 욕망에 종속된 주체에서 더 이상 타자에게 종속되지 않는, 충동의 주체로 넘어갈 수 있다.

$$\frac{\text{타자의 욕망}}{\text{충동으로서의 주체}} \qquad \frac{\text{충동으로서의 주체}}{\text{대상 } a}$$

주이상스의 주체화

> [분석가의 욕망은] 주체의 주이상스를 그대로 드러내고자 하는 욕망이다. 반면에 주체의 욕망은 환상이라는 이름으로 불리는, 충동에 대한 오인(誤認)에 의해 유지된다.
> —— 자크-알랭 밀레, 「라캉의 텍스트에 대한 논평」, 426쪽

이 단계에선 분석가의 욕망이 계속해서 작동해야 한다. 단지 한 순간만이 아니라 매 분석마다 지속적으로 말이다. 이는 분석주체가 중요한 것을 말하도록 조장하기 위해서가 아니다. 이는 〈분석주체의 주이상스를 드러내기〉 위해서이다. 분석가가 단순히 분석주체가 원하는 바를, 다시 말해서 분석주체의 심층적인 욕망(이는 우리가 확인한 바와 같이, 타자의 욕망에 대한 응답이다)만을 강조한다면, 그는 분석주체가 만족에 대한 질문을 회피하도록 내버려두게 될 것이다. 분석주체는 종종 만족을 주는 행위들에 대해서 이야기하지만 그와 동시에 그는 만족과 교차하는 혐오라든가 불만족을 토로하게 된다. 〈저를 정말로 흥분시키는 여자는 따로 있지요. 하지만 전 그녀가 생계를 위해서 그 짓을 한다는 것은 참을 수가 없어요.〉 〈영화 속의 어떤 등

장인물을 보면 정말로 흥분하게 돼요. 하지만 제가 원하던 관계는 그런 것이 아니에요.〉 따라서 만약 분석가가 단순히 분석주체가 말하는 욕망만을 강조한다면 그는 자신도 모르게, 욕망의 주체가 주이상스에 대해서 취하는 방어적인 태도만을 발견하게 될 뿐이다.

그 대신 분석가는 분석주체의 흥분 상태를, 다시 말해서 그가 혐오스러워하거나 일관되게 오인하고 있는 쾌락을 강조해야 한다. 분석주체가 자신의 쾌락에 대해 혐오스러워할 때조차도 그것은 여전히 강조되어야 한다. 물론 이는 분석주체가 역겹고 도착적인 쾌락을 즐기고 있다고 비난하기 위한 것이 아니다. 분석가는 분석주체의 주이상스를 승인하지 않는다는 식으로 행동해선 안 된다. 만약 분석주체가 그런 식으로 오인한다면, 분석가는 그 오인을 불식시키고, 분석주체의 담화에 자리잡은 그 주이상스의 위치를 강조해야만 한다. 물론 만족을 포기하거나 오인하고, 핑계를 대어 그것에 대해 책임을 회피하는 것은 분석주체의 자연스런 성향이다(이는 환상이 그를 눈멀게 만들어 주이상스의 진실을 알아보지 못하게 만들기 때문이다). 분석주체가 순순히 〈주이상스가 있는 곳에(이드가 즐기는 곳에) 내가 주이상스의 주체로서 존재해야 한다!〉[21]고 외칠 리 없다. 그는 결코 그렇게 하지 않을 것이다. 분석주체는 그 주이상스를 다른 것으로, 가령 불안과 같은 것으로 치부하며 얼버무리려 할 것이다. 프로이트가 말한 바와 같이, 불안은 모든 감정이 그것으로 전환될 수 있다는 점에서 감정의 보편적인 성향이다. 불안이란, 주체가 느낀 만족감과 같은 어떤 감정이 어떤 측면에서는 주체가 원하지 않았거나 주체를 혼란스럽게 만들고 있다는 상태에 대한 지표인 것이다.[22]

---

21) 『에크리』, 524/171쪽.
22) 프로이트가 『정신분석 강의』에서 말한 바 있듯이, 꿈 속에서의 불안은 종종 의식이나 도덕으로는 도저히 인정할 수 없을 것 같은 종류의 만족을 검열이 위장하기 위해서 벌이는 필사적인 시도로서 나타난 것이다. 내가 처음 분석을 받는 한 환자에게 성적 환상을 기억해 볼 수 있는지를 물었을 때, 그녀는 어떻게 그럴 수 있느냐는 식으로 반문했다. 그런데 그녀는 곧 자신이 자주 꾸던 꿈 하

분석주체가 〈이상한 느낌이 들어요〉라고 말한다면, 그는 일종의 승인되지 않는 만족에 대해 말하려 하는 것이다. 분석주체가 고통이나 엄청난 슬픔을 보고할 때, 항상 문제가 되는 것은 배후에 숨겨진 쾌락이다. 감정과 주이상스(프로이트의 용어로 말하자면, 리비도의 방출) 사이엔 일종의 등가 관계가 성립되어 있다. 물론 환상 때문에 그 등가 관계는 체계적인 오인으로 물들어 있는데다,[23] 분석주체가 만족감을 〈고통스런 감정〉이라고 부르면서 무마해 버리려고 하겠지만, 분석가는 이 기회를 놓치지 말고 주이상스를 부각시켜야 한다. 분석가는 주이상스의 근원을 직시하지 않으려는 분석주체의 저항을 넘어서야 한다. 분석주체가 주이상스와 충동에 대해서 주체의 위치를 변경할 수 있는 것은 오직 그 저항을 극복함으로써이다. 오직 그때에만 분석주체는 어려움 없이 스스로, 이드의 수준에서 〈자신의〉 만족을 추구할 수 있게 될 것이다.

8장에서 논의된 히스테리 사례에서 잔느는 종종 자신이 별로 성적으로 만족스럽지 못하다는 불만을 토로한 바 있다. 영화 「은밀한 유혹」과 관계된 꿈 속에서는 그녀가 자신의 금지를 극복할 수 있을 만한 정당한 동기를 찾는 것 같았다. 이 경우 분석의 목표는, 꿈 속에서 자신의 만족을 기대하는 성적 충동에 목소리를 부여하는 것이 될 것이다. 분석은 분석주체를 〈내가 바로 그것이다〉, 〈내가 바로 그 충

나를 이야기했는데, 그 꿈에서 그녀는 자기 앞에서 마룻바닥이 무너져 내리는 것 같았고 그래서 불안을 느끼며 딱딱한 땅바닥에 발을 디디기 위해 애를 썼다고 한다. 성욕이란 맥락에서 언급된 이 꿈 속에서 나타난 그녀의 불안은 그 자체로 주이상스의 일종이다.

프로이트와 라캉 모두가 언급한 불안과 오르가슴 사이의 내밀한 관계를 여기에서 간단히 기억해 보자(예를 들어 『세미나 X』, 1963년 3월 13일). 프로이트는 종종 어떤 불안은 일종의 성적 흥분을 상기시키는 방식으로 이루어지기에 오르가슴의 성질을 띤다고 강조한 바 있다. 〈불안〉은 만족에 〈적응〉하기 위한 것이고, 〈돌연한 공포〉는 만족을 즐기기 위한 눈속임이다.

23) 이는 환상의 눈가리개를 통해서 이루어진다. 라캉이 시사한 바 있듯이 우리는 모두 환상이란 렌즈를 통해서 세계를 들여다본다.

동이자 열망이다〉라고 긍정할 수 있는 지점까지 인도해야 한다. 분석가가 그 꿈에서 오직 돈을 위해 몸을 판다는 창녀의 이미지와 그 부도덕만을 강조한다면, 이는 분석주체에게 금지와 그것의 위반만을, 다시 말해서 욕망의 원칙만을 암시하게 될 뿐이다(이는 라캉이 〈충동에 대한 방어를 분석하는 것〉이라고 언급한 것이다[『에크리』, 599/238쪽]). 그녀가 충동을 자신의 것으로 인정하는 과정은 라캉이 주체화 sub-jectivation라고 부른 과정이다. 주체화란 충동이 있던 자리에 주체가 존재하게 되는 과정이다. (자신의 것이라고 생각지 않은) 충동을 주체화하는 것은 그때까지는 거부되었던 충동의 중요성을 되찾아주고 그것에 합당한 자리를 돌려주는 것이다. 게다가 충동을 자신의 것으로 만드는 과정은 이미 충동에 대한 표현을 전제한다. 그리고 이런 과정은 분석주체로 하여금 어떤 이유에서 성적 만족에 대해 상징적인 제약을 부과했는지 고민하도록 만들고, 이에 대한 주체 자신의 편견에 의문을 던지도록 유도해야 한다. 예를 들어, 잔느의 경우 섹스는 항상 부모에 대한 배신을 의미한다. 배신은 잔느가 부모의 욕망을 해석하고, 그 해석에 근거하여 섹스에 부과한 의미이다. 그렇다면 그녀가 섹스를 이와 다르게 경험할 수 있는 것은 바로 그러한 해석(종종 실제로 분석이 진행되는 동안 이 해석은 오직 부분적으로만 성취되기도 한다)에 의문을 던짐으로써일 것이다.

환자는 〈만족의 위기〉 속에서 분석가를 찾는다. 그리고 분석가는 분석 과정 내내 만족의 문제에 초점을 맞추어야 한다. 환자의 만족의 위기는, 그가 자신이 얻은 쾌락이 점점 줄어들고 있다고 느끼거나 그 쾌락이 〈그릇된 것〉이라고 판단하기 때문에 나타난 것이다. 만족의 문제는 프로이트의 머리 속에서 항상 최우선적인 문제였다. 그리고 라캉은 〈어떤 측면에서 주체는 항상 행복하며, 설령 불쾌감에 근거해서일지라도 항상 쾌락을 즐긴다〉[24]고 말함으로써 이러한 프로이트

---

24) *Scilicet* 1(1968).

의 입장을 재정리했다. 자크-알랭 밀레의 말을 빌리자면, 〈주체는 항상 행복하다…… 그는 너무 행복해서, 불쾌감을 초래할 때까지 그 만족감을 계속해서 반복한다〉(「Donc」, 1994년 5월 18일). 주체는 항상 쾌락을 즐긴다. 설사 그 쾌락에 대해 방어적인 태도를 취한다 하더라도 그는 계속해서 그것을 즐긴다. 한때 라캉은 〈주이상스란 언어의 주체에게는 금지된 것〉이라고 가르친 바 있지만, 그가 거기에서 강조하고자 한 것은 언어 이전의, 다시 말해서 3항적인 상징 과정 이전의, 일종의 직접적인 〈대양적 oceanic〉 쾌감이다.[25] 왜냐하면 우리는 모두 어떤 식으로든지 우리의 증상으로부터, 혹은 우리 자신에 대한 비판으로부터 만족감을 얻기 때문이다. 욕망의 주체는 충동의 만족에 대해 일종의 방어적인 태도로서 존재한다. 욕망의 주체는 주이상스(충동)가 아니라 욕망 속에서 자기 자신을 발견한다. 라캉의 방

---

25) 주체는 〈언어와 주이상스 사이에〉 존재한다는 말이 뜻하는 것 중 하나가 바로 이것이다. 주체는 최초의 쾌락과 언어 중에서 하나를 선택할 수 있지만 그 둘을 한꺼번에 가질 순 없다(이는 유아가 언어를 선택하도록 권유받고 유혹받는 〈강요된 선택 vel〉이다). 라캉이 말한 바 있듯이, 주체는 〈현실 원칙/쾌락 원칙의 대립 관계에〉(『세미나 VII』, 43쪽), 다시 말해서 〈문자 이전의〉 최초에 허락되었던 주이상스와 언어 사이의 대립 관계에 상응한다. (『상황 Conditions』[Paris : Seuil, 1992]의 알랭 바디우 Alain Badiou의 용어를 빌린다면) 환상은 선택의 두 요소가 〈동시에 가능한 compossible〉 것처럼 양자를 맺어준다. 환상은, 주체의 출현과 만족의 상실을 초래한 선택, 즉 이것이냐 저것이냐라는 선택의 상황을 극복하기 위한 시도이다. 환상은 그러한 상실을 뒤집기 위한 시도를 무대에 올린다.

주체는 엄청난 감정 체험과 이와 관련된 관념 사이의 연결이란 점에서도 또한 〈언어와 주이상스 사이에〉 있다고 할 수 있다. 이러한 연결은 종종 강박증의 경우에는 풀려버리기도 한다. 예를 들어, 쥐인간은 성인이면서도 프로이트가 그의 분노를 아버지와 관계가 있는 것으로 해석하고 그로 하여금 분석 상황에서 분노를 표출하도록 만들 때까지, 자신의 분노와 아버지 사이의 관계에 대해 전혀 알지 못했다. 프로이트의 해석에 의해 쥐인간은 그의 감정(주이상스)과 (언어 속에서 분절된) 사고 사이의 연결로서 존재할 수 있게 되었다. 엄청난 양의 감정 체험을 라캉의 용어로 S_1이라 한다면, 사고는 S_2라 할 수 있다. 주체는 바로 그것들 사이에서 번쩍이며 양자를 연결짓는 섬광이다.

법은 그것이 일차적으로는 욕망을 〈조작하거나〉 〈방해하고〉, 심지어는 그것을 〈교정하는〉 것이라 하더라도(『세미나 X』, 1963년 5월 22일), 근본적으로는 만족과 욕망의 관계를 수정할 수 있도록 해준다. 다시 말해서 분석은 금지와 욕망의 주체를 충동과 주이상스의 주체로 변형시키는 것이다. 이제 분석은 분석주체의 욕망에 얽힌 매듭을 풀어 그가 자신의 〈진정한 욕망〉을 스스럼없이 추구할 수 있도록 만드는 것이 아니다. 이제 분석가가 풀어야 할 매듭은 분석주체의 주이상스에 얽힌 매듭, 다시 말해서 욕망과 주이상스 사이의 상관 관계 속에서 뒤얽혀 버린 매듭이다.[26]

이러한 맥락을, 분석이 분석주체의 주이상스를 어느 정도 통제해야 한다는 뜻으로 이해해선 안 된다. 〈분석가의 담화는, 적어도 공개적으로 표명된, 지배에 대한 어떤 의지도 거부해야 한다. 나는 방금 '적어도 공개적으로 표명된'이라는 말을 썼는데, 이는 분석가가 그런 의지를 숨겨야 한다는 것이 아니라, 분석가의 담화는 항상 주인의 담화가 되기 십상이기 때문이다〉(『세미나 XVII』, 79쪽). 분석가는 현대 심리학이나 심리치료가 자신에게 부여한 역할을, 다시 말해서 현실의 통제자라든가 재판관이라는 식의 역할을 포기해야 하며, 보다 근본적으로는 모든 형태의 주인 담화를 포기해야 한다. 왜냐하면 주인이란 역할은 분석가로 하여금 분석주체의 입에서 흘러나온 것들을 듣지 못하게 만들기 때문이다. 오직 이러한 포기만이 분석가가 주어진 사태와, 정신분석의 이론, 그리고 〈현실〉 자체를 다른 방식으로 이해할 수 있도록 할 수 있다.

---

26) 후기 라캉의 이론은 어떤 측면에선, 만족이 우위를 점하는 프로이트의 경제적 모델로의 회귀로 이해될 수 있다. 특히 여기에서는 경제적인 모델과 역동적인 모델의 동시적인 종합이 강조된다. 성적 만족을 부각시키는 이 후기 이론에서는 (이드뿐 아니라 만족을 명령하는 초자아와 결부된) 충동과 관련하여 (에고와 무의식과 결부된) 욕망에 대한 새로운 지형도가 제시된다. 이 지형도에서 주된 작인은 충동으로서의 주체이고, 또 다른 작인은 바로 그 만족에 대한 방어이다. 물론 이들 작인들은 프로이트의 것과 완전히 일치하진 않는다.

후기

나는 라캉의 임상에 관한 이와 같은 입문서의 위상에 대해 다소간 염려스러운 것이 사실이다. 다른 곳에서도 언급했듯이[1] 나는 라캉의 〈반 체계 antisystem〉를 형식화하고 체계화시켜서 소개하였다. 말하자면, 일종의 〈괴델식 구조주의〉(라캉은 구조의 중요성을 강조하면서도 항상 그것의 필연적인 불완전성을 지적했다)를 완성된 하나의 교리로서 제시해 버린 것이다. 그러나 사실, 창시자 본인이 자신의 이론에 대해 〈교리적인〉 해석들이 나올 때마다 그것을 묵살시켜 버렸다는 점에서 알 수 있듯이, 라캉의 연구는 결코 완료될 수 없는 작업이다.

따라서 나의 시도는 대담하고도 어찌 보면 무모하기 그지없는 것이라고 할 수 있다. 그러한 작업을 수행했다는 것에서 아마도 나는 도처에서 쏟아지는 비난의 화살을 감수해야 할 것이다. 나는 문제를 너무 단순화시켰다는 비판을 모면하기 힘들 텐데 사실 그건 맞는 말이다. 나는 좀더 명확한 설명을 위해 라캉의 많은 개념들을 실제로 단순화시켰고 라캉이 제시했던 세부적인 논의와 여러 가지 잠재적인 의미들을 그냥 지나쳐버렸다. 그러나 라캉의 연구에서 자신의 노력이 가치 있다고 여겨질 만한 동기를 발견하지 못한다면 어느 누구도 그의 그 방대한 저작을 읽는 데 시간을 투자하려고 하지 않을 것이다. 〈먹음직스런 요리〉(나는 이를 대학원 세미나에서 〈라캉식 전채 요리〉라고 불렀었다)는 쳐다보는 것만으로도 식욕이 생기듯이, 나는 독자가 이 책을 읽고 라캉에 대한 지적인 욕구가 자극되어, 그의 수수께끼 같은 명제들에 어느 정도 전희(前戲)를 느끼며 빠져들게 되기를 바랐다.

---

1) 브루스 핑크, 『라캉의 주체』, 8장 끝부분 참조.

그러나 이는 필경 〈경솔한 이해〉로 귀착할 것이다.[2] 나는 독자에게 간단히 주의를 주고 싶다. 이 책을 읽고 라캉이 말했거나 쓴 것을 전부 이해할 수 있을 거라고는 생각지 말자. 그 대신 여기서 개진된 사항과 어긋나는, 그의 연구에서 무수히 발견되는 섬세한 변주를 받아들일 준비를 하자.

다른 한편으로 초보자들 입장에서 보면, 자기 일을 괜히 어렵게 만들었다고, 요컨대 많은 개념들을(본환상, 소외, 분리, 욕망, 주이상스, 상징적 질서, 실재계 등등) 너무 성급히, 너무 간단히 소개했다고 나를 비난할 수도 있을 것이다. 실제로 이 책은 외견상 단순하게 시작해서 여기서 다루어진 모든 개념들을 완전히 이해해야만 소화할 수 있는 압축적인 공식들로 끝맺는다는 점에서 프로이트의 『정신분석 강의』와 유사하다. 나로서는 단지 라캉의 임상 연구는 그의 이론에 대한 기본적인 이해가 없이는 불가능한데다가 독자에게 너무 큰 부담을 주지 않기 위해서라도 이론을 한 번에 조금만 다루려고 최선을 다했다는 말밖에 할 수 없다. 그렇다고 하더라도 이론적인 견지에서 볼 때 후반부가 전반부보다 훨씬 더 심도 깊은 것이라는 점을 인정해야 할 것이다. 마지막 몇 개의 장을 이해하기 위해서는 재독하고 해독하는 과정이 필요하며, 내가 참조한 다른 텍스트들도 함께 고려해야 할 것이다.

나는 라캉의 연구에서 극히 일부분만을 간추려 제시했다. 그것은 라캉의 저작에서 내가 분석가로서 유용하다고 판단한 것으로서 오랜 임상 경험 끝에 추려낼 수 있었던 것들이다. 다른 분석가들이라면 그들 나름대로 이와는 다른 것들을 중시할 수도 있고, 이와 더불어 내가 어떤 점은 지나치게 강조하고 어떤 것은 과소평가하고 있다고 느낄 수도 있다. 하지만 이는 전세계에 걸쳐 일 년에도 수백 편의 연구

---

2) 물론 이는 무엇을 이해하든지 간에 마찬가지이다. 이와 관련하여 『세미나 XX』, 65쪽 참조.

논문들을 산출할 만큼 방대하고 풍부한 라캉의 저작을 다루는 데 있어선 피할 수 없는 일이다.

나는 또한 분석 경험을 정식화하는 데 있어 라캉의 모든 개념들을 끌어들이지 않았다. 그렇다고 그의 논의를 아무렇게나 처분한 것은 아니라는 사실을 밝히고 싶다. 자크-알랭 밀레의 말처럼 〈그 자체로 변화하는 내적인 논리와 때로는 모순적인 표현들까지도 포함하고 있는, 그의 이론 전체〉를 받아들이면서 라캉이 프로이트를 읽는 방식으로 라캉을 읽는다면 이는 훨씬 더 결실 있는 일이 될 것이다.[3]

> 뛰어난 생각은 모호하게 기술된다.[4]
> —— 브왈로에 대한 패로디

라캉에 대한 나의 해석을 읽고 독자는 당연히 이런 의문을 품게 될 것이다. 〈이것이 라캉이 의미했던 바라면 왜 그는 스스로 그것을 드러내고 말하지 않았는가?〉 이를 통해 그는 나의 해석 방식에 정당한 의문을 제기할 것이다(라캉의 저작을 읽어보면 핑크가 말한 것을 확신하기 어려운데 어떻게 그의 말을 믿을 수 있지?). 그러나 내가 원하는 것은 바로 이러한 의문이다. 나는 독자가 스스로 라캉의 저작을 읽어보고 나서 자신의 견해에 기반해 내가 말한 것을 확인하고 바로잡는 작업을 시도해 보길 바랐다.

이는 다른 한편으로 라캉 자신에 대해서도 근거 있는 의문을 유발할 것이다. 〈만일 그의 말에 그렇게 깊은 뜻이 담겨 있다면 왜 그는 굳이 그렇게 알아듣기 어렵게 말했을까?〉 나는 솔직히 라캉의 문체[5]

---

3) 「도착증에 관하여」, 『리딩 세미나 I-II』, 307쪽.
4) 브왈로의 격언은 원래 이렇다. 〈Ce qui se conçoit clairement s'énonce aisément.〉 즉, 뛰어난 생각은〔명확하게 인식된 것은〕쉽게 표현된다.
5) 라캉 자신이 여러 번 말했듯이 〈문체는 인간 그 자체이다〉(『에크리』, 9쪽). 하지만 문체는 인간의 사상과 동일한 것일까? 양자의 관계는 분명히 변증법적이

나 그의 저작을 번역할 때 나타나는, 판독 불가능한 많은 것들을 설명할 재간이 없다. 그러나 문제는 이보다 훨씬 더 근본적이다. 〈그는 왜 그렇게 암시적이고 애매모호하게만 말하는 것일까?〉 많은 라캉 연구가들이 이미 지적했듯이, 이는 일부분, 그가 독자에게서 의미 효과 이상의 어떤 효과가 일어나길 원했기 때문이다. 그는 우리를 환기시키고 도발하고 뒤흔들어놓기를 원했던 것이다. 우리를 진정시키기보다는 세찬 충격을 줌으로써 우리가 갖고 있는 상습적인 개념의 굴레로부터 빠져나오도록 만들길 원했다. 이에 따라 그의 목표는 (프로이트의 저작에서나 분석주체의 담화에서) 우리가 항시 스스로 이해하고 있다고 생각하는 것을 실상은 전혀 이해하지 못하고 있다는 사실과, 우리는 계속해서 어떤 것을 표현하고 개념화해야 함에도 불구하고 그러한 시도는 여전히 근사치에 불과하고 항상 과녁을 빗나가버린다는 사실을 우리에게 환기시켜 주는 것이다.

라캉의 언술과 저술에 나타나는 애매모호함은 종종 매우 의도적이다. 아주 비미국적인 발상이겠지만 라캉의 모토는 이렇게 될 것이다. 〈더 모호하고 더 다의적일수록 더 좋은 것이다.〉 물론 많은 사람들에게 그러한 태도는 못마땅하게 여겨질 수도 있다. 그들이 보기에 그런 태도는 잘난 척하는 프랑스인의 속물 근성에 불과할 것이다. 이는 적어도 어떤 점에서는 분명 맞는 말이다. 그러나 나는 내가 이 책을 통해 이보다는 훨씬 더 많은 의미가 그것에 내포되어 있다는 것을 보여줄 수 있기를 바랐다.

다. 이 책에서처럼 라캉의 사상을 명확히 표현하는 일은 그것이 수반할 충격들을 상실하게 할 것이다. 그것은 독자를 동요시키거나 일정한 효과를 야기시키지 못하게 만들 수 있으며, 종종 그의 글에서 산출할 수 있는 매우 즐거운 수행적인 효과를 잃게 만들 것이다. 나는 내 글이 이러한 상실에 대해 독자에게 다른 방식으로 보상해 주길 기대할 뿐이다.

더 읽을 거리

이 목록은 크게 두 부분으로 구성된다. 우리는 우선 정신분석의 임상에 관해 다양한 측면을 다루는 일반적인 서지를, 그리고 각각의 장의 내용에 해당하는 논문과 저서들을 선별한 간단한 서지를 읽게 될 것이다. 이는 곧바로 프로이트와 라캉의 저서 전체를 읽기보다 임상과 관련하여 이 책에서 다루어진 개념들과 직접적으로 관련된 부분만을 선별하여 읽을 수 있도록 작성되었다. 그리고 입문자의 수준에서 문체적으로 읽기 어렵거나 내용적으로 이해하기 힘든 저서엔 뒤에 〈난해〉라고 덧붙였다. 기재된 순서는 프로이트와 라캉의 저서가 우선시되었고, 나머지는 그 중요한 정도에 따른 것이다.

분석 일반

라캉, 『세미나 III』, 〈정신병들〉. 이 세미나는 현재 출간된 세미나 중에서 임상에 관해 가장 많은 논의를 담고 있으며 읽기에도 가장 평이하다. 이 세미나는 러셀 그릭 Russell Grigg에 의해 훌륭하게 영역되었다(New York : Norton, 1993). 라캉의 세미나 중 현재까지 영역되어 있는 것은 다음과 같다. 『세미나 I』, 『세미나 II』, 『세미나 III』, 『세미나 VII』, 『세미나 XI』, 『세미나 XX』.
―――, 『세미나 I』, 〈기술에 대한 프로이트의 논문들〉(New York : Norton, 1988)
―――, 「치료의 지침 Direction de la cure」, 『에크리』, 585-645/226-280 : 난해.
브루스 핑크 Bruce Fink, 『라캉의 주체 : 언어와 주이상스 사이 Lacanian Subject : Between Language and Jouissance』(Princeton : Princeton University Press, 1995).
브루스 핑크, 리차드 펠트슈타인 Richard Feldstein, 매르 야너스 Maire Jaanus, 『리딩 세미나 I-II Reading Seminars I and II』. 프로이트 원인 학교 분석가들의 강연집. 이 책에 실린, 임상에 대한 논문들은 매우 쉽고 명쾌하다.
브루스 핑크, 리차드 펠트슈타인, 매르 야너스, 『리딩 세미나 XI Reading Seminar XI』, 라캉의 기본 개념에 대한, 프로이트 원인 학교 분석가들의 명쾌한 강연집
라플랑슈 J. Laplanche와 퐁탈리스 J.-B. Pontalis, 『정신분석의 언어 The Language of Psychoanalysis』(New York : Norton, 1973). 이 책은 두 명의 라캉의 유능한 제자들이 프로이트의 개념에 대해 백과사전식으로 정리해 놓은 탁월한 자료집이다.

1 분석의 욕망

프로이트, 『정신분석 강의 Introductory Lectures on Psychoanalysis』(1917), SE XVI, 19강. 저항과 억압에 관한 부분.
―――, 「히스테리 사례 분석 Analysis of a Case of Hysteria」[Dora](1905), SE VII, 105쪽. 분석가의 욕망에 대한 반증.
라캉, 『세미나 I』, 1-4장. 저항, 방어, 에고.
―――, 「『에크리』 독어판 서문 Introduction à l'édition allemande d'un premier volume des Ecrits」, Scilicet 5(1975) : 난해.
콜레트 솔레 Colette Soler, 「분석 행위의 진정한 목적 The Real Aims of the Analytic Act」, Lacanian Ink 5(1992) : 난해.

2 분석으로의 유도

프로이트, 「정신분석 치료에 임하는 의사를 위한 제언 Recommendations to Physicians Practising Psychoanalysis」(1912), SE XII. 분석가의 태도에 관한 부분.
―――, 「치료의 시작에 관하여 On Beginning the Treatment」(1913), SE XII. 분석가의 일반적인 방법.
―――, 「정신분석에서 꿈-해석의 운용 The Handling of Dream-Interpretation in Psychoanalysis」(1911), SE XII, 91-96쪽.
―――, 「꿈-해석 전반에 붙이는 부가적 언급 Some Additional Notes on Dream-Interpretation as a Whole」(1925), SE XIX, 127-138쪽.
―――, 『정신분석 강의』, SE XVI, 284-285쪽. 에고는 〈자기 집의 주인이 아니다.〉
라캉, 『세미나 III』, 4, 7, 10, 12-13장. 의미, 상징계, 질문으로서의 욕망.
―――, 『에크리』, 310-322/95-107쪽. 시간과 가변적인 분석.
―――, 『세미나 VIII』 〈전이〉, 435쪽. 거울로서의 분석가.
―――, 『세미나 X』, 「Angoisse」, 1963년 6월 12일. 분석 시작 단계에서의 증상들의 체계화에 대해.
―――, 「증상에 대한 제네바 강연 Geneva Lecture on the Symptom」, Analysis 1 (1989). 환자를 너무 성급히 카우치에 누여선 안 된다.
―――, 「프로이트적인 것, 혹은 정신분석에서 프로이트로의 회귀 The Freudian Thing, or the Meaning of the Return to Freud in Psychoanalysis」, 『에크리』: 난해.
―――, 「주체의 전복과 욕망의 변증법 Subversion of the Subject and Dialectic

of Desire」, 『에크리』: 난해.
―――, 『세미나 V』. 말실수, 말놀이, 모든 종류의 실수 행위.
자크-알랭 밀레, 「분석의 출구 La sortie d'analyse」, *La lettre mensuelle de l'ECF* 119 (1993). 〈자생적인〉 요구의 출현에 관하여: 난해.

3 분석 관계

프로이트, 『정신분석 강의』, 27-28강.
―――, 「전이의 역학 The Dynamics of Transference」(1912).
―――, 「회상, 반복, 돌파 Remembering, Repeating and Working-Through」 (1914), SE XII, 147-156쪽.
―――, 「전이애에 대한 고찰 Observations on Transference-Love」(1915), SE XII, 159-171쪽.
―――, 『히스테리 연구 Studies on Hysteria』(1895), SE III, 1-2장.
라캉, 『세미나 III』, 7장
―――, 『세미나 VIII』, 12-13장
―――, 「치료의 지침 The Direction of the Treatment」, 『에크리』: 난해.
―――, 『세미나 XI』, 〈정신분석의 네 가지 기본 개념〉 18장: 난해
―――, 「전이에 대한 발언 Intervention on Transference」, 『에크리』. 영역본으로 『여성의 성욕 *Feminine Sexuality*』(New York: Norton, 1982).
―――, 「표준 치료의 변주 Variations on the Standard Treatment」, 『에크리』, 332-336쪽. 아직 영어로 번역되어 있지 않다.

4 해석: 욕망 공간의 개시

프로이트, 『새로운 정신분석 강의 *New Introductory Lectures on Psychoanalysis*』, SE XXII, 31강.
라캉, 『세미나 III』, 184, 293-305쪽.
―――, 『세미나 VIII』, 1-11, 14-15장.
―――, 『세미나 XVIII』, 1971년 1월 13일 강의.
―――, 『에크리』, 106/13, 588/228쪽.
―――, *Scilicet* 5(1975), 16쪽.

브루스 핑크, 『라캉의 주체』, 3, 7-8, 10장.

5 욕망의 변증법

프로이트, 『정신분석의 기원 The Origins of Psychoanalysis』(New York: Basic Books, 1954), 163-164쪽, 1896년 5월 30일 편지
──, 「과학적 심리학을 위한 구상 Project for a Scientific Psychology」, SE I, 338-339, 353-356쪽. 연기된 행위(증상 형성의 사후 효과)
──, 『꿈의 해석』, SE IV, 146-151쪽, 정육점 여인의 꿈에 관한 부분.
──, 『정신분석 강의』, SE XVI, 21강, 「리비도의 발달과 성적 조직화」
──, 「종결 가능한 분석과 종결 불가능한 분석 Analysis Terminable and Interminable」(1937), SE XXIII, 252-253쪽.
──, 「분석의 구성」(1937), SE XXIII, 257-269쪽.
라캉, 「치료의 지침」, 『에크리』, 621-636/258-271쪽: 난해.
──, 『세미나 VIII』, 15-18, 25장.
──, 『세미나 X』, 1962년 11월 14일 강의.
──, 『세미나 XIV』, 「환상의 논리」: 난해.
──, 「프로이트의 〈충동〉과 정신분석가의 욕망」, 『리딩 세미나 I-II』, 417-421쪽.
──, 『세미나 VI』, 「욕망과 그 해석」(1958-1959), 7편의 강의가 Ornicar? 24-27호에 분재되어 있다. 그 중 마지막 3편이 Yale French Studies 55-56호(1977)에 번역되어 실려 있다.
콜레트 솔레, 「히스토리와 히스테리 History and Hysteria」, Newsletter of the Freudian Field 6(1992), 16-33쪽.
──, 「히스테리와 강박증 Hysteria and Obsession」, 『리딩 세미나 I-II』, 248-282쪽.
『분석은 어떻게 끝나는가 Comment finissent les analyses』(Paris: Seuil, 1994), 163-210쪽.
브루스 핑크, 『라캉의 주체』, 1, 5-7장
──, 「라캉을 통한 〈햄릿〉 읽기 Reading Hamlet with Lacan」, 리차드 펠트슈타인과 윌리 애펄론 Willy Apollon 편, 『라캉, 정치, 미학』(Albany: SUNY Press, 1995).
엘리자베트 루디네스코 Elizabeth Roudinesco, 『자크 라캉과 그 학파: 프랑스 정신분석의 역사 1925-1985 Jacques Lacan & Co.: A History of Psychoanalysis in France 1925-1985』(Chicago: University of Chicago Press, 1990). 라캉으로부터 분석을 받은 분석가들의 증언이 실려 있다.

6 라캉의 진단법

프로이트, 『정신분석 강의』, 23, 28강
———, 「신경증과 정신병 Neurosis and Psychosis」(1923), SE XIX, 149-153쪽.
———, 「유아 생식기 구성 The Infantile Genital Organization」(1923), SE XIX, 141-145쪽.
———, 「신경증과 정신병에서의 현실 상실 The Loss of Reality in Neurosis and Psychosis」(1924), SE XIX, 183-187쪽.
———, 「부정 Negation」(1924), SE XIX, 236-239쪽.
———, 「정신분석 개요 An Outline of Psychoanalysis」, 8장(1938), SE XXIII, 195-204쪽.
———, 「방어 과정에서의 자아 분열 Splitting of the Ego in the Process of Defence」(1938), SE XXIII, 275-278쪽.
———, 「물신주의 Fetishism」(1927), SE XXI, 152-157쪽.
라캉, 『세미나 I』, 4-5장. 『에크리』에 재편집, 369-399쪽.
———, 『세미나 III』, 1, 3, 20, 25장
———, 『세미나 XXI』, 「레-농-뒤프-에르」, 1974년 3월 19일 강의: 난해.
자크-알랭 밀레, 「임상에 대한 라캉의 논의에 관하여」, 『리딩 세미나 I-II』, 241-247쪽.
장 이폴리트 Jean Hyppolite, 「프로이트의 〈부정〉에 대한 논평 A Spoken Commentary on Freud's '*Verneinung*'」, 『에크리』. 영어로는 『세미나 I』: 난해.
브루스 핑크, 『라캉의 주체』, 5-6장.

7 정신병

프로이트, 「편집증 사례의 자서전적인 설명에 대한 정신분석적 주석〔슈레버〕 Psychoanalytic Notes on an Autobiographical Account of a Case of Paranoia〔Schreber〕」, SE XII, 9-82쪽.
라캉, 『세미나 III』.
———, 「모든 정신병 치료법에 대한 예비적 질문에 관해 On a Question Preliminary to Any Possible Treatment of Psychosis, 『에크리』, 531-583/ 179-225쪽: 난해.
자크-알랭 밀레, 「임상에 대한 라캉의 논의에 관하여」, 『리딩 세미나 I-II』, 241-247쪽.

장-클로드 셋첼, 「브론즈헬멧, 혹은 한 정신병자에 대한 심리치료의 여정 Bronze-helmet, or the Itinerary of the Psychotherapy of a Psychotic」, 『라캉의 이론은 어떻게 임상에 적용되는가 How Lacan's Ideas Are Used in Clinical Practice』(Northvale, N.J. : Aronson, 1993).

다니엘 폴 슈레버 Daniel Paul Schreber, 『나의 신경 질환에 대한 회고록 Memoirs of My Nervous Illness』(Cambridge, Mass. : Harvard University Press, 1988).

『정신병의 감별적 임상 Clinique différentielle des psychoses』(Paris : Navarin, 1988) : 난해.

프랑스와즈 고로 Françoise Gorog, 「임상 단평 : 성전환 사례 Clinical Vignette : A Case of Transsexualism」, 『리딩 세미나 I-II』, 283-286쪽.

누빔점

라캉, 「주체의 전복과 욕망의 변증법 Subversion of the Subject and Dialectic of Desire」, 『에크리』, 804-827/302-325쪽 : 난해.

슬라보예 지젝 Slavoj Zizek, 『이데올로기라는 숭고한 대상 The Sublime object of Ideology』(London : Verso, 1989), 3장.

러셀 그릭, 「은유와 환유 Metaphor and Metonymy」, Newsletter of the Freudian Field 3(1989), 58-79쪽.

대상으로서의 에고

프로이트, 『에고와 이드』(1923), SE XIX, 19-39쪽.

라캉, 『세미나 II』, 62-69/46-52쪽.

―――, 「주체 기능 형성자로서의 거울 단계 The Mirror Stage as Formative of the Function of the I」, 『에크리』, 93-100/1-7쪽.

―――, 『세미나 VIII』, 23-24장.

브루스 핑크, 『라캉의 주체』, 1-2, 4-5장.

8 신경증

프로이트, 「부정 Negation」(1924), SE XIX, 236-239쪽.

―――, 『정신분석 강의』, 20-21장.

―――, 「분석의 구성」(1937), SE XXIII, 257-269쪽.

라캉, 「프로이트의 〈충동〉과 정신분석가의 욕망」『리딩 세미나 I-II』.

―――, 「치료의 지침」, 『에크리』, 604-607/243-245쪽.
―――, 「주체의 전복과 욕망의 변증법」, 『에크리』, 820-827/318-324쪽.
자크-알랭 밀레, 「Donc」(미출간 세미나), 1994년 5월 11일.
브루스 핑크, 『라캉의 주체』, 1, 5, 7-8장

히스테리와 강박증

프로이트, 『꿈의 해석』, 〈정육점 여인〉의 꿈.
―――, 「강박 신경증 사례 노트[쥐인간] Notes upon a Case of Obsessional Neurosis[Rat Man]」(1909), SE X, 158-249쪽.
―――, 『정신분석 강의』, SE XVI, 261-269쪽.
―――, 『플리스에게 보내는 프로이트의 편지』(Cambridge, Mass.: Harvard University Press, 1988), 141쪽(1895년 10월 8일), 144쪽(1895년 10월 15일), 145쪽(1895년 10월 16일), 154쪽(1895년 12월 8일), 164-169쪽(K초안), 187-190쪽(1896년 5월 30일).
―――, 『히스테리 연구』, SE II, 21-47쪽.
라캉, 『세미나 III』, 12-13장.
―――, 『세미나 VIII』, 15-18장.
―――, 「치료의 지침」, 『에크리』, 621-627쪽. 정육점 여인에 관한 부분: 난해.
―――, 『세미나 X』, 1963년 6월 25일. 강박증자의 욕망에 관한 부분.
―――, 『세미나 XI』, 67/69-70쪽.
―――, 『세미나 XVII』, 〈정신분석의 이면〉, 1-5장. 히스테리의 담화: 난해.
자크-알랭 밀레, 「H₂O」, Hystoria(New York: Lacan Study Notes, 1988).
『히스테리와 강박증 Hystérie et Obsession』(Paris: Navarin, 1986). 프로이트 원인 학교 회원들의 논집: 난해.
콜레트 솔레, 「히스테리와 강박증」, 『리딩 세미나 I-II』, 248-282쪽.
―――, 「히스토리와 히스테리: 정육점 여인」, Newsletter of The Freudian Field 6 (1992), 16-33쪽.
브루스 핑크, 『라캉의 주체』, 7-9장

공포증

라캉, 「치료의 지침」, 『에크리』, 610-611/248-249쪽.
―――, 『세미나 IV』, 〈대상 관계 La relation d'object〉(Paris: Seuil, 1994), 12-24장.

소외와 분리

라캉, 『세미나 XI』, 16-17장: 난해.

―――, 『세미나 XIV』: 난해.
―――, 『세미나 XV』: 난해.
자크-알랭 밀레, 「증상에서 환상으로, 그리고 다시 증상으로 Du symptôme au fantasme et retour」(미출간 강의), 1983년 3월 9, 16, 23일;「1, 2, 3, 4」(미출간 강의), 1984년 11월 21, 28일. 소외와 분리에 관한 논의.
브루스 핑크,『라캉의 주체』, 5-6장.
―――,「소외와 분리: 라캉에게 있어서 욕망의 변증법의 논리적 계기들 Alienation and Separation: Logical Moments of Lacan's Dialectic of Desire」, *Newsletter of the Freudian Field* 4(1990), 78-119쪽. 이 텍스트는 위의 자크-알랭 밀레의 강의에 근거한 것이다.

초자아

자크-알랭 밀레, 「라캉의 〈사드와 함께 칸트를〉에 대한 논의 A Discussion of Lacan's 'Kant with Sade'」, 『리딩 세미나 I-II』, 212-237쪽.

9 도착증

프로이트, 『정신분석 강의』, 20-21강.
―――, 「유아 생식기 구성」, SE XIX, 141-145쪽.
―――, 「부정」, SE XIX, 235-239쪽.
―――, 「물신주의」, SE XXI, 152-157쪽.
―――, 「정신분석 개요」, 8장.
―――, 「방어 과정에서의 자아 분열」, SE XXIII, 275-278쪽.
라캉, 『세미나 IV』, 6-11장
―――, 『세미나 X』, 「불안 Angoisse」 1962년 12월 5일, 1963년 1월 16일, 2월 27일, 3월 13일, 3월 20일, 3월 26일, 5월 22일, 6월 19일, 7월 3일.
―――, 「사드와 함께 칸트를」, 『에크리』: 난해.
―――, 「무의식의 위치」, 『에크리』, 『리딩 세미나 XI』.
자크-알랭 밀레, 「도착증에 관하여 On Perversion」, 『리딩 세미나 I-II』, 306-320쪽.
―――, 「라캉의 〈사드와 함께 칸트를〉에 대한 논의」, 『리딩 세미나 I-II』, 212-237쪽.
르네 토스탱 René Tostain, 「공포증적 대상의 물신화 Fetishization of a Phobic Object」, 『라캉의 이론은 어떻게 임상에 적용되는가』, 247-260쪽.
무스타파 사푸앙 Moustapha Safouan, 「성전환의 정신분석에 관하여 Contribution to the Psychoanalysis of Transsexualism」, 『라캉의 이론은 어떻게 임상에

적용되는가』. 임상의 실례를 통해 도착증과 정신병의 차이를 예증한다.
『임상 구조에서의 도착증의 특징들 Traits de perversion dans les structures cliniques』(Paris : Navarin, 1990). 프로이트 원인 학교 회원들의 논집 : 난해.

10 욕망에서 주이상스로

라캉, 「프로이트의 〈충동〉과 정신분석가의 욕망」, 『리딩 세미나 I-II』: 난해.
———, 『세미나 X』, 1963년 3월 13일.
———, 「학교 분석가에게 보내는 1967년 10월 9일의 제안 Proposition du 9 octobre 1967 sur le psychanalyste de l'Ecole」, Scilicet 1(1968) : 난해.
자크-알랭 밀레, 「Donc」(1993-1994), 미출간 세미나. 일부가 「라캉의 텍스트에 대한 논평 Commentary on Lacan's Text」라는 제목으로 『리딩 세미나 I-II』에 번역되어 실려 있다.
안느 뒤낭 Anne Dunand, 「분석의 종결 The End of Analysis」, 『리딩 세미나 XI』, 243-256쪽.
장 폴랑, 『충성스런 병사 Le guerrier appliqué』(Paris : Gallimard, 1930).

옮긴이 후기

이 책은 1997년에 간행된 브루스 핑크의 A clinical introduction to Lacanian psychoanalysis를 번역한 것이다. 영미권에서 나온 라캉 연구서 중에 슬라보예 지젝의 『이데올로기라는 숭고한 대상』과 더불어 가장 읽을 만한 책 중의 한 권이다. 저자 브루스 핑크는 1980년대에 파리에서 수련 과정을 거치고, 1990년대부터 지금까지 미국에서 가장 활발한 활동을 벌이고 있는 라캉 학파 분석가이다.

사실 영미권에서의 라캉의 수용은 핑크와 지젝의 활동 이전에는 그리 활발하지 못했다. 1990년대 초반까지 영미권의 라캉 연구는 주로 발췌 번역된 영문판 『에크리』에 의존해서 이루어졌다. 대부분의 연구는 비교적 초기에 발표된 「거울 단계」, 「로마 강연」, 「문자의 심급」 등에 편중된 것으로, 상상계와 상징계 개념 중심으로 이루어졌으며, 이미 라캉 자신에 의해 거부되거나 변형된 테제를 라캉의 이름에 올려놓는 식의 시대 착오적인 연구였다. 라캉의 사상은 유럽과 남미의 경우 시간적인 격차 없이 곧바로 수용되었던 반면, 영미권에서의 수용은 문화적인 맥락과 제도적인 문제에 의해 매우 더디게 진행되었다. 워낙 에고심리학적인 전통이 강한 영미의 정신의학은 라캉이 정신분석사에 끌어들인 이론적인 논쟁점들을 제대로 검토하지 못하고, 그저 제도적인 단죄와 검열의 대상으로만 치부할 뿐이었다. 증상적으로 이루어진, 라캉의 수용은 대부분 문학 연구나 영화를 비롯한 문화 연구를 중심으로 이루어졌으며, 따라서 라캉의 초기작과 이차 문헌을 중심으로 한 응용적인 면모가 강했고, 분석의 실제 요체라 할 〈임상〉은 거의 다루어지지 못했다.

이러한 상황은 1990년대를 기점으로 지젝과 핑크가 미국에서 활동하기 시작하면서 완전히 뒤바뀌었다. 1980년대 유럽을 본거지로 삼아 활동했던 지젝이 1990년대, 라캉 정신분석의 불모지였던 미국으로 자신의 무대를 확장하면서, 그리고 브루스 핑크가 1990년대 초반부터 라캉의 저작을 조금씩 번역해 내면서 영미권은 라캉의 수용사에서 새로운 장을 쓰게 되었다. 이들은 모두 프랑스에서 수련 과정을 거치고, 라캉의 원문에서 출발하며, 게다가 일부 텍스트가 아닌 전체 텍스트를 연구 대상으로 삼는다는 점에서 기존 연구가들과는 차별된다. 그들은 라캉의 최종적인 종착지이자 정신분석의 한계 자체와 직결되어 있는 〈실재〉 개념으로부터 출발해 라캉을 소급적으로 읽어 그의 사상의 진화 과정과 전반적인 면모를 잘 보여주었다. 물론 그 둘은 스타일이나 연구 방법의 측면에서는 완전히 판이하다. 핑크는 주로 임상 연구나 텍스트 해석의 작업을 보여주었던 반면, 지젝은 대중 문화를 통한 정치적, 철학적 독법에, 이른바 응용 분석에 치중했다. 하지만 그들이 가져다 쓰는 라캉에 대한 해석과 이론적인 골격이 모두 프로이트 원인학교(ECF)의 작업에 기초한 것이라는 점에선 모두 공통의 기반을 가지고 있다.

이 책의 저자 핑크는 그의 전작인 『라캉의 주체 *Lacanian Subject*』(1995)에서 〈구조주의자〉로서의 라캉의 이미지에 맞서, 이른바 〈괴델식 구조주의자〉로서의 라캉을 제시한다. 그는 부재하는 주체를 특징으로 하는 기존의 완결된 구조의 독트린에 대항해서, 구조의 불완전성의 중심에 위치한 주체, 주이상스의 주체를 골격으로 하는 라캉의 정신분석을 부각시킨다. 그는 언어학적 독법에 근거한 기존의 해석을 넘어서, 〈주이상스〉와 〈주체〉 개념을 기본 테마로 하는 라캉 정신분석의 스펙트럼을 마템을 통해서 펼쳐놓는다. 『라캉의 주체』는 마템을 통해서 라캉의 이론을 명료하게 담아내면서도 그의 사상의 풍요로움을 잘 공명시키고 있다.

반면 이 책은 전작과 달리 임상에 치중한 책이며, 또한 체계적인 면모를 갖춘 입문서라고 할 수 있다. 그는 라캉의 복잡한 문장을 분석하고 논평하는 방식을 택하지 않고, 임상의 원칙으로서 자리 잡은 몇 개의 명제들을 중심으로 정신분석의 구체적인 방법과 원리를 서술하고 있다. 이 책에서 그가 목표로 하는 것은 라캉의 임상적인 활용이 어떻게 이루어지고 있는가를 독자들에게 이해시키는 것이다. 그는 분석의 출발점에서부터 시작해서, 진단법, 분석의 종료 등에 대해서, 통속화라는 비판도 마다하지 않고 친절히 소개하고 있다. 복잡하고 끊임없이 변화하는 임상의 논쟁들을 되도록 투명한 명제들로 축소시켜 수련생, 학생, 일반인 등이 이해하고 활용할 수 있게 해주고 있다.

핑크가 언급하고 있듯이, 라캉의 진단 체계는 〈정신병〉, 〈신경증〉, 〈도착증〉 등으로 구성된 간단한 구조적 체제이다. 현재 대다수 정신과 의사들의 표준적인 진단법인 DSM 시리즈가 주로 현상적인 분류법에 근거한 반면, 라캉의 진단 체계는 단순하면서도 엄격한 구조적 진단법으로서, 배후의 원리를 캐는 것이다. 현상들을 발견해 거기에 이름을 붙이는 것보다, 현상들의 배후에서 그 현상들을 조종하는 구조적인 망을 찾아내는 것이 더 중요하다는 것이다. 가령 우울증 현상은 그 자체로서는 별 다른 의미가 없고, 그것이 어떤 구조에 의해 지탱되는지에 따라서 다른 진단을 내릴 수 있다.

핑크가 여기에서 라캉의 진단법의 요체로 제시하는 것은 바로 〈주이상스〉이다. 주이상스란, 인간의 육체가 경험하는 원초적인 쾌락, 육체와 언어의 경계선 상에 있는 일종의 신화적인 쾌락이다. 이는 문화의 테두리에 의해 한계지어진 〈쾌락 원칙〉을 넘어선다는 점에서, 질적인 면에서는 〈죽음 충동〉이고 양적인 면에서는 영원한 〈과잉분〉이다. 신경증, 정신병, 도착증은 각각의 주체가 바로 이 주이상스를 어떻게 주체화하느냐에 따라 도출된 상이한 입장들이다. 정신병은 언어의 세계에 충분히 적응하지 못한 연유로, 주이상스를 고정시킬 만한 〈누빔점〉의 은유 작용을 갖고 있지 못하기 때문에, 환각과 같은 〈착란적 은유〉를 통해서 주이상스를 조율한다. 반면 신경증은 환자가 언어의 세계 속으로 충분히 편입되어 주이상스의 과잉분을 배출해 냈지만, 그러한 주이상스의 배출을 불만족이나 불가능성의 형태로 해석하여 그 과잉분에 집착하는 형태이다. 도착증은 유사한 맥락에서, 주이상스를 즐기는 〈타자〉를 상정함으로써, 그 배출된 주이상스를 복구하고자 하는 시도이다. 이러한 기본적인 골격으로부터 여러 가지 현상들이 도출되며 그에 따라 또 다른 하위 부류들이 생긴다. 핑크는 위와 같은 추상적인 개념들이 어떻게 현실 속에 육화되는지를 여러 가지 사례들을 통해서 보여주고 있다.

물론 이 책에서 제시된 이러한 구조적 구분법이 임상 활동의 정당성을 보증해 주지는 않는다. 사실 이 책만 가지고는 임상을 할 수 없다. 여기서 소개된 개념들은 임상에 있어 극히 일부에 불과하고, 진단 체계도 매우 간단하게 압축되어 있다. 하지만 핑크가 이 책에서 목표로 삼은 것은 임상 전체를 제시하는 것이 아니라 영미권의 라캉 수용에 있어 하나의 전환점을 만드는 일이다. 그의 목표는 우선적으로, 임상 개념들의 명료한 분절을 제시함으로써 라캉의 임상적 가능성을 영미권의 독자들에게 부각시키는 것이다. 이 책은 이러한 맥락에서 하나의 입구가 될 것이다. 1990년대 지젝의 책이 라캉을 대중문화의 맥락 속에 위치시키며 라캉의 진면모를 복원하는 데 성공했다면, 이제 핑크의 책은 그를 임상과 실천의 영역 속으로 한걸음 더 밀어 넣어 라캉을 원래의 자리로 되돌리는 것이라 할 수 있다. 이는 비단 영미의 라캉 수용사에서뿐 아니라, 이제 막 본격화되고 있는 국내의 라캉 연구에도 새로운 힘을 불어넣어 줄 수 있을 것이다.

번역과 관련해서 한 가지 지적할 것은, 옮긴이는 이 책의 취지에 알맞게 단순화와 축약을 원칙으로 삼았다는 점이다. 이 책은 내용상으로는 단순하지만 문체 면에서는 반복과 중복이 많고 구어체도 상당 부분 가미되어 있어, 역서로서 읽는 데는 어려움이 따른다. 따라서 한국어판은 가독성을 위해 일정 부분 문체의 감삭 과정을 거쳐야 했다. 물론 그것이 오역의 책임성을 상쇄시키진 못한다. 오역은 전적으로 옮긴이의 책임이 될 것이다. 끝으로 이 책을 맡아주신 민음사에 감사드리며, 교정에 참여해 주신 모든 분들께 감사드린다.

2002년 1월
맹정현

라캉과 정신의학

1판 1쇄 펴냄 2002년 1월 7일
1판 15쇄 펴냄 2024년 1월 12일

지은이 브루스 핑크
옮긴이 맹정현
발행인 박근섭, 박상준
펴낸곳 (주)민음사

출판등록·1966년 5월 19일(제16-490호)
서울특별시 강남구 도산대로1길 62(신사동)
강남출판문화센터 5층(우편번호 06027)
대표전화 02-515-2000·팩시밀리 02-515-2007
www.minumsa.com

한국어 판 ⓒ (주)민음사, 2002. Printed in Seoul, Korea

ISBN 978-89-374-7007-3 94180
ISBN 978-89-374-7000-4 (세트)

* 잘못 만들어진 책은 구입처에서 교환해 드립니다.